21世纪高等医学院校系列规划教材

医用大学语文

主　　编　宣　扬
副 主 编　李玉荣　吴　娜
参编人员　（依姓氏音序排名）
陈德虎　李　尧　李玉荣
吴　娜　宣　扬　张　亚

北京师范大学出版集团
BEIJING NORMAL UNIVERSITY PUBLISHING GROUP
安徽大学出版社

图书在版编目(CIP)数据

医用大学语文 / 宣扬主编. —合肥:安徽大学出版社,2011.8(2014.9 重印)
ISBN 978-7-5664-0166-3

Ⅰ.①医… Ⅱ.①宣… Ⅲ.①大学语文课—医学院校—教材 Ⅳ.①H19

中国版本图书馆 CIP 数据核字(2011)第 121570 号

医用大学语文

宣扬 主编

出版发行:北京师范大学出版集团
安 徽 大 学 出 版 社
(安徽省合肥市肥西路 3 号 邮编 230039)
www.bnupg.com.cn
www.ahupress.com.cn
经　　销:全国新华书店
印　　刷:合肥远东印务有限责任公司
开　　本:184mm×260mm
印　　张:16.5
字　　数:395 千字
版　　次:2011 年 8 月第 1 版
印　　次:2014 年 9 月第 2 次印刷
定　　价:38.00 元
ISBN 978-7-5664-0166-3

组稿编辑:刘中飞　　责任编辑:刘中飞
装帧设计:孟献辉　　责任印制:陈　如

前　言

大学语文作为在医学院校开设的人文素质教育课程，既有自身的理论体系，又与其他学科融会贯通，是医学院校实施素质教育的一条重要途径。主要目的在于让学生了解和掌握必备的汉语言文学知识；培养学生应用专业知识准确表达自我见解的能力；提高文学修养、陶冶人格境界、熏染审美情趣；同时传承和弘扬优秀的医学文化与传统、促进学生的人文精神与医学精神的融合。

目前各高校使用的大学语文教材适用于除汉语言文学专业以外各类学生，尽管在形式上各有特色，但是大都存在缺乏针对性、不能兼顾专业特点等问题。因此，我们希望有一本针对医学院校实际教学需要的个性化教材的出现。本教材以文学发展史为线索，以思想积极健康、富有文化内涵和美感意蕴、艺术表现精湛多样为标准，从中国古代文学、中国现当代文学及外国文学中精选优秀作家作品和医学特色典章，在编写过程中突出以下特点：

1. 彰显医学院校特色。在学习掌握基本文学常识之外，引导学生学习和了解医学发展史上的名医名家及较有代表性的中外医学典章，贴近医学院校学生实际需要，突出医学院校课程特色，提高医学院校学生的医学文化素养。

2. 强调实践及创新思考能力的培养。根据医学院校学生特点，本教材从实际能力训练的要求出发，在每篇课文之后安排思考练习，加强实践环节教学，做到课堂讲授、阅读实践和自学讨论相结合，从而使学生的阅读能力、人文精神、文化修养等诸多综合素质得到大幅度提高。

3. 突出教师主导作用和学生主体的积极性。本教材内容丰富，中外古今兼及，教学过程中选择余地较大，教师可以根据学生的专业特点及课时要求选择相应知识点和课文作为重点进行教学；学生除课堂教学外，也可根据自己专业的需要和兴趣选择有关内容自学。

参加本教材编写的同志以在医学院校多年从事大学语文教学工作的教师为主，比较熟悉医学院校学生的情况。编写组同志分工执笔、密切协作，最后由主编审定，集体定稿。由于编者水平有限，本教材难免有错漏之处，诚望专家及广大师生在使用过程中提出宝贵意见，以便进一步提高、完善。

《医用大学语文》编委会

2011 年 8 月

目　录

第一章　先秦文学

“先秦”是指从远古时代开始，到公元前221年秦始皇统一中国以前这一漫长历史时期。先秦文学是中国文学的源头，也是古典文化的精华，先秦时期所确立的文化精神对后世具有极其深远的影响。在这一阶段产生了很多优秀作品：有成为我国古代文学先导的古代神话和古代歌谣，有标志着我国文学光辉起点的《诗经》，有作为后代史传体文学和小说、戏剧滥觞的历史散文，有体现战国时代百家争鸣之局的诸子散文，有哲理丰富的寓言故事，有光耀千古的浪漫主义杰作《楚辞》等等。先秦文学丰富多彩，斑驳灿烂，奠定了我国文学发展的坚实基础。

古代神话与歌谣是我国最早的两种文学形式，二者都是先民在生产力水平极其低下的时代背景下创作的，是中国文学的萌芽。古代歌谣比神话产生更早，原始人在共同劳动中所发出的互相协调的、有节奏的声音就是古代歌谣的起源，周代的《易经》中就有古代歌谣的片段记载，它是我国后世古典诗歌的摇篮。上古神话是远古时代的人民对其所接触的自然现象、社会现象幻想出来的具有艺术意味的解释和描述的集体口头创作，比歌谣更富于文学性和浪漫主义色彩。中国神话大多保存在《山海经》、《楚辞》、《庄子》、《列子》、《淮南子》等古籍中，其中《山海经》是我国古代保存神话资料最多的著作。比较著名的古代神话有盘古开天地、女娲补天、黄帝擒蚩尤、大禹治水、后羿射日、夸父追日、精卫填海等。这些神话根源于现实生活，曲折地反映了我国古代人民战天斗地、制服自然的坚强意志和美好的理想，对我国后世文学有着广泛、深刻的影响。

《诗经》产生于西周初年到春秋中叶，是中国最早的一部诗歌总集，也是先秦时期最重要的文学作品。《诗经》共305篇，按乐曲的不同分为风、雅、颂三个部分。其中“风”的意思是土风、风谣，指地方曲调，包括15个地方的民歌，叫“十五国风”（即周南、召南、邶风、鄘风、卫风、王风、郑风、齐风、魏风、唐风、秦风、陈风、桧风、曹风、豳风），共160篇。“雅”是正声雅乐，分“大雅”、“小雅”，有诗105篇，其中大雅31篇，小雅74篇。“颂”是祭祀乐歌，分“周颂”、“鲁颂”、“商颂”，有诗40篇。“风”和“雅”中的民歌是《诗经》中最有价值的作品。《诗经》可以说是一轴巨幅画卷，当时的政治、经济、军事、文化以及世态人情、民俗风习等在其中都有形象的表现，全面地展示了中国周代的社会生活，真实地反映了中国奴隶社会从兴盛到衰败时期的历史面貌。《诗经》采用赋、比、兴的表现方法。“赋”是铺叙陈述的意思；“比”是用一事物给另一事物打比方；“兴”是托物起兴，先言他物，然后借以联想，引出诗人所要表达的事物、思想、感情，多用于一首诗或一章诗的开头。《诗经》形式上以四言为主，兼有杂言，多采用重章叠句的形式加强抒情效果，每一章只变换几个字，却能收到回旋跌宕的艺术效果。在语言上多采用双声叠韵、叠字连绵词来状物、拟声、穷貌。如《诗经》首篇的《关雎》，“关关”（叠字）形容水鸟叫声，“窈窕”（叠韵）表现淑女的美丽，“参差”（双声）描绘水草的状态，“辗转”（叠韵）刻画因相思而不能入眠的情状，既有和谐的声音，也有生动的形象。此外，《诗经》在押韵上有的句句押韵，有的隔句押韵，有的一韵到底，有的中途转韵，现代诗歌的用韵规律在《诗经》中几乎都已经具备了。《诗经》开创了中国诗歌现实主义的源头，在中国文学史上产生了极其深远的影响。

先秦散文分为历史散文与诸子散文两个部分。

《尚书》是我国最早的一部散文集，“尚书”即上古之书的意思，亦称《书》、《书经》，在中国古代散文史上具有奠基的意义。春秋末年，孔子编著的《春秋》是我国第一部编年体断代史，是编年体史书之祖。全书记录了自鲁隐公元年（前 722 年）至鲁哀公十四年（前 481 年）共计 242 年间所发生的片段史实，其体例和善在一字之中寓作者褒贬之意的“春秋笔法”被后世散文奉为圭臬。

春秋和战国时期是我国历史上经济制度和政治制度的大变动时期。各诸侯国之间及其内部的矛盾与斗争错综复杂，加上生产力的发展和经济的繁荣，催生出“士”阶层，促进了文化和文学的繁荣。在剧烈的社会斗争中，各诸侯国的当政者需要借鉴历史、总结经验，于是《左传》、《公羊传》、《谷梁传》、《国语》、《战国策》等历史著作应运而生。同时我国历史上出现了诸子蜂起、百家争鸣的局面，形成了代表不同阶级、不同阶层利益的学术派别，出现了《老子》、《论语》、《墨子》、《孟子》、《庄子》、《列子》、《晏子春秋》、《孙子》、《荀子》、《韩非子》、《孙膑兵法》、《吕氏春秋》等诸子著作。

《左传》是记录春秋时期社会状况的重要典籍，由战国初期鲁国史官依据孔子的《春秋》并参考各国史料编纂而成，与《谷梁传》、《公羊传》合称“春秋三传”。它记叙了春秋时代各国的政治、经济、军事、外交和文化活动，反映了当时社会各方面的矛盾，揭露了统治阶级内部互相争斗残杀的丑恶行径和他们给人民带来的苦难，歌颂了许多卓越的政治家和爱国人士。《左传》具有较高的文学价值：善于对庞杂的材料进行剪裁，章法有条不紊；能用简洁的语言描写头绪纷繁、波澜壮阔的战争事件，揭示敌对双方力量的消长和战争胜负的原因；还善于通过人物的对话、行动和其他细节刻画人物形象；擅长叙写外交辞令，委婉曲折，理富文美。《国语》是我国第一部国别体史书，记事起自周穆王十二年（前 990 年），止于周贞定王十六年（前 453 年），所记事实大多通过君王的言论和士臣们的谏说之辞来表现，故称《国语》。《国语》文字朴实简练，逻辑严密，总体来说文采不如《左传》，但也不乏情文并茂之作。《战国策》具有纵横家的雄辩特色，偶句排叠，铺张扬厉，十分感人，还常用民间或文人自撰的寓言来说明抽象的道理，并运用许多确切生动的比喻和历史典故阐明自己的论点，有些篇章结构完整、逻辑严密、说理透彻；有些篇章情节生动、形象鲜明、富有文学特色。

《论语》是早期的诸子散文，是儒家的经典著作。它记录了孔子的政治、哲学、教育、伦理和文艺等各方面的思想，共 20 篇。《论语》的语言概括性强，具有格言特色。它善于灵活运用各种虚字，委婉曲折地传神达意，还善于通过对话刻画人物个性。《墨子》是墨家的著作，“兼爱”、“非攻”是墨子学说的核心。墨子为了同当时盛行的儒学争辩，十分讲究逻辑。他的文章质朴无华、论证严密、说理透彻，对后代辩论文的发展有一定的影响。《孟子》气势磅礴，大量使用排比句，论辩方式灵活多样，文辞酣畅流利。孟子常用现实中常见的事例打比方，以此说明深刻复杂的道理，既生动形象又贴切自然，他还常用讽刺性的寓言阐明哲理。《老子》是先秦道家典籍，又名《道德经》，相传是老聃所著，一般认为产生于战国时期，分为上、下篇，共 5000 多字。后人称上篇为《道经》，下篇为《德经》，合称《道德经》。《老子》是一本道家的哲理书，主要研究社会政治哲学和人生哲学，阐述自然无为的思想，其中包含了不少对立转化的辩证观点。《老子》属于语录体韵文，多用排比对偶句，语词凝练，音节铿锵，理虽玄远，文实多姿。《庄子》为庄周所作，分为内篇、外篇和杂篇三部分，共33篇。庄子主张任天命，即顺应自然，承认事物的相对性，含有辩证法因素，但否定客观事物的差别。他不满现实，蔑视权贵利禄，对人生采取虚无主义的态度，代表作有《逍遥游》、《齐物论》、《秋水》和《养生主》等。他的作品辞藻瑰丽，气势开阔，想象丰富，充满浓厚的浪漫主义色彩。庄子创造并运用了很多奇妙的寓言和神话传说来阐明哲理，采取了高度的夸张、谲奇的比喻、鲜明的对比和辛辣的讽刺等表现手法，构成独特的艺术风格。荀子名况，战国末期赵国人，著有《荀子》一书，现存32篇。他的《天论》是先秦时期杰出的唯物主义代表作，文中提出了"制天命而用之"的著名论断。《劝学》篇雄辩地论述了学习的重要性，强调后天教育和环境对人的影响，阐明了正确的学习态度和方法。他采用民歌形式写的韵文《成相篇》和《赋篇》开创了我国辞赋的先河。韩非是战国后期韩国人，著有《韩非子》55篇，是先秦法家学说的集大成者。韩非强调君主集权，主张奖励耕战，代表作《五蠹》、《孤愤》和《说难》，对后代论说文的发展有一定的影响。他文笔犀利，说理精密，善于运用寓言和历史故事阐明道理，寓意深刻，在先秦著作中较为突出。

战国后期，楚国出现了一位在我国文学史上有很高地位和巨大影响的爱国诗人屈原。他的作品有《九歌》11篇，《九章》9篇以及《离骚》、《天问》、《招魂》、《卜居》、《渔父》等，共25篇。《九歌》是屈原根据楚国民间祭神的乐歌加工创作的，其中《国殇》歌颂了为国捐躯的英雄。《九章》是屈原的不同时期的作品，除《橘颂》以橘树自况坚贞之外，其余各篇大多抒写诗人遭谗流放后的艰苦生活和悲愤之情。《哀郢》是楚都郢城陷落时写的，《怀沙》是自投汨罗江前写的绝笔诗，尤为沉痛。《天问》是一篇构思独特的奇文，作者以极其丰富的想象力提出170多个有关自然现象、人类历史、神话传说等方面的问题，表现了作者的渊博知识、勇于探索的进取精神和朴素唯物主义思想。《离骚》是屈原最宏伟、最具有代表性的一篇作品。诗中揭露了反动贵族的罪恶行径，表达了诗人追求政治革新、振兴祖国的美好理想，反映了诗人不屈不挠的斗争意志和不惜以身殉国的崇高精神。屈原的作品容量深广，意境开阔，想象丰富，辞藻绚丽，气势雄伟，运用大量的神话传说，具有浪漫主义色彩，并且突破了《诗经》以四言体为主的格式，创造了以六言、七言为主的长短不齐、灵活多变的楚辞体，更能充分表达复杂深刻的内容，其自由驰骋、丰富神异的想象使我国古代诗歌发展到了一个新的阶段。屈原之后，楚国又出现了宋玉、唐勒、景差等以辞赋著称的诗人。其中宋玉比较突出，他从屈原的骚体作品中汲取养料，创作了"赋"的体裁，撰写了《风赋》、《登徒子好色赋》等对汉赋有较大影响的作品。后来西汉刘向编辑的《楚辞》，以屈、宋的作品为主，其特色是"书楚语、作楚声、纪楚地、名楚物"，故称"楚辞"。

总之，先秦文学十分繁荣，形式多样，不仅思想内容丰富深刻，而且具有高度的艺术水平，充分体现了我国古代人民的聪明才智，对我国后来的文学发展产生了全面而深远的影响。

《诗经》二首

《诗经》是我国最早的一部诗歌总集,共收录从西周初年到春秋中叶的诗歌305篇。原名《诗》或"诗三百",汉以后始称为《诗经》,约编成于春秋中叶,相传由孔子删定。在内容上分为"风"、"雅"、"颂"三部分:"风"为"十五国风",160篇,多为民歌,是《诗经》的核心内容;"雅"是正声雅乐,分"大雅"、"小雅",105篇,多为贵族、士大夫所作;"颂"分"周颂"、"鲁颂"、"商颂",40篇,是用于宗庙祭祀的诗。

在内容上,《诗经》相当广泛地反映了当时社会的经济状况、政治矛盾、意识形态和风俗习尚,不少民间创作还揭露了统治阶级的剥削丑行,反映了下层人民的生活和感情。在艺术上,《诗经》以四言为主,节奏简约明快;常用重章叠句,情致回环往复;多用比兴手法,意蕴丰赡含蓄。其中不少优秀篇章,形象鲜明,描写生动,语言朴素优美,富有艺术感染力,对后世文学艺术产生了深远的影响。

周南・桃夭[1]

桃之夭夭[2],灼灼其华[3]。之子于归[4],宜[5]其室家。
桃之夭夭,有蕡[6]其实。之子于归,宜其家室。
桃之夭夭,其叶蓁蓁[7]。之子于归,宜其家人。

【注释】

[1]本篇选自《诗经・周南》,篇名取自首句的两个字。
[2]夭夭:桃花怒放的样子。
[3]灼灼:花朵色彩鲜艳如火,明亮鲜艳的样子。华:同"花"。
[4]之子:这位姑娘。于归:指姑娘出嫁。古代把丈夫家看作女子的归宿,故称"归"。于:去,往。
[5]宜:和顺,亲善。
[6]蕡(fén):草木结实很多的样子,此处指桃实肥厚肥大的样子。
[7]蓁(zhēn):草木繁密的样子,这里形容桃叶茂盛。

【导读】

这首诗是女子出嫁时所演唱的歌诗。全诗分为三章。各章的前两句,是全诗的兴句,分别以桃树的枝、花、叶、实比兴男女盛年,及时嫁娶,唱出了女子出嫁时对婚姻生活的希望和憧憬,用桃树的枝叶茂盛、果实累累来比喻婚姻生活的幸福美满。清姚际恒《诗经通论》:"桃花色最艳,故以喻女子,开千古词赋咏美人之祖。"这种意象被后世的诗人反复使用。诗中运用重章叠句,反复赞咏,更与新婚时的气氛相融合,与新婚夫妇美满的生活相映衬,既体现了歌谣的风格,又体现了农村的物候特征。

总之,这首诗虽然并不长,但语言极为优美,又极为精练,有它独特的个性,并且体现了先民社会特有的那些礼俗和风情,给后世的文学创作提供了营养。

【思考练习】

一、《桃夭》三章内容各写什么？有什么象征意义？

二、试以《桃夭》为例分析《诗经》的艺术特色。

小雅·采薇[1]

采薇采薇，薇亦作止[2]。曰归曰归，岁亦莫止[3]。靡室靡家[4]，玁狁之故[5]。不遑启居[6]，玁狁之故。

采薇采薇，薇亦柔止[7]。曰归曰归，心亦忧止。忧心烈烈[8]，载饥载渴。我戍未定[9]，靡使归聘[10]。

采薇采薇，薇亦刚止[11]。曰归曰归，岁亦阳止[12]。王事靡盬[13]，不遑启处[14]。忧心孔疚[15]，我行不来[16]。

彼尔维何[17]？维常之华[18]。彼路斯何[19]？君子之车[20]。戎车既驾，四牡业业[21]。岂敢定居？一月三捷[22]。

驾彼四牡，四牡骙骙[23]。君子所依[24]，小人所腓[25]。四牡翼翼[26]，象弭鱼服[27]。岂不日戒[28]？玁狁孔棘[29]！

昔我往矣[30]，杨柳依依。今我来思[31]，雨雪霏霏。行道迟迟[32]，载渴载饥。我心伤悲，莫知我哀！

【注释】

[1]本篇选自《诗经·小雅》，篇名取自首句的两个字。薇：野生豆科植物，嫩茎叶与种子可食用。

[2]作：长出，生出。止：用于句尾的语气助词，无实际含义，下同。

[3]岁：年。莫：同“暮”，年末，年底。

[4]靡：无。

[5]玁（xiǎn）狁（yǔn）：又作“猃狁”，古代北方少数民族，即匈奴。

[6]遑：闲暇。启居：跪，坐，指休息，修整。

[7]柔：肥嫩。

[8]烈烈：心忧的样子和程度，心忧如焚。载饥载渴：又饥又饿。载：语助词。

[9]戍：守，指防守的地点。

[10]归：给，（请人）捎回，带回。聘：问候家人的音讯。

[11]刚：植物长得粗硬，即将老了。

[12]阳：农历十月，小阳春季节。

[13]盬（gǔ）：止息，了结。

[14]启处：与上文“启居”同义。

[15]孔：非常。疚：病痛，痛苦。

[16]来：安抚，慰问。一说“来”为返家、归家之意。

[17]尔：同“薾”，花盛开的样子。维：语助词。

[18]常：棠棣，即扶移，木名。华：同“花”。

[19]路：同“辂”，形容战车的高大。斯：语助词。

[20]君子：军队的将帅。

[21]牡：戎车的雄马。业业：形容马匹的高大。

[22]捷：通“接”，与敌交战。三捷：指交战频繁。

[23]骙(kuí)骙：形容战马强壮。

[24]依：乘坐。全句意为将帅坐在战车上指挥。

[25]腓(féi)：隐蔽。全句意为战士(步兵)藉战车作掩护。

[26]翼翼：形容驾车的战马行列整饬。

[27]象弭(mǐ)：用象牙镶饰的弓。鱼服：用沙鱼皮制成的箭袋。服：通“箙”，盛箭的器具。全句指武器精良。

[28]日戒：每天都戒备作战。

[29]棘：通“亟”。孔棘：非常紧急。

[30]往：当年离家出征的时候。

[31]思：语助词。

[32]行道：归途。迟迟：归途遥远，时间很长。

【导读】

这是一首以远戍归来的士兵的口吻写下的追述征战生活的诗篇。全诗六节，以采薇起兴，前五节着重写戍边征战生活的艰苦、强烈的思乡情绪以及久久未能回家的原因，从中透露出反对战争、渴望和平的心绪。第六节追昔抚今，痛定思痛，以抒情结束全诗，悲苦之情感人至深。

诗的前三节采用重章叠句的形式，在回环往复、一唱三叹中流露思乡思归的深切心情。时间的推移，季节的转换，心绪的变化，均以“薇”自然生长的三个阶段(作、柔、刚)为由头来展示，这是一种很巧妙的比兴手法，集中体现了《诗经》的艺术特色。另外，诗的末节采用了“杨柳依依”和“雨雪霏霏”两个诗歌意象，语言朴实，意境深幽，以从征前与归来时的景致寄托不尽的感伤，言浅意深，情景交融，历来被认为是《诗经》中的妙言佳句。

【思考练习】

一、试分析这首诗以“采薇”起兴的原因以及作为艺术表现手法的技巧性。

二、联系全诗的思想内容，体味“杨柳依依”和“雨雪霏霏”这两个诗歌意象的艺术意境。

秦晋殽之战[1]

《左传》

《左传》原名为《左氏春秋》，汉代改称《春秋左氏传》，简称《左传》，旧时相传是春秋末年左丘明为解释孔子的《春秋》而作。《左传》实质上是一部独立撰写的史书。记事起自鲁隐公元年(前722年)，迄于鲁哀公十四年(前481年)，较详细记载了这242多年间各诸侯国的政治、军事、外交、经济和文化等方面的重大史实，其中对诸侯列国之间的矛盾和争斗的记述尤为翔实。

《左传》同时也是一部优秀的文学著作，大多数篇章堪称先秦叙事散文的代表作。它记叙线索清晰明了，取材详略得当，笔法多有变化，语言明快流畅，描写战争往往重视交代其前因后果从而揭示胜负的必然性。在叙事过程中，注重对人物言行和心理活动进行细致刻画和深入揭示，是中国最为优秀的史书之一。

冬，晋文公卒[2]。庚辰[3]，将殡于曲沃[4]，出绛[5]，柩有声如牛[6]。卜偃使大夫拜[7]。曰："君命大事[8]：将有西师过轶我[9]，击之，必大捷焉。"

杞子自郑使告于秦曰[10]："郑人使我掌其北门之管[11]，若潜师以来[12]，国可得也。"穆公访诸蹇叔[13]。蹇叔曰："劳师以袭远[14]，非所闻也。师劳力竭，远主备之，无乃不可乎！师之所为，郑必知之。勤而无所[15]，必有悖心；且行千里，其谁不知？"公辞焉[16]。召孟明、西乞、白乙[17]，使出师于东门之外。蹇叔哭之，曰："孟子[18]，吾见师之出，而不见其入也[19]！"公使谓之曰："尔何知？中寿，尔墓之木拱矣[20]！"

蹇叔之子与师[21]，哭而送之，曰："晋人御师必于殽[22]，殽有二陵焉。其南陵，夏后皋之墓也[23]；其北陵，文王之所辟风雨也[24]。必死是间，余收尔骨焉。"

秦师遂东。

三十三年春，秦师过周北门[25]，左右免胄而下[26]。超乘者三百乘[27]。王孙满尚幼[28]，观之，言于王曰[29]："秦师轻而无礼，必败。轻则寡谋，无礼则脱[30]。入险而脱。又不能谋，能无败乎？"

及滑[31]，郑商人弦高将市于周[32]，遇之。以乘韦先[33]，牛十二，犒师。曰："寡君闻吾子将步师出于敝邑[34]，敢犒从者[35]。不腆敝邑[36]，为从者之淹[37]，居则具一日之积，行则备一夕之卫[38]。"且使遽告于郑[39]。

郑穆公使视客馆，则束载、厉兵、秣马矣[40]。使皇武子辞焉[41]，曰："吾子淹久于敝邑，唯是脯资饩牵竭矣[42]。为吾子之将行也，郑之有原圃，尤秦之有具囿也[43]。吾子取其麋鹿，以间敝邑[44]，若何？"杞子奔齐[45]，逢孙、扬孙奔宋[46]。

孟明曰："郑有备矣，不可冀也[47]。攻之不克，围之不继[48]，吾其还也。"灭滑而还。……

晋原轸曰[49]："秦违蹇叔，而以贪勤民[50]，天奉我也[51]。奉不可失，敌不可纵。纵敌患生，违天不祥。必伐秦师。"栾枝曰[52]："未报秦施而伐其师，其为死君乎[53]？"先轸曰："秦不哀吾丧[54]，而伐吾同姓[55]，秦则无礼，何施之为？吾闻之，一日纵敌，数世之患也。谋及子孙，可谓死君乎！"遂发命，遽兴姜戎[56]。子墨衰绖[57]，梁弘御戎[58]，莱驹为右[59]。

夏，四月，辛巳，败秦师于殽，获百里孟明视、西乞术、白乙丙以归。

遂墨以葬文公[60]。晋于是始墨[61]。

文嬴请三帅[62]，曰："彼实构吾二君[63]，寡君若得而食之，不厌[64]，君何辱讨焉[65]。使归就戮于秦[66]，以逞寡君之志，若何？"公许之。

先轸朝，问秦囚。公曰："夫人请之，吾舍之矣。"先轸怒曰："武夫力而拘诸原[67]，妇人暂而免诸国[68]。堕军实而长寇雠[69]，亡无日矣！"不顾而唾[70]。

公使阳处父追之[71]，及诸河，则在舟中矣。释左骖[72]，以公命赠孟明[73]。孟明稽首曰："君之惠，不以累臣衅鼓[74]，使归就戮于秦；寡君之以为戮[75]，死且不朽。若从君惠而免之，三年，将拜君赐。"

秦伯素服郊次[76]，乡师而哭[77]，曰："孤违蹇叔以辱二三子，孤之罪也。不替孟明[78]，孤之过也。大夫何罪？且吾不以一眚掩大德[79]。"

【注释】

[1]本文选自《左传》中的僖公三十二年、三十三年，标题从通行选本。殽(yáo)：又作“崤”，山名，在今河南省洛宁县北，东接渑池，西接山西界。有东西二殽，本文中所说的秦晋之战，发生在殽东的南北二陵之间。

[2]冬：鲁僖公三十二年(前628年)冬天。晋文公：名重耳，“春秋五霸”之一，曾与秦穆公缔结秦晋之盟。

[3]庚辰：晋文公死后的第二天，据推算，为十二月初十日。

[4]殡：殡葬。曲沃：地名，在今山西省闻喜县，是晋君祖坟所在地。

[5]出绛：(灵柩)运出绛。绛(jiàng)：地名，晋国都城，故址在今山西省翼城县东南。

[6]柩有声如牛：棺木传出像牛叫的声音。

[7]卜偃：晋国的卜筮官郭偃。使大夫拜：领着众官员向灵柩行礼。

[8]君命大事：晋文公发布军事命令。这是卜筮官借对“柩有声如牛”现象占卦，从而进行战争动员。

[9]西师：秦军。过轶：(车队)越过。

[10]杞子：秦大夫名，秦国派驻郑国的监护部队的长官。

[11]掌：掌握。管：钥匙。

[12]潜师：秘密发兵。

[13]穆公：秦穆公，名任好。诸：之于。蹇(jiǎn)叔：秦国的老臣。

[14]劳师：使军队疲劳。袭远：袭击远方的国家。

[15]勤而无所：劳而无功。勤：劳。

[16]辞：拒听(劝谏)。

[17]孟明、西乞、白乙：孟明视、西乞术、白乙丙，均为秦国将领。

[18]孟子：孟明。

[19]入：返回。

[20]中寿：通常理解为中等寿命。墓之木拱：坟墓两旁的树已长高合拢。这是穆公对蹇叔的诅咒。

[21]与(yù)师：随师出征。与：参与。

[22]御：抵抗，阻击。

[23]夏后皋：夏桀的祖父。

[24]文王：周文王。辟：同“避”。

[25]周北门：周天子都城(洛阳)的北门。

[26]左右：战车上的左右卫士。免胄：摘下头盔。

[27]超乘：跃而登车。

[28]王孙满：周共王的儿子圉的曾孙。

[29]王：周襄王，当时的周天子。

[30]脱：粗略，此指不谨慎。

[31]滑：原为姬姓小国，在今河南滑县。本年为秦所灭，但“殽之战”后为晋所占。

[32]市于周：(去)周的都城(洛阳)做生意。

[33]乘(shèng)韦：四张熟牛皮。乘：代指四(每乘四马)。韦：皮革。先：先(送)。

[34]寡君：对郑国国君的谦称。吾子：对秦帅的尊称。敝邑：对本国(郑国)的谦称。

[35]敢：自言冒昧之词。

[36]不腆(tiǎn)：贫穷。腆：丰厚，富饶。

[37]淹：停留，驻扎。

[38]积：军需给养。卫：安全保卫工作。

[39]遽(jù)告:通过驿车迅速传递消息。遽:驿车。引申为急速。

[40]束载、厉兵、秣马:扎束行装、磨砺兵器、喂饱马匹,指做好了战斗准备。

[41]皇武字:郑国大夫。辞:辞谢,下逐客令,请他们离开郑国。

[42]脯资饩(xì)牵:指各种食物。脯:熟肉。资:粮食。饩:已杀的牲畜。牵:尚在栏内未杀的牲畜。

[43]原圃:与下句“具囿”均为狩猎之地。

[44]间:通“闲”,休息。

[45]奔齐:逃往齐国。

[46]逢孙、杨孙:人名,皆为随从杞子驻郑的秦国将领。

[47]冀:希望(获胜)。

[48]继:继续。一说指援军。

[49]原轸(zhěn):又名先轸,晋国大臣。

[50]勤民:使百姓辛劳(指出征郑国)。

[51]奉:送,给予。

[52]栾枝:晋国大夫。

[53]报:报答。施:恩施,恩惠。死君:忘记国君(晋文公)。

[54]不哀吾丧:不为我国君之死而哀悼。

[55]同姓:晋、郑两国国君均姬姓。

[56]遽:急速。兴:征调。姜戎:晋国国内的一支部落。

[57]子:晋襄公,系晋文公之子。因当时晋文公尚未安葬,襄公尚未继位,故称子。墨:黑色。衰(cuī)绖(dié):白色孝服和麻袋。因出征之师着白色服装不吉利,故染黑。

[58]梁弘:晋国将领。御戎:驾驭兵车。

[59]莱驹:晋国将领。右:副将。

[60]墨以葬文公:穿着黑色的丧服为文公举行葬礼。

[61]始墨:开始形成着黑色丧服的风俗。

[62]文嬴:秦穆公之女,晋文公之妻,晋襄公之嫡母。请三帅:请求释放秦国的三个被俘将领。

[63]构:使……结怨。二君:两国之君。

[64]厌:同“餍”,满足,甘心。

[65]君何辱讨焉:您何必屈尊而去处罚他们呢?

[66]就戮于秦:到秦国受处罚。

[67]拘:捉拿。原:原野,此指战场。

[68]暂:仓促,此指轻易。免:赦免。

[69]堕(huī):通“隳”,损害,毁坏。军实:战果。长(zhǎng)寇雠:助长敌方气焰。

[70]不顾:顾不上(在晋襄公面前的规矩)。一说“顾”指回头。

[71]阳处父:晋国大夫。

[72]释左骖:解下车子左边的马。

[73]以公命:假托晋襄公的名义。

[74]不以累臣衅鼓:意为“不把我等战俘杀死”。累臣:囚臣,孟明自称。衅鼓:指古代用牲畜或战俘的血涂抹在钟鼓上的仪式。

[75]寡君:指秦襄公。

[76]秦伯:秦穆公。郊次:等候在郊外。

[77]乡师:面对军队。乡:通“向”。

[78]不替孟明:不曾下令中止孟明的袭郑之举。替:废。一说此句系作者插叙,非秦穆公的话。

[79]眚(shěng):眼力障碍,比喻小过错。

【导读】

春秋中叶，东周王朝日益萎靡，已无力控制天下，诸侯中的一些大国则凭借军事实力逐鹿中原，扩张势力。殽之战之所以爆发，根本原因在于秦晋两国要争夺中原的霸权。

孟子曾说“春秋无义战”。《左传》作者对春秋间的战争也多持否定态度，而对战争的发起者多有谴责。秦穆公为了插足中原，不仅不讲信义，背弃盟约，偷袭盟邦郑国，而且利令智昏，不听蹇叔对形势的分析预测，制定了“劳师袭远”的错误方略，从而导致了秦军的败亡。因此，作者认为，秦穆公“以贪勤民”，师出不义，是挑起战争的罪魁祸首，应该承担罪责。

本文记叙殽之战，重点不在描写战争经过与战争场面，而是要揭示秦军之所以失败的原因，因而对战争本身作者仅以寥寥数语一笔带过，而将笔墨用来交代战争酝酿阶段各方对形势的分析、判断以及道义、民心、策略、士气等因素对战争胜负的影响，以揭示战争胜负的必然性。所以尽管本文所记的人物众多，头绪纷杂，却依然给人以脉络清晰、神气凝聚的感觉。

本文虽以记事为主，但也生动简洁地描绘出人物的言语行动，刻画了蹇叔、弦高、先轸、秦穆公几个人物的鲜明个性。人物语言的描述尤其出色，弦高犒师、皇武子辞客、孟明谢赐的三段言辞，都绵里藏针，意在言外，委婉得体而曲折尽意。

【思考练习】

一、试综合分析秦国在“殽之战”中失败的原因。

二、晋国的文嬴、先轸对于处理秦国战俘的态度为什么截然不同？

三、体会文中几段外交辞令（如弦高犒师、皇武子辞客、孟明谢赐）意在言外的特点。

苏秦始将连横[1]

《战国策》

《战国策》是一部战国时期的国别体史书，原名《国策》、《国事》、《长书》、《修书》等，后由西汉刘向编订，定名为《战国策》。全书共 32 篇，杂记了东周、西周及秦、齐、楚、赵、魏、韩、燕、宋、卫、中山诸国之事，其时代上接春秋，下至秦并六国，约 240 年（前 460 年～前 220 年）。《战国策》记录了战国时代谋臣策士纵横捭阖的斗争及其有关的谋略或辞说，长于议论和叙事，文笔犀利流畅，语言生动活泼，刻画人物栩栩如生，并且擅长用生动的寓言故事说明抽象的道理，极富说服力。

本文以苏秦的“简练为揣摩”为关键，夹叙夹议，深刻展示了苏秦的精神世界以及周围人物对他成功前后截然不同的态度。

苏秦始将连横，说秦惠王曰：“大王之国，西有巴、蜀、汉中之利[2]，北有胡貉[3]、代马之用，南有巫山、黔中之限[4]，东有崤、函之固。田肥美，民殷富，战车万乘，奋击百万，沃野千里，蓄积饶多，地势形便，此所谓天府，天下之雄国也。以大王之贤，士民之众，车骑之用，兵法之教，可以并诸侯，吞天下，称帝而治，愿大王少留意，臣请奏其效[5]。”

秦王曰：“寡人闻之，毛羽不丰满者不可以高飞，文章[6]不成者不可以诛罚，道德不厚者不可以使民；政教不顺者不可以烦大臣[7]。今先生俨然不远千里而庭教之[8]，愿以异日[9]。”

苏秦曰：“臣固疑大王不能用也。昔者神农伐补遂[10]，黄帝伐涿鹿而禽蚩尤[11]，尧伐驩兜[12]，舜伐三苗[13]，禹伐共工[14]，汤伐有夏[15]，文王伐崇[16]，武王伐纣[17]，齐桓任战而伯天下[18]。由此观之，恶有不战者乎？古者使车毂击驰[19]，言语相结[20]，天下为一，约从连横[21]，兵革不藏。文士并饬[22]，诸侯乱惑，万端俱起，不可胜理；科条既备，民多伪态[23]；书策稠浊，百姓不足[24]；上下相愁，民无所聊[25]。明言章理，兵甲愈起；辩言伟服[26]，战攻不息；繁称文辞[27]，天下不治；舌弊耳聋[28]，不见成功；行义约信，天下不亲[29]。于是，乃废文任武，厚养死士，缀甲厉兵，效胜于战场。夫徒处而致利[30]，安坐而广地，虽古五帝、三王、五伯[31]，明主贤君，常欲佐而致之，其势不能，故以战续之。宽则两军相攻，迫则杖戟相撞，然后可建大功。是故兵胜于外，义强于内；武立于上，民服于下。今欲并天下，凌万乘，诎敌国，制海内，子元元，臣诸侯，非兵不可[32]！今之嗣主，忽于至道，皆惛于教，乱于治，迷于言，惑于语，沉于辩，溺于辞。以此论之，王固不能也。”

说秦王书十上而说不行[33]。黑貂之裘弊，黄金百斤尽，资用乏绝，去秦而归。羸縢履蹻，负书担橐[34]，形容枯槁，面目黎黑，状有归色[35]。归至家，妻不下纴，嫂不为炊，父母不与言。苏秦喟然叹曰：“妻不以我为夫，嫂不以我为叔，父母不以我为子，是皆秦之罪也！”乃夜发书，陈箧数十[36]，得太公《阴符》之谋，伏而诵之，简练以为揣摩。读书欲睡，引锥自刺其股，血流至足。曰：“安有说人主不能出其金玉锦绣，取卿相之尊者乎？”期年，揣摩成，曰：“此真可以说当世之君矣！”

于是乃摩燕乌集阙[37]，见说赵王于华屋之下，抵掌而谈[38]。赵王大悦，封为武安君，受相印。革车百乘，绵绣千纯，白璧百双，黄金万溢[39]，以随其后，约从散横[40]，以抑强秦。故苏秦相于赵而关不通[41]。

当此之时，天下之大，万民之众，王侯之威，谋臣之权，皆欲决于苏秦之策[42]。不费斗粮，未烦一兵，未张一士，未绝一弦，未折一矢，诸侯相亲，贤于兄弟。夫贤人在而天下服，一人用而天下从。故曰：式于政，不式于勇；式于廊庙之内，不式于四境之外[43]。当秦之隆，黄金万溢为用，转毂连骑，炫熿于道，山东之国，从风而服，使赵大重[44]。且夫苏秦特穷巷掘门、桑户棬枢之士耳[45]，伏轼撙衔，横历天下，廷说诸侯之王，杜左右之口，天下莫之能伉[46]。

将说楚王，路过洛阳，父母闻之，清宫除道，张乐设饮，郊迎三十里。妻侧目而视，倾耳而听；嫂虵行匍伏，四拜自跪而谢[47]。苏秦曰：“嫂，何前倨而后卑也[48]？”嫂曰：“以季子之位尊而多金[49]。”苏秦曰：“嗟乎！贫穷则父母不子，富贵则亲戚畏惧。人生世上，势位富贵，盖可忽乎哉[50]！”

【注释】

[1]本文选自《战国策·秦策》。苏秦：字季子，东周洛阳人，战国时期纵横家的代表人物。他策划联合六国抗秦，后被破坏，齐、魏共同伐赵，赵王责备苏秦，苏秦要求赵王派他去联合燕国。后又为燕国间谍到齐国，骗取齐王的信任，最后在齐国被杀。连横：秦处于西，六国在东，且六国土地南北相连。若六国联合结盟抗秦，则称“合纵”；若秦国从西向东收服诸国，则称为“连横”。张仪曾

经游说六国，让六国共同事奉秦国，即称“连横”。苏秦初始游说“连横”，想得到秦的重用，不料遭遇秦王冷遇，因而怀恨在心，以致有了后来的“约从散横，以抑强秦”。此处的“连横”，是有具体所指，而下面的“约纵连横”，属泛指。秦惠王：秦国的国君，名驷。

[2]巴、蜀：今四川省地区。巴：以重庆为中心的川东地带；蜀：以成都为中心的川西地带。汉中：今陕西省南部地区。

[3]貉：兽名，皮可制裘。代马：今山西省北部代县等地所产的马。

[4]限：通“险”，险隘。

[5]请奏其效：请允许（我）呈现它的效验。其：代词，指“称帝而治”。

[6]文章：法令，指国家法令。诛罚：惩罚。

[7]政教：国政方面的教化或主张。不顺：不合时宜，行不通。

[8]俨然：严肃认真的样子。庭教之：庭上指教。

[9]愿以异日：希望改日再领教。

[10]神农：传说中的炎帝名号。补遂：部落名。

[11]黄帝：传说中的古帝名，号轩辕氏，建国于有熊。涿（zhuō）鹿：山名，在今河北省涿鹿县西南。蚩尤：九黎部落之酋长，与黄帝作战，为黄帝所诛。

[12]尧：传说中的古帝名，姓姬，名放勋，国号唐。传位于舜。驩（huān）兜：尧臣，因作乱被放逐。

[13]舜：传说中的古帝名，姓姚，名重华，国号虞。传位于禹。三苗：即古代的苗族，在今湖南省溪洞一带。

[14]禹：古帝名。本舜臣，治水有功，受舜禅，即帝位，国号夏。共工：古之水官名，极横暴，为禹所放逐。

[15]汤：商朝开国的王，本为夏朝诸侯。夏王桀无道，汤起兵攻桀，建立商朝。有夏：指夏王桀。古时于朝代上加“有”，有夏即夏朝。

[16]文王：即周文王，姓姬名昌，殷纣时为西方诸侯首领，又称西伯。崇：国名，崇侯虎，助纣为恶，为文王所诛。

[17]武王：即周武王，文王之子，名发，灭纣后，即天子位，国号周。纣：即殷纣王，暴虐之君。

[18]齐桓：齐桓公，齐国国君，名小白。他联合诸侯，抵抗外族侵扰，为诸侯盟主。任战：即肯战。伯：同“霸”。伯天下：霸天下，即为诸侯盟主。

[19]古者使：古人使者。车毂车驰：车辆来往奔驰，车毂互相撞击，形容车辆之多，奔驰之急。毂（gǔ）：车轮中心突出部分。

[20]言语相结：商谈结盟。

[21]天下为一，约从连横：倒置句。约：约定。从：同“纵”。连：结交。南北曰纵，东西曰横，此处“约纵连横”属于泛指，古意为邦交、结盟于四方诸国之事。“约纵连横”另一层意思为：既邀约自己势力范围内的力量（或称为同盟），亦联接争取自己势力范围之外的力量。

[22]文士并饬（chì）：各国使臣或文人说客均用巧饰的语言游说于诸侯之前。饬：巧辩。

[23]科条：规章制度。伪态：虚伪态度，即非真心来履行。

[24]书策：法令。稠浊：繁乱。百姓不足：百姓（却）很贫困。

[25]上下相愁，民无所聊：君臣上下相互仇怨，百姓无以聊生。

[26]辩言：言辞巧辩。伟服：服装壮观。

[27]繁称：称谓繁琐。文辞：美饰言辞。

[28]弊：疲困，劳累。喻指说得舌头疲累，听得耳朵发聋。

[29]行义约信，天下不亲：即便（你）行事仁义、诚信守约，天下也无人（与你）亲近。

[30]徒处：置身空守，与下句“坐”，均谓不劳坐守。

[31]五帝：一般指太昊、神农、黄帝、少昊、颛顼。三王：三代的王，指夏禹、商汤和周代的文王、武王。

五伯：齐桓公、晋文公、宋襄公、秦穆公、楚庄王。

[32]凌：凌驾，统帅。诎(qū)：屈服，使屈服。制：整治。臣：使臣服。元元：百姓。子元元：纳天下百姓为子孙。

[33]说秦王书十上而说不行：第一个“说”(shuì)：劝说。第二个“说”(shuō)：主张，言论。说不行：主张不被推行，不被采纳。

[34]羸(léi)：通“缧”，缠绕。縢(téng)：绑腿布。履：穿。蹻：通“屩”(jué)，草鞋。此句意思为：扎系藤蔓，足穿草鞋。橐(tuó)：袋子。

[35]形容：形体容色。归色：愧色，“归”通“愧”，羞愧。

[36]发：翻找。陈箧(qiè)：摆列书箱。得太公阴符之谋：太公，姓姜，名尚，周文王臣，佐武王伐纣。阴符：即兵书《阴符经》。

[37]摩：接近，临近、逼近，此处意为“到……去”，前往。燕乌集阙：燕子和乌鸦群集的宫阙。燕乌集：比喻君子和小人、贤士和顽夫混杂在一起。

[38]赵王：赵肃侯，名语。抵掌而谈：两人手掌相抵，喻交心而谈。

[39]革车：古代兵车的一种。每一辆配甲士 13 人、步卒 72 人。纯(tún)：匹。溢：通“镒”(yì)，古代重量单位，合 24 两为 1 镒。

[40]约：邀约，联合。从：同“纵”，此指同盟阵营。散：离散、拆散。横：此指非同盟阵营势力。(参见注释[1]“连横”)

[41]关不通：函谷关内和关外的交通隔绝，指秦兵不能出函谷关。

[42]皆欲决：都想以……为决定。策：谋略，主张。

[43]式：通“试”，用、致力于。

[44]当：匹敌，与……抗衡。隆：兴盛，兴旺。用：用度，开销。转毂连骑：滚滚军车战骑。炫熿：光耀，炫耀。山东：指华山以东。大重：大受重视，“重”指尊崇，重视。

[45]且、夫：均为文言文句首助语词。特：只是，不过。穷巷掘门：居于贫穷巷子里，凿墙洞为门。桑户：用桑条编成门扇，引喻为贫穷的庄稼农户。棬(quān)：同“棬”，曲木做的饮器。棬枢：指门的枢座磨坏了，便临时用木杯来代用，喻寒酸至极。

[46]伏轼撙衔：伏扶于车轼之上。伏：伏身。轼：古代车厢前扶手横木。撙(zǔn)：勒，操控。衔：马嚼子。廷：通“庭”，殿庭。说：说服。杜左右之口：让左右其余人等难以表述自己的言论。杜：禁阻，堵塞。伉：通“抗”，对等，抗衡。

[47]清宫除道：清理房舍，洒扫街路。张乐设饮：摆列乐队，设置酒宴。郊迎：郊外迎接。虵行匍伏：蛇样曲回匍匐前行，虵：同“蛇”。谢：谢罪，忏悔过失或罪过。

[48]前倨而后卑：先前傲慢而后来谦卑。倨：傲慢。卑：谦卑。

[49]季子：在兄弟辈中对排行居次或最小的人的称呼，这里是嫂对小叔子的称呼。

[50]盖：通“盍”(hé)，表示反问语气，怎么。忽：忽视，轻视。盖可忽乎哉：怎么可忽视啊！

【导读】

苏秦是战国时期最著名的说客、谋士，是纵横家中纵派的核心人物，他最擅长战略谋划和游说辩论。本文通过苏秦初说连横后说合纵的政治活动，描写了苏秦醉心于追逐功名富贵的历程，也反映了当时炎凉的世态。

文章分两部分。第一部分写苏秦游说秦王主张连横，重点是苏秦的说辞，煽动秦王用战争的手段征服六国，但秦王没有采纳他的意见。第二部分写苏秦失败后发愤读书，转向游说楚、赵等六国，主张合纵，终于形成了六国联合共同抗秦的局面，苏秦从而也身佩六国相印，衣锦还乡。

这篇散文在塑造苏秦这个人物形象时，善于把人物性格的发展同各国的复杂斗争以及苏秦从失败到成功的经历结合起来，既写了苏秦勤奋攻读，洞悉天下形势的政治天才的一面，也写了他不惜一切手段获取功名富贵的一面，人物形象栩栩如生。文章突出表现了苏秦的辩才，游说时辞藻华丽、字字珠玑、文采飞扬、气势磅礴，善于抓住要害和本质问题、单刀直入，说理清晰，富有逻辑性。此外，行文简洁，重点突出，具有较强的概括力。语言上，运用了排比、对偶、比喻等修辞手法，富有韵律美。

【思考练习】

一、分析苏秦这个人物的性格特征。

二、如何看待苏秦获取功名富贵的手段？

三、分析苏秦游说的语言艺术。

先秦诸子语录

春秋战国时期，社会由奴隶制向封建制演进，变化急剧。与此相应，思想文化领域各种学说方兴未艾，出现了“九流互作，百家争鸣”的繁荣局面。儒家、道家、墨家、法家及兵家、农家、纵横家等流派的代表人物纷纷倡言立说，在政治、经济、军事、思想、文化、道德等方面各抒己见，提出了丰富多彩、充满智慧、富于创见的思想主张。尽管有些见解因受历史的局限带有明显的时代印记，但仍有不少论述总结了丰富的人生经验和渊深的思想学识，精辟警策，富有启迪和教益，至今仍值得借鉴汲取，是一笔弥足珍贵的文化遗产。

《论语》[1]

子曰[2]：学而不思则罔[3]，思而不学则殆[4]。(《论语·为政》)

子曰：由，诲汝知之乎[5]！知之为知之，不知为不知，是知也。(《论语·为政》)

子曰：富与贵，是人之所欲也，不以其道得之[6]，不处也[7]。贫与贱，是人之所恶也[8]，不以其道得之，不去也[9]。君子去仁[10]，恶乎成名[11]？君子无终食之间违仁[12]，造次必于是[13]，颠沛必于是[14]。(《论语·里仁》)

子曰：三人行，必有我师焉。择其善者而从之[15]，其不善者而改之。(《论语·述而》)

子在川上曰[16]：逝者如斯夫[17]！不舍昼夜[18]。(《论语·子罕》)

子曰：岁寒，然后知松柏之后凋也[19]。(《论语·子罕》)

子曰：其身正[20]，不令而行[21]；其身不正，虽令不从[22]。(《论语·子路》)

子曰：志士仁人，无求生以害人[23]，有杀身以成仁[24]。(《论语·卫灵公》)

【注释】

[1]《论语》：儒家学说经典，主要记载孔子及其弟子的言行，由孔子的弟子及再传弟子编纂而成。孔子(前551～前479)，名丘，字仲尼，鲁国陬邑(今山东曲阜)人，春秋时期著名的思想家、教育家，

儒家学派的创始人。
[2]子：先秦时对有学问、有道德的人的尊称。这里指孔子，《论语》各则语录均如此。
[3]罔(wǎng)：蒙蔽，欺骗。
[4]殆(dài)：危险。
[5]由：孔子弟子，姓仲，字子路。女：通“汝”。
[6]道：正当的途径。
[7]处：接受。
[8]恶(wù)：厌恶，不喜欢。
[9]去：摒弃，摆脱。
[10]仁：爱。
[11]恶(wū)乎：怎么可能。
[12]终食之间：在吃一顿饭那样的短时间里。
[13]造次：紧迫，匆忙。
[14]颠沛：跌倒、挫折，流离失所。
[15]善者：优秀、正确、善良、美好之处。
[16]川上：河岸上。
[17]逝者：流逝的东西，在此指时间。斯：这，此处指流水。
[18]舍：停止。
[19]凋：凋零，残落。
[20]正：行为端正。
[21]不令而行：没有命令也有人服从实行。
[22]虽令不从：即使三令五申人们也不听从。
[23]害仁：损害仁义。
[24]成仁：成全仁义。

【导读】

这里所选《论语》里的八则语录，内容主要在增进学业和修养人格两个方面。

孔子认为，增进学问，要有“知之为知之，不知为不知”的实事求是的态度，要把学习知识与思考辨析相结合；修养人格，贵在从善如流，见贤思齐，贵在以身作则，贵在经得住考验，要时时刻刻维护仁义，即使牺牲性命也在所不惜。这些思想见解，是孔子长期学识积累和丰富人生经验的积淀，言简意赅，充满真知灼见，两千多年来一直被人们广泛传颂，大多已成为人们牢记、遵循的格言。

【思考练习】

一、你认为孔子有关人格修养的这些论述在今天是否还有借鉴意义？

二、熟读并背诵这些语录。

《大学》[1]

古之欲明明德于天下者[2]，先治其国；欲治其国者，先齐其家[3]；欲齐其家者，先修其身；欲修其身者，先正其心；欲正其心者，先诚其意；欲诚其意者，先致其知[4]。致知在格物[5]。物格而后知至，知至而后意诚，意诚而后心正，心正而后身修，身修而后家齐，家齐而后国治，国治而后天下平。自天子以至于庶人，壹是皆以修身为本。其本乱而未治者否矣[6]。其所厚者薄，而其所薄者厚[7]，未之有也。(《大学·经一章》)

【注释】

[1]《大学》：曾参所作，儒家经典之一，录存于西汉成书的《小戴礼记》。大学：指人的道德修养，与偏重训诂、文字、音义的"小学"相对。

[2]明：彰明，发扬。明德：美德。

[3]齐：整治。

[4]致其知：充实其认识。

[5]格物：推究事物的道理。

[6]否：不对，不行。

[7]所厚者薄：对应看重的反而轻视。所薄者厚：对应看轻的反而重视。

【导读】

先秦儒家一贯重视人的道德修养。本文旨在阐明修身的途径以及修身的重要意义。作者认为，修身要从"格物"入手，由"格物"而"致知"、"诚意"、"正心"，循序渐进，以至"身修"，而后方能"齐家"、"治国"、"平天下"。尽管所论未必尽当，但其对修养自身道德的重视与强调，依然可作为我们提高自身修养、完善自我道德、建设精神文明的借鉴。

【思考练习】

一、谈谈你对"格物"、"致知"、"诚意"、"正心"、"修身"、"齐家"、"治国"、"平天下"八个方面之间关系的看法。

二、试结合我们今天的历史条件，谈谈道德修养的意义。

《中庸》[1]

或生而知之[2]，或学而知之[3]，或困而知之[4]，及其知之一也[5]；或安而行之[6]，或利而行之[7]，或勉强而行之[8]，及其成功一也。子曰[9]："好学近乎知，力行近乎仁，知耻近乎勇。"知斯三者[10]，则知所以修身；知所以修身，则知所以治人；知所以治人，则知所以治天下国家矣。(《中庸·第二十章》)

博学之，审问之，慎思之，明辨之，笃行之[11]。有弗学，学之弗能弗措也[12]；有弗问，问之弗知弗措也；有弗思，思之弗得弗措也；有弗辨，辨之弗明弗措也；有弗行，行之弗笃弗措也。人一能之己百之，人十能之己千之[13]。果能此道矣[14]，虽愚必明[15]，虽柔必强[16]。(《中庸·第二十章》)

【注释】

[1]《中庸》：儒家经典，录存于西汉成书的《小戴礼记》，相传为战国时孔伋(字子思，孔子之孙)所作。宋代时，程颐、朱熹把《中庸》与《大学》、《论语》、《孟子》并列为"四书"。

[2]或生而知之：有的人天资聪颖，能自然地从日常生活中获取经验知识。

[3]学而知之：通过学习获取知识。

[4]困而知之：通过解决困惑疑难问题获得知识。

[5]及其知之一也：尽管(上述三者的)途径不一样，但获取知识的效果是相同的。
[6]或安而行之：有的人心安理得，能出于本能自然地行道。
[7]利而行之：出于对自己有利而行道。
[8]勉强而行之：条件或力量不够，仍勉为其难，发愤用功而去行道。
[9]子曰：孔子说。据朱熹《四书集注》的说法，此二字为衍文。
[10]斯：此，这。
[11]“博学之”五句：这是讲如何达到“诚”的五层功夫。审：详审，详细。慎：谨慎，勤勉。笃：笃实。
[12]有弗学，学之弗能弗措也：要么不学，学了就一定要学会，否则就不会停止。有：有假设意味。措：停止，放弃。
[13]“人一能之”两句：别人用一倍功夫的，自己就用百倍功夫；别人用十倍功夫的，自己就用千倍功夫。
[14]果能此道矣：真的能具有这种精神。果：真。
[15]虽愚必明：即使再愚昧的人也必定能达到聪明的境地。虽：即使。
[16]虽柔必强：即使再软弱的人也必定能进至勇敢的境地。

【导读】

这两则语录主要论述了如何获取知识、实行儒道以达到“诚”的道德境界，并把个人的进学求知、修身养性看成是经世治国的基础和前提，对孔子、孟子的有关思想做了重要的阐发和补充。其中关于博学、慎思、明辨、笃行的论述，至今仍可作为我们治学为人的座右铭。

【思考练习】

一、你认为“生而知之”的内涵应该怎样理解？
二、为什么说“知耻近乎勇”？请举现实生活中的例子予以说明。

《老子》[1]

天下皆知美之为美，斯恶矣[2]；皆知善之为善，斯不善矣。故有无相生，难易相成，长短相形[3]，高下相倾[4]，音声相和[5]，前后相随。是以圣人处无为之事，行不言之教[6]。(《老子· 第二章》)

曲则全[7]，枉则直，洼则盈[8]，敝则新[9]，少则得，多则惑[10]。是以圣人抱一为天下式[11]。不自见，故明[12]；不自是，故彰[13]；不自伐，故有功[14]；不自矜，故长[15]。夫唯不争，故天下莫能与之争。(《老子· 第二十二章》)

图难于其易[16]，为大于其细[17]。天下难事必作于易；天下大事必作于细。是以圣人终不为大，故能成其大。(《老子· 第六十三章》)

【注释】

[1]《老子》：又名《德道经》、《道德经》，道家经典著作，相传为老子所著，但学术界对此书作者及其成书年代多有歧见。老子，据说即老聃，姓李名耳，春秋末楚国苦县(今河南鹿邑)人，曾做过周朝的“守藏室之吏”，后退隐。道家学派的创始人。

[2]斯恶矣:这就有了丑了。

[3]形:体现。

[4]相倾:相对,因对立而存在。

[5]和:和谐,谐和。

[6]处无为之事,行不言之教:以"无为"的态度处事,用"不言"的方式去教诲别人。

[7]曲则全:委曲反能保全。

[8]洼则盈:亏缺反能充盈。

[9]敝则新:陈旧反能新奇。

[10]少则得,多则惑:(知识)少的反而能获取,多了反而迷惑。

[11]圣人抱一为天下式:圣人以"一"为观察天下万物的工具。一:即老子所谓的"道"。式:也作"栻",古代占卜者所用的一种器具,以它转动的结果判定吉凶祸福。

[12]不自见,故明:不单一依赖自己的眼睛,所以才看得分明。

[13]不自是,故彰:不自以为是,所以才是非昭彰。

[14]不自伐,故有功:不自我夸耀,所以才有功劳。

[15]不自矜,故长:不自高自大,所以才会受到别人的一致尊重。长:领导者。

[16]图难于其易:打算克服困难,要在它还容易的时候(着手)。

[17]为大于其细:实现伟大的事业,要在它还微小的时候(开始)。

【导读】

从总体上讲,老子的哲学思想带有唯心色彩,但在一些具体的论述中,他却能用对立统一的辩证思维认识事物,给人以富有哲理的启迪。以上语录或揭示了有与无、长与短、高与下等范畴互为依存的关系,或揭示了曲与全、枉与直、旧与新等范畴互相转化的奥妙,其思想观点的辩证和论述的简明扼要很有可取之处。

【思考练习】

一、有论者认为老子是以退为进,从利己主义的立场来对待辩证法,你以为如何?

二、老子关于"曲则全,枉则直,洼则盈,敝则新,少则得,多则惑"的论述对你的学习工作有无教益?

逍遥游(节选)[1]

庄子

庄子(约前369~前286),名周,战国中期宋国蒙(今河南商丘东北)人,中国古代著名思想家。庄子出身贫寒,曾借粟度日,一度担任过蒙地的漆园吏。楚威王闻其贤名,以厚礼聘任相职,庄子不就,终身穷困。

庄子是老子之后道家的主要代表,后世并称"老庄"。庄子的主要思想主张是顺应自然,提倡无为而无不为。既有合理因素,也有消极成分。

《庄子》亦称《南华经》,道家学派的经典。今通行本收文33篇(内篇7、外篇15、杂篇11)。相传内篇为庄周自著,外、杂篇是庄周的门人和后学所撰。这些文章大都构思精巧,想象丰富,文笔恣肆,辞藻瑰丽,并多采用寓言形式,善作连类比喻，富有浪漫色彩。《庄子》一书对后人的人生观、文艺观和文艺创作都产生了深远影响。

北冥有鱼，其名为鲲[2]。鲲之大，不知其几千里也；化而为鸟，其名为鹏[3]。鹏之背，不知其几千里也；怒而飞[4]，其翼若垂天之云[5]。是鸟也，海运则将徙于南冥[6]。南冥者，天池也[7]。

齐谐者[8]，志怪者也[9]。谐之言曰："鹏之徙于南冥也，水击三千里[10]，抟扶摇而上者九万里[11]，去以六月息者也[12]。"野马也[13]，尘埃也[14]，生物之以息相吹也[15]。天之苍苍，其正色邪？其远而无所至极邪[16]？其视下也，亦若是则已矣。且夫水之积也不厚，则其负大舟也无力。覆杯水于坳堂之上[17]，则芥为之舟[18]，置杯焉则胶，水浅而舟大也。风之积也不厚，则其负大翼也无力。故九万里，则风斯在下矣[19]，而后乃今培风[20]；背负青天而莫之夭阏者[21]，而后乃今将图南。蜩与学鸠笑之曰[22]："我决起而飞[23]，抢榆枋而止[24]，时则不至，而控于地而已矣[25]。奚以之九万里而南为[26]？"适莽苍者[27]，三餐而反[28]，腹犹果然[29]；适百里者，宿舂粮[30]；适千里者，三月聚粮。之二虫又何知[31]！小知不及大知[32]，小年不及大年。奚以知其然也？朝菌不知晦朔[33]，蟪蛄不知春秋[34]，此小年也。楚之南有冥灵者[35]，以五百岁为春，五百岁为秋；上古有大椿者[36]，以八千岁为春，八千岁为秋，此大年也。而彭祖[37]乃今以久特闻[38]，众人匹之[39]，不亦悲乎！

汤之问棘也是已[40]。汤问棘曰："上下四方有极乎？"棘曰："无极之外，复无极也。穷发之北，有冥海者[41]，天池也。有鱼焉，其广数千里，未有知其修者[42]，其名为鲲。有鸟焉，其名为鹏，背若太山[43]，翼若垂天之云，抟扶摇羊角而上者九万里[44]；绝云气[45]，负青天，然后图南，且适南冥也。斥鴳笑之曰[46]：'彼且奚适也？我腾跃而上，不过数仞而下[47]，翱翔蓬蒿之间，此亦飞之至也[48]！而彼且奚适也？'"此小大之辩也[49]。

故夫知效一官[50]，行比一乡[51]，德合一君，而征一国者[52]，其自视也，亦若此矣。而宋荣子犹然笑之[53]。且举世誉之而不加劝[54]，举世非之而不加沮[55]；定乎内外之分[56]，辩乎荣辱之境[57]，斯已矣。彼其于世，未数数然也[58]。虽然，犹有未树也。夫列子御风而行[59]，泠然善也[60]，旬有五日而后反[61]。彼于致福者[62]，未数数然也。此虽免乎行，犹有所待者也[63]。

若夫乘天地之正[64]，而御六气之辩[65]，以游无穷者，彼且恶乎待哉[66]？故曰：至人无己[67]，神人无功[68]，圣人无名[69]。

【注释】

[1]本文节选自《庄子》中的《逍遥游》篇。逍遥游：闲适自得，不受拘束。

[2]冥：亦作"溟"，海之意。"北冥"，就是北方的大海。下文的"南冥"仿此。传说北海无边无际，水深而黑。鲲（kūn）：上古传说中的大鱼。

[3]鹏：飞禽名。一说此为古代的"凤"字。

[4]怒：奋起的样子，这里指鼓起翅膀。

[5]垂：边远，这个意义后代写作"陲"。一说遮，遮天。

[6]海运：海动。古有六月海动的说法，海水翻动而引起大风，鹏可以乘风南飞。徙：迁移。

[7]天池：天然的大池。

[8]齐谐：古书名，出于齐国。

[9]志怪：记载怪异的事物。志：记载。怪：怪异。
[10]击：拍打，这里指鹏鸟奋飞而起双翼拍打水面。
[11]抟(tuán)：环旋着往上飞。一说“抟”当作“搏”(bó)，拍击的意思。扶摇：又名飙，由地面急剧盘旋而上的暴风。
[12]去：离，这里指离开北海。息：气息，这里指风。
[13]野马：春天林泽中的雾气。雾气浮动状如奔马，故名“野马”。
[14]尘埃：扬在空中的土叫“尘”，细碎的尘粒叫“埃”。
[15]生物：概指各种有生命的东西。息：这里指有生命的东西呼吸所产生的气息。
[16]极：尽。
[17]覆：倾倒。坳(ào)：坑凹处，“坳堂”指厅堂地面上的坑凹处。
[18]芥：小草。
[19]斯：则，就。
[20]而后乃今：这之后方才。以下同此解。培风：凭借风力。
[21]夭阏(è)：阻挡，遏制。“莫之夭阏”即“莫夭阏之”的倒装。
[22]蜩(tiáo)：蝉。学鸠：一种小灰雀，这里泛指小鸟。
[23]决(xuè)起：奋力，一说随意。
[24]抢(qiāng)：触，碰。“抢”也作“枪”。榆枋：两种树名。“抢榆枋而止”另有版本也作“枪榆坊而止”。
[25]控：投下，落下来。
[26]奚以：哪里用得到。之：去到。为：句末疑问语气词。
[27]适：往，去到。莽苍：指迷茫看不真切的郊野，这里引申为近郊。
[28]三餐：一日的意思。意思是只需一日之粮。反：同“返”。
[29]犹：还。果然：饱的样子。
[30]宿：这里指1夜。
[31]之：这。二虫：指上述的蜩与学鸠。
[32]知(zhì)：同“智”，智慧。
[33]朝：清晨。晦朔：晦，农历每月的最后一天；朔，农历每月的第一天。一说“晦”指黑夜，“朔”指清晨。
[34]蟪蛄(huì gū)：即寒蝉，春生夏死或夏生秋死。
[35]冥灵：传说中的大龟，一说树名。
[36]大椿：传说中的古树名。
[37]彭祖：古代传说中年寿最长的人。
[38]乃今：而今。以：凭。特：独。闻：闻名于世。
[39]匹：配，比。
[40]汤：商汤。棘：汤时的贤大夫。已：矣。
[41]穷发：不长草木的地方。
[42]修：长。
[43]太山：大山。一说即泰山。
[44]羊角：旋风，回旋向上如羊角状。
[45]绝：穿过。
[46]斥鴳(yàn)：即暧雀，鸟名，喻志向狭隘。
[47]仞：古代长度单位，周制为8尺，汉制为7尺，这里应从周制。
[48]至：极点。
[49]辩：通“辨”，区别。

[50]效:功效,这里含有胜任的意思。官:官职。知:同"智"。

[51]行(xíng):品行。比:同"庇",庇护,庇佑。

[52]而:古音与"能"同,两字通用,能力。征:取信。

[53]宋荣子:宋钘,战国时期的思想家。犹然:笑的样子。

[54]举:全。劝:劝勉,勉励。

[55]非:责难,批评。沮(jǔ):沮丧。

[56]内外:这里分别指自身和身外之物。在庄子看来,自主的精神是内在的,荣誉和非难都是外在的,而只有自主的精神才是重要的、可贵的。

[57]境:界限。

[58]数数(shuò)然:指急迫用世、谋求名利的样子。

[59]列子:郑国人,名叫列御寇,战国时代思想家,相传他因遇仙人而学得法术,能够乘风而行。御:驾驭。

[60]泠(líng)然:轻快的样子。

[61]旬:10天。有:又。

[62]致:罗致,这里有寻求的意思。

[63]待:凭借,依靠。

[64]乘:遵循,凭借。天地:这里指万物,指整个自然界。正:本,这里指自然的本性。

[65]御:因循、顺着。六气:指阴、阳、风、雨、晦、明。辩:通作"变",变化的意思。

[66]恶(wū):何,什么。

[67]至人:道德修养最高尚的人。无己:清除外物与自我的界限,达到忘掉自己的境界。

[68]神人:精神世界完全能超脱于物外的人。无功:不建立功业。

[69]圣人:思想修养臻于完美的人。无名:不追求名誉地位。

【导读】

本文表现了庄子对功名利禄的蔑视和对不受时空限制的绝对自由的追求。作者认识到世上万物的活动都依赖于一定的外在条件,具有朴素的辩证思想,但他在此基础上所倡导的所谓"逍遥游"却虚无缥缈,无法施行。另外,对功名的鄙夷虽然反映了他对当时现实的不满与批判,但对一切功名的绝对否定也会影响到人们消极避世、逃避应负的社会责任。

本文虽然重在阐述哲理,却具有很高的文学价值。作者采用一连串的寓言和比喻来援事说理,使文章显得十分形象生动。想象的丰富奇特、笔调的夸张恣肆,则使文章具有浓郁的浪漫色彩和恢弘的气势,产生了震撼人心的艺术魅力。

【思考练习】

一、试述本文思想观点的积极意义与可能产生的消极影响。

二、庄子在本文中所提出的"大小之辨"有何合理性?

三、谈谈你对本文"寓理于形象之中"的体会和认识。

湘夫人[1]

屈原

屈原(约前340～前278年),名平,字原,又自云名正则,字灵均,战国末期楚国人，出身贵族。屈原博闻强记，志存高远；长于辞令，明于治乱。曾任楚怀王的左徒、三闾大夫。主张内修法度，外联齐国，富国强兵。但遭贵族排挤，小人谗言，终被革职放逐。公元前278年夏历五月初五，屈原自沉汨罗江而死。屈原是我国文学史上第一位伟大的爱国主义诗人，他在楚地民歌基础上创造了以《离骚》为代表的“楚辞”，对后世影响非凡。其诗篇想象丰富，绮丽多姿，与《诗经》的现实主义风格迥异，因而又被誉为我国浪漫主义文学的源头。

屈原留存下来的作品，研究者多认为有《离骚》、《天问》、《九歌》(11篇)、《九章》(9篇)等。《湘夫人》选自《九歌》第四篇，与其中《湘君》是姐妹篇，均为祭祀湘水之神的诗：《湘君》祭祀男神，《湘夫人》祭祀女神。全诗以男神湘君的独唱为主，表达对女神湘夫人的思念。

帝子降兮北渚，目眇眇兮愁予[2]。嫋嫋兮秋风[3]，洞庭波兮木叶下。

登白薠兮骋望[4]，与佳期兮夕张[5]；鸟何萃兮蘋中[6]，罾何为兮木上[7]！

沅有茝兮澧有兰[8]，思公子兮未敢言[9]。荒忽兮远望[10]，观流水兮潺湲[11]。

麋何食兮庭中？蛟何为兮水裔[13]？朝驰余马兮江皋[14]，夕济兮西澨[15]。闻佳人兮召予，将腾驾兮偕逝[16]。

筑室兮水中，葺之兮荷盖[17]。荪壁兮紫坛[18]，匊芳椒兮成堂[19]；桂栋兮兰橑[20]，辛夷楣兮药房[21]。罔薜荔兮为帷[22]，擗蕙櫋兮既张[23]；白玉兮为镇[24]，疏石兰兮为芳[25]。芷葺兮荷屋[26]，缭之兮杜衡[27]。

合百草兮实庭[28]，建芳馨兮庑门[29]。九嶷缤兮并迎[30]，灵之来兮如云[31]。

捐余袂兮江中[32]，遗余褋兮澧浦[33]；搴汀洲兮杜若[34]，将以遗兮远者[35]。时不可兮骤得[36]，聊逍遥兮容与[37]！

【注释】

[1]本诗选自屈原的《九歌》，但有人怀疑此诗是后人怀念屈原的作品。湘夫人：传说中的湘水神的配偶。

[2]帝子：传说湘夫人为帝尧之女，故称帝子。渚：水边小洲。眇(miǎo)眇：远望茫然的样子。愁予：使我忧愁。

[3]嫋(niǎo)嫋：形容秋风之柔弱。

[4]白薠：水草名，生湖泽间。骋望：纵目而望。

[5]佳：佳人，指湘夫人。期：期约。张：陈设，指陈设帏帐，祭品等。黄昏时陈列物品与佳人约会。

[6]萃：集，聚。

[7]罾(zēng)：鱼网。鸟聚水中，鱼网挂树上，暗喻佳人失约，事与愿违。

[8]沅：沅水，在今湖南省。澧(lǐ)：澧水，在今湖南省。茝(zhǐ)：白芷，一种香草。

[9]公子：指帝子，湘夫人。古代贵族称公族，贵族子女不分性别，都可称“公子”。

[10]荒忽：同“恍惚”，神志迷乱的样子。

[11]潺湲：水流缓慢但不间断的样子。

[12]麋：兽名，似鹿而大。

[13]水裔：水边。蛟本当在深渊而在水边，比喻所处失常。

[14]皋：水边高地。

[15]澨(shì)：水边。

[16]腾驾:驾着马车奔腾飞驰。偕逝:同往。

[17]葺:修补,这里指用茅草盖屋。荷盖:用荷叶盖屋顶。

[18]荪壁:用荪草饰壁。荪(sūn):一种香草。紫:紫贝。坛:庭院。

[19]𢿛:同“播”,散播。方椒:香椒。成(shèng):作动词,装饰。

[20]栋:屋栋,屋脊柱。橑(lǎo):屋椽。

[21]辛夷:香木名。楣:门上横木。药:香草名,即白芷。房:卧室。

[22]罔:通“网”,作编织。薜荔:一种香草,缘木而生。帷:帐幔。

[23]擗(pǐ):剖。蕙:一种香草。櫋(mián):帐顶。张:挂。

[24]镇:压席之物。

[25]疏:散布,分陈。石兰:兰草的一种。芳:同“防”,屏风,

[26]葺:覆盖。

[27]缭:缠绕。杜衡:一种香草。

[28]合:合聚。百草:指众芳草。实:充满。

[29]馨:散布很远的香气。庑(wǔ)门:厅堂四周走廊。

[30]九嶷(yí):山名,又名苍梧,传说中舜的葬地,在湘水南。这里指九嶷山神。缤:盛多的样子。

[31]灵:灵幻,九嶷山诸神。如云:形容众多。

[32]捐:抛进。袂(mèi):衣袖。

[33]褋(dié):单裙。澧浦:澧水边。

[34]搴(qiān):取。汀:水中或水边的平地。杜若:一种香草。

[35]遗(wèi):赠送。远者:指湘夫人。

[36]骤:轻易,一下子。

[37]聊:姑且。逍遥:心宽胸优。容与:悠闲的样子。

【导读】

《湘夫人》是抒情诗歌之典范。全诗表现了湘君思念湘夫人望而不见、遇而不得的痛苦心情。湘夫人是屈原理想的化身,诗歌的悲剧结局象征着诗人的追求和理想的破灭,反映了诗人当时内心的惆怅、失落和欲罢不能的矛盾心理。诗人通过丰富的想象和细节描写刻画湘君:用“秋风落叶”衬托湘君惆怅忧思之情;用黄昏约会、蘋中之鸟、挂树之渔网表现湘君等待佳人之孤独;用想象中与佳人同处表现湘君热烈的爱情。诗中所描绘的水中居室都是用香木香草筑成,体现了屈原作品的一贯特点。乐于称道“香草美人”,表明了屈原志洁行廉的人格和对芳馨美好理想境界的追求。

本诗句法长短不一,富于变化。以六言为主,极少复沓。多用楚地方言“兮”,增加了诗歌的音韵美,而且想象夸张,文辞华丽,采用大量神话传说,均充分体现了楚辞的特点。

【思考练习】

一、以《湘夫人》为例谈谈楚辞的特点。

二、比较《楚辞》与《诗经》在语言表达上的差异。

第二章　秦汉魏晋南北朝文学

秦末的陈胜、吴广农民起义推翻了秦王朝的统治，之后项羽和刘邦楚汉相争，刘邦取得了最后胜利，于公元前202年称帝，建立了西汉王朝。西汉末年，由于土地兼并的加剧和广大农民的贫困，又爆发了绿林、赤眉起义，结束了西汉王朝的统治。公元25年，刘秀(汉光武帝)在洛阳重建汉王朝，史称“东汉”。东汉末年，由于外戚、宦官统治集团内部斗争和阶级矛盾的尖锐化，爆发了黄巾农民起义，最后形成了魏、蜀、吴三国鼎立的割据局面。公元265年，司马炎(晋武帝)伐魏称帝，建立了西晋王朝。西晋末年，居住在北方黄河流域一带的匈奴等族乘西晋统治集团内部争权夺利、互相残杀的机会消灭了西晋政权，在北方形成了五胡十六国的混战局面。公元317年，司马睿(晋元帝)在建康建立了东晋新政权。之后，在南方先后又出现了宋、齐、梁、陈四个政权，史称“南朝”(420～589)。北方的拓跋珪(魏道武帝)于公元386年建立了北魏政权，到公元439年统一了北方。以后又分为北齐、北周，史称“北朝”(386～581)。公元581年，杨坚(隋文帝)灭周称帝，建立了隋王朝，589年灭陈，重新统一全国，结束了南北长期分裂的局面。

秦朝统治较为短暂，加上“焚书坑儒”文化政策的施行，使得秦代文学没有什么突出成就，仅有李斯的《谏逐客书》逻辑严密，文采斐然，值得一读。

西汉初期，由于全国统一，政治相对稳定，生产逐步稳定和发展，到汉武帝时，社会经济达到一定程度的繁荣富庶。统治阶级大置宫室园苑，田猎游乐，追求穷奢极欲的物质享受。在这样的物质基础之上产生了一种基本上为宫廷上层统治者服务的文学——汉赋。如司马相如的《子虚赋》、《上林赋》，就是虚拟楚王游猎云梦的盛况、描述天子在上林苑游猎的壮观，满篇奇字怪语、铺排堆砌。又如杨雄的《甘泉赋》、《羽猎赋》、《长杨赋》，班固的《两都赋》，张衡的《两京赋》等，大都是歌功颂德、为上层统治阶级服务的作品。当时另一类作品如贾谊的《吊屈原赋》，张衡的《归田赋》、《思玄赋》，赵壹的《刺世疾邪赋》等，或者写自己不得志的遭遇，或者抒发对当时政治不满的情感，是汉赋中较有价值的作品。

汉代文学中另一类较有价值的作品是乐府诗中的民歌。它们来自民间，能在一定程度上反映劳动人民的生活情况和思想感情。如《东门行》、《十五从军征》等写统治者对人民的压迫、剥削以及所引起的怨恨、反抗情绪；《妇病行》、《孤儿行》等写封建社会中下层人民的悲惨生活和存在的社会问题；《上山采蘼芜》、《白头吟》等反映了宗法社会中妇女遭受的特殊不幸和痛苦；也有一些表现男女爱情波折和内心复杂感情的情歌，如《有所思》、《上邪》等。这些作品对后世文人创作产生了巨大的影响。从建安时代曹操父子运用乐府旧题写作大量诗歌到唐代诗人白居易提倡的新乐府运动，都可以看到汉乐府与它们之间的密切联系。

除乐府诗外，汉代还有一组无名作家的作品《古诗十九首》。这组诗大都表现游子思妇的离愁别绪和消极悲观、及时行乐等思想，充满了感伤低沉的情调。形式上采用五言，语言质朴自然，在艺术描写方面有较高成就，是早期文人五言诗的重要作品。

东汉末年还出现了蔡琰的《悲愤诗》和无名氏的《孔雀东南飞》两篇长篇叙事诗。《悲愤诗》写作者自己在汉末战乱中被掳入南匈奴的痛苦经历和晚年回乡与儿子分别时的悲痛心情。作者通过自身的不幸遭遇控诉了军阀混战给人民带来的深重苦难，具有强烈的时代精神。《孔雀东南飞》则通过焦仲卿与刘兰芝的爱情悲剧，深刻揭露了封建礼教的罪恶，并对诗中主人公的不幸遭遇和反抗精神给予了同情和赞扬。这两首诗歌的出现，标志着长篇叙事诗发展到了成熟阶段。

汉武帝时，出现了我国历史上伟大的散文作家、《史记》的作者司马迁。《史记》是一部伟大的历史著作，全书有本纪、年表、书、世家、列传共 130 篇。司马迁阅读了大量文献资料，并亲自游历了各地，进行实地考察，除纵观山水形势、探访名胜古迹外，还采访了各种传说和有关人物的遗闻轶事，从而为写作《史记》打下了扎实的基础。《史记》在文学上也有杰出的成就。由于作者自身受到统治者的迫害，因此，《史记》中对一些受迫害者和社会下层人物往往寄予深刻的同情，对品质高尚、对社会作出某种贡献的人物都给予较高的评价；对凭借权势作威作福、欺压弱小的统治阶层进行无情的鞭挞。同时，作者能够运用丰富而精练的语言，准确塑造众多具有各自性格特征的丰满生动的人物形象，使作品的思想性和艺术性达到高度的统一，从而成为后代散文创作的典范，并对我国散文创作的发展有着极为深远的影响。

从公元 196 年(汉献帝建安元年)至公元 589 年约近 400 百年，是中国历史上的魏晋南北朝时期，这一时期的文学称为魏晋南北朝文学，魏晋南北朝文学在整个中国文学史上有重要地位，是一个承上启下、走向繁荣的过渡时期。这一时期，在文学思想与文学的题材、体裁以及整体风貌上，都呈现出许多新的变化。

汉末建安时代是这一时期文学史上一个突出的阶段，代表作家有曹氏父子(曹操、曹丕、曹植)和“建安七子”(孔融、陈琳、王粲、徐干、阮瑀、应玚、刘桢)。他们亲身经历了汉末动乱的社会现实，目睹了在动乱时代民生的苦难，因而大都既有远大的政治理想与抱负，又具有务实的精神和通脱的作风与态度，其作品大都呈现出高扬理想、忧时伤世、充满个性、富有悲剧色彩的特征，这种特点后世称之为“建安风骨”。曹操(155～220)一生戎马，对现实有较多的接触，他的作品如《蒿里行》、《苦寒行》、《却东西门行》、《薤露》等诗都能反映汉末动乱的社会现实和人民流离失所的苦痛生活。在《短歌行》、《步出东门行》等作品中则抒写了他要求建功立业的意志。他的诗全部采用乐府歌辞旧题，感情深沉，情调苍凉悲壮。曹植(192～232)在年轻时就很有文学才华，过着贵族公子的优裕生活，早期作品如《箜篌引》、《白马篇》、《名都篇》等就是他这一时期生活的写照。但是他哥哥曹丕做了皇帝以后，他政治上受到了压抑，在 41 岁时抑郁不得志而死。在《赠白马王彪》、《吁嗟篇》、《野田黄雀行》等作品中强烈地反映了这种统治阶级的内部矛盾和受压抑的不满情绪。曹植是这一时期的代表作家，他的很多作品虽然仍旧采用乐府旧题，但抒情成分却大为加强，语言也趋向精丽华美。诗歌中的作者形象更为鲜明突出，对后世文人五言诗的发展起了积极的推动作用。“七子”中的一些诗人由于亲身经历了当时动乱的社会现实，因此，出现了像王粲的《七哀诗》、陈琳的《饮马长城窟行》、阮瑀的《驾出北郭门行》这类反映当时社会现实的作品，为建安文学增添了现实主义的光辉。

魏晋之间的文人以“竹林七贤”(阮籍、嵇康、阮咸、山涛、向秀、刘伶、王戎)为代表。面对政治上的高压与黑暗，他们内心极为苦闷，便以老庄的"自然"、"无为"为武器对抗司马氏所提倡的名教，作品大多表现为对礼教虚伪的揭露与对黑暗政治的抗议。就整体风貌而言，他们的作品没有了建安文学慷慨悲凉的歌唱，而代之以韬晦遗世与忧生之嗟。但就精神实质而言，仍真实地反映了现实，与建安文学有着相通之处。阮籍(210～263)写了80多首《咏怀诗》，内容大都表达对当时政治的不满和自己无法解脱的苦闷心情。由于生活在统治阶级内部斗争十分复杂的魏晋易代之间，表达时采用了隐晦讽喻的手法。嵇康(223～262)的主要成就是散文，他的作品见解精辟新颖，笔锋犀利，代表作《与山巨源绝交书》表达了自己不愿与司马氏合作的坚定意志。

西晋太康时期文学代表人物有三张(张载、张协、张元)、二陆(陆机、陆云)、两潘(潘尼、潘岳)、一左(左思)。其中左思最为杰出。他继承并发扬了"建安风骨"的传统，作品内容充实，富于力度，充满了寒士不平的抗争以及对门阀制度的抨击与蔑视。

东晋末年的陶渊明(365～427)是这一时期成就最高的伟大诗人。他出身于没落的官僚地主家庭，自己也曾做过县令、参军一类小官，但他在与现实生活的接触中，看到当时官场的污浊腐败，毅然辞官归隐。他的诗歌质朴自然，明白如话，真实地表达了他的生活遭遇和思想感情。陶渊明歌颂田园生活的作品开创了后代诗歌创作中"田园诗"这一流派，他的一些辞赋和散文，如抒写弃官归隐时愉快心情的《归去来兮辞》、寄托自己社会理想的《桃花源记》等都是名篇。

南朝比较有名的诗人是谢灵运和鲍照。谢灵运(385～433)是第一个致力于写作山水诗的诗人，存诗100余首，其中大部分是山水诗。他的诗歌描写自然景物比较细致，注重字句的锤炼，风格精工富艳，但有时过分雕琢。鲍照(414～466)出身寒微，一生不得志，在他的《拟行路难》、《东武吟》、《拟古》等诗中对世家大族垄断政权的不合理现象表示了强烈不满，对下层人民遭受的压迫和剥削表示了极大的同情。他写了很多七言歌行，在学习乐府民歌的基础上为七言诗体的创作开创了一个新的局面。

南北朝时期的乐府民歌是继周民歌和汉乐府民歌之后，以比较集中的方式出现的又一批民间口头创作，是我国诗歌史上又一新的发展。它不仅反映了新的社会现实，而且创造了新的艺术形式和风格。南朝乐府民歌主要有出现在长江下游一带的"吴声歌曲"和产生在长江中、上游一带的"西曲"。这些民歌内容比较单纯，大都是描写男女爱情的恋歌，形式较简短，很多是五言四句的小诗，语言清新自然，往往运用很多谐声双关语，在艺术表现手法上很有特色。北朝乐府反映的内容大都偏重于社会现实，表达的感情也比较直率、粗犷，不像"吴声"、"西曲"那样委婉细腻。其中长篇叙事诗《木兰诗》塑造了一个聪明勇敢、不爱名利的女性英雄形象，是北方民歌中的杰作。

魏晋南北朝晚期的小说比以前有了进一步的发展，如晋干宝的志怪小说《搜神记》，其中除宣扬鬼神迷信的作品外，也保存了一些优秀的神话故事和民间传说。如《干将莫邪》、《韩凭夫妇》、《吴王小女》、《李寄》等篇，反映了统治者的昏庸残暴和人民不畏强暴、敢于斗争的反抗精神。南朝宋代刘义庆(403～444)的《世说新语》则是记载汉末到东晋这一阶段士族阶层轶事和言谈的笔记小说，语言非常精练，往往通过一言一行勾勒出人物的肖像和精神面貌，对后代的笔记小说产生深远影响。

齐、梁时代出现了两部文学理论批评的专门著作：刘勰(466～532)的《文心雕龙》和钟嵘(486～518)的《诗品》。《文心雕龙》对文学的创作方法、文体的源流演变以及对作家作品的评价都作了全面系统的论述。《诗品》把汉代以来100多个五言诗作者分为上、中、下三品，追源溯流，对每个作家进行了评论。

总之，两汉魏晋南北朝文学在辞赋、散文、诗歌、小说、文学理论批评等各个方面都取得了独特的成就。特别是司马迁的《史记》，以它的独创性和高度艺术成就成为后代史传文学和散文创作的典范。诗歌中的乐府民歌，以曹氏父子为代表的建安文学以及陶渊明、谢灵运、鲍照等人的作品，开辟了诗歌创作内容和形式的新领域，为唐代诗坛的高度繁荣奠定了良好的基础。

谏逐客书[1]

李斯

李斯（？～前208年），战国末年楚国上蔡（今河南上蔡西南）人，法家学派的代表人物。李斯青年时代做过郡小吏，后与韩非一起跟从荀子学习"帝王之术"。前247年西入秦国，得秦王的赏识，初拜客卿，后任廷尉等职，官至丞相。在秦王嬴政亲政期间，协助秦王做了大量工作，为统一中国、建立中国历史上第一个大一统的中央集权的封建主义国家做出了巨大贡献。秦始皇死后，赵高谋立胡亥（二世），李斯被迫屈从，但最后仍被赵高杀害。

李斯留下的著述不多，主要有《谏逐客书》、《论统一书》、《行督责书》和《自罪书》等，大都被收入《史记·李斯列传》。

臣闻吏议逐客，窃以为过矣[2]。

昔缪公求士[3]，西取由余于戎[4]，东得百里奚于宛[5]，迎蹇叔于宋[6]，来邳豹、公孙支于晋[7]。此五子者，不产于秦，而缪公用之，并国二十，遂霸西戎。孝公用商鞅之法[8]，移风易俗，民以殷盛，国以富疆[9]，百姓乐用，诸侯亲服，获楚、魏之师[10]，举地千里，至今治强。惠王用张仪之计[11]，拔三川之地[12]，西并巴、蜀[13]，北收上郡[14]，南取汉中[15]，包九夷[16]，制鄢、郢[17]，东据成皋之险[18]，割膏腴之壤[19]，遂散六国之从[20]，使之西面事秦，功施到今。昭王得范雎[21]，废穰侯[22]，逐华阳[23]，疆公室，杜私门[24]，蚕食诸侯，使秦成帝业。此四君者，皆以客之功。由此观之，客何负于秦哉？向使四君却客而不内[25]，疏士而不用，是使国无富利之实，而秦无疆大之名也。

今陛下致昆山之玉[26]，有随、和之宝[27]，垂明月之珠[28]，服太阿之剑[29]，乘纤离之马[30]，建翠凤之旗[31]，树灵鼍之鼓[32]。此数宝者，秦不生一焉，而陛下说之[33]，何也？必秦国之所生然后可[34]，则是夜光之璧不饰朝廷[35]；犀象之器不为玩好[36]；郑、卫之女不充后宫[37]，而骏良駃騠不实外厩[38]，江南金锡不为用[39]，西蜀丹青不为采[40]。所以饰后宫，充下陈[41]，娱心意，说耳目者，必出于秦然后可，则是宛珠之簪，傅玑之珥，阿缟之衣，锦绣之饰不进于前[42]，而随俗雅化、佳冶窈窕赵女不立于侧也[43]。夫击瓮叩缶、弹筝搏髀，而歌呼呜呜、快耳目者，真秦之声也[44]；郑卫桑间、《韶》、《虞》、《武》、《象》者[45]，异国之乐也。今弃击瓮叩缶而就郑卫，退弹筝而取《韶》、《虞》，若是者何也？快意当前，适观而已矣[46]。今取人则不然。不问可否，不论曲直，非秦者去，为客者逐。然则是所重者在乎色、乐、珠、玉，而所轻者在乎人民也。此非所以跨海内、制诸侯之术也。

臣闻地广者粟多，国大者人众，兵疆则士勇。是以太山不让土壤，故能成其大；河海不择细流，故能就其深；王者不却众庶，故能明其德[47]。是以地无四方，民无异国，四时充美，鬼神降福，此五帝三王之所以无敌也[48]。今乃弃黔首以资敌国[49]，却宾客以业诸侯[50]，使天下之士退而不敢西向，裹足不入秦，此所谓“藉寇兵而赍盗粮”者也[51]。

夫物不产于秦，可宝者多；士不产于秦，而愿忠者众。今逐客以资敌国，损民以益雠，内自虚而外树怨于诸侯，求国无危，不可得也。

【注释】

[1]本文选自《史记·李斯列传》。公元前237年，秦王嬴政受“水工事件”的刺激（韩国派水工郑国来秦，名义上帮助秦国搞水利建设，真实目的是为了耗费秦国国力，以此阻秦攻韩），在宗室大臣的怂恿下，下令逐客，即把由六国前来为秦服务的各类人才赶走。当时李斯为客卿，亦在被逐之列。在这种情况下，李斯写此文对秦王嬴政作劝谏。

[2]窃：私下，自谦之词。过：错误，不妥。

[3]缪公：即秦穆公，前659～前621在位，春秋五霸之一。缪：通“穆”。

[4]由余：晋人的后裔，以亡命入西戎地区，奉戎王命出使秦国，后被秦穆公设计收买，继而为秦定计伐戎成功。

[5]百里奚：原为虞国大夫。晋灭虞被俘，后作为晋献公女儿的陪嫁奴仆入秦。逃亡到宛，因有才能，秦穆公用五张黑公羊皮赎出，并拜其为相，是辅佐秦穆公称霸的重臣。宛（yuān）：今河南南阳。

[6]蹇（jiǎn）叔：本是歧（今陕西岐山）人，居于宋国，经百里奚推荐，秦穆公以厚币接他入秦为上大夫。

[7]来：招来。邳豹：晋大夫丕郑之子，因其父被杀逃到秦国，穆公任为大将。公孙支：字子桑，岐人，居于晋，穆公收为谋臣，任大夫。

[8]孝公：秦孝公。商鞅之法：秦孝公时听从商鞅的建议实行变法，奠定秦国富强的基础。商鞅：姓公孙，名鞅，卫国人。

[9]疆：同“强”。

[10]获楚、魏之师：指商鞅于前340年率秦军大破魏军，继而又战胜楚军。

[11]惠王：秦惠文王，前337～前311在位。张仪：魏国人，西入秦，被惠王任为相。张仪之计：张仪提出用“连横”（劝说他国与秦联合）去瓦解东方六国“合纵”（联合抗秦）的谋略。

[12]三川之地：韩国内有黄、雒、伊三河流经之地，秦攻取此地后设三川郡（今河南西部）。但从史实看，秦攻取三川在惠王和张仪死后。

[13]巴、蜀：战国时期的两个小国，分别在今四川省的东部和西部。前316年，秦灭蜀。

[14]上郡：魏地，在今陕北一带，前328年，魏国以上郡十五县献秦求和。

[15]汉中：楚地，在今陕南汉水流域，前312年，秦大破楚军而占取。

[16]九夷：楚国中的各少数民族地区。

[17]鄢（yān）、郢（yǐng）：均为楚地，郢是楚国都。本句泛指前280至前277年间秦国攻取大片楚地之事。

[18]成皋：又名虎牢，军事要地，在今河南荥阳西北。

[19]膏腴：肥沃。

[20]六国之从：六国（韩、魏、赵、齐、燕、楚）的联合抗秦的策略。

[21]昭王：秦昭襄王，前306～前251在位。范雎（jū）：魏国人，入秦后被昭王拜为相。

[22]穰(rǎng)侯:即魏冉,楚人后裔,秦昭王之母宣太后的异父弟,受封于穰(今河南邓县),故称穰侯。

[23]华阳:即华阳君芈(mǐ)戎,楚昭王之母宣太后之同父弟。

[24]杜私门:杜绝、堵塞贵戚的利益。

[25]向使:假如,假使。却:拒绝,拒弃。内:同“纳”,接纳。

[26]昆山之玉:昆仑山北麓(今新疆和田地区)所产的良玉。

[27]随、和之宝:随侯珠和和氏璧,传说中春秋时随侯所得的夜明珠和楚人卞和来得的美玉。

[28]明月之珠:向明月那样光泽明亮的珠子。

[29]太阿(ē):宝剑名,相传为春秋著名工匠欧冶子、干将所铸。

[30]纤离:骏马名。

[31]翠凤之旗:用珍禽羽毛作为装饰的旗帜。

[32]灵鼍(tuó)之鼓:用灵鼍之皮蒙成的鼓,灵鼍即扬子鳄。

[33]说:通“悦”,喜悦,喜爱。

[34]可:合心意。

[35]夜光之壁:玉器名。

[36]犀象之器:用犀牛角和象牙制成的器具。

[37]郑、卫之女:来自郑、卫两国的能歌善舞的美女。

[38]骏良駃(jué)騠(tí):骏马,良马。

[39]金锡:泛指各种金属矿产。

[40]丹青:染料,颜料。

[41]下陈:殿堂下陈放礼器、站立傧从的地方。充下陈:此泛指将财物、美女充满府库后宫。

[42]宛珠之簪,傅玑之珥,阿缟之衣,锦绣之饰:泛指后宫嫔妃和宫女的各种名贵衣饰。

[43]随俗雅化,佳冶窈窕赵女:装扮时髦、妖艳妩媚、楚楚动人的美女嫔妃。赵女:赵国多美女,故有此说。

[44]击瓮(wèng)叩缶(fǒu):敲打瓦罐瓦盆。瓮、缶都是瓦器,秦人作为乐器敲打,比较原始。搏髀(bì):拍打大腿,以此掌握音乐唱歌的节奏。

[45]郑卫桑间:郑、卫两国的民乐民歌。《韶》、《虞》:虞舜时的乐曲名。《武》、《象》:周武王时的舞曲名。

[46]适观:适合观赏,使人得到欢乐。

[47]明其德:显示出政治气魄和威望。

[48]五帝:黄帝、颛顼、帝喾、尧、舜。三王:夏、商、周三代开国君主,即夏禹、商汤、周文王和周武王。

[49]黔首:泛指百姓。资:资助,供给。

[50]业:辅助,壮大,使之成霸业。

[51]藉:借。赍(jī):送,送给。这句是说,把武器粮食供给寇盗。

【导读】

本文论述秦王下令驱逐客卿的错误。作者对症下药,以历代客卿为秦国富强卓有功勋的历史事实和秦王喜好来自各诸侯国的声色器物的眼前事实,指出其驱逐客卿的无理与偏执,并从国家利益的高度,揭示驱逐客卿的严重危害,具有极强的针对性和说服力。文章的立足点相当巧妙,作者始终不谈客卿的利益,纯粹从秦国的危亡着眼,为秦王的统一大业着想,无怪乎秦王看后幡然醒悟,立即收回了成命。

在陈明事实和论说道理时,作者往往以正面陈说为主,以反面推论为辅,正反对比,利害对举,使得事理明白、是非昭然,增强了文章的说服力。文章多用排比与对偶句式,语汇丰富，颇有文采，继承发扬了战国时期纵横家剧谈雄辩的风格。

【思考练习】

一、联系课文内容和学过的中外历史知识，谈谈在取人用人问题上的“关门主义”、“地方主义”以及“不问可否、不论曲直”的形而上学的思想方法的危害性。

二、分析领会课文第二自然段中采用的“以物喻人”的论证方法。

项羽本纪（节选）[1]

司马迁

司马迁（约前145～?）字子长，西汉夏阳（今陕西韩城人）。青年时多次外出游历，足迹遍及南北各地。30岁为郎中。数年后承袭父职任太史令，读到大量政府藏书。他继承父志，于太初元年（前104年）开始着手编写《史记》。天汉二年（前99年），由于替投降匈奴的李陵辩解，得罪汉武帝，被处宫刑。出狱后任中书令。为了完成《史记》的写作，他含垢忍辱，发愤著书，终于在征和初年（前92年）左右基本写成，不久即去世。

《史记》记载了上自上古传说中的黄帝时代，下至汉武帝约2000多年间的历史，是中国历史上第一部纪传体通史。全书包括12本纪（记历代帝王政绩）、30世家（记诸侯国和汉代诸侯、勋贵兴亡）、70列传（记重要人物的言行事迹，主要叙人臣，其中最后一篇为自序）、10表（大事年表）、8书（记各种典章制度，记礼乐、音律、历法、天文、封禅、水利、财用），共130篇。《史记》全面而真实地反映了历史的真实，对不合理的社会现实和统治阶级争权夺利、尔虞我诈的面目进行了揭露和批判，对社会中下层被压迫者和反抗者寄予一定的同情。由于他在记叙历史人物时注入了自己的深厚感情，再加上生动精练的语言表达，书中的人物往往写得栩栩如生，具有强烈的艺术感染力。

《史记》是一部伟大的历史著作，也是一部伟大的传记文学作品，在史学和文学两个方面对后世都产生了深远影响。

项王军壁垓下[2]，兵少食尽，汉军及诸侯兵围之数重。夜闻汉军四面皆楚歌[3]，项王乃大惊曰：“汉皆已得楚乎？是何楚人之多也！”项王则夜起，饮帐中。有美人名虞，常幸从[4]；骏马名骓[5]，常骑之。于是项王乃悲歌忼慨[6]，自为诗曰：“力拔山兮气盖世，时不利兮骓不逝[7]。骓不逝兮可奈何，虞兮虞兮奈若何[8]！”歌数阕[9]，美人和之[10]。项王泣数行下[11]，左右皆泣，莫[12]能仰视。

于是项王乃上马骑[13]，麾下壮士骑从者八百余人，直夜溃围南出[14]，驰走。平明[15]，汉军乃觉之，令骑将灌婴以五千骑追之[16]。项王渡淮，骑能属者百余人耳[17]。项王至阴陵[18]，迷失道，问一田父[19]，田父绐曰[20]：“左。”左，乃陷大泽中，以故汉追及之。项王乃复引兵而东，至东城[21]，乃有二十八骑。汉骑追者数千人。项王自度不得脱[22]，谓其骑曰：“吾起兵至今，八岁矣，身七十余战[23]，所当者破[24]，所击者服，未尝败北，遂霸有天下。然今卒困于此[25]，此天之亡我，非战之罪也[26]。今日固决死[27]，愿为诸君快战[28]，必三胜之，为诸君溃围，斩将，刈旗[29]，令诸君知天亡我，非战之罪也。”乃分其骑以为四队，四向[30]。汉军围之数重。项王谓其骑曰：“吾为公取彼一将。”令四面骑驰下，期山东为三处[31]。于是项王大呼，驰下，汉军皆披靡[32]，遂斩汉一将。是时，赤泉侯为骑将[33]，追项王，项王瞋目而叱之[34]，赤泉侯人马俱惊，辟易数里[35]。与其骑会为三处。汉军不知项王所在，乃分军为三，复围之。项王乃驰，复斩汉一都尉，杀数十百人，复聚其骑，亡其两骑耳。乃谓其骑曰：“何如？”骑皆伏曰[36]：“如大王言！”

于是项王乃欲东渡乌江[37]。乌江亭长舣船待[38]，谓项王曰：“江东虽小，地方千里，众数十万人，亦足王也。愿大王急渡。今独臣有船，汉军至，无以渡。”项王笑曰：“天之亡我，我何渡为！且籍与江东子弟八千人渡江而西，今无一人还，纵江东父兄怜而王我[39]，我何面目见之？纵彼不言，籍独不愧于心乎？”乃谓亭长曰：“吾知公长者。吾骑此马五岁，所当无敌，尝一日行千里，不忍杀之，以赐公。”乃令骑皆下马步行，持短兵接战。独籍所杀汉军数百人。项王身亦被十余创[40]，顾见汉骑司马吕马童[41]，曰：“若非吾故人乎[42]？”马童面之[43]，指王翳曰[44]：“此项王也。”项王乃曰：“吾闻汉购我头千金，邑万户，吾为若德[45]。”乃自刎而死。王翳取其头，余骑相蹂践争项王，相杀者数十人。最其后，郎中骑杨喜、骑司马吕马童、郎中吕胜、杨武，各得其一体。五人共会其体[46]，皆是。故分其地为五[47]：封吕马童为中水侯[48]，封王翳为杜衍侯[49]，封杨喜为赤泉侯，封杨武为吴防侯[50]，封吕胜为涅阳侯[51]。

……

太史公曰：吾闻之周生曰[52]“舜目盖重瞳子[53]”，又闻项羽亦重瞳子。羽岂其苗裔邪[54]？何兴之暴也[55]！夫秦失其政，陈涉首难[56]，豪杰蜂起，相与并争，不可胜数。然羽非有尺寸[57]，乘势起陇亩之中[58]，三年，遂将五诸侯灭秦[59]，分裂天下，而封王侯，政由羽出，号为“霸王”，位虽不终，近古以来未尝有也，及羽背关怀楚[60]，放逐义帝而自立[61]，怨王侯叛己，难矣。自矜功伐[62]，奋其私智而不师古[63]。谓霸王之业，欲以力征经营天下[64]。五年卒亡其国，身死东城，尚不觉寤[65]而不自责，过矣。乃引“天亡我，非用兵之罪也[66]”，岂不谬哉！

【注释】

[1]《项羽本纪》是叙写项羽一生事迹的传记。按《史记》体例，“本纪”是记载历代帝王事迹的。司马迁认为，在楚、汉相争的几年中“政由羽出”，所以把项羽的传也列入“本纪”。本篇节选了《项羽本纪》中垓下之围、东城快战、乌江之刎部分。

[2]壁：营垒，此处用作动词，在……扎营。垓下：古地名，在今安徽灵璧东南沱河北岸。

[3]楚歌：用楚地声调演唱的歌曲。

[4]幸从：得到宠爱，跟随在项羽身边。

[5]骓（zhuī）：毛色苍白相杂的马。

[6]悲歌：唱着悲壮的歌。忼慨：同“慷慨”，愤激感慨。

[7]逝：跑。

[8]奈若何：把你怎么办。

[9]阕：乐曲每终了一次叫一阕。数阕：几遍。

[10]和之：应和着一同歌唱。和：声音相应。

[11]泣数行下：一道道眼泪从脸上流下来。

[12]莫：没有人。
[13]马骑：坐骑。骑：一人乘一马为一骑。
[14]直夜：当夜。直：同“值”，当，趁。溃围：突破包围。
[15]平明：天亮时。
[16]灌婴：睢阳人。刘邦称帝，婴任车骑将军，封颍阴侯。孝文帝时为丞相。
[17]属：连接，这里指跟上。
[18]阴陵：汉时置县。故城在今安徽定远西北。
[19]田父(fǔ)：老农。
[20]绐(dài)：欺骗。
[21]东城：秦县名，在今安徽定远县东南。
[22]度(duó)：揣测，估计。
[23]身：亲身经历。
[24]所当者破：所遇到的敌人都被打败。
[25]卒：最终。
[26]非战之罪：不是我打仗的过错。
[27]固决死：一定必死无疑。
[28]快战：痛快地打一仗。
[29]刈(yì)：割，砍。
[30]四向：面向四方。
[31]期山东为三处：约定在山的东面分三处集合。山：当指四隤山，在今安徽和县北 70 里。
[32]披靡：原指草木随风倒伏，这里比喻军队溃败。
[33]赤泉侯：即下文“郎中骑杨喜”，因斩项羽有功，封赤泉侯。赤泉：地名，在今河南淅川西。
[34]瞋(chēn)目：瞪大眼睛。叱：大声呵斥。
[35]辟易：倒退。
[36]伏：通“服”。
[37]乌江：今安徽和县东北的乌江浦。
[38]亭长：秦汉时制度，十里一亭，设亭长一人。舣(yǐ)：使船靠岸。
[39]纵：纵然，即使。怜而王我：可怜我而尊我为王。
[40]被：受。创：创伤。
[41]吕马童：秦末人，少与项羽有旧，归汉为郎中骑将。
[42]若：你。故人：旧相识，老朋友。
[43]面之：面向项王。
[44]指王翳：把项王指给王翳看。
[45]吾为若德：我就送你个人情吧。
[46]会其体：指把抢到的残骸拼合到一起。
[47]分其地：指瓜分所悬赏的“邑万户”的土地。
[48]中水侯：中水县侯，封地在今河北献县西北。
[49]杜衍侯：杜衍县侯，封地在今河南南阳西南。
[50]吴防侯：吴防县侯，封地在今河南遂平县。
[51]涅阳侯：涅阳县侯，封地在今河南镇平县南。
[52]周生：汉初儒生，姓周名不详。
[53]盖：表推测，“或许是”、“可能是”之意。重瞳子：一只眼里有两个眸子。
[54]苗裔：后代子孙。

[55]暴：骤然，突然。

[56]难：发难，起义。

[57]尺寸：指极少的土地、权势等凭借。

[58]陇亩：田间，指民间。

[59]将：率领。五诸侯：指为秦所灭的齐、赵、韩、魏、燕五国。此处泛指各路义军。

[60]背关怀楚：背弃关中，怀念楚地。指项羽灭秦后，焚烧咸阳，放弃关中，而建都彭城。

[61]放逐义帝而自立：灭秦后，项羽尊怀王熊心为义帝，自立为西楚霸王。汉元年（前206年）又把义帝迁徙到长沙郡的郴县，并暗地命令衡山王吴芮、临江王共敖以及九江王英布等将其劫杀于江中。

[62]自矜：自夸。功伐：指武力征伐之功。

[63]奋：逞。私智：一己之能。师古：效法古代贤王。

[64]力征：武力征伐。经营：治理整顿。

[65]觉寤：醒悟。寤：通“悟”。

[66]引：援引，以……为由。

【导读】

《项羽本纪》是《史记》中最著名的人物传记之一，这里所节选的部分主要表现了项羽失败时的英雄风采。司马迁不以成败论英雄，既肯定项羽起兵灭秦的重大历史功绩，又批评他缺乏政治远见、专恃武力以经营天下的致命错误，持论扼要而中肯。

本文抓住生死关口，通过三个场面描写，塑造了一个个性特点十分鲜明的悲剧英雄形象。在四面楚歌中霸王别姬，慷慨悲歌，表现了英雄末路多情而又无可奈何的心境；在东城快战中连斩数将，说到做到，展露了他勇猛无比的英姿；因愧见江东父老而自刎乌江，宁死不辱，揭示了他内心世界中知耻重义的一面。多角度的个性描写和心理刻画，大大增强了人物形象的立体感。

司马迁写人物传记，善于在历史事件的关键环节进行合乎情理的艺术加工。“虞兮虞兮”的悲歌，“天之亡我”的反复呼告，嗔目叱退赤泉侯数里的气势，愧见江东父老的诉说，将宝马赠给乌江亭长的举动，这些有血有肉的细节加工，明显收到了使人物性格突出、情致丰赡动人的艺术效果。

【思考练习】

一、本文主要描述了垓下之围中的哪三个场面？这三个场面各表现了项羽怎样的性格？

二、指出文中的细节加工之处，说明这些细节加工的表现作用，思考人物传记写作中尊重事实与艺术加工的关系。

三、结合文中“太史公曰”一段评论，谈谈你对项羽及其失败原因的看法。

《汉乐府》二首

乐府原指音乐机关，汉武帝刘彻时扩充为大规模的官署，其主要任务是采集民间歌辞予以配乐，以及将文人歌功颂德之诗制谱，以供统治者祭祀和朝会宴饮时演奏使用。后代将乐府所唱的诗歌称作“乐府”，于是乐府便由音乐机关的名称变为带有音乐性的诗体的名称。“汉乐府”即是汉代的乐府诗。根据宋代郭茂倩所编《乐府诗集》的分类，汉乐府大抵保存于郊庙歌辞、鼓吹曲辞、相和歌词之中。汉乐府民歌是汉乐府的精华。

汉乐府继承了《诗经》以来的现实主义传统，其优秀作品真实、广泛、深刻地反映了当时的社会现实，具有浓郁的生活气息。叙事性是其基本艺术特色，通过人物的语言和行动塑造出个性鲜明的形象，语言朴素而富有感情。汉乐府在形式上打破了《诗经》的四言格式，采用杂言和五言，长短随意，整散不拘，是一种具有口语化特色的新体诗。特别是其中的五言诗，为汉代民间首创，后来经过文人加工，成为中国诗歌的主要形式，对中国古典诗歌的发展具有深远影响。

十五从军征[1]

十五从军征，八十始得归。道逢乡里人：“家中有阿谁[2]？”
“遥看是君家，松柏冢累累[3]。”
兔从狗窦入，雉从梁上飞[4]，中庭生旅谷，井上生旅葵[5]。
舂谷持作饭，采葵持作羹[6]。羹饭一时熟，不知贻阿谁[7]。
出门东向看，泪落沾我衣。

【注释】

[1]本篇原载《乐府诗集》中的《横吹曲辞·梁鼓角横吹曲》，又名《资骝马歌》。

[2]阿谁：谁。阿：语助词，无意义。

[3]冢(zhǒng)：坟墓。累累：形容丘坟一个连一个的样子。

[4]狗窦(dòu)：给狗出入的墙洞。窦：洞穴。雉(zhì)：野鸡。

[5]中庭：庭院中。旅谷：野生的谷子。旅：植物未经播种而生。旅葵：野生的葵菜。葵又名冬菜，其嫩叶可食。

[6]舂(chōng)：用杵臼捣去谷物的皮壳。持作饭：拿来做饭。羹(gēng)：菜汤。

[7]一时：一会儿。贻(yí)：送给。

【导读】

这是一首微型叙事诗。十五从军，八十始归，其间多少事，诗人都一概省却，只抓住老兵从近乡到归家的一二场景和言行，勾勒出他极其悲惨的一生，控诉当时惨无人道的兵役制度和统治者的残酷寡恩。

阅读一篇文学作品要善于发挥想象，设身处地体察人物的内心活动和情感波澜，以达到“同情的理解”。在这方面，要特别注意诗中的两个“阿谁”。一是开头处的“家中有阿谁”，二是结尾处的“不知贻阿谁”。前者，可以想象到老人那满怀悲怯、犹存侥幸、终归绝望的心情，真是“近乡情更怯，不敢问来人”；后者，可以体味到他那渴盼亲情、渴求慰藉却又举目荒坟的孤凄处境。能有“阿谁”呢？苍茫天地，荒旷世界，唯老人孑然一身而已，这真是惨不忍闻的人间悲剧！

汉代统治者好开疆拓土，却对人民缺少起码的人道关怀，这样的边防未必能持久巩固。

【思考练习】

一、细读本诗，并展开合理想象，试用自己的语言描绘这位老兵悲惨的一生。

二、设身处地地感受老兵回家后的心情。有人认为此诗“家中有阿谁”、“不知贻阿谁”两句最为惨痛，说说你的看法。

饮马长城窟行[1]

青青河畔草，绵绵思远道[2]。远道不可思，宿昔梦见之[3]。
梦见在我旁，忽觉在他乡。　他乡各异县，展转不相见[4]。
枯桑知天风，海水知天寒[5]。入门各自媚，谁肯相为言[6]！
客从远方来，遗我双鲤鱼[7]，呼儿烹鲤鱼[8]，中有尺素书[9]。
长跪读素书[10]，书中竟何如？上言加餐饭，下言长相忆。

【注释】

[1]乐府诗题，属《相和歌辞·瑟调曲》，常用于写征夫思妇之辞。

[2]绵绵：延续不断，既是形容草也是形容对于远方人的思念。

[3]宿昔：指昨夜。

[4]展转：同“辗转”。

[5]枯桑：落了叶的桑树。这两句是说枯桑虽然没有叶子，仍然感到风吹；海水虽然不结冰，仍然感到天冷。言外之意，征夫在很远的地方，哪能不受风寒之苦呢？

[6]媚：爱。言：问询。这两句是把远人没有音讯归结为别人不肯代为传送。

[7]遗(wèi)：赠送。双鲤鱼：指藏书信的函，就是刻成鲤鱼形的两块木板，一底一盖，把书信夹在里面。一说将上面写着书信的绢结成鱼形。

[8]烹：煮。假鱼本不能煮，诗人为了造语生动故意将打开书函说成煮鱼。

[9]尺素：小幅的绢帛，古人多用以写信或文章。

[10]长跪：伸直了腰跪着，古人席地而坐，坐时两膝着地，臀部压在脚后跟上。跪时将腰伸，上身就显得长些，所以称为“长跪”。

【导读】

这是一首汉乐府民歌，抒写怀人情愫，诗歌的笔法委婉多致，完全随着抒情主人公飘忽不定的思绪而曲折回旋。比如诗的开篇，由青草绵绵而“思远道”之人；紧接着却说“远道不可思”，要在梦中相见更为真切；“梦见在身边”，却又忽然感觉到梦境是虚的，于是又回到相思难见上。八句之中几度转折，情思恍惚，意象迷离，亦喜亦悲，变化难测，充分写出了女主人公怀人之情的缠绵殷切。

诗中所写思妇种种臆想，似梦非梦，似真非真。剖鱼见书，有着浓厚的传奇色彩，而游子投书又是极合情理的事。作者以虚写实，虚实难辨，更富神韵。最令人感动的是结尾，好不容易收到来信，“上言加餐饭，下言长相忆”，却偏偏没有一个字提到归期。归家无望，信中的语气又近于永诀，这意味着什么呢？这大概是寄信人不忍明言，读信人也不敢揣想的，如此作结，余味无尽。

【思考练习】

一、“青青河畔草，绵绵思远道”采用了古代诗歌比较常见的“比兴”手法，请分析这两句在整首诗中所起的作用。

二、你认为“客从远方来，遗我双鲤鱼”是实际发生的情节还是仅仅存在于思妇的虚幻想象之中？体味本诗的委婉情致。

蒿里行[1]

曹操

曹操(155～220)，字孟德，东汉沛国谯郡(今安徽亳州)人，三国时期杰出的政治家、军事家和文学家。年20举为孝廉，后参加镇压黄巾军起义，在董卓之乱引发的割据势力的大混战中逐步扩展了实力。建安元年(196年)，他奉迎汉献帝建都许昌，从此“挟天子以令诸侯”，赢得了政治优势。由于施行了惟才是举、抑制豪强、限制兼并、广兴屯田等一系列进步措施，他先后击败了吕布、袁术、袁绍等豪强集团，统一了北中国。官至大将军、丞相，封魏王。曹丕称帝，追尊他为“武皇帝”，世称“魏武帝”。

曹操“登高必赋，及造新诗，被之管弦，皆成乐章”。他继承汉乐府“缘事而发”的现实精神，用乐府旧题写诗，今存20多首。他的诗作反映当时动乱的社会现实，表达统一天下的远大抱负，抒发顽强进取的思想感情，语言质朴，气魄雄伟，具有激昂慷慨的悲壮风格。有《曹操集》存世。

关东有义士[2]，兴兵讨群凶[3]。
初期会盟津[4]，乃心在咸阳[5]。
军合力不齐，踌躇而雁行[6]。
势利使人争，嗣还自相戕[7]。
淮南弟称号[8]，刻玺于北方[9]。
铠甲生虮虱，万姓以死亡。
白骨露于野，千里无鸡鸣。
生民百遗一，念之断人肠。

【注释】

[1]汉乐府旧题，属《相和歌辞·相和曲》。原为出殡时的挽歌，曹操用它写时事。

[2]关东：指函谷关东。古函谷关旧址在今河南省灵宝县东北，公元114年移置，新函谷关旧址在今河南省新安县东。这里指新函谷关。义士：指各州郡起兵讨伐董卓的将领。

[3]兴兵：起动，发动军队。初平元年(190年)正月，关东诸军事首领起兵讨伐董卓，推袁绍为盟主，曹操为奋威将军。群凶：指以董卓为首把持着东汉军政大权的军阀。

[4]期：约定。盟津：也称孟津，在今河南省孟县南。相传周武王起兵伐纣时，中途曾和联盟反纣的800诸侯会合于此地。这里用“会盟津”代指各路讨董卓军队的结成联盟。

[5]乃心在咸阳：指心向汉王室。《尚书·康王之诰》：“虽尔身在外，乃心罔不(无不)在王室。”这里

是化用其句。咸阳：秦代的国都，这里代指长安，当时汉献帝已被董卓挟持由洛阳迁到了长安。

[6]雁行(háng)：鸿雁的行列，比喻诸军列阵后观望不前的样子。

[7]嗣还：随即。还：同“旋”。戕：残害。东方各路军阀退兵后，随即互相残杀起来。

[8]淮南弟称号：指袁绍的从弟袁术于建安二年(197年)在淮南寿春(今安徽寿县)称帝的事。

[9]刻玺于北方：指初平二年(191年)袁绍等私刻皇帝印玺，图谋废黜汉献帝，拥立幽州牧刘虞为傀儡皇帝的事。当时袁绍屯兵河内(及河南省沁阳市)，与淮南对举，故曰北方。

【导读】

《蒿里行》属汉乐府古辞，见于宋人郭茂倩《乐府诗集》中的《相和歌辞·相和曲》。曹操的《蒿里行》是借旧题写时事，记录了汉末军阀混战的现实，真实深刻地揭示了人民的苦难，堪称“汉末实录”的“诗史”。

袁绍等关东诸将起兵讨伐董卓，结果虽然造成自相残杀的军阀混战局面，但其始未必不心存忠义，是“心在王室”的正义之举，故首四句仍予以肯定。“军合”以下六句一转，写关东诸将各怀异心，导致争权夺利的混战。“踌躇”句以“雁行”比喻诸军貌合神离，尤其生动。“势利”四句扣紧“势利”二字，写尽诸将的自私心理。“铠甲”以下四句写战争给军民带来深重的苦难，概括而形象，“生民”二句直抒胸怀，怜世悯人，使本诗更具思想深度。全诗气度雄阔，笔力雄健。诗以叙事起，以抒发战争带给人民深重灾难之情终，是诗亦是史。

【思考练习】

一、如何理解本诗的“诗史”含义?

二、课外选读曹植和曹丕的诗作，体会“三曹”各自诗风。

移居(其一)[1]

陶渊明

陶渊明(365～427)，字元亮(一说名潜，字渊明)，号靖节先生。浔阳柴桑(今江西九江)人，东晋著名诗人。据传陶渊明曾祖为东晋名臣陶侃，后家道中落。他先后担任过江州祭酒、镇军参军、彭泽县令等小官，因不满官场黑暗，辞官归隐，从此躬耕自资，直至贫病而卒。

陶渊明是我国最早大量创作田园诗的诗人，其诗质朴自然，冲和平淡，对唐以后的诗歌有很大影响。部分作品表达愤世嫉俗之情，呈现出“金刚怒目”的一面。有《陶渊明集》存世。

昔欲居南村[2]，非为卜其宅[3]。
闻多素心人[4]，乐与数晨夕[5]。
怀此颇有年，今日从兹役[6]。
弊庐何必广，取足蔽床席。
邻曲时时来[7]，抗言谈在昔[8]。
奇文共欣赏，疑义相与析[9]。

【注释】

[1]陶渊明原居柴桑县柴桑里，晋安帝义熙四年(408年)六月所居遭火，一年后搬到南里的南村。《移居》是作者迁至南村时所写，共两首，此选其一。

[2]南村：地名，在今江西九江市西南。

[3]卜宅：占卜以问住宅之吉凶，这两句是说从前想迁居南村，并非是因为那里的风水好。

[4]素心人：心地纯朴之人。

[5]数晨夕：朝夕相处的意思。数：屡次，经常。

[6]从兹役：指移居到南村这件事。

[7]邻曲：邻居，邻里。

[8]抗言：高谈阔论，争着说话。在昔：指往古之事。

[9]析：剖析。魏晋人喜欢辩难析理，陶渊明也有这样的爱好。所谓析义，主要是一种哲学理趣，与一般分析句子的含义有所不同。

【导读】

《移居》从移居南村的原因写起：一是移居南村是多年的愿望，二是说移居南村的目的并不是为了选择吉祥的住宅，而是为了求得好邻居。开篇四句诗，一反一正，一句一意，层层深入地展示了诗人的精神境界。“怀此颇有年”两句，紧扣首句的“昔”字，用愿望的执著和时间的长久来为充分表达“今日从兹役”之乐作铺垫，把积蓄在前四句的情感再深化一层。以上六句只是叙说，并未言情，但无一字不是情韵深厚，直体心源的。

以下六句是写移居后的快乐。“敝庐何必广，取足蔽床席”，房子即使狭窄一些，又有什么关系呢？只要能遮盖住床席就行了。作者在这里选取了很平常的事物“床席”，但就是这普通的事物，写出了诗人安贫守俭的生活。邻居们经常往来，高谈阔论，诗人心地率真、平易近人的形象也跃然纸上。最后两句更是神来之笔，把移居后的赏心乐事归结到欣赏奇文、与友朋商榷学术问题上，显示了诗人的雅兴和逸趣，也是诗人恬淡性格的体现。由此也说明作者和他的友邻们不是优游笑傲之徒，而是有头脑、有见解的人物。

诗的前六句，以实当虚，用移居原因的表白展示诗人的心理活动，以此表现内心的欣悦；后六句则以虚当实，把内心的欢喜化为联想当中的具体形象。全诗虚中有实，实中有虚，成为完美的艺术统一体。全诗所写都是平常、普通的事，但其中流淌着的是汩汩的真情，让人读来的感觉是淡而不枯、质而实绮。淡者、质者，乃是他的文字清新、质朴；不枯者、绮者，乃是陶渊明诗中所流露出来的情感，剥去世俗的封套，唯真性情而已。

【思考练习】

一、简述陶渊明诗歌中所描写的田园生活的特色。

二、结合诗作，谈谈你对陶渊明思想性格的认识。

别　赋

江淹

江淹(444～505)，字文通，济阳考城人(今河南兰考)人，历仕宋、齐、梁三代，梁武帝时，官至金紫光禄大夫。出身孤贫，早年即以文章著名，晚年才思衰退，人称“江郎才尽”。他的诗歌多为拟古之作，风格幽深奇丽，尤长于抒情小赋，现存赋作20多篇，以《恨赋》、《别赋》最为著名。有《江文通集》存世。

黯然销魂者[1]，唯别而已矣！况秦吴兮绝国[2]，复燕宋兮千里[3]。或春苔兮始生，乍秋风兮蹔起[4]。是以行子肠断，百感凄恻。风萧萧而异响，云漫漫而奇色。舟凝滞于水滨，车逶迟于山侧[5]，棹容与而讵前[6]，马寒鸣而不息。掩金觞而谁御[7]，横玉柱而沾轼[8]。居人愁卧，怳若有亡[9]。日下壁而沈彩[10]，月上轩而飞光。见红兰之受露，望青楸之离霜[11]。巡曾楹而空揜，抚锦幕而虚凉[12]。知离梦之踯躅[13]，意别魂之飞扬[14]。

故别虽一绪，事乃万族[15]：

至若龙马银鞍[16]，朱轩绣轴[17]，帐饮东都[18]，送客金谷[19]。琴羽张兮箫鼓陈[20]，燕赵歌兮伤美人[21]；珠与玉兮艳暮秋，罗与绮兮娇上春[22]。惊驷马之仰秣[23]，耸渊鱼之赤鳞[24]。造分手而衔涕[25]，感寂漠而伤神[26]。

乃有剑客惭恩[27]，少年报士[28]，韩国赵厕[29]，吴宫燕市[30]，割慈忍爱，离邦去里，沥泣共诀[31]，抆血相视[32]。驱征马而不顾，见行尘之时起。方衔感于一剑[33]，非买价于泉里[34]。金石震而色变[35]，骨肉悲而心死[36]。

或乃边郡未和，负羽从军[37]。辽水无极[38]，雁山参云[39]。闺中风暖，陌上草薰。日出天而耀景[40]，露下地而腾文[41]，镜朱尘之照烂[42]，袭青气之烟煴[43]。攀桃李兮不忍别，送爱子兮沾罗裙[44]。

至如一赴绝国，讵相见期[45]。视乔木兮故里[46]，决北梁兮永辞[47]。左右兮魂动，亲宾兮泪滋。可班荆兮赠恨[48]，惟尊酒兮叙悲[49]。值秋雁兮飞日，当白露兮下时。怨复怨兮远山曲，去复去兮长河湄[50]。

又若君居淄右[51]，妾家河阳[52]。同琼佩之晨照[53]，共金炉之夕香[54]，君结绶兮千里[55]，惜瑶草之徒芳[56]。惭幽闺之琴瑟，晦高台之流黄[57]。春宫閟此青苔色[58]，秋帐含兹明月光，夏簟清兮昼不暮[59]，冬釭凝兮夜何长[60]！织锦曲兮泣已尽，迴文诗兮影独伤[61]。

傥有华阴上士[62]，服食还山[63]。术既妙而犹学，道已寂而未传[64]。守丹灶而不顾[65]，炼金鼎而方坚[66]，驾鹤上汉，骖鸾腾天[67]。蹔游万里，少别千年[68]。惟世间兮重别，谢主人兮依然[69]。

下有芍药之诗[70]，佳人之歌[71]。桑中卫女，上宫陈娥[72]。春草碧色，春水渌波[73]，送君南浦[74]，伤如之何！至乃秋露如珠，秋月如珪[75]，明月白露，光阴往来，与子之别，思心徘徊。

是以别方不定[76]，别理千名[77]，有别必怨，有怨必盈[78]，使人意夺神骇，心折骨惊[79]。虽渊云之墨妙[80]，严乐之笔精[81]，金闺之诸彦[82]，兰台之群英[83]，赋有凌云之称[84]，辩有雕龙之声[85]，谁能摹暂离之状，写永诀之情者乎！

【注释】

[1]黯然：心神沮丧，形容惨戚之状。销魂：丧魂落魄。

[2]秦吴：古国名。秦国在今陕西一带，吴国在今江苏、浙江一带。绝国：相隔极远的邦国。

[3]燕宋：古国名。燕国在今河北一带，宋国在今河南一带。

[4]蹔：同“暂”。

[5]逶迟：徘徊不行的样子。

[6]櫂(zhào)：船桨，这里指代船。容与：缓慢荡漾不前的样子。讵前：滞留不前。此处化用屈原《九章·涉江》中“船容与而不进兮，淹回水而凝滞”的句意。

[7]掩：覆盖。觞(shāng)：酒杯。御：进用。

[8]横：横持，阁置。玉柱：琴瑟上的系弦之木，这里指琴。轼：车前的横木。

[9]怳(huǎng)：丧神失意的样子。

[10]沈彩：日光西沉。沈：同“沉”。

[11]楸(qiū)：落叶乔木。枝干端直，高达 30 米，古人多植于道旁。离：即“罹”，遭受。

[12]曾楹(yíng)：高高的楼房。曾：同“层”。楹：屋前的柱子，此指房屋。揜(yǎn)：同“掩”。锦幕：锦织的帐幕。二句写行子一去，居人徘徊旧屋的感受。

[13]踯躅(zhí zhú)：徘徊不前的样子。

[14]意：同“臆”，料想。飞扬：飞散而无着落。

[15]万族：不同的种类。

[16]龙马：马八尺以上古代称“龙马”。

[17]朱轩：贵者所乘之车。绣轴：绘有彩饰的车轴。此指车驾之华贵。

[18]帐饮：古人设帷帐于郊外以饯行。东都：指东都门，长安城门名。《汉书·疏广传》记载疏广告老还乡时，“公卿大夫故人邑子设祖道供帐东都门，送者车数百辆，辞决而去。”

[19]金谷：晋代石崇在洛阳西北金谷所造金谷园。史载石崇拜太仆，出为征虏将军，送者倾都，曾帐饮于金谷园。

[20]羽：五音之一，声最细切，宜于表现悲戚之情。琴羽：指琴中弹奏出羽声。张：调弦。

[21]燕赵：《古诗》有“燕赵多佳人，美者颜如玉”句，后以燕赵代指美人。

[22]上春：即初春。

[23]驷马：古时四匹马拉的车驾称驷，马称驷马。仰秣(mò)：抬起头吃草。语出《淮南子·说山训》：“伯牙鼓琴，驷马仰秣。”原形容琴声美妙动听，此处反其意。

[24]耸：因惊动而跃起。鳞：指渊中之鱼。

[25]造：等到。衔涕：含泪。

[26]寂漠：即“寂寞”。

[27]惭恩：自惭于未报主人知遇之恩。

[28]报士：心怀报恩之念的侠士。

[29]韩国：指战国时侠士聂政为韩国严仲子报仇，刺杀韩相侠累一事。赵厕：指战国初期，豫让因自己的主人智氏为赵襄子所灭，乃变姓名为刑人，入宫涂厕，挟匕首欲刺死赵襄子一事。

[30]吴宫：指春秋时专诸置匕首于鱼腹，在宴席间为吴国公子光刺杀吴王一事。燕市：指荆轲与朋友高渐离等饮于燕国街市，因感燕太子恩遇，藏匕首于地图中，至秦献图刺秦王未成，被杀。高渐离为了替荆轲报仇，又一次入秦谋杀秦王事。

[31]沥泣：洒泪哭泣。

[32]抆(wěn)：擦拭。抆血：指眼泪流尽后又继续流血。

[33]衔感：怀恩感遇。衔：怀。

[34]买价：指以生命换取金钱。泉里：黄泉。

[35]金石震：钟、磬等乐器齐鸣。

[36]“骨肉”句：语出《史记·刺客列传》，聂政刺杀韩相侠累后，剖腹毁容自杀，以免牵连他人。韩国当政者将他暴尸于市，悬赏千金。他的姐姐聂嫈说：“妾其奈何畏殁身之诛，终灭贤弟之名！”于是宣扬弟弟的义举，伏尸而哭，最后在尸身旁边自杀。骨肉：指死者亲人。

[37]负羽：挟带弓箭。
[38]辽水：辽河。在今辽宁省西部，流经营口入海。
[39]雁山：雁门山。在今山西原平县西北。
[40]耀景：闪射光芒。
[41]腾文：露水在阳光下反射出绚烂的色彩。
[42]镜：照。朱尘：红色的尘霭。照烂：鲜明绚烂之色。
[43]袭：扑入。青气：春天草木上腾起的烟霭。烟煴(yīn yūn)：同"氤氲"，云气笼罩弥漫的样子。
[44]爱子：爱人，指征夫。
[45]讵：岂有。
[46]乔木：高大的树木。
[47]决：诀别，告辞。
[48]班：铺设。荆：树枝条。据《左传·襄公二十六年》记载，楚国伍举与声子相善，伍举将奔晋国，在郑国郊外遇到声子，"班荆相与食，而言复故。"后来人们就以"班荆道故"来比喻亲旧惜别的悲痛。
[49]尊：同"樽"，酒器。
[50]湄：水边。
[51]淄右：淄水西面。在今山东境内。
[52]河阳：黄河北岸。
[53]琼佩：琼玉之类的佩饰。
[54]此句与前句皆为回忆昔日朝夕共处的爱情生活。
[55]绶：系官印的丝带。结绶：指出仕做官。
[56]瑶草：仙山中的芳草。这里比喻闺中少妇。徒芳：比喻虚度青春。
[57]晦：昏暗不明。流黄：黄色丝绢，这里指黄绢做成的帷幕。这句指为免伤情，不敢卷起帷幕远望。
[58]春宫：指闺房。閟(bì)：关闭。
[59]簟(diàn)：竹席。
[60]釭(gāng)：灯。以上四句写居人春、夏、秋、冬四季相思之苦。
[61]"织锦"二句：据武则天《璇玑图序》载："前秦苻坚时，窦滔镇襄阳，携宠姬赵阳台之任，断妻苏惠音问。蕙因织锦为回文，五彩相宣，纵横八寸，题诗二百余首，计八百余言，纵横反复，皆成章句，名曰《璇玑图》以寄滔。"一说窦韬身处沙漠，妻子苏惠就织锦为回文诗寄赠给他(《晋书·列女传》)。以上写游宦别离和闺中思妇的恋念。
[62]傥(tǎng)：同"倘"。华阴：即华山，在今陕西渭南县南。上士：道士，求仙的人。
[63]服食：道家以为服食丹药可以长生不老。还山：即成仙。一作"还仙"。
[64]寂：进入微妙之境。传：至，最高境界。
[65]丹灶：炼丹炉。不顾：指不顾问尘俗之事。
[66]炼金鼎：在金鼎里炼丹。
[67]骖(cān)：三匹马驾车称"骖"。鸾：古代神话传说中凤凰一类的鸟。
[68]少别：小别。
[69]谢：告辞，告别。以上写学道炼丹者的离别。
[70]下：下土。与"上士"相对。芍药之诗：语出《诗经·郑风·溱洧》："维士与女，伊其相谑，赠以芍药。"
[71]佳人之歌：指李延年的歌："北方有佳人，绝世而独立。"
[72]桑中：卫国地名。上宫：陈国地名。卫女、陈娥：均指恋爱中的少女。《诗经·鄘风·桑中》："云

谁之思？美孟姜矣。期我乎桑中，要我乎上宫。”

[73]渌(lù)波：清澈的水波。

[74]南浦：《楚辞·九歌·河伯》：“子交手兮东行，送美人兮南浦。”后以“南浦”泛指送别之地。

[75]珪(guī)：一种洁白晶莹的圆形美玉。

[76]别方：别离的双方。

[77]名：种类。

[78]盈：充盈。

[79]折、惊：均言创痛之深。

[80]渊：即王褒，字子渊。云：即扬雄，字子云。此二人都是汉代著名的辞赋家。

[81]严：严安。乐：徐乐。二人为汉代著名文学家。

[82]金闺：原指汉代长安金马门。后来为汉代官署名。是聚集才识之士以备汉武帝诏询的地方。彦：有学识才干的人。

[83]兰台：汉代朝廷中藏书和讨论学术的地方。

[84]凌云：据《史记·司马相如列传》载，司马相如作《大人赋》，汉武帝赞誉为“飘飘有凌云之气，似游天地之间。”

[85]雕龙：据《史记·孟子荀卿列传》载，驺奭写文章，善于闳辩，所以齐人称颂为“雕龙奭”。

【导读】

离别是人生普遍存在的生活体验，也是人生永恒的缺陷之一。古往今来，抒写人间离情别意的佳作不胜枚举，而集中描绘多种离别状况、集中抒发哀怨之情的作品，则不能不首推江淹的《别赋》。

赋，是中国文学史上产生颇早的一种文体，一直保持着半诗半文的性质。魏晋以来，随着文学骈俪风气的日趋浓厚，赋这一文体也日益骈俪化，所谓“齐梁而降，益事妍华”，从而发展为更为整炼的形式，也就是后人所称的“骈赋”。《别赋》即是一篇典型的骈赋。在骈赋盛行的南北朝时期，江淹这篇赋的独到之处，在于避免了一般骈赋仅注重形式华美而体格渐卑的弊端，而是在整饬华美的形式中注入了真切之情，把离别的悲苦表现得格外感人。

与汉大赋的凝重板滞不同，这篇赋在具体铺排上的参差错落、丰富多彩也值得注意。文中摹写了七种离别情景，虽然悲苦之情同一，但作者力求写出不同离怨的不同特征，不但事不同，而且情不同，各具格调，有着鲜明对照。

【思考练习】

一、这篇赋善于以景物衬托人物的感情，找出这样的段落，并体会这样写的妙处。

二、离别之情，本是视而不可见、触而无形迹的，作者是怎样将它表现得具体可感？

西洲曲[1]

南朝民歌

《西洲曲》作者不可考，是南朝乐府民歌中的名篇，也是乐府民歌的代表之作。北宋郭茂倩编的《乐府诗集》收入“杂曲辞类”，认为是“古辞”。南朝徐陵的

《玉台新咏》题为江淹所作，但宋本却没有记载。在明清人编写的古诗选本里，又或作“晋辞”，或以为是梁武帝萧衍所作。但此诗具体在何时产生，又出自何人之手，千百年来谁也没有足够的证据来说明，扑朔迷离中一直难以形成定论。从内容、修饰和风格看，它应当是经过文人润色改定的一首南朝乐府民歌，十分精致流丽，广为后人传诵。

忆梅下西洲[2]，折梅寄江北。
单衫杏子红，双鬓鸦雏色[3]。
西洲在何处？两桨桥头渡。
日暮伯劳飞[4]，风吹乌桕树[5]。
树下即门前，门中露翠钿[6]。
开门郎不至，出门采红莲[7]。
采莲南塘秋，莲花过人头。
低头弄莲子，莲子清如水。
置莲怀袖中，莲心彻底红。
忆郎郎不至，仰首望飞鸿[8]。
鸿飞满西洲，望郎上青楼[9]。
楼高望不见，尽日栏杆头。
栏杆十二曲，垂手明如玉[10]。
卷帘天自高，海水摇空绿[11]。
海水梦悠悠，君愁我亦愁。
南风知我意，吹梦到西洲。

【注释】

[1]西洲：长江中小洲名。据唐代温庭筠《西洲曲》：“西洲风色新，遥看武昌楼”，地点可能在今湖北武昌附近。

[2]下：往，到。也可解释为“飘落”的意思。

[3]鸦雏色：形容头发乌黑发亮。鸦雏：小鸦。

[4]伯劳：鸣禽，仲夏始鸣。

[5]乌桕：落叶乔木，夏开小黄花，秋叶变红。

[6]翠钿：用翠玉做成或镶嵌的首饰。

[7]红莲：红色的莲花。莲：谐音“怜”，双关语，江南民歌中常用“莲”比喻自己所爱（怜）。

[8]望飞鸿：盼望情人来信。古人有鸿雁传书的传说，鸿雁南飞，也点明时已秋天。

[9]青楼：涂饰青漆的楼房，古代谓妇女居住的地方。

[10]垂手：一说形容女子之手洁白温润如玉；一说“垂手”可能指栏杆的扶手，谓女子尽目凭栏远眺，石质栏杆扶手竟被磨得像玉一样光滑。

[11]海水：这里指江水。摇空绿：碧绿的江水空自摇荡。

【导读】

《西洲曲》是南朝乐府民歌中最长的抒情诗篇。诗中描写了一位少女从初春到深秋，从现实到梦境，对钟爱之人的苦苦思念，洋溢着浓厚的生活气息和鲜明的感情色彩。

在诗歌中，女子的情感表达是与季节物候相结合、通过描写自然景物的变化来完成的。“情”字贯穿始终。江南水乡的乌桕树、荷塘、莲花、青楼无不打上少女“情”的烙印；“忆梅”、“折梅”、“采莲”、“弄莲”、“望郎”、“梦郎”更是少女为情所累、为情所苦的直接描写。全诗借助景物描写来暗示季节的变化，具体写出女子从冬到春、从春到夏、从夏到秋、从早到晚的缠绵情思，女子对情人纯真、深沉的爱被形象地描绘出来，细腻委婉，芬芳悱恻，具有很强的艺术感染力。

本诗还善于通过动作描写表现人物微妙的思想感情。下西洲、折梅、寄梅、采莲、弄莲、置莲、望飞鸿、上青楼、卷帘梦郎，一连串动作描写极有层次地写出女子柔情郁结的情态。

大量运用谐音、双关、顶真等修辞手法也是本诗的一大特点，形成了回环反复、余味悠长的情韵。此外，这首诗的色彩运用也相当见功力，杏红、鸦黑、翠钿、红莲、青楼、海水绿，情思浪漫，深情摇曳，妙不可言。

【思考练习】

一、举例说明本诗是如何以景写情，达到情景交融的艺术效果的。

二、本诗中哪些修辞手法让你感到特别巧妙？

《世说新语》三则

刘义庆

刘义庆（403～444），彭城（今江苏徐州）人，南朝宋宗室，封临川王。为人朴实，少嗜欲，爱好文学，喜与文学之士交游。著有《世说新语》、《幽明录》，均为我国小说发轫期的重要作品。《世说新语》是“志人小说”的代表，主要记叙了东汉末年至南北朝时期士人的生活和思想及统治阶级的情况，通过独特的言谈举止表现人物的独特性格，反映了魏晋时期文人的思想言行和上层社会的生活面貌，对后世的笔记小说、小品文有深远的影响。而书中所展现的魏晋文人风范，千百年来也不断塑造着中国文人的文化品格。

过江诸人[1]

过江诸人[2]，每至美日[3]，辄相邀新亭[4]，藉卉饮宴[5]。周侯中坐而叹曰[6]：“风景不殊，正自有山河之异[7]！”皆相视流泪。唯王丞相愀然变色曰[8]：“当共戮力王室[9]，克复神州[10]，何至作楚囚相对[11]？”

【注释】

[1]《世说新语》共 3 卷，分“德藻”、“任诞”、“夙慧”等 36 门类。这一则选自“言语门”。

[2]过江诸人：指西晋、东晋之际，北方的部分士族、官吏南渡，并与南方的士族合作建立新的政权。

[3]美日：佳日，天气晴好的日子。

[4]新亭：在今南京市西南，又名中兴亭，为三国时吴国所建。

[5]藉卉：坐在草地上。藉(jiè)：垫，引申为坐卧其上。卉：草的总名。

[6]周侯：周顗(yǐ)，字伯仁，汝南安城(今河南省原武县东南)人，晋元帝时为宁远将军、荆州刺史，官至尚书左仆射，后被王敦所害。侯：当时对人的尊称。

[7]山河之异：当时北方广大地区被少数民族政权占领，山河不同于故乡。

[8]王丞相：即王导，字茂弘，琅玡(今山东省临沂县)人，晋元帝时任丞相，辅助元帝建立东晋政权。愀(qiǎo)然：面色忽变的样子。

[9]戮力：尽力。

[10]神州：中原地区。战国时邹衍称中国为赤县神州，后世遂以神州指代中国。

[11]楚囚：囚犯。《左传·成公九年》载：楚人钟仪为郑人俘获，献给晋国，“晋侯观于军府，见钟仪。问之曰：‘南冠而絷者，谁也？’有司对曰：‘郑人所献楚囚也。’”后世即称囚犯为楚囚。

雪夜访戴[1]

王子猷居山阴[2]，夜大雪，眠觉，开室命酌酒，四望皎然。因起彷徨[3]，咏左思招隐诗[4]。忽忆戴安道[5]。时戴在剡[6]，即便夜乘小舟就之。经宿方至，造门不前而返[7]。人问其故，王曰：“吾本乘兴而行，兴尽而返，何必见戴？”

【注释】

[1]这一则选自“任诞门”。

[2]王子猷：王徽之，东晋人，号子猷，是大书法家王羲之的儿子，王献之的哥哥。山阴：今浙江绍兴。

[3]彷徨：徘徊，走来走去。

[4]左思：西晋文人，以文才著称于时，创作《三都赋》，豪贵之家竞相传颂，洛阳为之纸贵。招隐诗：有两种含义，一种是征召隐士出来，替朝廷做事；而左思创作的招隐诗，是诵隐居之乐，招人归隐。

[5]戴安道：戴逵，东晋人，字安道，精通音乐，善于鼓琴，也善于铸造佛像和雕刻。

[6]剡(shàn)：水名，曹娥江的上游，北流入上虞，在今浙江嵊县南。

[7]造门不前而返：王徽之经过1夜的旅程，到了戴逵的家门口，却没去拜访，就返回了。造：去，到。

石崇与王恺争豪[1]

石崇与王恺争豪[2]，并穷绮丽以饰舆服[3]。武帝，恺之甥也，每助恺[4]。尝以一珊瑚树高二尺许赐恺，枝柯扶疏[5]，世罕其比。恺以示崇。崇视讫[6]，以铁如意击之[7]，应手而碎。恺既惋惜，又以为疾己之宝[8]，声色甚厉。崇曰：“不足恨[9]，今还卿。”乃命左右悉取珊瑚树，有三尺四尺、条干绝世，光彩溢目者六七枚[10]，如恺许比甚众[11]。恺惘然自失[12]。

【注释】

[1]这一则选自“汰侈门”。汰侈：奢侈、骄纵。

[2]石崇：字季伦，历任刺史、卫尉等重要官职，是当时富豪，后为赵王伦所杀。王恺：字君夫，父名肃，姊嫁司马昭，生司马炎(即晋武帝)。官至龙骧将军、骁骑将军、散骑常侍。争豪：比赛富有。

[3]舆服：车辆、冠冕和服装。

[4]每：每每，常常。

[5]枝柯扶疏：枝叶茂盛分披的样子。柯：树枝。扶疏：繁茂分披的样子。

[6]视讫：看过之后。讫：终了，完毕。

[7]如意：器物名，用玉、石、骨、竹、木或金属制成，一端做成灵芝形或云叶形，供指划或赏玩用。

[8]疾：通“嫉”，妒忌。

[9]恨：遗憾。

[10]条干：枝条树干。溢目：耀眼，目不胜视。

[11]如恺许比甚众：像王恺这样同等的珊瑚树很多。

[12]惘然：失意的样子。

【导读】

《世说新语》记述士人的生活，所长在于简洁和传神。

第一则重在记言语。写新亭对泣，寥寥百余字，场景、气氛与人物的表情、风貌俱跃然纸上，而通过周顗的感慨与王导的呵斥之间的对比，则更鲜明、生动地传达出各自的精神境界。此后，“新亭对泣”、“楚囚相对”传为成语。

第二则是记行为。王子猷雪夜访戴，竟“造门不前”，“乘兴而行，兴尽而返”，这种不讲实务效果、但凭兴之所至的惊俗行为，十分鲜明地体现出当时士人所崇尚的“魏晋风度”的任诞放浪、不拘行迹，有窥一斑而见全豹之效。眠觉、开室、命酒、赏雪、咏诗、乘船、造门、突返、答问，一连串动态细节均历历在目，虽言简文约，却形神毕现、气韵生动。

第三则重在记事件。写石崇与王恺斗富，揭露豪门贵族的奢侈、骄纵。石崇以铁如意击碎珊瑚树这一典型细节，使人物精神全出，立体可感。而以皇亲国戚为铺垫和贯穿始终的二人对比，则将巨富和跋扈的程度衬托到了极致，对王恺心理变化的点染也恰到好处。

这三则笔记小说，文字省净生动，意味丰富深长，广为流传，对后世影响很大。

【思考练习】

一、关于魏晋文人你还知道哪些有代表性的轶闻趣事？结合这些故事谈谈你对“魏晋风度”的理解。

二、仔细品味这三个短故事，揣摩作者刻画人物的手法。

第三章 唐代文学

公元618年，李渊即帝位于长安，建立了唐王朝，并于武德年间统一了全国。唐代是我国封建社会历史上空前强盛和繁荣的时代，与汉代并称为“汉唐盛世”，也是文学全面繁荣、大放异彩的时代。唐代文人的贡献，是在魏晋南北朝文学的基础上，合南北文学之两长，创造了辉煌的文学。

唐代文学的繁荣，有其特殊的社会基础和时代背景。经过唐初100多年的开拓发展，唐王朝成为一个疆域广阔、政治稳定、经济繁荣、国力昌盛、思想开放、文化活跃的大帝国。政治的稳定和经济的发展，使统治者有了致力于发展文化事业的可能，为更多士人步入文坛创造了必要条件；封建国家的统一、各民族的交融，也促进了南北文风的融合和各民族文化的交流，为文学创作的繁荣营造了良好氛围；盛世造就的文人开阔的心胸、恢弘的气度与对待不同文化的兼容心态，也为文学的繁荣提供了有利的宽松环境。同时，唐王朝又发生了“安史之乱”这样空前的战乱，文人们经历了杀戮破坏、颠沛流离、灾难深重的生活，经历了自繁荣到衰落、从大喜到大悲的过程，这为文人创作提供了丰富的题材，给予他们激情，让他们不断地吟唱。

唐代文学的繁荣，也是文学本身不断发展的结果。从先秦到魏晋南北朝，文学经历了长远的历史发展过程，不同思想倾向的表现、不同题材领域的开拓、不同文体特征的探索，以及声律的运用、语言风格的创造、手法技巧的革新，都为唐代文学的发展提供了很有价值的借鉴。尤其魏晋南北朝是文学自觉的时代，文人们对文学本质有了更充分的认识，文学的艺术特质得到了充分的发展，文学创作积累了丰富的经验，已经为文学发展到一个全新的阶段做好了一切准备。唐代作家对前代文学遗产，采取一种宽容和大度的态度，既非全盘否定，也非完全接受，而是既批判又继承，推陈出新。因此，从文学发展自身来说，唐代文学的繁荣是文学本身特别是魏晋南北朝文学发展的必然结果。

唐代文学的繁荣，表现在诗、文、小说、词的全面发展上。唐代诗歌的发展，达到了高度成熟的黄金时代，不到300年的时间里，唐代遗留下来的诗歌多达50000余首，数量超出以前各代遗诗总和的两倍多，涌现出了以李白、杜甫为代表的各具风格的著名诗人。当诗歌发展到它的高峰时，散文开始了它的文体文风改革，就文体文风改革的规模和影响说，此前还没有任何一个时期可以与它相比。以韩愈、柳宗元为代表的古文运动的倡导者，主张“文以明道”，赋予文以强烈的政治色彩和鲜明的现实品格，创作了大量饱含激情、具有强烈针对性和感召力的古文杰作。中唐以后，小说也开始走向繁荣，出现了许多打破六朝志怪小说格局、独出机杼、富于文采、构思奇特的传奇作品。晚唐五代，当散文、小说、诗相继陷入低潮时，诗的另一种形式——词，又登上了文坛，焕发光彩，更为后代文学的新发展开拓了道路。终有唐一代，找不到一个文学沉寂的时期。

唐代文学的繁荣，还表现在作家、作品数量丰富上。清彭定求等所编《全唐诗》，收入作者 2200 余人，其中主要是文人和官吏，但是上至皇帝、下至商人与马夫等都有能做诗的；就单个作者创作来看，白居易一人诗歌即有 3000 余首，杜甫 1400 多首，李白也接近 1000 首，这是唐以前作者难以望其项背的。清董诰等所编《全唐文》，汇集唐（包括五代）作家 3000 余人，文 18400 多篇。据不完全统计，唐人小说今天可以找到的还有近 230 种。

唐代文学的最高成就是诗歌，诗歌在唐文学中占有极为重要的地位，可以说是一代文学的标志。唐诗不仅内容丰富，反映了广阔的社会生活，同时体裁完备、艺术完美。人们一般将唐诗的发展过程分成初、盛、中、晚四个阶段。

初唐（618～712）是唐诗繁荣的准备阶段。上官仪、沈佺期、宋之问、初唐四杰以及陈子昂等人的诗歌成就虽然不及盛唐诗人，却做出了重要贡献。经过唐初近百年的努力，诗歌在内容上突破了六朝诗歌的狭窄题材，以诗歌来表现广阔的社会生活和政治问题，风格上逐步融合了南朝清新明媚和北朝清刚劲健的诗风，朝着既有风骨又开朗明丽的方向发展，形式上确立了律诗、发展了古体诗、尤其是七言古诗，所有这些，都为唐诗高潮的到来准备了必要的条件。

盛唐（713～765）是唐诗中的顶峰，达到了风骨声律兼备的完美境界，涌现出了一批伟大的艺术大才。盛唐诗歌最能代表盛唐精神，代表唐诗的艺术成就，其主要表现在三个方面：一是盛唐诗歌表现了由盛唐时代精神孕育培养的蓬勃向上、乐观自信、自由浪漫的精神；二是盛唐诗歌表现了一种追求理想、关心现实、以天下为己任的精神；三是盛唐诗歌表现出了“笔力雄壮、气象浑厚”（见严羽《沧浪诗话》）的风格特征。此时，诗歌的国度群星璀璨，出现了以王维、孟浩然为代表的着重表现大自然的静逸明秀之美的山水田园诗人，以高适、岑参为代表的着重表现边塞生活的慷慨奇伟之美的边塞诗人和以王昌龄、崔颢为代表的表现清刚劲健之美的诗人。此时，最为耀眼的是李白。李白以其诗仙的天才，非凡的自负和自信、狂傲的独立人格、豪放洒脱的气度和自由创造的浪漫情怀，充分体现了盛唐诗人“神来、气来、情来”的精神风貌。他的诗歌充满澎湃激情和神奇想象，既有气势浩瀚、变幻莫测的壮观景象，又有清新俊逸的明丽境界和爽朗风格，美不胜收。李白诗歌充分代表了盛唐诗歌的气象，它是蓬勃的朝气、青春的歌唱，艺术上境界浑融、兴象玲珑而又含蕴深厚、韵味无穷。

中唐（766～835）时期，唐代社会从繁荣的顶峰走向了动乱与衰败。天宝十四年（755年），安禄山反于范阳，史称“安史之乱”。安史之乱是唐代社会由盛而衰的分水岭，这一场社会大变动，也引起了文学的变化。反映在诗歌中，人间的艰辛代替了理想色彩，中年的思虑送走了少年情怀，诗歌内容上更加生活化。最能代表这一时期的诗人，就是被誉为“诗圣”的杜甫。他经过这场历时八年的大战乱，诗中的理想色彩、浪漫情怀开始减退，同时融入了强烈深沉的感慨，诗人开始直面冷峻的现实，以动人的歌吟，表现人间苦难、生民血泪，从题材和写法，都有了重要的变化。大历年间，诗歌多表现彷徨心情、寂寞情怀、夕阳秋风、气骨衰弱。贞元、元和年间，随着政治改革的涌动，诗坛再次灿烂起来，有两大流派特别活跃：一是以韩愈、孟郊、李贺等人为代表的韩孟诗派，受到杜甫诗歌奇崛、散文化的影响，注重构思的奇特、造语的怪癖，翻陈出新，甚至以丑为美；二是以元稹、白居易为代表的元白诗派，则朝着通俗化的方向发展，一方面创作一些干预现实的讽喻诗，一方面大量创作表现日常生活的诗篇。这些中唐诗人在盛唐诗歌盛极难继的局面中，以他们的革新精神和创新勇气，又开拓出了一片诗歌的新天地。

晚唐(836～906)时期，唐王朝政权风雨飘摇，岌岌可危。在政治改革无甚希望之时，诗人们对唐王朝彻底失去了信心，生活走向平庸，心态趋向内敛，感情也趋向细腻。反映在诗歌中，主要侧重表现个人矛盾复杂的内心世界，受时运衰颓的影响，诗中也常常深含幽愤、感伤的情绪。此时，杜牧、李商隐营造出了唐诗最后的辉煌，如夕阳中灿烂的晚霞。特别是李商隐，以其灵心善感，侧重表现个人复杂的内心世界，对心灵世界作出了重要开拓，成为继李白、杜甫、韩愈之后再次为诗国开疆拓土的大诗人。咸通直至唐末，诗坛弥漫着消沉悲观的末世情绪，诗歌主要写艳情、隐逸。皮日休等人虽有抨击社会黑暗、表现混乱局面之作，但诗坛总体已无甚成就。

唐代文学的繁荣，除诗歌之外就是散文的成就。唐代散文的发展和新变，主要是出于政治功利的动机。

我国古代散文，早在先秦、两汉时期就已经取得了辉煌的成就。六朝时期，散文写作技巧有了进一步提高，同时也出现了一种追求辞藻华丽、堆砌典故的倾向，形成了骈俪浮艳的文风。唐代散文有意识的文体文风改革开始于开元、天宝盛世。到了中唐韩愈、柳宗元时，明确提出"文以明道"，把文体文风改革与贞元、元和间的政治革新联系在了一起，把散文引向政教之用，成为儒学复兴思潮的一部分，同时形式上以散体取代骈体，形成了声势浩大的"古文运动"。韩、柳倡导的"古文运动"，从根本上打破了六朝以来骈文一统天下的局面，开创了古典散文发展的新时代。韩、柳不仅创作了许多具有高度思想价值的作品，还创立了精粹凝练、明朗畅达的新型古文形式，加强了散文抒情、描写、记叙、议论的功能，为后世散文的健康发展奠定了体制和方向，开辟了宽广的道路。晚唐时期，皮日休、陆龟蒙等人的讽刺小品逐渐兴起。它是韩、柳杂说与寓言小品等文体在晚唐新形势下的继续和发展，也是晚唐日趋尖锐的各种社会矛盾下的产物。

唐代在魏晋南北朝志怪小说和杂史杂传的基础上，出现了新的小说体式——传奇小说。传奇小说的出现，从文体内部说，是六朝志怪小说和杂史杂传演变发展的产物；从现实基础说，是现实生活中娱乐的需要。与六朝小说相比，唐传奇发生了根本性的变化：内容上，唐传奇由记录鬼神、怪异之事转向描写现实生活；艺术上，唐传奇由六朝志怪的"粗陈梗概"与志人的略语轶事发展到有了曲折完整的故事情节、生动具体的细节描写和个性鲜明的人物形象；创作意识上，唐传奇作者注重作品的审美价值，注重小说愉悦性情的功用，已经在生活的基础上有意识的虚构，形成"始有意为小说"(见鲁迅《中国小说史略》)的特点。唐传奇中，《李娃传》、《南柯太守传》等都是广为人们传诵的作品。唐传奇的出现，不仅标志着中国小说进入了成熟的阶段，还与唐诗一样被誉为"一代之奇"而影响后世。

唐代还出现了一些为前代所没有的新兴的文学样式。变文，是唐代出现的一种通俗讲唱文学样式，是后代说唱文学的源头。唐代出现的另一影响深远的新文体是词。词随燕乐起，选诗配乐，依调填词，都为了歌唱，最初来自于民间。词的出现，主要是由于娱乐的需要。初、盛唐时，词已经在民间和部分文人中开始创作。中唐以后，随着城市经济的发展，词也得以迅速兴起，词体基本建立，文人也广泛加入到了创作的行列。到了晚唐五代，词的文人化程度加强，艺术趋于成熟，在西蜀和南唐得到了高度繁荣。《花间集》是西蜀词总集，也是最早的文人词总集，收录了 18 位"诗客曲子词"，风格绮靡侧艳，视野不离男女情爱，目的多是欢娱消遣。南唐词兴起于西蜀词之后，但南唐词人拓大了词的境界，转向内心缠绵情致的抒写。特别是南唐后主李煜，亡国之后的词作，把词这一善于表现绵邈情怀的文体，发挥得淋漓尽致，把它推向了很高的艺术境界。变文的产生与词的广泛流传，既为宋代以后文学的发展开辟了新的道路，也使唐代文学呈现出百花竞放、争艳斗丽的繁荣景象。

唐代文学产生于我国封建社会上升到高峰并由高峰开始下降的时期。从总体风貌看，它更富于理想色彩，更抒情而不是更理性，更外向而不是更内敛。从文学自身的发展看，它是文学创作艺术经验充分积累之后的一次大繁荣，同时又为文学的进一步发展开拓了新的领域，为下一次的繁荣作了准备。唐诗吸收了它之前诗歌艺术的一切经验，并加以创新，达到了难以企及的高峰，是难以模仿、无法替代的。在唐代完成的律诗，成了我国后来诗歌发展的主要体式。唐代的伟大诗人如李白、杜甫，几乎成了我国诗歌、乃至古代文学的代名词。唐代散文的文体文风改革，为后来宋代的作家所发扬，深远地影响着我国后来散文的发展。唐传奇使我国的文言小说走向成熟，也在人情味、情节构造、人物塑造上影响着宋代的话本小说。晚唐五代词取得的成就，则是词这种重要文体在以后得以发展的很好的开端。

春江花月夜[1]

张若虚

张若虚（生卒年不详），扬州（今江苏省扬州市）人，做过兖州掌军务的武官。唐中宗神龙年间，与贺知章等人以吴越名士扬名京都。开元初，与贺知章、张旭、包融并称“吴中四士”。张若虚是从初唐向盛唐过渡的重要诗人，他进一步改造了宫体诗，使七言歌行体更加成熟，为诗歌走向盛唐高峰开辟了道路。张若虚诗篇传世不多，《全唐诗》仅录其诗二首，但其诗艺术成就很高，尤其《春江花月夜》，足以使其在诗坛不朽，后人评价此诗为“孤篇压全唐”。

春江潮水连海平，海上明月共潮生。
滟滟随波千万里[2]，何处春江无月明。
江流宛转绕芳甸[3]，月照花林皆似霰[4]。
空里流霜不觉飞，汀上白沙看不见[5]。
江天一色无纤尘[6]，皎皎空中孤月轮。
江畔何人初见月？江月何年初照人？
人生代代无穷已，江月年年望相似。
不知江月待何人，但见长江送流水。
白云一片去悠悠，青枫浦上不胜愁[7]。
谁家今夜扁舟子[8]？何处相思明月楼[9]？
可怜楼上月徘徊[10]，应照离人妆镜台[11]。
玉户帘中卷不去，捣衣砧上拂还来[12]。
此时相望不相闻，愿逐月华流照君[13]。

鸿雁长飞光不度，鱼龙潜跃水成文[14]。
昨夜闲潭梦落花[15]，可怜春半不还家[16]。
江水流春去欲尽，江潭落月复西斜。
斜月沉沉藏海雾[17]，碣石潇湘无限路[18]。
不知乘月几人归，落月摇情满江树[19]。

【注释】

[1]《春江花月夜》是乐府《清商曲词·吴声歌曲》旧题。曲调创始于陈后主，原作较轻艳。

[2]滟滟(yàn)：水波闪动的样子。

[3]芳甸(diàn)：花草丛生的郊野。

[4]霰(xiàn)：小雪粒。此处形容月光下的花朵。

[5]空里流霜：月光皎洁柔和。汀：江滩。

[6]江天一色：天地间全被皎洁的白色所笼罩。纤尘：微尘。

[7]白云：此喻游子。清枫浦：地名。枫、浦：多用来指感别的处所。

[8]扁(piān)舟子：喻行踪不定的游子。

[9]明月楼：月夜楼中的思妇。

[10]徘徊：浮云在游动。

[11]离人：思妇。

[12]“玉户”二句：月光引起的情思深扰思妇，帘卷不去，手拂还来，无法排遣。砧(zhēn)：捣衣用的垫石。

[13]逐：随。月华：月光。

[14]“鸿雁”两句：鸿雁再飞，也飞不出月光的普照；鱼龙在水中游动，也只能激起片片波纹。度：超越，飞过。

[15]闲潭：幽静的潭水。

[16]可怜：可惜。

[17]海雾：江面水气。

[18]碣石：山名，故址在今河北省。一说，碣石山已没入海中。潇湘：潇水、湘水的合称，二水在今湖南省合流。此处以“碣石”指北，“潇湘”指南，借指天南地北。

[19]“落月”句：离情伴随着月光的逝去洒落在江树上。

【导读】

全诗以月为中心，展开描写与抒情，一方面欣赏赞美了春江、月夜的迷人景象，一方面抒发了游子的相思离情别绪。内容上可以分为两层：从开头到“但见长江送流水”写春江月夜的迷人景致以及由此而产生的联想；“白云一片去悠悠”以下写春宵月夜游子思妇的离愁别绪，着重表现思妇望月怀人的深情。

作者于月夜江畔展开诗意的遐想，在感受具有浓郁生活气息的春江月夜美景的同时，引出了对人生哲理的思考、天地精神的探究以及人世间相思恨别的真情。作者追求与自然界良辰美景相适应的人世间的幸福和团聚，使得全诗意境阔大深邃，做到了诗情、画意和哲理的统一。诗人对人生哲理的思索，有些惆怅和感伤，但并不沉重。它面向的是更高更远的人生，是青春式的感伤，是甜美而轻盈的遐想。

为了传达春江月夜的和平宁静之美，诗歌采取了整齐而有变化的章法和句法。全诗四句一换韵，自然地形成了九个章节，章法上以整齐为主而又韵律涌动，起伏回环，节奏变化与感情表达相适应，达到了一唱三叹的艺术效果。句法上大量采用民歌的句法和修辞，与大量散文化的句式相结合，构成了既整齐又流美的格调，诗情画意地展现了春江月夜优美的旋律。

【思考练习】

一、如何理解诗歌中的诗情、画意、哲理的统一？

二、诗歌形式上有什么特点？

三、有人认为这首诗的情感基调是“哀而不伤”，请谈谈你的感受和认识。

王维诗二首

王维

王维(701～761)，字摩诘，原籍太原祁州(今山西省祁县)，后移居蒲州(今山西省永济市)。开元九年(721年)进士。张九龄为相时，擢为右拾遗，转监察御史。安史之乱，两京陷落，为叛军所俘，被迫任伪职。两京收复后，以陷贼官论罪，降为太子中允。官终尚书右丞，世称王右丞。

王维早年政治上倾向进步，诗作亦呈现出奋发昂扬的风貌。后历经变乱，政治上消沉，诗歌上致力于山水田园诗的创作，成为盛唐山水田园诗派的代表作家。王维信奉禅理，后半生徘徊于仕隐之间，过着恬静悠闲的生活。他是杰出的画家，又擅长音乐，能以绘画、音乐之理通于诗，善于运用自然而又精炼、准确、富于特征性的语言，创造出完美鲜明的形象，往往着墨无多，而意境高远，把南朝以来描写自然景物的诗歌艺术推进了一步。苏轼称其：“味摩诘之画，画中有诗；味摩诘之诗，诗中有画。”有《王右丞集》。

汉江临泛[1]

楚塞三湘接[2]，荆门九派通[3]。江流天地外，山色有无中。
郡邑浮前浦[4]，波澜动远空。襄阳好风日[5]，留醉与山翁[6]。

【注释】

[1]汉江：汉水，在今武汉市流入长江。

[2]楚塞：楚地疆界。三湘：沅湘、潇湘、资湘的总称。

[3]荆门：山名，荆门山，在今湖北宜都县西北的长江南岸，战国时为楚之西塞。九派：九条支流，长江至浔阳分为9支。

[4]浦：水边。

[5]好风日：风景天气好。

[6]山翁：山简，晋人。《晋书·山简传》说他曾任征南将军，镇守襄阳。有政绩，好酒，每饮必醉。

【导读】

诗歌给读者展现了一幅色彩素雅、格调清新、意境优美的水墨山水画。画面布局，远近相映，疏密相间；轻笔淡墨，而又穷形极肖，情景交融，给人以美的享受。可谓王维"融画法入诗"的力作。

王维诗歌独具特色的是空灵境界和宁静之美。因心境空灵，他对自然的体物极为敏锐，像画家一样，以慧眼灵心感悟自然界的细微变化，在描写自然山水的诗作中，常常创造出"诗中有画，画中有诗"的静逸明秀的诗境。"江流天地外，山色有无中"，即表现出了富有流动感和空间感的山水画卷。汉江滔滔远去，好像一直流向天地之外；两岸青山重重，时隐时现，若有若无。作者以水天一色写出江水的流长邈远，又以朦胧山色烘托出江势的浩瀚空阔。作者着墨极淡，却给人以气韵生动之感，无怪王世贞激赏说："'江流天地外，山色有无中'，是诗家俊语，却入画三昧。"

【思考练习】

一、苏轼评价王维的诗是"诗中有画"，请联系此诗说说你的看法。

二、谈谈你对"江流天地外，山色有无中"两句诗的理解和感受。

山居秋暝[1]

空山新雨后[2]，天气晚来秋[3]。明月松间照，清泉石上流。
竹喧归浣女[4]，莲动下渔舟[5]。随意春芳歇，王孙自可留[6]。

【注释】

[1]山：长安城南终南山。秋暝：秋天的黄昏。

[2]空山：幽深静谧的山。

[3]秋：呈现出秋天的种种特色。

[4]"竹喧"句：浣衣女子，结伴归来，竹林中传出一阵喧笑。

[5]"莲动"句：溪中莲花动荡，知道是渔船沿水下行。

[6]"随意"二句：春天的芳华虽已消歇，秋景也佳，王孙自可留在山中。随意：随春芳之意。

【导读】

《山居秋暝》是王维山水田园诗的代表作之一，全诗描绘了黄昏山间秋雨初晴后的清新宁静的优美景致以及山居村民的淳朴风尚，表现了诗人寄情山水田园、对隐居生活怡然自得的满足心情。

作者笔下的秋景，清新、恬静、优美。作者在清新宁静而生机盎然的山水中，感受到了万物生生不息的乐趣。明月、青松、清泉、山石、翠竹、浣女、莲动、渔舟构成的清幽雅洁、单纯朴实的画面，也与作者高洁、脱俗的志趣相符合，自然的美与作者心境的美融为一体，自然的美和村民生活的美融为一体，作者创造出了如水月镜花般纯美的诗境，也表现了洁身自好、不同流俗的一面。

本诗写景纯用白描，轻描淡写，笔致简约。中间两联动静相衬、视听结合、有声有色。诗歌在诗情画意中流淌着音乐的旋律，兴象玲珑而难以句诠。

【思考练习】

一、如何理解这篇诗作的意蕴?

二、怎样理解“明月松间照,清泉石上流。竹喧归浣女,莲动下渔舟”的艺术画面?

燕歌行[1]

高适

高适(约702~765),字达夫,一字仲武,渤海蓨(今河北省景县)人。早年家境贫寒,20岁后到长安求仕不遇,客游梁、宋间,落拓失意。40岁后荐举有道科,中第,授封丘尉。入河西节度使幕府。安史之乱中,拜侍御史,迁谏议大夫,出为淮南节度使。历任蜀、彭二州刺史、西川节度使,官终散骑常侍。世称高常侍。

高适是唐代著名的边塞诗人,诗多写边地战争和个人感慨,与岑参并称“高岑”。其诗思想感情深沉雄厚,语言洗练苍劲,于音响浏亮、语言整饬中灌注着雄健奔放的气势和激昂慷慨的精神。殷璠《河岳英灵集》评其“诗多胸臆语,兼有气骨”。有《高常侍集》10卷存世。

开元二十六年,客有从御史大夫张公[2]出塞而还者,作《燕歌行》以示适,感征戍之事,因而和焉。

汉家烟尘在东北,汉将辞家破残贼[3]。
男儿本自重横行[4],天子非常赐颜色[5]。
摐金伐鼓下榆关[6],旌旆逶迤碣石间[7]。
校尉羽书飞瀚海[8],单于猎火照狼山[9]。
山川萧条极边土,胡骑凭陵杂风雨[10]。
战士军前半死生[11],美人帐下犹歌舞[12]!
大漠穷秋塞草腓[13],孤城落日斗兵稀。
身当恩遇常轻敌[14],力尽关山未解围。
铁衣远戍辛勤久[15],玉筯应啼别离后[16]。
少妇城南欲断肠,征人蓟北空回首[17]。
边庭飘飖那可度[18],绝域苍茫无所有[19]!
杀气三时作阵云[20],寒声一夜传刁斗[21]。
相看白刃血纷纷[22],死节从来岂顾勋[23]?
君不见沙场征战苦,至今犹忆李将军[24]!

【注释】

[1]《燕歌行》,乐府《相和歌辞·平调曲》的旧题,歌辞多咏东北边地征戍之情。

[2]御史大夫张公:指营州都督、河北节度副大使张守珪,为当时镇守北边的名将。

[3]“汉家烟尘”二句：开元十八年(730年)五月，契丹族可突干杀其国王李绍固，胁迫奚族叛将降突厥，此后，唐和契丹、奚的战争连绵不绝。汉家、汉将：唐人诗中写时事，多托之汉代。烟尘：此处指战争。

[4]横行：纵横驰骋，扫荡敌寇。

[5]赐颜色：赐予荣耀。

[6]摐(chuāng)金伐鼓：行军时金鼓和鸣。摐：击打。金：行军时用来节制步伐的钲。伐鼓：打鼓。下：出。榆关：即山海关，在今河北省秦皇岛市东北。

[7]旌旆：军中各种旗帜。逶迤：连绵不绝的样子。碣石：山名，故址在今河北省。一说，碣石山已没入海中。

[8]“校尉”句：意谓唐军先头部队已深入敌境。校尉：武官名，此处泛指统军的将领。羽书：即羽檄，军中插有鸟羽的紧急文书。瀚海：一作翰海，指蒙古大沙漠，当时为奚族所据。

[9]“单于”句：从边境也可望见敌方的猎火。单于：匈奴人称君长之词，此处为北方民族首领的统称。猎火：古代游牧民族作战前，往往举行大规模的校猎，实以演习军事。狼山：即狼居胥山，此处泛指接战之地。

[10]“胡骑”句：敌方马队攻势凶猛，如狂风暴雨。凭陵：恃势欺凌，指依仗某种有利条件而去侵略别人。

[11]半死生：伤亡惨重。

[12]帐下：军帅的营帐之中。

[13]穷秋：深秋。腓：病，意指枯萎，一作“衰”。

[14]身当恩遇：受到朝廷的重视。与前“天子非常赐颜色”相照应。

[15]铁衣：铁甲。

[16]玉箸：玉制的筷子，古代常指思妇的眼泪。箸：同“箸”。

[17]蓟北：从蓟州(今天津市蓟县)往北一带地方，泛指东北边地。

[18]庭：一作“风”。飘飖：随风飘荡，一作“飘飘”。度：越。

[19]绝域：极僻远的地方。

[20]“杀气”句：战场杀气腾腾，天昏地暗。三时：历时很久。阵云：战云。

[21]“寒声”句：夜晚军营戒备森严，警报频传。一夜：彻夜。刁斗：军中铜制用具，日以作炊，夜以敲更。

[22]血：一作“雪”。

[23]死节：为国捐躯的志节，指为国事而献身。岂顾勋：岂是为了个人的功勋。

[24]“君不见”二句：意谓当时没有李将军那样的边将。李将军：指李广，汉朝名将。据《史记·李将军列传》记载：李广打仗时身先士卒，平时又能和士兵同甘共苦，因而士兵乐于为他效命。此处兼取捍击强敌与抚爱士卒二义。

【导读】

这首《燕歌行》，采用古乐府旧题，作于开元二十六年(738年)，应和出塞而还者。内容上可分为三层：第一层交代边塞烽火又起，唐王朝出兵抗敌；第二层写战争危急直到失败的过程；第三层写战士军旅生活的严酷及对故乡的思念，通过战士们对李广的思念，慨叹将帅非人。诗歌意境苍茫雄浑，音律铿锵，有“金戈铁马之声，有玉磬鸣球之节”。

诗歌既表现了男儿自当横行天下的英雄气概，也表现了战争给征人家庭带来痛苦的同情；既有对战士浴血奋战崇高精神的颂扬，又有对将领恃勇轻敌、腐败无能的愤慨。这些内容概括地反映了开元年间唐军生活的许多侧面，直接描写盛唐王朝的失败，揭露盛唐军中的矛盾，赋予了诗歌思想深度，也显示了作者非凡的见识。

诗歌大量运用对比手法，有出征时威武雄壮、铺张扬厉与战争中伤亡惨重、悲壮苍凉的对比，有战士浴血奋战、夫妻分离与将军荒淫腐败、纵情声色的对比，有征人思念家人与思妇思念征人的对比，有古代名将李广与当时腐败无能将领的对比。这些对比前后互相关联，深化了主题。

【思考练习】

一、诗歌中“感征戍之事”主要体现在哪些方面？

二、如何看待诗歌中的对比手法的运用？

李白诗二首

李白

李白(701～762)，字太白，号青莲居士。祖籍陇西成纪(今甘肃省秦安县)，生于安西都护府之碎叶城(今吉尔吉斯斯坦境内)，5岁时随其父迁居绵州彰明县(今四川省江油市)之青莲乡。李白年轻时，漫游全国各地。天宝初，因道士吴筠及贺知章推荐，供奉翰林，但不久即遭谗去职。安史之乱中，因参加永王李璘幕府，被流放夜郎，途中遇赦。晚年漂泊东南一带，最后病逝于当涂。

李白深切关怀时局安危，热爱祖国山川，同情下层人民，鄙夷世俗，蔑视权贵。他的诗歌创作，充满了发兴无端的澎湃激情和神奇想象，既有气势浩瀚、变幻莫测的壮观奇景，又有标举风神情韵而自然天成的明丽意境。他善于从民间文学吸取营养，想象丰富奇特，风格雄健奔放，色调瑰玮绚丽，语言清新自然，是继屈原之后，出现在我国诗坛的伟大的浪漫主义诗人。与杜甫齐名，并称为“李杜”。诗现存900多首，有《李太白集》。

将进酒[1]

君不见黄河之水天上来，奔流到海不复回[2]。
君不见高堂明镜悲白发，朝如青丝暮成雪[3]。
人生得意须尽欢[4]，莫使金樽空对月。
天生我材必有用，千金散尽还复来。
烹羊宰牛且为乐[5]，会须一饮三百杯[6]。
岑夫子、丹丘生[7]，将进酒，杯莫停。
与君歌一曲[8]，请君为我侧耳听[9]：
钟鼓馔玉不足贵[10]，但愿长醉不愿醒。
古来圣贤皆寂寞，惟有饮者留其名。
陈王昔时宴平乐[11]，斗酒十千恣欢谑[12]。
主人何为言少钱，径须沽取对君酌。

五花马[13]，千金裘，呼儿将出换美酒[14]，与尔同销万古愁。

【注释】

[1]《将进酒》，乐府《鼓吹曲辞·汉铙歌》旧题，内容多写饮酒放歌时的情感。

[2]“君不见”二句：以黄河之水一去不返比喻人生短暂、时光易逝。

[3]“君不见”二句：于高堂明镜之中照见白发而伤悲。此处将人生流逝的过程夸张的浓缩到一天之间。

[4]得意：有兴致。

[5]且为乐：姑且作乐。

[6]会须：应该。

[7]岑夫子：即岑勋。丹丘生：即元丹丘。二人都是李白的好友。

[8]与君：为你。

[9]侧：一作“倾”。

[10]钟鼓馔玉：富贵利禄。钟鼓：指权贵人家的音乐。馔玉：形容饮食的精美。

[11]陈王：即曹植，曾封陈王。平乐：宫观名。

[12]斗酒十千：一斗酒值十千钱，极言酒好价贵。恣欢谑：尽情地欢娱戏谑。

[13]五花马：一种名贵的马。

[14]将出：拿出。

【导读】

《将进酒》是李白饮酒诗代表作之一。诗歌内容有感于人生短暂、政治失意，流露出及时行乐、一醉方休的消极情绪。但与一般的借酒浇愁不同，李白通篇以一种豪迈的气度来写饮酒、纵酒，以一种夸张的庸俗气代替平凡的庸俗气，无论是“会须一饮三百杯”的豪饮，还是“与尔同销万古愁”的愁苦，都超越了凡俗，因为在这背后，有着作者超越凡俗的远大理想以及理想落空后的巨大愤懑。

酒还是李白个人反抗的兴奋剂。尽管现实中牢骚满腹、愁苦无边，但是在酒中，李白仍能冲破忧愤，豪迈地喊出“天生我材必有用”、“烹羊宰牛且为乐”、“古来圣贤皆寂寞”，表现出乐观、自信以及鄙弃世俗、蔑视富贵的傲岸精神，即使“但愿长醉不愿醒”那样的消极之语也是豪迈有力、放纵不羁。李白借酒冲破内心的苦闷，是一位天才诗人被压抑而发出的强烈的抗议、愤怒的吼声，有着震撼读者内心的强烈的精神力量。

艺术表现上，作者将波涛汹涌的满腔豪情化为狂放不羁的诗句，用夸张手法表现豪迈深情，用跌宕开阖的结构表现感情由悲至喜、从愤懑到狂放的激荡，用多变的句式豪放自如地倾泻情感。不仅把原曲的主题发挥到淋漓尽致，还充分展示出诗人狂放自信的人格风采。

【思考练习】

一、结合作品，分析李白诗歌的艺术特色。

二、有人认为此诗反映了李白醉生梦死、虚无人生的生活态度，你是否认同？

宣州谢朓楼饯别校书叔云[1]

弃我去者，昨日之日不可留；
乱我心者，今日之日多烦忧[2]。
长风万里送秋雁，对此可以酣高楼[3]。
蓬莱文章建安骨[4]，中间小谢又清发[5]。
俱怀逸兴壮思飞，欲上青天览明月[6]。
抽刀断水水更流[7]，举杯消愁愁复愁。
人生在世不称意，明朝散发弄扁舟[8]。

【注释】

[1]谢朓楼：一称谢公楼或北楼，南齐诗人谢朓任宣城太守时建造，唐末改名为叠嶂楼。叔云：叔父李云，官秘书省校书郎。题一作《陪侍御叔华登楼歌》。

[2]“弃我”四句：以往岁月，弃我而去不可挽留；如今岁月，只能使我心烦意乱，增加忧愁。

[3]酣：尽情畅饮。

[4]“蓬莱”句：李云文章得建安风骨。蓬莱：此处借指唐代的秘书省，李云任秘书省校书郎，故称之为“蓬莱文章”。建安骨：建安风骨的简称。

[5]“中间”句：作者自比为小谢之清发。小谢：指谢朓。清发：清新秀发，指谢朓的诗风。

[6]览：同“揽”。

[7]“抽刀”句：比喻内心的苦闷无法排解。

[8]散发弄扁舟：避世隐居，暗用范蠡“乘扁舟浮于江湖”的典故。散发：脱去簪缨，不受拘束。

【导读】

李白于天宝初供奉翰林，因受权贵谗毁，不久便被以“赐金放还”的名义废逐。高傲自负而不被世所容，使得李白聚集了一腔难以抑制的悲愤之情。诗歌作于天宝末李白游宣州（今安徽省宣城市）之时。题为送别诗，但通篇无送别的诗句，抒发了作者怀才不遇的牢骚、愤懑和年华虚度、壮志难酬的苦闷，同时也表达了作者对心中理想的执著追求。

诗歌主要抒写忧愁的深广，以愁起，以愁结，但给读者的感受却不是一片令人压抑的阴霾，仍有令人感奋的力量。李白任随感情的倾泻，运用起伏跌宕的笔法，大开大合，直起直落。开篇直抒胸中忧愁，写虚度光阴、报国无门的痛苦；既而在秋高气爽之日，接风送雁之境，精神为之一振，盛赞了汉魏风骨及谢朓诗歌的豪情逸兴，心与境合、酣饮高楼的豪情油然而生；最后又从理想境界回到了苦闷的现实当中，以挥洒出世的忧愤作结。全诗一波三折，将失意的哀感表现得淋漓酣恣、气势凌厉，在悲愤之中又贯穿着一种慷慨豪迈的激情，显示出李白雄壮豪放的气概。尤其“俱怀逸兴壮思飞，欲上青天览明月”，悲中见豪，体现了李白式的不可一世、自命不凡的气概。

【思考练习】

一、结合写作背景，谈谈你眼中的李白。

二、试以情感变化为线索，分析诗歌的主要内容。

杜甫诗二首

杜甫

杜甫(712～770),字子美,京兆杜陵(今陕西省西安市)人,生于巩县(今河南省巩义市)。自号少陵野老。初唐诗人杜审言之孙。唐肃宗时,官左拾遗,因直言极谏,改华州司功参军。不久,弃官入蜀。友人严武再任西川节度使时,推荐他为节度参谋、检校工部员外郎。后携家出蜀,病死江湘途中。后世称为杜拾遗、杜工部等。

杜甫怀抱着忠君爱国、积极用世的思想,因仕途失意,又历经祸乱,深受沉重的时代苦难,因而能体念和同情人民的疾苦。诗歌抒写个人情怀,往往紧密结合时事,思想深厚,深刻反映所处时代,境界广阔,有强烈的社会现实意义,后世称为"诗史"。他是我国古代伟大的现实主义诗人,在诗歌艺术上,能够吸取和总结前人的成就,融合众长,众体兼备,形成独有的沉郁顿挫的风格。有《杜少陵集》存世。

秋兴八首(其一)[1]

玉露凋伤枫树林,巫山巫峡气萧森[2]。
江间波浪兼天涌,塞上风云接地阴[3]。
丛菊两开他日泪,孤舟一系故园心[4]。
寒衣处处催刀尺,白帝城高急暮砧[5]。

【注释】

[1]这八首诗是杜甫留寓夔州时所作。秋兴:因秋而发兴,感秋生情之意。八首脉络贯通,首尾呼应,组织严密,格律精工,是杜甫晚年律诗的代表作。

[2]"巫山"句:时到深秋,峡中显得幽深而阴暗。

[3]"江间"二句:赋中兼兴,描绘自然界中的萧森景象,也寓有风云变幻,时事艰虞之感。塞:关隘险要之处。

[4]"丛菊"二句:自伤滞留夔州,未能出峡北归。丛菊两开:指杜甫于永泰元年(765年)夏离开成都,秋居云安,次年秋又寄居夔州。他日泪:指忆及往日而流泪。孤舟一系:孤舟长系,意谓归舟老是系在江岸上,开不出去。故园心:思念长安的心情,杜甫以长安为第二故乡。

[5]"寒衣"二句:傍晚时白帝城上到处传来急切的捣练声,人们都已忙着为游子赶制寒衣。砧:捣练的工具。

【导读】

《秋兴八首》是杜甫晚年为逃避战乱而寄居夔州时的代表作品,作于大历元年(766年),作者时年56岁。全诗八首蝉联,前呼后应,脉络贯通,组织严密,既是一组完美的组诗,而又各有所侧重。身居夔州而心系长安就是这组诗的主要内容和线索。王夫之在《唐诗评选·卷四》中说："八首如正变七音，旋相为宫而自成一章，或为割裂，则神态尽失矣。"

八首之中，第一首总起，统帅后面七篇。首章对秋而伤羁旅，是全诗的序曲，总写巫山巫峡的秋声秋色，用阴沉萧瑟、动荡不安的景物环境衬托诗人焦虑抑郁、伤国伤时的心情，点名了"身在夔州，心系长安"的主题。

首联开门见山，叙写景物之中点明地点、时间。用"凋伤"、"萧森"描写败落景象，使诗歌笼罩着阴沉的意境，定下全诗感情基调。

颔联用对偶句展开"气萧森"的悲壮景象。"江间"承"巫峡"，"塞上"承"巫山"，波浪在地而兼天涌，风云在天而接地阴，可见整个天地之间充风云波浪，极言阴晦萧森之状。万里长江滚滚而来，波涛汹涌，天翻地覆，是眼前的实景；"塞上风云"既写景物，也寓时事。当时吐蕃入侵，边关吃紧，处处是阴暗的战云。此联景物描绘之中，形象地表达了时局动荡不安、前途未卜的处境和作者胸中翻腾起伏的忧思与郁勃不平之气，把峡谷深秋、个人身世、国家命运融为一体，波澜壮阔，哀感深沉。

颈联由秋天景物触动羁旅情思。与上二句交叉承接，"丛菊"承"塞上"句，"孤舟"承"江间"句。"丛菊两开他日泪"，表明去年对丛菊掉泪，今年又对丛菊掉泪；"两开"二字，实乃双关，既指菊开两度，又指泪流两回，足见羁留夔州心情的凄伤。"故园心"，实指思念长安之心。从云安到夔州苦苦挣扎了两年，孤舟不发，见丛菊再开，不禁再度流泪，心总牵挂着故园。此处写得深沉含蓄，耐人寻味。

尾联在时序推移中叙写秋声。西风凛冽，傍晚时分天气更是萧瑟寒冷，意味冬日即将来临，人们正在加紧赶制寒衣，白帝城高高的城楼上，晚风中传来急促的砧声。白帝城在东，夔州府在西，诗人身在夔州，听到白帝城传来的砧杵之声。二句关合全诗，回到景物，时序由白天推到日暮，客子羁旅之情更见艰难。钱谦益注杜诗曰："以节则杪秋，以地则高城，以时则薄暮，刀尺苦寒，急砧促别，末句标举兴会，略有五重，所谓嵯峨萧瑟，真不可言。"

【思考练习】

一、《秋兴八首》主要内容是什么？

二、赏析诗句"寒衣处处催刀尺，白帝城高急暮砧"。

旅夜书怀[1]

细草微风岸，危樯独夜舟[2]。星垂平野阔，月涌大江流。

名岂文章著？官应老病休[3]。飘飘何所似？天地一沙鸥[4]。

【注释】

[1]诗作于代宗永泰元年(765年)，诗人由华州解职离成都去重庆途中。全诗流露了诗人奔波不遇之情。

[2]危樯：高高的桅杆。

[3]"名岂"二句：言我岂止是因文章而得名，但我的官职的确是因老病而休止了。《唐诗别裁》："胸怀经济，故云名岂以文章而著；官以论事罢，而云老病应休。立言之妙如此。"著：著名。

[4]"飘飘"二句：作者自谓飘然一身像个什么呢？不过像广阔的天地间的一只沙鸥罢了。

【导读】

这是杜诗五律的名篇，历来为人称道。《瀛奎律髓汇评》引纪昀语："通首神完气足，气象万千，可当雄浑之品。"

诗的前半描写"旅夜"的情景。"细草微风岸，危樯独夜舟"写近景，微风吹拂着江岸上的细草，竖着高高桅杆的小船在月夜孤独地停泊着。当时杜甫离开成都是迫于无奈。这一年的正月，他辞去节度使参谋职务，四月，在成都赖以存身的好友严武死去。处此凄孤无依之境，便决意离蜀东下。因此，这里不是空泛地写景，而是寓情于景，通过写景展示他的境况和情怀像江岸细草一样渺小，像江中孤舟一般寂寞。"星垂平野阔，月涌大江流"写远景：明星低垂，平野广阔；月随波涌，大江东流。这两句写景雄浑阔大，历来为世人所称道。诗人写辽阔的平野、浩荡的大江、灿烂的星月，正是为了反衬出他孤苦伶仃的形象和颠连无告的凄怆心情，属于以乐景写哀情的手法。

诗的后半是"书怀"。"名岂文章著？官应老病休"，这是反话，立意至为含蓄。诗人素有远大的政治抱负，但长期被压抑而不能施展，因此，声名竟因文章而著，这实在不是他的心愿。杜甫此时确实是既老且病，但他的休官，却主要不是因为老和病，而是由于被排挤。这里表现出诗人心中的不平，同时揭示出政治上失意是他漂泊、孤寂的根本原因。"飘飘何所似？天地一沙鸥"，诗人即景自况以抒悲怀。水天空阔，沙鸥飘零；人似沙鸥，转徙江湖。这一联借景抒情，深刻地表现了诗人内心漂泊无依的感伤，真是一字一泪，感人至深。

王夫之《姜斋诗话》说："情景虽有在心在物之分，而景生情，情生景，……互藏其宅。"情景互藏其宅，即寓情于景和寓景于情。前者写宜于表达诗人所要抒发的情的景物，使情藏于景中；后者不是抽象地写情，而是在写情中藏有景物。杜甫的这首《旅夜书怀》诗，就是古典诗歌中情景相生、互藏其宅的一个范例。

【思考练习】

一、诗歌抒发了作者怎样的情怀？

二、结合作品，具体分析诗歌中的情景互藏其宅。

长恨歌[1]

白居易

白居易(772～846)，字乐天。祖籍太原，后迁居为下邽(今陕西省渭南市)人。少经离乱。贞元进士，为秘书省校书郎。宪宗朝为翰林学士，授左拾遗。上疏求追捕刺杀宰相武元衡凶手，被贬为江州司马。晚年定居香山寺，号香山居士。

白居易是中唐新乐府运动的主要倡导者，主张"文章合为时而著，歌诗合为事而作"，并将这一主张付诸自己的诗歌创作实践，致力于讽谕诗的创作。而其闲适抒情之作，却博得当世与后人的喜爱与传诵。白居易诗歌艺术总的特色是通俗晓畅，自然流丽。通俗而不浅薄，晓畅不失流丽。有《白氏长庆集》存世。

汉皇重色思倾国[2]，御宇多年求不得[3]。
杨家有女初长成，养在深闺人未识。
天生丽质难自弃，一朝选在君王侧[4]。
回眸一笑百媚生，六宫粉黛无颜色[5]。
春寒赐浴华清池[6]，温泉水滑洗凝脂[7]。
侍儿扶起娇无力，始是新承恩泽时[8]。
云鬓花颜金步摇[9]，芙蓉帐暖度春宵。
春宵苦短日高起，从此君王不早朝。
承欢侍宴无闲暇，春从春游夜专夜。
后宫佳丽三千人，三千宠爱在一身。
金屋妆成娇侍夜[10]，玉楼宴罢醉和春。
姊妹弟兄皆列土[11]，可怜光彩生门户[12]。
遂令天下父母心，不重生男重生女。

骊宫高处入青云[13]，仙乐风飘处处闻。
缓歌慢舞凝丝竹[14]，尽日君王看不足[15]。
渔阳鼙鼓动地来[16]，惊破《霓裳羽衣曲》[17]。
九重城阙烟尘生[18]，千乘万骑西南行。
翠华摇摇行复止[19]，西出都门百余里[20]。
六军不发无奈何，宛转蛾眉马前死[21]。
花钿委地无人收，翠翘金雀玉搔头[22]。
君王掩面救不得[23]，回看血泪相和流。
黄埃散漫风萧索[24]，云栈萦纡登剑阁[25]。
峨嵋山下少人行[26]，旌旗无光日色薄[27]。
蜀江水碧蜀山青，圣主朝朝暮暮情[28]。
行宫见月伤心色[29]，夜雨闻铃肠断声。
天旋日转回龙驭[30]，到此踌躇不能去。
马嵬坡下泥土中，不见玉颜空死处[31]。
君臣相顾尽沾衣[32]，东望都门信马归[33]。
归来池苑皆依旧，太液芙蓉未央柳[34]。
芙蓉如面柳如眉，对此如何不泪垂？
春风桃李花开日，秋雨梧桐叶落时。
西宫南苑多秋草[35]，落叶满阶红不扫。
梨园弟子白发新[36]，椒房阿监青娥老[37]。
夕殿萤飞思悄然[38]，孤灯挑尽未成眠。
迟迟钟鼓初长夜[39]，耿耿星河欲曙天[40]。
鸳鸯瓦冷霜华重[41]，翡翠衾寒谁与共[42]？
悠悠生死别经年，魂魄不曾来入梦。

临邛道士鸿都客，能以精诚致魂魄[43]。
为感君王展转思[44]，遂教方士殷勤觅。
排空驭气奔如电，升天入地求之遍。
上穷碧落下黄泉[45]，两处茫茫皆不见。
忽闻海上有仙山，山在虚无缥缈间。
楼阁玲珑五云起，其中绰约多仙子。
中有一人字太真，雪肤花貌参差是。
金阙西厢叩玉扃，转教小玉报双成。
闻道汉家天子使[46]，九华帐里梦魂惊。
揽衣推枕起徘徊[47]，珠箔银屏迤逦开。
云鬓半偏新睡觉[48]，花冠不整下堂来。
风吹仙袂飘飖举[49]，犹似《霓裳羽衣》舞。
玉容寂寞泪阑干[50]，梨花一枝春带雨。
含情凝睇谢君王[51]，一别音容两渺茫。
昭阳殿里恩爱绝，蓬莱宫中日月长。
回头下望人寰处[52]，不见长安见尘雾。
惟将旧物表深情，钿合金钗寄将去。
钗留一股合一扇[53]，钗擘黄金合分钿。
但令心似金钿坚[54]，天上人间会相见。
临别殷勤重寄词[55]，词中有誓两心知。
七月七日长生殿，夜半无人私语时。
在天愿作比翼鸟，在地愿为连理枝[56]。
天长地久有时尽，此恨绵绵无绝期[57]。

【注释】

[1]这篇长诗写的是唐玄宗李隆基与杨玉环之间的爱情故事，因为是悲剧结局，故以“长恨”名篇。

[2]汉皇：暗指唐玄宗。倾国：美女的代称。

[3]御宇：统治天下。

[4]“杨家”四句：杨玉环于开元二十三年(735年)16岁时嫁与玄宗子寿王李瑁为妃。玄宗以其资质天挺，于开元二十八年(740年)度其为女道士，号太真，天宝四年(745年)册为贵妃。此处为隐讳。

[5]“六宫”句：指宫内所有妃嫔相比之下，都失去了她们的美色。

[6]华清池：温泉浴池名，在今陕西省西安市东南。

[7]凝脂：洁白而滑嫩的皮肤。

[8]新承恩泽：受到玄宗的宠幸。

[9]金步摇：钗的一种。

[10]金屋：杨玉环的住所，此处系用汉武帝“金屋藏娇”典故。

[11]列土：封官晋爵。

[12]可怜：可羡。

[13]骊宫：即华清宫。

[14]凝丝竹：歌舞与乐曲节拍相和谐。

[15]看不足:看不厌。
[16]“渔阳”句:安禄山叛乱。
[17]霓裳羽衣曲:舞曲名,相传传自西域,曾经过唐玄宗的改编。
[18]九重城阙:京城长安。京城为皇宫所在,皇宫门有九重,故云。
[19]翠华:皇帝的车架。
[20]都门:长安禁苑的西门。百余里:马嵬驿,马嵬距长安百余里。
[21]六军:泛指朝廷的军队。蛾眉:美女的代称,此指杨贵妃。
[22]花钿(diàn):金玉制花形首饰。委地:落地。翠翘:形似翠鸟尾的首饰。金雀:钗名。玉搔头:玉簪。
[23]君王:唐玄宗。
[24]黄埃:黄色尘土。
[25]云栈:高耸入云的栈道。萦纡:弯曲盘旋。剑阁:在今四川剑阁县东北大、小剑山之间。
[26]峨嵋山:在今四川峨嵋县南,此泛指蜀山。
[27]日色薄:日光暗淡。
[28]圣主:唐玄宗。
[29]行宫:皇帝出行时的住所。
[30]天旋日转:形容时局大变。回龙驭:唐玄宗还京。
[31]玉颜:美女,此指杨贵妃。
[32]沾衣:落泪。
[33]都门:长安城门。信马:任马奔走,不加约束。
[34]太液:池名。芙蓉:荷花。未央:宫名,此泛指唐代宫苑。
[35]西宫:太极宫。南苑:兴庆宫。唐玄宗返京后的两处住所。
[36]梨园弟子:由玄宗执教的宫内习艺者。
[37]椒房阿监:后妃宫中的女官。青娥:青春美貌。
[38]萤:萤火虫。思悄然:情意萧瑟寂寞。
[39]迟迟:缓慢悠长。
[40]耿耿:明亮貌。河:银河。
[41]鸳鸯瓦:嵌合成对的瓦片。霜华:霜花。
[42]翡翠衾:绣有成双翡翠鸟的被子。
[43]致:招来。
[44]展转:翻来覆去。
[45]碧落:道家称天界为碧落。
[46]汉家:唐朝。
[47]揽衣:披衣。
[48]觉:睡醒。
[49]袂:衣袖。
[50]寂寞:暗淡失神貌。阑干:纵横流淌。
[51]谢:告诉。
[52]人寰:人世间。
[53]一扇:一片。
[54]但令:只要让。
[55]殷勤:反复多次。
[56]连理枝:不同根的树木枝条连在一起。

[57]绝期：中断的时候。

【导读】

《长恨歌》作于元和元年（806年），是白居易诗作中脍炙人口的佳作。作者时任陕西周至县尉，与友人游览仙游寺，有感于唐玄宗和杨贵妃的故事而创作了这首长篇叙事诗。

诗歌以“长恨”为中心，通过精巧独特的艺术构思，描述了唐玄宗与杨贵妃之间哀婉动人的爱情故事，塑造了唐玄宗、杨贵妃这两个有血有肉、栩栩如生的艺术形象。全诗情节曲折，缠绵悱恻，融叙事、写景、抒情于一体，格调婉转缠绵、凄艳动人，散发着浪漫主义的光彩，具有极大的艺术感染力。白居易在自评诗歌时曾说：“一篇长恨有风情。”

作者从批判的角度写出了造成唐玄宗、杨贵妃爱情悲剧的原因，“长恨”是诗歌的主题。唐玄宗的荒淫误国，引发了政治上的悲剧，反过来又导致了他和杨贵妃的爱情悲剧。悲剧的制造者同时是悲剧的主人公，这是故事的特殊性，也是诗中男女主人公之所以要“长恨”的原因。

诗歌采用七言歌行体，在继承前人的基础上别创新调。在形式上采用平仄相调的律句，间用对偶，数句一转韵，音节随情节而曲折，依感情而顿挫，而多处顶针格的运用，如“后宫佳丽三千人，三千宠爱在一身”等，使音韵更加和谐浏亮、婉转动人。

【思考练习】

一、如何理解诗歌中“长恨”的含义？

二、浅析诗歌的艺术特色。

梦天[1]

李贺

李贺（790～816），字长吉，福昌（今河南省宜阳县）人。唐皇室远支。因避家讳，不得应进士举，曾官奉礼郎。终生落魄不得志，27岁时郁郁而死。

李贺早年工诗，受知于韩愈。他的诗歌善于熔铸词采、驰骋想象、新颖诡异，表现幽奇神秘的意境，艺术上有着鲜明特色。他作诗态度严肃，追求形式。有《李长吉歌诗》存世。

老兔寒蟾泣天色[2]，云楼半开壁斜白[3]。
玉轮轧露湿团光[4]，鸾珮相逢桂香陌[5]。
黄尘清水三山下，更变千年如走马[6]。
遥望齐州九点烟，一泓海水杯中泻[7]。

【注释】

[1]梦天：梦游月宫。此诗写作者梦游月宫的幻境。

[2]“老兔”句：月夜幽冷，阴云凄清，空中飘洒的细雨，就像兔和蟾在哭泣。兔、蟾：皆指月。

[3]“云楼”句：云层变幻，月光穿过云隙，斜照在月宫楼阁上，一片皎洁、一片幽冷。云楼：想象中的

月宫楼阁。

[4]"玉轮"句:天空充满雾气,月亮带着光晕在上面碾过,像被露水打湿了似的。

[5]"鸾珮"句:诗人想象自己在月宫桂花飘香的路上遇到了仙女。鸾珮:雕刻着鸾凤的玉佩,此代指仙女。

[6]"黄尘"二句:从高空俯视蓬莱、方丈、瀛洲三座神山,有时变为黄尘,有时变为清水;千年时光的沧桑更替,快得像骏马奔驰一样。三山:海上的三座神山蓬莱、方丈、瀛洲。

[7]"遥望"二句:在月宫俯瞰中国,九州像九点烟尘,大海波涛像是泻在杯中的一泓水。

【导读】

这是一首游仙诗,前四句写从人间飞往幽艳冷僻的月宫遨游;后四句写驻足月宫,俯视人间的千载沧桑。诗歌借助奇特的想象,表现作者苦闷的情怀。

李贺把他的幻灭、他的苦闷、他的追求,他对时间的认知、对生命的体悟以及对宇宙的求索,融入诗歌中,使诗歌有着深广的现实基础。仕途绝望的忧愤、体弱多病的痛苦以及因时光流逝而自感生命不永的凄惶,促使着作者从世俗的压抑和自己的痛苦中逃离出来。然而即使远游月宫,作者始终眷恋着心灵寄居的乡土,仍不能忘情于人间。诗歌的后四句是诗人理想与现实尖锐矛盾在心灵的强烈震撼,是宇宙的广袤与个体的渺小、生命的有限与宇宙的无限之间剧烈交锋的产物。

诗歌中的想象出人意表,跳跃性大,完全听凭作者直觉的引导。诗句忽开忽合,忽起忽落,时空交杂错落,意绪游移无端,很好地体现了李贺诗歌奇谲怪异、古怪生新的特点。

【思考练习】

一、李贺诗歌怪奇的特点,在本诗中是如何表现的?

二、联系诗句,谈谈你如何看待李贺诗中想象手法的运用的。

泊秦淮[1]

杜牧

杜牧(803～852),字牧之,号樊川居士,京兆万年(今陕西省西安市)人。太和二年(828年)进士,授弘文馆校书郎。历监察御史,司勳员外郎,黄州、池州、睦州、湖州刺史。官终中书舍人。世称杜樊川。

杜牧诗、赋、文皆善,以诗的成就最高。他为人倜傥慷慨,敢论列大事,好谈兵,诗、赋、文中多感慨时事,抒写性情之作,部分作品也表现他寄情声色、颓废放浪的生活。七律和绝句,于刚健峭拔中见风华掩映之美,艺术上有其独特性。他和李商隐并称"小李杜"。有《樊川文集》20卷和《外集》、《别集》各1卷存世。

烟笼寒水月笼沙,夜泊秦淮近酒家。商女不知亡国恨[2],隔江犹唱后庭花[3]。

【注释】

[1]秦淮:秦淮河。相传为秦时所开,凿钟山以通淮水,故名秦淮。唐时穿过金陵的秦淮河两岸,酒楼妓馆林立,一片繁华景象。

[2]商女：以歌唱为生的乐姬。
[3]江：秦淮河。后庭花：《玉树后庭花》的简称，为南朝陈后主所作，所谓亡国之音。

【导读】

诗人泊舟秦淮，见朦胧月色，听靡靡之音，既吊古，又讽今，由南朝统治者的醉生梦死联想到晚唐统治者的纸醉金迷。

杜牧前期颇为关心政治，对当时百孔千疮的唐王朝表示忧虑，他看到统治集团的腐朽昏庸，看到藩镇的拥兵自固，看到边患的频繁，深感社会危机四伏，唐王朝前景可悲。这种忧时伤世的思想，体现在《泊秦淮》中，作者借陈后主（陈叔宝）因追求荒淫享乐终至亡国的历史，讽刺晚唐那班醉生梦死的统治者不从中汲取教训，表现了作者对国家命运的无比关怀和深切忧虑。

诗歌在语言运用方面，也颇见功夫。首句“烟笼寒水月笼沙”，描摹烟月朦胧的画面，点明夜泊的地点，首句实为互文，意谓烟和月笼罩着寒水、笼罩着沙。七个字勾画出一幅生动的秦淮河的迷蒙夜景，也可以看出语言的精练、准确、形象。“商女不知亡国恨”，明白如话，朴素自然；“隔江犹唱后庭花”运用了浅显的典故，以表达他深沉的感情，颇为雅丽清新。这一切，都使得这首诗显得语词清丽，画面鲜明，风调悠扬，富有艺术魅力。

【思考练习】

一、杜牧的一些咏史七绝往往有以小见大、言浅意深的特点，请以此诗为例谈谈你的认识。

二、谈谈诗歌的语言特色。

锦瑟[1]

李商隐

李商隐（813～858），字义山，号玉溪生，怀州河内（今河南省沁阳市）人。开成二年（837年）进士。他陷于牛李党争的政治漩涡，一生受到排挤，困顿失意。

李商隐早年也曾有经世济国之志，但仕途的失意、生活的困顿、党争的残酷，使得他逐渐淡薄名利，转而退守到个人的情感世界中。表现在诗歌创作中，则写出了大量的抒情感怀的诗篇，尤以晚年的无题诗和咏史诗成就最大。他的诗，常带伤感的忧郁情调，辞采华丽，镶嵌典故，包藏细密，意境朦胧，具有极高的艺术成就，感染力极强。有《玉谿生诗集》、《樊南文集》和《樊南文集续编》存世。

锦瑟无端五十弦，一弦一柱思华年[2]。庄生晓梦迷蝴蝶，望帝春心托杜鹃[3]。
沧海月明珠有泪，蓝田日暖玉生烟[4]。此情可待成追忆，只是当时已惘然[5]。

【注释】

[1]这是一首无题诗，后人以其开篇“锦瑟”二字为其题。
[2]“锦瑟”二句：因瑟有50弦，联想到自己年将半百，追溯生平，华年往事一一忆起。锦瑟：瑟上的

花纹如锦。无端：没有来由，无缘无故的。五十弦：传说古瑟有50弦，后来的瑟多为25弦。

[3]“庄生”二句：浮生若梦，变幻莫测，引起诗人无限悲伤的情怀。庄生晓梦：见《庄子·齐物论》，“昔者庄周梦为胡蝶，栩栩然胡蝶也。……俄然觉，则蘧蘧然周也。不知周之梦为胡蝶与，胡蝶之梦为周与？”谓一个物我混同的境界。望帝：周朝末年蜀国君主的称号，传说他死后魂魄化为鸟，名杜鹃，啼声哀凄，暮春而鸣，伤感春去，也哀痛亡国。

[4]“沧海”二句：美好的景象，却可望不可及。珠有泪：古代传说南海有鲛人，能织丝绸，哭泣时眼泪变成明珠。玉生烟：相传宝玉埋在地下上空会出现氤氲之气如烟，阳光下见得分明。

[5]“此情”二句：这种情怀，哪能等到追忆时才令人感叹，只是在当时就已让人迷惘了。

【导读】

这首诗歌是李商隐的代表作，也是李商隐诗歌中最为隐晦难解的一首诗。此诗自宋元以来，众解纷纭，莫衷一是。归纳起来，大致有以下三种：

一、悼亡说。借咏锦瑟，悼念亡友。

二、恋情说。由锦瑟而追忆心中的恋人，表达对凄婉美丽的爱情的思恋之情。

三、寄兴说。借锦瑟而寄托对自己身世人生际遇的感叹。

作者一生经历、难言之痛、至苦之情郁结于怀发为诗句，幽思要眇，往复低徊，感人至深。诗歌由锦瑟发端，生发感慨，叙怀抒情。然而，所抒之情，作者并没有直说，而是用了两个典故和两个传说，隐喻其事，含蓄而深婉。就其所表现的多层次的朦胧境界与浓重的怅惘、迷茫、感伤的情思看，绝不是一时一事就能使作者陷入那样一种心境之中，因此，以某种具体事件解之，不免会挂一漏万，顾此失彼。作为一般读者，我们应立足于诗篇本身的文本解读，领悟其优美的诗歌意境及高超的表现艺术。

【思考练习】

一、关于诗歌主旨，历来主要有哪几种解释？

二、解释诗句“庄生晓梦迷蝴蝶，望帝春心托杜鹃”。

梦江南[1]

温庭筠

温庭筠（约812～约870），本名岐，字飞卿，太原（今山西省太原市）人，少负才名，然屡试不第。曾为方城（今河南省方城县）尉，官终国子助教。世称温方城、温助教。

他诗词并工，而词的成就尤高。他精通音律，在词的格律形式上起了规范化的作用；内容偏重写闺情，辞藻艳丽，善于捕捉生活中的细节、场景，进行细腻的描绘，揭示人物丰富、复杂的内心情感，为花间词人之鼻祖，对晚唐五代及宋词影响很大。诗与李商隐齐名，时称“温李”。骈文则与李商隐、段成式齐名，三人皆排行十六，时号“三十六体”。有《金奁集》。

梳洗罢，独倚望江楼。过尽千帆皆不是，斜晖脉脉水悠悠[2]，肠断白蘋洲[3]。

【注释】

[1]《梦江南》:唐玄宗时教坊曲名,后用为《忆江南》词调的异名。

[2]脉脉:饱含温情的样子。

[3]白蘋洲:泛指浮萍丛生的汀洲。

【导读】

清代周济曾对温庭筠、韦庄的词进行比较:温是严妆,韦是淡妆。这是从两人的主导风格来说的。看了这首词,就可知道温词也有例外,而且这种例外同样具有相当高的艺术成就。此词以江水、远帆、斜阳为背景,截取倚楼顒望这一场景,塑造了一个望夫早归、凝愁含恨的思妇形象。短短20余字,写尽思妇的深情期待和失望。

词作以女子一日之生活为线索,女子早起梳妆后,独自登江边小楼望远以待爱人远行归来。看了无数只船,都不是爱人所乘的,直到黄昏,仍只有江水相伴。时间上,从早到晚;空间上,从眼前之洲到极目之远帆;情绪上,从希望到失望;程度上,从一帆到千帆无数,从每一帆之小失望到黄昏之最后大失望,气氛渲染到高潮,然后以旧游之处结束。

词作朴素自然,明丽清新,没有刻意求工、雕琢辞句,却能含思凄婉、臻于妙境。刻画人物形象、生动、传神,揭示人物心理细腻、逼真,足见作者技巧纯熟,既擅雕金镂玉的瑰丽之作,又有高度凝练的绝妙好词。

【思考练习】

一、试析词作情景交融的写法。

二、赏析词句"过尽千帆皆不是,斜晖脉脉水悠悠,肠断白蘋洲"。

浪淘沙[1]

李煜

李煜(937～978),字重光,继其父为南唐主,世称李后主。在位15年(961～975)中,不修政事,纵情享乐。39岁国破为宋军所俘,囚居汴京三年,被宋太宗赐药毒死。

他多才多艺,诗文书画音乐,均有很高造诣。尤工于词。前期词作风格绮丽柔靡,还不脱"花间"习气。国亡后在软禁生涯中,词则转为感伤、沉痛之音。这些后期词作,艺术上能直抒胸臆,不加雕饰,凄凉悲壮,意境深远;而遣词造句准确、洗练,生动如画,形象鲜明,风格天然。有《南唐二主词》(后人辑其与其父合集)存世。

帘外雨潺潺[2],春意阑珊[3]。罗衾不耐五更寒。梦里不知身是客,一晌贪欢[4]。

独自莫凭栏,无限江山,别时容易见时难。流水落花春去也,天上人间[5]。

【注释】

[1]《浪淘沙》:唐玄宗时教坊曲名,后用为词调,李煜始创。

[2]潺潺(chán):雨声。

[3]阑珊:将尽。

[4]一晌(shǎng):片刻。

[5]"流水"二句:往昔的生活一去不返,如天上人间的乖隔,永无见期。

【导读】

这首词是李煜降宋后被掳到汴京软禁时所作的,表达了对故国、家园和往日美好生活的无限追思,反映出作者从一国之君沦为阶下之囚的凄凉心境。

上片两句采用了倒叙的手法。梦里暂时忘却了俘虏的身份,贪恋着片刻的欢愉。但美梦易醒,帘外潺潺春雨、阵阵春寒惊醒了美梦,使作者重又回到了真实人生的凄凉景况中来。梦里梦外的巨大反差其实也是今昔两种生活的对比,是作为一国之君和阶下之囚的对比。写梦中之"欢",谁知梦中越欢,梦醒越苦;不着悲、愁等字眼,但悲苦之情可以想见。"帘外雨潺潺",这雨似乎更是作者心间下起的泪雨;"春意阑珊",春光无限好,可是已经衰残了,就像美好的"往事"一去难返;"罗衾不耐五更寒",禁不住的寒意,不仅来自自然界,更来自凄凉孤冷的内心世界。

"独自莫凭栏,无限江山",凭栏而望故国江山,会引起无限伤感,令人无以面对。李商隐曾在《无题》诗中写下"相见时难别亦难",表达了人们普遍的情感。作者降宋后被掳到汴京,告别旧都金陵是多么难舍难离,这里却说"别时容易",可见"容易"是为了突出一别之后再见之难;"见时难"同时也包含着好景难再、韶华已逝的感慨。"别时容易见时难",还寓意丢掉江山容易,而再拥有家国已不可能!"流水落花春去也,天上人间。"就像自然界水自长流、花自飘落、春天自要归去一样,作者人生的春天也已不再,一个"去"字包含了作者多少留恋、惋惜、哀痛和沧桑。昔日人上君的地位和今日阶下囚的遭遇就像一个天上、一个人间般遥不可及。"天上人间"暗指今昔两种截然不同的人生际遇。

这首词表达惨痛欲绝的国破家亡的情感,真可谓"语语沉痛,字字泪珠,以歌当哭,千古哀音"。词的格调悲壮,意境深远,突破了花间词派的风格。

【思考练习】

一、李煜国亡后的词作有什么特点?

二、词句"别时容易见时难"表达了作者怎样的情感?

祭十二郎文[1]

韩愈

韩愈(768～824),字退之,河内河阳(今河南省孟州市)人。自谓郡望昌黎,世称韩昌黎。贞元八年(792年)进士。贞元末,官监察御史,因上书请免租赋,被贬阳山(今广东省阳山县)令。宪宗时,召为国子博士,转史馆修撰等,随宰相平淮西,迁刑部侍郎。因谏佛骨事,贬潮州(今属广东)刺史。穆宗时召为国子祭酒,累官至吏部侍郎、京兆尹。谥文,世又称韩文公。

韩愈性格耿直自负,喜爱奖励后进。在政治上反对藩镇割据,思想上尊儒排佛，文学上极力反对六朝以来的骈俪文风，与柳宗元同为古文运动的倡导者。他的散文继承先秦两汉传统，并加以创新发展，论证周密，气势雄健；反对六朝以来骈偶的文风，提倡散体，务去陈言，把文章从形式主义的桎梏中解放出来，使文风为之一变。其文各体兼长，遒劲有力，条理畅达，语言精练，为司马迁以后文学史上杰出的散文家之一。宋代苏轼称他“文起八代之衰”，明人推他为唐宋八大家之首，与柳宗元并称“韩柳”，有《昌黎先生集》及《外集》存世。

年、月、日，季父愈闻汝丧之七日，乃能衔哀致诚[2]，使建中远具时羞之奠[3]，告汝十二郎之灵：

呜呼！吾少孤，及长，不省所怙[4]，惟兄嫂是依[5]。中年兄殁南方[6]，吾与汝俱幼，从嫂归葬河阳[7]，既又与汝就食江南[8]。零丁孤苦，未尝一日相离也。吾上有三兄，皆不幸早世[9]。承先人后者，在孙惟汝，在子惟吾，两世一身[10]，形单影只。嫂尝抚汝指吾而言曰：“韩氏两世，惟此而已！”汝时尤小，当不复记忆；吾时虽能记忆，亦未知其言之悲也。

吾年十九，始来京城。其后四年，而归视汝。又四年，吾往河阳省坟墓，遇汝从嫂丧来葬[11]。又二年，吾佐董丞相幕于汴州[12]，汝来省吾。止一岁，请归取其孥[13]。明年，丞相薨。吾去汴州，汝不果来。是年，吾又佐戎徐州，使取汝者始行，吾又罢去[14]，汝又不果来。吾念汝从于东，东亦客也，不可以久；图久远者，莫如西归，将成家而致汝[15]。呜呼！孰谓汝遽去吾而殁乎！吾与汝俱少年，以为虽暂相别，终当久相与处，故舍汝而旅食京师[16]，以求斗斛之禄[17]；诚知其如此，虽万乘之公相[18]，吾不以一日辍汝而就也！

去年，孟东野往[19]。吾书与汝曰：“吾年未四十，而视茫茫，而发苍苍，而齿牙动摇。念诸父与诸兄，皆康强而早世。如吾之衰者，其能久存乎？吾不可去，汝不肯来；恐旦暮死，而汝抱无涯之戚也！”孰谓少者殁而长者存，强者夭而病者全乎！呜呼！其信然邪[20]？其梦邪？其传之者非其真邪？信也，吾兄之盛德，而夭其嗣乎？汝之纯明，而不克蒙其泽乎？少者、强者而夭殁，长者、衰者而存全乎？未可以为信也。梦也，传之非其真也？东野之书，耿兰之报[21]，何为而在吾侧也？呜呼！其信然矣！吾兄之盛德，而夭其嗣矣！汝之纯明宜业其家者[22]，不克蒙其泽矣！所谓天者诚难测，而神者诚难明矣！所谓理者不可推，而寿者不可知矣！虽然，吾自今年来，苍苍者或化而为白矣，动摇者或脱而落矣[23]。毛血日益衰，志气日益微，几何不从汝而死也！死而有知，其几何离[24]？其无知，悲不几时，而不悲者无穷期矣。汝之子始一岁，吾之子始五岁。少而强者不可保，如此孩提者，又可冀其成立邪？呜呼哀哉！呜呼哀哉！

汝去年书云：“比得软脚病，往往而剧。”吾曰：“是疾也，江南之人，常常有之。”未始以为忧也。呜呼！其竟以此而殒其生乎？抑别有疾而至斯极乎？汝之书，六月十七日也。东野云：汝殁以六月二日。耿兰之报无月日。盖东野之使者，不知问家人以月日；如耿兰之报，不知当言月日。东野与吾书，乃问使者，使者妄称以应之耳。其然乎？其不然乎？

今吾使建中祭汝，吊汝之孤与汝之乳母。彼有食，可守以待终丧[25]，则待终丧而取以来；如不能守以终丧，则遂取以来。其余奴婢，并令守汝丧。吾力能改葬，终葬汝于先人之兆[26]，然后惟其所愿。

呜呼！汝病吾不知时，汝殁吾不知日，生不能相养以共居，殁不能抚汝以尽哀，敛不得凭其棺，窆不得临其穴[27]。吾行负神明，而使汝夭，不孝不慈，而不得与汝相养以生，相守以死。一在天之涯，一在地之角，生而影不与吾形相依，死而魂不与吾梦相接，吾实为之，其又何尤[28]！彼苍者天，曷其有极[29]！自今已往，吾其无意于人世矣！当求数顷之田于伊、颍之上[30]，以待余年，教吾子与汝子，幸其成；长吾女与汝女，待其嫁，如此而已！呜呼！言有穷而情不可终，汝其知也邪？其不知也邪？呜呼哀哉！尚飨[31]！

【注释】

[1]十二郎：即韩老成，为韩愈兄之子。题一作《祭兄子十二郎老成文》。

[2]衔哀致诚：以悲哀的心情向死者表示诚挚的悼念。

[3]建中：人名。时羞：时鲜的食品。奠：以酒食祭死者。

[4]省(xǐng)：知。所怙：指父亲。怙：依靠。

[5]“惟兄嫂是依”句：韩愈3岁时丧父，由其兄韩会夫妇抚养长大。

[6]“中年”句：指韩愈兄韩会死于韶州(今广东省曲江县)贬所，年42。

[7]河阳：韩氏祖坟所在地。

[8]“既又与汝就食江南”句：韩氏有别业在宣州(今安徽省宣城市)，建中二年，韩愈以中原兵乱不息，随嫂移家前往，故云。

[9]早世：早年去世。

[10]两世一身：家族子辈和孙辈都只剩下一个男丁了。

[11]“遇汝”句：老成奉其母的灵柩来河阳安葬，与韩愈相遇。

[12]董丞相：董晋，时任宣武军节度使。汴州：治所在今河南省开封市。

[13]请归取其孥：请求回宣州接妻、子来汴州同住。孥(nǔ)：妻和子的统称。

[14]“使取汝者始行”二句：派去接你的人刚动身，我又罢职而离开徐州。

[15]“吾念汝从于东”六句：自己时常这样想：多年来作客东方，即使老成能够想从，也非长久之计，因而打算在故乡安顿好，然后接你来同住。东：指汴州和徐州。西归：西归修武。

[16]旅食：寄食。京师：指长安。

[17]斗斛(hú)之禄：微少的俸禄。古时以十斗为斛。

[18]万乘之公相：高官厚禄。

[19]孟东野：孟郊。时出任溧阳(今江苏省溧阳市)尉，离宣州不远，故托其带信。

[20]其信然邪：难道真的是如此吗？

[21]“东野之书”二句：老成死后，孟郊在溧阳有信告韩愈，耿兰也有报丧之信。

[22]业其家：继承先人事业。

[23]动摇者或脱而落矣：牙齿松落。

[24]“死而有知”二句：死后如有知觉，那我们的分离又会有多久呢？意谓死后仍可相会。

[25]终丧：人死三年除服，称为终丧。

[26]“吾力能改葬”二句：意谓老成死后，就地葬于宣州，倘若将来自己有能力的话，一定把棺柩迁回，改葬于河阳。兆：墓地。

[27]窆(biǎn)：葬时下棺入穴。

[28]其又何尤：这又能怪谁呢？意即自责。尤：归咎。

[29]“彼苍者天”二句：意谓无可奈何的沉痛心情。

[30]伊、颍：水名，均在今河南省境内。

[31]尚飨(xiǎng)：旧时用作祭文的结语，意谓希望死者来享用祭品。

【导读】

祭文原本偏重于抒发对死者的悼念哀痛之情，一般是结合对死者功业德行的颂扬而展开的。本文一反传统祭文以铺排郡望、藻饰官阶、历叙生平、歌颂功德为主的固定模式，主要记家常琐事、写幼年情事、叹无常人事，表达刻骨铭心的亲情，抒写难以抑止的伤痛，寄托绵延不绝的哀思，感情真挚，催人泪下。

本文形式上破骈为散，不拘常格。采用自由多变的散体，这种自由化的写作形式，使作者如同与死者对话，边诉边泣，吞吐呜咽，于萦回中见深挚，于呜咽处见沉痛。散文句调和平易晓畅的家常生活语言，长短错落，奇偶参差，行于所当行，止于不得不止，语语从肺腑中流出，形成了一种行云流水般的语言气势和酣畅淋漓的感情氛围。疑问、感叹、陈述等各种句式，反复、重叠、排比、呼告等多种修辞手法，显得异常自然而真切，为祭文中的千年绝唱。

【思考练习】

一、古人说“情真自然成至文”，以本文为例谈谈你的体会。

二、结合文章，谈谈韩愈文的艺术特色。

始得西山宴游记[1]

柳宗元

柳宗元(773～819)，字子厚，河东(今山西省永济市)人。贞元九年(793年)进士。他积极参与王叔文集团政治革新，官至礼部员外郎。革新失败后，被贬为永州司马，10年后再被贬为柳州刺史。元和十四年(819年)客死柳州。世称柳河东、柳柳州。

其诗多抒写抑郁悲愤、思乡怀友之情，幽峭峻郁，自成一家，最为世人称道的，是那些情深意远、疏淡峻洁的山水闲适之作。其文与韩愈齐名，也是唐代古文运动的倡导者。他的散文各体兼长，寓言论说笔锋犀利、讽刺辛辣；山水游记写景状物、多所寄托。有《柳河东集》存世。

自余为僇人[2]，居是州，恒惴栗[3]。其隟也[4]，则施施而行[5]，漫漫而游[6]，日与其徒上高山[7]，入深林，穷回溪[8]，幽泉怪石，无远不到。到则披草而坐，倾壶而醉；醉则更相枕以卧，卧而梦。意有所极[9]，梦亦同趣[10]。觉而起，起而归。以为凡是州之山水有异态者，皆我有也，而未始知西山之怪特。

今年九月二十八日，因坐法华西亭[11]，望西山，始指异之[12]。遂命仆人，过湘江，缘染溪[13]，斫榛莽[14]，焚茅茷[15]，穷山之高而止。攀援而登，箕踞而遨[16]，则凡数州之土壤，皆在衽席之下[17]。其高下之势，岈然[18]，洼然[19]，若垤[20]，若穴。尺寸千里[21]，攒蹙累积[22]，莫得遁隐。萦青缭白[23]，外与天际[24]，四望如一。然后知是山之特立，不与培塿为类[25]。悠悠乎与颢气俱[26]，而莫得其涯；洋洋乎与造物者游[27]，而不知其所穷。引觞满酌[28]，颓然就醉，不知日之入。苍然暮色，自远而至，至无所见，而犹不欲归。心凝形释[29]，与万化冥合[30]。然后知吾向之未始游，游于是乎始。

故为之文以志。是岁，元和四年也[31]。

【注释】

[1]西山:在今湖南省零陵县西湘江外。

[2]僇(lù)人:罪人,指作者以罪遭贬。

[3]惴(zhuì)栗(lì):忧愁不安的样子。

[4]隟(xì):同"隙",闲暇的时光。

[5]施施(yíyí):缓慢行走的样子。

[6]漫漫:无拘无束的样子。

[7]徒:随从。

[8]回溪:迂回曲折的溪涧。

[9]极:到。

[10]趣:同"驱",往、赴。

[11]法华:寺名,在零陵县城内东山上。作者在寺西作亭,称西亭。

[12]指异:指点(西山)而称异。

[13]缘:顺着。染溪:冉溪的别名,在零陵县西南。柳宗元改为愚溪。

[14]斫(zhuó)榛(zhēn)莽:砍伐丛生的草木。榛:丛木。莽:丛草。

[15]茅茷(fèi):长得茂盛的茅草。

[16]箕踞:指席地而坐,两脚伸直岔开,形如簸箕。遨:此处指极目眺望。

[17]衽(rèn)席:席子。

[18]岈(xiā)然:山势凸起的样子。

[19]洼然:溪谷底凹的样子。

[20]垤(dié):蚁穴边的积土。

[21]尺寸千里:谓登高远望,看似尺寸之间,实则有千里之远。

[22]攒(cuán)蹙(cù):聚集收拢,重叠到一起。

[23]青:指山。白:指水。

[24]际:接,合。

[25]培(pǒu)塿(lǒu):小土堆。

[26]颢气:浩气,天地之气。

[27]洋洋乎:阔大的样子。造物者:天地、自然。

[28]引觞:拿起酒杯。

[29]心凝形释:心神凝聚,达到一种忘我的境界。

[30]万化:万物。冥合:浑然一体。

[31]元和四年:公元809年。元和:唐宪宗年号。

【导读】

柳宗元被贬永州司马期间,寄情山水,形诸笔墨,写下了著名的《永州八记》(《始得西山宴游记》、《钴鉧潭记》、《钴鉧潭西小丘记》、《至小丘西小石潭记》、《袁家渴记》、《石渠记》、《石涧记》、《小石城山记》)。《始得西山宴游记》为八篇之首,领起其他诸篇。篇中从"始得"二字着意,写西山的怪特和始游时的心情,真切深至,是柳宗元散文中的精品,也是作者悲剧人生和审美情趣的结晶。

作者为了突出"始得"西山宴游之乐,运用了对比映衬、融情于景的手法。首先概括描写平日一般的游览和一般的感受,然后着力描写西山的"怪特"和特殊的感受,主要表现在两个方面:一是写西山之高,"凡数州之土壤,皆在衽席之下",这使他感到"是山之特立,不与培塿为类”；二是写在西山顶上见到的“尺寸千里”、“萦青缭白，外与天际，四望如一”的宏大境界。在这种阔大高远的境界中，作者感到了“心凝形释，与万化冥合”，也体现了其宽阔的胸怀和不苟世俗的性格。

文章结构上首尾照应，开篇写贬官后“恒惴栗”，结尾则是西山宴游之后，大自然使他“心凝形释”，忘掉恐惧。语言上也很有特色，作者运用“顶针”的修辞方法，用前句的结尾做下句的开头，如“无远不到。到则披草而坐”、“倾壶而醉。醉则更相枕而卧，卧而梦。意有所极，梦亦同趣。觉而起，起而归”等，使得文章语句递接紧凑而生动畅达。此外，文章还多用偶句和排句，如“施施而行，漫漫而游”、“攀援而登，箕踞而遨”、“悠悠乎与颢气俱而莫得其涯，洋洋乎与造物者游而不知其所穷”、“上高山，入深林，穷回溪”、“过湘江，缘染溪，斫榛莽，焚茅茷”等，使得文章节奏鲜明、音调铿锵、且气韵流畅。

【思考练习】

一、文章是如何融情于景的？

二、文章语言上有什么特色？

第四章　宋代文学

宋王朝分为北宋(960～1127)与南宋(1127～1279),合称两宋。公元960年,赵匡胤发动陈桥兵变,建立了北宋王朝。此后20年间,北宋王朝先后平定了地方割据政权,结束了唐末以来的分裂局面,基本实现了全国的统一。鉴于中唐以来藩镇割据、尾大不掉的历史教训,北宋王朝采用了崇文抑武的国策,一定程度上导致了宋代国力的贫弱、民族矛盾的激化。公元1127年,金国军队攻入汴京,宋徽宗、宋钦宗被俘,史称靖康之变,北宋灭亡。同年,徽宗之子赵构即位,建立南宋。此后,南宋与金朝东沿淮水(今淮河)、西以大散关为界对峙百余年,直至元军灭金。公元1279年,南宋为元军所灭。

总体看,宋代在政治、军事上软弱无力、积弱积贫,但在科学技术和思想文化上有着很大的发展,高度繁荣的科技、文化对宋代文学的发展起到了积极的推动作用。宋代文学基本上沿着中唐以来的方向而发展,继承了前代的优良传统,在词、文、诗、小说、戏曲等多方面取得了辉煌的成就。

词在晚唐五代被视为小道,到宋代才逐渐与五七言诗相提并论,并达到了巅峰状态。宋词的总体成就十分突出:其一,宋词流派众多,名家辈出,自成一家的词人就有几十位。其二,完成了词体的建设,艺术手段日益成熟。无论是小令还是长调,最常用的词调都定型于宋代。在词的过片、句读、字声等方面,宋词都建立了严格的规范。其三,宋词在题材内容和风格倾向上,开拓了广阔的领域。宋代词人继承并改造了晚唐五代风格柔婉的艳词,创作出大量的抒情意味更浓的爱情词,弥补了古代爱情题材的不足。经过苏轼、辛弃疾等人的努力,宋词的题材范围几乎达到了与五七言诗同样广阔的程度,咏物词、咏史词、赠答词、爱情词等应有尽有。其四,宋词在艺术风格上争奇斗艳,婉约与豪放并存,清新与秾丽相竞。无论是题材还是风格,后代词人都很难超出宋词的范围。

北宋初期,词体创作主要有两种倾向:一是因袭继承花间和南唐词风,以晏殊、张先等人为代表,创作多表现达官贵人的生活情趣,形式上以小令为主,风格典雅、含蓄;二是开拓创新,以柳永为代表,以词来表现市民阶层的生活情绪,结构上大量采用带有创造性的慢词,长于铺叙,多用俗语,风格通俗浅陋。柳永是第一个对词体做出重大变革的人,他的词轰动一时,广为流传。

苏轼继柳永之后,对词体作了进一步的变革。他首先在理论上破除了诗尊词卑的观念,认为诗词同源,词"为诗之苗裔",提升了词体的文学地位。同时,他提出了词须"自是一家"的创作主张,以诗为词,以词来抒写士大夫的情怀和独特的人生感受,扩大了词的表现范围,使词从音乐的附属品转变为一种独立的抒情诗体,开创了豪放词风,从根本上改变了词的发展方向。

北宋后期,词坛异彩纷呈,秦观、黄庭坚、周邦彦等各具特色,亦为词的发展做出贡献。

秦观在北宋词坛是被认为最能体现当行本色的词手。他的词,内容并没有摆脱离愁别恨的窠臼，但却情韵兼胜，符合词体的本色和当时文人士大夫的审美趣味。

黄庭坚的词作，一方面沿着苏轼抒情自我化的道路，使词的题材更加贴近自我的日常生活；另一方面，将写作背景融入具体词作中，给后来的南渡词人进一步将词贴近社会现实生活提供了可资借鉴的创作范本。

周邦彦的词主要题材是咏物，他在咏物词中，将自己身世飘零之感、仕途沦落之悲、情场失意之苦融为一体，开南宋咏物词重寄托之先河。他还创造了大量新的词调，追求词作艺术的规范性，所作词格律法度极为精审，为后世词人之典范。

北宋灭亡，对词的题材和风格产生了巨大的影响。南渡词人岳飞、张元干、张孝祥等创作了很多以抗金报国为主题的词篇，风格慷慨悲壮，表现了战乱时代民族、社会的苦难忧患和个体理想失落的苦闷压抑。南渡词进一步扩展了词体抒情言志的功能，增强了词的时代感和现实感。

婉约词人李清照，南渡前后词作的内容和风格也发生了明显的变化。她早期的作品，多描写美满的婚姻爱情，表达对自然景物的热爱，韵调优美，意境深切。靖康之难后，李清照家破夫亡，遭遇人生命运的巨变，将漂泊身世和悲凉心境融入词中，风格突变，多抒写深厚的故土之思和凄苦的身世之感，真切感人。

词到南宋，又有发展。由于南宋王朝偏安一隅，不思北伐恢复中原，南宋文人深受家破国残的惨痛，爱国热情空前高涨。此时豪放词大放异彩，以辛弃疾为代表的爱国词人，不仅为小道的词体注入了严肃伟大的爱国感情，还为以婉约为主的词体注入了慷慨悲壮、充满阳刚之美的力量。

辛弃疾一生以抗敌报国自许，由于壮志未酬，便将满腔爱国热情和慷慨激昂、牢骚不平之气熔铸于词篇，把词当作抒情言志的“陶写之具”，用词来表现自我的行藏出处和精神世界。他的词抚时感事，气魄雄伟，风格上继承了苏轼词豪放的特色，在苏轼“以诗为词”的基础上，进而“以文为词”，将古文辞赋中常用的章法和手法移植于词，大大发展了散文化的句法。

与辛弃疾并峙的另一词坛领袖是姜夔。他在题材上，沿着周邦彦的路子写恋情和咏物。艺术上通过恋情的雅化、语言的钢化，形成了清空的风格特征，对传统婉约词的表现艺术进行改造，建立起了新的审美规范。受其影响，后来的史达祖、吴文英、张炎等人在艺术上追求典雅、讲究词法、强调音律。

韩愈、柳宗元等人倡导的古文运动在唐末五代一度衰退后，又重新得到宋代作家的热烈响应，他们更加紧密地把道统与文统结合起来，使得宋文真正成为具有很强政治功能而又更切于实用的文体。宋代散文沿着唐代散文的道路而发展，最终成就超过了唐文。后人所说的古文“唐宋八大家”，有六位出于宋代。宋代散文作家的阵容比唐代更为壮大。宋代散文的文体也出现了多样化的趋势，欧阳修、苏轼等人借鉴古文手法，对骈文进行改造，创造出了参用散体单行的四六和文赋。宋代散文还出现了独具一格的笔记文，这种文体长短不拘、轻松活泼，是古文文体解放的重要标志。

欧阳修是宋代古文运动的领袖。他文宗韩愈，提出了重道重文、先道后文的主张。同时吸取了唐代古文运动的经验和教训，既采取古文作为主要的文体，又反对追求古奥而造成的险怪艰涩，形成了富有韵味、委婉畅达的风格，《泷冈阡表》、《醉翁亭记》等均是其散文名作。

“三苏”的散文，以苏轼成就为最高。他推崇韩愈和欧阳修对古文的贡献，同时认为文章的艺术具有独立的价值，应文理自然、姿态横生。他才气纵横，所写散文自由驰骋，曾自评“作文如行云流水，初无定质；但当行于所当行，止于所不可不止”。随着表现对象的不同，苏文也呈现出多姿多彩的艺术风貌。前、后《赤壁赋》、《石钟山记》均是其流传千古的佳作。

宋代道学特盛，形成了张载、周敦颐、朱熹一派的古文。其为文从容平易，专门发挥性理、表彰经义，后发展为纯粹说理。理学家还有一种语录体，多用当时民间口语阐发义理，通俗但缺乏文采。

唐诗和宋诗，是诗歌史上双峰并峙的两大典范。宋人对唐诗的最初态度，是学习和模仿。宋诗在题材方面较成功的开拓，是向日常生活倾斜，琐事细物都成了宋人笔下的诗料。这种特征使宋诗具有平易近人的特点，以平淡为美，但缺乏唐诗那种浪漫精神的奇情壮采。

宋初诗坛，杨亿、钱惟演等宗法李商隐一派，作诗好骈俪、对仗，多用隐僻典故，称“西昆体”。王禹偁、梅尧臣、苏舜钦、欧阳修等继起，力矫西昆浮艳之风，奠定了宋诗发展的基础。

苏轼和黄庭坚一向被看作宋诗特征的典型代表。苏轼论诗最重陶渊明，他的诗，说理抒情，自由奔放，多畅达之语，少蕴蓄之情。宋诗散文化、议论化的特色在苏轼诗中达到了顶点。

黄庭坚推崇杜甫晚年诗的平淡境界。他的诗，在用词造句、体制格律方面很下工夫。他提出了许多作诗的方法和主张，以杜甫为宗，在提倡句法散文化的同时，标榜用典故，尚拗律、险韵，去陈反俗。他的整个诗歌创作都贯彻了求新求变的精神，从而创造了生新廉悍的艺术风貌。黄庭坚对当时的青年诗人具有多方面的典范作用，受到了众多青年诗人的拥戴追随。宋徽宗初年，吕本中作《江西诗社宗派图》，列举 25 人的诗皆学黄庭坚，同时把以黄庭坚为首的诗歌流派取名为“江西诗派”。

南宋诗人中，出现了陆游、杨万里、范成大、尤袤等“中兴四大诗人”。其中，成就最高的首推陆游。陆游是宋代伟大的爱国诗人。他早年学诗，颇受江西诗派影响，在技巧上下工夫。由于他生活在民族矛盾尖锐的时代里，积极主张抗敌，收复中原，可惜壮志未酬，只能将满腔热情灌注于诗作中。他现存诗作 9400 多首，诗歌内容极为丰富，几乎涵盖了当时社会生活的各个方面，其中最重要的是爱国主题和日常生活的吟咏。

由于手工业和商业的发展，宋代都市繁荣、市民阶层壮大，促进娱乐伎艺发展的同时，也丰富了宋代话本的创作。话本即说话人所用的底本，它们偏离了以雅正为旨归的诗文创作传统，演绎古今故事、市民生活，内容的世俗化、语言的口语化是其一大特点。宋代话本可分三类：一是讲史，二是说经，三是小说。

宋代话本中人物和故事都有一定的现实性，反映了市民阶层的生活和愿望。话本在文学史上有承前启后的作用，它从唐代讲唱文学演变而来，又孕育了元明以后演义小说、白话小说的产生。

戏曲在宋代也有很大的发展。当时的戏曲大致有滑稽戏、歌舞戏、傀儡戏、影戏、讲唱戏等。除滑稽戏、歌舞戏外，其他主要在民间流传、值得注意的是将唱戏。将唱戏分鼓子词和诸宫调，以诸宫调对后世影响最大。诸宫调是由民间艺人创作表演的，流传至今且完美成熟的诸宫调作品是董解元的《西厢记诸宫调》，元代王实甫的名作《西厢记》就是在它的基础上写成的。宋代戏曲的另一成就是在浙东温州产生了“南戏”。从现今辑录的南戏剧本来看，有100余种，最著名的是《张协状元》等3种，从中可以窥见宋代南戏盛况之一斑。

综上所述，宋代文学在词、文、诗、小说、戏曲等各方面都有发展和创造，在我国文学史上起着承前启后的重要作用。

柳永词二首

柳永

柳永(约987～约1053)，原名三变，字耆卿，崇安(今福建省武夷山市)人。早年常出入歌楼妓馆，为乐工歌妓撰写歌词，屡试不中。宋仁宗景祐元年(1034年)考取进士。官至屯田员外郎，世称柳七、柳屯田。

柳永一生在仕途上抑郁不得志，独以词著称于世。当时即使在西夏，所谓“凡有井水处，即能歌柳词”，可以看出其词流传甚广。作为第一位专业词人，柳永词在题材和艺术上都具有鲜明的市民审美特征。他的词，多是反映都市的繁华面貌，体现市民阶层的思想意识，描写爱情生活的甜美，抒发离怀别感的痛苦，表现不幸妇女的遭遇和失意文人的感受。他精通音律，善于铺叙和使用俚俗语言，大量创作慢词，推动了词的发展。有《乐章集》存世。

望海潮[1]

东南形胜，三吴都会，钱塘自古繁华[2]。烟柳画桥，风帘翠幕，参差十万人家[3]。云树绕堤沙[4]，怒涛卷霜雪[5]，天堑无涯[6]。市列珠玑[7]，户盈罗绮，竞豪奢。

重湖叠巘清嘉[8]。有三秋桂子[9]，十里荷花。羌管弄晴[10]，菱歌泛夜[11]，嬉嬉钓叟莲娃[12]。千骑拥高牙[13]，乘醉听箫鼓，吟赏烟霞[14]。异日图将好景[15]，归去凤池夸[16]。

【注释】

[1]《望海潮》词调，首见于《乐章集》中。词咏钱塘(今浙江省杭州市)，调名当是以钱塘作为观潮胜地取意。

[2]“东南”三句：意谓杭州地处东南，位置优越，人文荟萃，自古繁华。形胜：地理形势优越。三吴：《水经注》以吴兴郡(今浙江省湖州市)、吴郡(今江苏省苏州市)、会稽郡(今浙江省绍兴市)为“三吴”，此处泛指江、浙一带。一作“江吴”。钱塘：今浙江省杭州市，当时属吴郡。

[3]“烟柳”三句：杭州垂柳烟霞，风景如画，人烟稠密，风物聚集。画桥：雕饰华丽的桥。风帘翠幕：挡风的帘子和翠绿色的帏幕。参差：形容楼阁、房屋高低不齐。

[4]云树：茂密如云的林木。堤：指钱塘江防汛的大堤。

[5]"怒涛"句:形容潮水汹涌像卷起来的白色霜雪。霜雪:此处喻浪花。

[6]天堑无涯:广阔无边的天然壕沟,指钱塘江。

[7]珠玑:泛指大小不同的各种珠宝。

[8]重湖:西湖以白堤为界,分为外湖、里湖。叠巘(yǎn):重叠的山峰。清嘉:秀美。

[9]三秋:秋季。

[10]"羌管"句:悠扬的羌笛声在晴空中飘荡。

[11]"菱歌"句:采菱的歌曲在夜间唱起。

[12]"嬉嬉"句:钓鱼的老翁和采莲的少女都很愉快。

[13]千骑拥高牙:外出时仪仗威风,随从人员多。高牙:古代行军有牙旗在前导引,旗很高,故称高牙。

[14]烟霞:自然风景。

[15]"异日"句:意谓把杭州美景画出来。将:用在动词后的语助词。

[16]凤池:即凤凰池,对中书省的美称,此处泛指朝廷。

【导读】

词作向读者展示了东南大都会——杭州栩栩如生的都市风情画。作者以清新的笔墨、铺陈的手法,描绘了杭州秀美的山川形胜、都市的繁华景象及杭州民众和平宁静的生活场景,从不同角度把杭州富丽非凡的景象描绘得淋漓尽致。

词作写景状物层次分明、体物精工、如在眼前,钱江潮的壮观、西湖的美景、杭州市区的富庶繁华、人民生活的美好都尽收词人笔下,给人以身临其境之感。同时,作者融情入景,既有对杭州繁华的赞美之情,也有对太平盛世的称颂之心。

罗大经《鹤林玉露》记载:金主完颜亮听唱"三秋桂子,十里荷花"后,十分羡慕钱塘的繁华,从而加强了南侵的野心。从中也可见此词描绘之工、流传之广、感染力之强。

【思考练习】

一、结合时代背景,谈谈你对柳永词的认识。

二、《望海潮》向读者展示了一幅怎样的都市风情画?

八声甘州[1]

对潇潇暮雨洒江天[2],一番洗清秋。渐霜风凄紧[3],关河冷落[4],残照当楼。是处红衰翠减[5],苒苒物华休[6]。惟有长江水,无语东流。

不忍登高临远,望故乡渺邈[7],归思难收。叹年来踪迹,何事苦淹留[8]?想佳人、妆楼颙望[9],误几回、天际识归舟[10]?争知我[11]、倚栏杆处,正恁凝愁。

【注释】

[1]《八声甘州》,一名《甘州》。本唐玄宗时教坊曲名,后用为词调。

[2]潇潇:雨势急骤。一作"萧萧"。

[3]霜风凄紧:秋风凄凉紧迫。霜风:秋风。

[4]关河:此处泛指山河。

[5]"是处"句:到处花草凋零。是处:处处。红、翠:指代花草树木。

[6]"苒苒"句:景物逐渐衰残。苒苒:时光消逝。物华:美好的景物。

[7]渺邈:遥远。

[8]淹留：久留。

[9]颙(yóng)望：抬头远望。

[10]“误几回”二句：多少次错把远处驶来的船当作心上人回家的船。

[11]争：怎。

【导读】

柳永是较早把游子羁旅情怀纳入词中的人。这首词的主题是游子思归，反映出作者羁旅失意的苦闷心情。

开头两句写雨后江天，澄澈如洗。一个“对”字，写出作者登临纵目、望极天涯的境界。继而，作者以一个“渐”字，领起下文。秋已更深，雨洗暮空，乃觉凉风忽至，其气凄然而遒劲，直令衣单之游子有不可禁当之势。“凄紧”、“冷落”，写尽悲秋气氛，具有很强的艺术感染力量，紧接一句“残照当楼”，境界全出，似全宇宙悲秋之气一起袭来。“是处”二句，词意由苍莽悲壮转入细致沉思，一“休”字寓有无穷的感慨愁恨。接下来“惟有长江水，无语东流”写的是短暂与永恒、改变与不变之间的这种千古文人共同探索的宇宙人生哲理。“无语”二字乃“无情”之意，此句蕴含百感交集的复杂心理。“不忍”句点明背景是登高临远，云“不忍”，又多一番曲折、多一番情致。至此，词以写景为主，情寓景中。

下片，词人推己及人，本是自己登远眺，却偏想故园之闺中人，应也是登楼望远，伫盼游子归来。“误几回”三字更觉灵动。结句点题，“倚栏杆”与“对”、与“当楼”、与“登高临远”、与“望”、与“叹”、与“想”都相关联、相辉映。此时方知，词中登高远眺之景皆为“倚闺”时所见；思归之情又是从“凝愁”中生发；而“争知我”三字化实为虚，使思归之苦、怀人之情表达得更为曲折动人。

【思考练习】

一、《八声甘州》表现了作者怎样的思想感情？

二、赏析词句“渐霜风凄紧，关河冷落，残照当楼”。

蝶恋花[1]

晏殊

晏殊(991～1055)，字同叔，临川人(今江西省抚州市)。14岁以“神童”应举，赐同进士出身。后官至宰相，谥元献。能荐拔人才，当时名臣范仲淹、富弼、欧阳修等均出其门。诗属“西昆体”。词风则承袭五代，多抒写男女之间的相思爱恋和离愁别恨。所作娴雅而有情思，语言婉丽，音韵和谐。有《珠玉集》存世。

槛菊愁烟兰泣露[2]，罗幕轻寒[3]，燕子双飞去。明月不谙离恨苦，斜光到晓穿朱户[4]。昨夜西风凋碧树，独上高楼，望尽天涯路。欲寄彩笺兼尺素[5]，山长水阔知何处！

【注释】

[1]《蝶恋花》：原名《鹊踏枝》，其词牌始于宋。

[2]“槛菊”句：栏杆外的菊花笼罩着一层烟雾，似乎含愁；兰草沾有露水，如在泣诉。指秋景衰残。槛：栏杆。

[3]罗幕：用丝罗做的帷幕。

[4]朱户：朱门，指大户人家。

[5]“欲寄”句：迫切希望寄情达意。彩笺：彩色的精美的笺纸，可供题诗和写信用。尺素：书信的代称，古人写信用素绢，通常为一尺，故称。

【导读】

这首词是晏殊伤别怀远的名作。作者以时间为顺序结构全词，上片借景写情，融情于景，点出离别之苦；下片承离恨而来，通过登楼望远，生动表现了抒情主人公悠远缠绵的情思。

词作情景交融，一切景语皆情语。在作者笔下，菊花似为愁烟所笼罩，兰花上的露珠似乎是它哭泣时流下的泪珠，这一亦真亦幻、幽艳凄迷的画面，正是抒情主人公悲凉、迷离而又孤寂的心态的写照。除了愁菊、泣兰之外，从双飞的燕子、皎洁的明月、凋零的碧树中，都可以看出主人公独处空房、孑然独立的境况。

词作亦婉亦豪，情致高远。登高望远，“望尽天涯路”，却望不见天涯人，从时空两方面拓展了词境；人既难聚，连书信也无从寄送，作者以无可奈何的怅问作结，给读者以情也悠悠、恨也悠悠之感，含蓄蕴藉而又意境高远。

【思考练习】

一、“一切景语皆情语”，《蝶恋花》如何体现的？

二、古人多有登楼远眺之作，你能举出几篇这样的诗词作品吗？

临江仙[1]

晏几道

晏几道(1030～1106)，字叔原，号小山，晏殊之子。生平仕途失意，曾任颍昌府许田镇(今河南省许昌市西南)监。其词风格接近《花间》，与晏殊齐名，号称“二晏”。词作构思精巧，措辞婉妙，多怀往事，抒写哀愁，笔调感伤、深沉、真挚。有《小山词》存世。

梦后楼台高锁，酒醒帘幕低垂[2]。去年春恨却来时[3]。落花人独立，微雨燕双飞[4]。
记得小蘋初见，两重心字罗衣[5]。琵琶弦上说相思。当时明月在，曾照彩云归[6]。

【注释】

[1]《临江仙》：唐玄宗时教坊曲名，后用为词调。五代词人用此调为题，多写艳情。

[2]“梦后”二句：梦后酒醒，人去楼空。

[3]“去年”句：去年春天的离恨恰在此时又涌上心头。

[4]“落花”二句：用“燕双飞”反衬“人独立”。

[5]心字罗衣：古时女子衣领裁如心字。

[6]“当时”二句：当年曾照小蘋归去的明月依旧(小蘋却已不再了)。彩云：此处喻小蘋。

【导读】

这是一首抚今追昔、感旧怀人的名篇，为作者别后怀念歌女小蘋所作。

词之上片是对去年春恨的追忆，描绘了梦后酒醒、落花微雨的情景。下片是对更加遥远的过去的回忆，追忆与小蘋初见当时的情景，感慨小蘋如彩云般飘然远去的现实，表现了作者苦恋之情、孤寂之感，也抒发了人世无常、欢娱难再的淡淡哀愁。

词作从作者梦醒后所见景象，写到去年春恨的景象，进而写到更远的与小蘋初见的景象，结构上由近及远、层层推进，感情也随之逐渐加深，表现了作者过去的温馨美好和现在的苦闷相思的今昔不同的对比，体现了小山词特有的深婉沉着的风格。

【思考练习】

一、联系作品，谈谈你对晏几道恋情词的认识。

二、《临江仙》是如何体现小山词"深婉沉着"风格特征的？

苏轼词二首

苏轼(1037～1101)，字子瞻，号东坡居士，眉山(今四川省眉山县)人。宋仁宗嘉祐二年(1057 年)进士。因与王安石政见不合，自请外放，历任杭州通判，密州(今山东省诸城市)、徐州(今江苏省徐州市)、湖州(今浙江省湖州市)知州。元丰二年(1079 年)，以讪谤朝廷的罪名被捕下狱，史称"乌台诗案"。后贬谪黄州(今湖北省黄冈市)团练副使。哲宗时累迁翰林学士，出知杭州、颍州(今安徽省阜阳市)。绍圣初，被贬至惠州(今广东省惠阳市)、儋州(今海南省儋县)。谥文忠。

苏轼是中国文学史上罕见的多面手天才，他在诗、词、文等方面都有杰出的成就，表现了宋代文学的最高成就。其诗内容广博，各体均备，与黄庭坚并称"苏黄"，开有宋代诗歌的新风气；其词开豪放一派，突破了五代以来的艳词藩篱，与辛弃疾并称"苏辛"；其文自然畅达，随物赋形，如行云流水，为"唐宋八大家"之一，与其父苏洵、其弟苏辙并称"三苏"。有《苏东坡集》、《东坡乐府》存世。

定风波[1]

三月七日，沙湖道中遇雨[2]。雨具先去，同行皆狼狈，余不觉。已而遂晴，故作此。

莫听穿林打叶声，何妨吟啸且徐行[3]。竹杖芒鞋轻胜马[4]，谁怕？一蓑烟雨任平生[5]。

料峭春风吹酒醒[6]，微冷，山头斜照却相迎。回首向来萧瑟处[7]，归去，也无风雨也无晴。

【注释】

[1]《定风波》：唐玄宗时教坊曲名，后用为词调。

[2]沙湖：地名，在今湖北省黄冈市东南30里处，又名螺师店。
[3]吟啸：吟诗，长啸。徐行：意态闲适的行走。
[4]芒鞋：草鞋。
[5]“一蓑”句：自己对披蓑衣、冒风雨的生活向来泰然处之。烟雨：烟波风雨。
[6]料峭：风力寒冷、尖利。
[7]萧瑟处：遇雨之处。萧瑟：风雨吹打树林的声音。

【导读】

词作借道中遇雨的小事，借题发挥，表明了作者在风雨中不改其度的潇洒、乐观、旷达的情怀。

语意双关是这首词的主要特色。“莫听穿林打叶声，何妨吟啸且徐行”，恼人的春雨淅淅沥沥地下个不停，作者却毫不在意，并劝大家不要将其放在心上，而坦然去面对。此处表面上是写在路途中所遭遇的自然界的雨，实则暗指作者在官场仕途中所遭遇的政治风雨。“竹杖”、“芒鞋”与代表身份地位的“马”相提并论，一个“轻”字显示出了作者对官场的漠视。“谁怕？一蓑烟雨任平生”表现了作者无视官场风波、宠辱皆忘的旷达情怀，透露出了人到中年、沧桑阅历的几多豪情。“归去，也无风雨也无晴”则是作者远离官场、回归自然的愿望的生动体现，表现了作者无惧生活坎坷的豁达与洒脱。

【思考练习】

一、苏轼词较前人有什么新突破？
二、具体说明这首词语意双关、即小见大的特点。

蝶恋花[1]

花褪残红青杏小[2]。燕子飞时，绿水人家绕。枝上柳绵吹又少[3]，天涯何处无芳草。

墙里秋千墙外道。墙外行人，墙里佳人笑。笑渐不闻声渐悄，多情却被无情恼。

【注释】

[1]《蝶恋花》：原名《鹊踏枝》，其词牌始于宋。
[2]“花褪”句：残红褪尽，青杏初生。暮春之景。
[3]“枝上”句：絮飞花落。

【导读】

在江南暮春的景色中，作者借墙里、墙外、佳人、行人，一个无情、一个多情的故事，蕴含了他对充满矛盾人生的思索。

词作一句之间、上下句之间、上下片之间，都体现出了种种错综复杂的矛盾。如“花褪残红青杏小”，既写了衰亡，也写了新生；上片结尾二句，“枝上柳绵吹又少”感情低沉，“天涯何处无芳草”又强自振奋。上片侧重哀情，下片侧重欢情。而“多情却被无情恼”句，不仅写出了情与情的矛盾，也写出了情与理的矛盾，佳人洒下一片笑声后杳然而去，留下行人凝望秋千，空自多情。词人虽然写的是情，但其中也渗透着人生哲理。

【思考练习】

一、《蝶恋花》是怎样表现作者对矛盾人生的思索的？

二、《蝶恋花》语言上有什么特点？

鹊桥仙[1]

秦观

秦观（1049～1100），字少游，一字太虚，号淮海居士，扬州高邮人。元丰八年（1085年）进士。历任定海主簿、秘书省正字兼国史院编修官等职。后被贬至郴州（今属湖南省）、雷州（今广东省雷州市）等地。

秦观与黄庭坚、张耒、晁补之合称“苏门四学士”。善诗文，尤工于诗。其诗长于抒情，其文长于议论，其词大多描写男女情爱和抒发仕途失意的哀怨。文字工巧精细，音律偕美，情韵兼胜。有《淮海集》存世。

纤云弄巧[2]，飞星传恨[3]，银汉迢迢暗度[4]。金风玉露一相逢[5]，便胜却人间无数。

柔情似水，佳期如梦，忍顾鹊桥归路[6]。两情若是久长时，又岂在朝朝暮暮[7]！

【注释】

[1]《鹊桥仙》：此调有两体，56字者始自欧阳修，88字者始自柳永。此词一题作《七夕》。

[2]“纤云”句：纤细的云彩变幻出许多美丽的花样来。此喻织女织造云锦手艺的精巧，同时暗示这是乞巧节，为织女渡河之夕。

[3]“飞星”句：作者想象被银河阻隔的牛郎、织女二星，闪现出离愁别恨的样子。牛郎、织女本是牵牛、织女二星在传说中转化的人物。

[4]“银汉”句：（牛郎、织女）夜里度过辽阔的天河。银河：天河。

[5]金风：秋风。玉露：秋露。

[6]忍顾：不忍心回头看归路，即不忍分别。

[7]朝朝暮暮：朝夕相聚。

【导读】

汉魏以来，题咏牛郎、织女故事的作品很多，秦观此作，借牛郎织女悲欢离合的故事，歌颂坚贞、诚挚的爱情，自出机杼，不落俗套。词作熔写景、抒情与议论于一炉，叙写牛郎、织女相爱的神话故事，赋予这对仙侣浓郁的人情味，讴歌了真挚、纯洁、坚贞的爱情。词中明写天上牵牛、织女，暗写人间情侣；其以乐景写哀、以哀景写乐，倍增其哀乐，读来荡气回肠、感人肺腑。

“两情若是久长时，又岂在朝朝暮暮”，是由牛郎、织女爱情故事引发的议论。这两句既指牛郎、织女的爱情模式的特点，又表述了作者的爱情观，是高度凝练的名言佳句。作者看来，他们的爱情与天地长存，肯定胜过人间爱情的短暂，这是对他们爱情的赞颂和慰勉，也是对世俗爱情的警告，告诫世人不要刻意追求一朝一夕的欢乐，而应该追求天长地久、矢志不渝的爱情。经过作者巧妙的构思，牛郎、织女的爱情升华了，这首词因而也就具有跨越时代、跨越国度的审美价值和艺术品位。

这首词的语言自由流畅、通俗易懂，却又显得婉约蕴藉、余味无穷。作者将散文式的句法与优美的形象、深沉的情感、画龙点睛的议论结合起来，取得了极好的艺术效果。

【思考练习】

一、“两情若是久长时，又岂在朝朝暮暮”体现了怎样的爱情观？

二、《鹊桥仙》语言上有什么特点？

永遇乐[1]

李清照

李清照(1084～1151)，号易安居士，济南(今山东省济南市)人。其父李格非是当时著名学者。丈夫赵明诚为宰相赵挺之之子，历任州郡行政长官，对金石学很有研究。她早年生活在一个学术、文艺气氛都非常浓厚的家庭里，夫妻志趣相投、感情深厚，过着悠闲平静的生活。靖康之变(1126年)打破了他们宁静美满的生活，他们随宋室南渡避难。南渡后不久，赵明诚病死，给她精神上带来了沉重的打击。其后，她辗转于浙东一带，颠沛流离，孤苦终老。

李清照是我国古代杰出的女作家，工诗能文，所作词尤为宋朝一大家。所作词，以南渡为界分前后两期：前期以抒写闺情相思和对大自然的热爱为主，韵味深长，形象鲜明；南渡后在词中蕴含着沉痛的家国兴衰之感，通过个人遭遇反映时代和社会的动乱，现实意义较强。其词注重协律，崇尚典重、情致，擅长白描手法创造独到的意境，论词反对以诗文之法作词。有《漱玉词》存世。

落日熔金[2]，暮云合璧[3]，人在何处？染柳烟浓，吹梅笛怨[4]，春意知几许！元宵佳节，融和天气，次第岂无风雨[5]？来相召，香车宝马，谢他酒朋诗侣。

中州盛日[6]，闺门多暇[7]，记得偏重三五[8]。铺翠冠儿[9]，捻金雪柳[10]，簇带争济楚[11]。如今憔悴，风鬟霜鬓[12]，怕见夜间出去[13]。不如向、帘儿底下，听人笑语。

【注释】

[1]《永遇乐》：词牌名。有平韵、仄韵两体，仄韵始自柳永，此为仄韵体。

[2]“落日”句：落日的颜色好像熔化的黄金。

[3]“暮云”句：黄昏时的云彩连成一片，如一块块璧玉连缀而成。

[4]“染柳”二句：为“烟染柳浓，笛吹梅怨”的倒文，意谓柳色宛如烟云所染而更浓，笛子吹奏出《梅花落》凄凉悲怨的曲调。梅：指《梅花落》曲。

[5]次第：接着，转眼。

[6]中州：北宋都城汴京(今河南省开封市)。

[7]闺门：指代女子。

[8]三五：正月十五，元宵节。

[9]“铺翠”句：镶有翡翠珠子的帽子。

[10]“捻(niǎn)金”句：用金饰的丝绸制成的饰品。雪柳：古代妇女元宵节插戴的饰品。

[11]“簇带”句：插戴满头，妆扮之意。簇带：满戴。济楚：整齐，漂亮。

[12]“风鬟”句：头发凌乱，不加修饰。

[13]怕见：懒得。

【导读】

这首词通过南渡前后过元宵节两种情景的对比，抒写了离乱之后的愁苦情怀、忧患余生的寂寞心情，也流露出对故国的眷恋不忘。

上片从眼前景物抒写心境。夕阳娇艳，晚云瑰丽，一幅“夕阳无限好”的图景，但一声“人在何处”蕴含了多少欲说还休的悲愤和哀痛，国土沦丧、孤苦无依，使得作者存在的意识也在丧失。笛声的幽咽使人平添伤感，曾经那么喜爱大自然的作者竟然感觉迟钝到不知春意几许了。在和风煦日里，忧愁着风雨，连酒朋诗侣的呼唤也觉兴味索然。

下片从今昔对比中抒发国破家亡的感慨，表达沉痛悲苦的心情。作者由昔时元宵佳节的繁盛映衬今时的凄惶落寞，汴京繁华旧事已随流水，眼下临安的苟且偷欢让作者百感交集，对未来命运的无知更是让作者黯然神伤。末两句尤让人不堪，“不如”故作洒脱语，其实是无奈之语。

全词感情深沉、真挚。结构上由今而昔，又由昔而今，形成今昔盛衰的鲜明对比。语言于朴素中见清新，平淡中见工致。刘辰翁评此诗说：“余自乙亥上元，诵李易安《永遇乐》，为之涕下。今三年，每闻此词，辄不自堪。”可见此词感人之深。

【思考练习】

一、简析《永遇乐》的思想内容。

二、试论李清照词创作的分期，不同时期的作品内容和艺术风格有何不同？

水龙吟·登建康赏心亭[1]

辛弃疾

辛弃疾(1140～1207)，字幼安，号稼轩，历城(今山东省济南市)人。21岁时参加抗金义军，失败后南归。历任提点江西刑狱、湖北转运副使等职，在政治、军事上都采取了积极的措施，利国便民。后为朝廷当权者所忌，43岁落职闲居上饶(今江西省上饶市)近20年。晚年又被启用，但未受重用。

他文武全才，将满腔忠愤寄之于词，是南宋伟大的爱国主义词人。词作反映出当时尖锐的民族矛盾和统治阶级的内部矛盾，表现了他奋厉无前、坚持抗敌到底的雄心壮志。所作题材广阔，气势纵横，不为格律所拘；词风以豪放为主，兼有清丽明快和缠绵妩媚的风格。有《稼轩长短句》存世。

楚天千里清秋，水随天去秋无际。遥岑远目，献愁供恨，玉簪螺髻[2]。落日楼头，断鸿声里[3]，江南游子[4]，把吴钩看了[5]，栏杆拍遍，无人会，登临意。

休说鲈鱼堪脍，尽西风，季鹰归未[6]？求田问舍，怕应羞见，刘郎才气[7]。可惜流年，忧愁风雨；树犹如此[8]！倩何人、唤取红巾翠袖，揾英雄泪[9]！

【注释】

[1]《水龙吟》：词牌名，首见于柳永的咏梅之作。建康：今江苏省南京市。

[2]“遥岑”三句：远山秀美，好似美人头上的碧玉簪、青螺髻，却惹人愁恨。遥岑：远山。玉簪：碧玉簪。螺髻：螺旋盘结的发髻。

[3]断鸿：失群的孤雁。

[4]江南游子：作者自称。

[5]“把吴钩”句：看刀抚剑，希望能用它来建功立业。吴钩：指吴地特产的弯形宝刀。

[6]“休说”三句：自己不愿意学张翰忘怀时事，弃官归乡。

[7]“求田”三句：自己不愿意求田问舍，作富家翁。刘郎：指刘备。

[8]“可惜”三句：自己年华在国事飘摇中逝去，无异于树木的愁风愁雨，直至衰老。

[9]“倩何人”三句：自伤英雄抱负不能实现，心头郁结，得不到安慰。倩：请托。红巾翠袖：代指女子。揾(wèn)：擦拭。

【导读】

辛弃疾胸怀一腔报国之志，本该投身到杀敌建功的战场上，却无奈不被重用，投闲置散，不得一遂报国之愿，心情忧愤之中登上赏心亭。词作即写登高所见，抒写壮志不酬、英雄失意的感慨。

上片写景，借景抒情。内容上可分为三层：开头两句是比较客观的写景，以景衬情；中间三句是借景言情，意在言外；后七句是直接抒情，但没有离开“落日楼头，断鸿声里”的象征景象。三层感情，层层推进，从平静到激动，越来越强，感情顿挫有致，表现了作者感情变化的过程。

下片借典故言志。作者用了三个典故来申说自己的志向和感慨，使得词意丰富而婉转，特别是“树犹如此”这样歇后语式的用法，有意给读者留下了想象的空间，也增加了词的韵味。作者圆熟精到地运用典故，不仅充分反映了时代矛盾，使词作内容具有真实性和现实性，也增强了词作的艺术感染力。

【思考练习】

一、《水龙吟》表达了作者怎样的思想感情？

二、分别说明词中所用典故的含义。

寄黄几复[1]

黄庭坚

黄庭坚(1045～1105)，字鲁直，号涪翁，又号山谷道人，洪州分宁(今江西省修水县)人。治平四年(1067年)进士。历任国子监教授、校书郎、秘书丞兼国史编修官。因修《神宗实录》不实的罪名，贬官涪州（今四川省涪陵县）。宋徽宗时，被除名编管宜州（今广西壮族自治区宜山县）。卒于贬所，私谥文节先生。

他与张耒、秦观、晁补之并称“苏门四学士”。以诗歌负盛名，为江西诗派宗师，与苏轼并称“苏黄”。他作诗取法杜甫，特别在形式格律上下工夫，一字一句都求其有来历。多写个人日常生活，艺术上讲究修辞造句，追求新奇。有《山谷集》存世。

我居北海君南海，寄雁传书谢不能[2]。
桃李春风一杯酒，江湖夜雨十年灯[3]。
持家但有四立壁[4]，治病不蕲三折肱[5]。
想得读书头已白，隔溪猿哭瘴溪藤[6]。

【注释】

[1]原注：“乙丑年德平镇作。”乙丑为宋神宗元丰八年（1085 年），时黄庭坚监德州（治所在今山东省德州市）。黄几复：名介，南昌（今江西省南昌市）人，是黄庭坚少年时的好友，时为四会县（今广东省四会县）知县。

[2]“我居”二句：二人距离遥远，通信困难。时二人一在山东德州，一在广东四会，皆海滨，故一称北海，一称南海。谢不能：古人有雁足传书之说，传说雁南飞时不过衡阳回雁峰（今湖南），而四会在衡阳之南，故云。

[3]“桃李”二句：据《黄几复墓志铭》所载，黄庭坚与黄几复于熙宁九年（1076 年）京师相聚，此处指二人一别 10 年。

[4]“持家”句：称赞黄几复为官清廉，安贫乐道。四立壁：指家徒四壁，贫困无所有。

[5]“治病”句：称赞黄几复有治世的才能，不用等到阅历丰富，已经从政有方。蕲：求，通“祈”。三折肱（gōng）：比喻阅历丰富，古代有三折肱而为良医的说法。肱：手臂从肘到腕的部分。

[6]“想得”二句：赞美黄几复偏居荒蛮之地，仍认真读书、好学不倦。瘴溪：旧传广东一带多瘴气。

【导读】

这是一首表现浓情厚谊的佳作。作者从友人与自己分处两地写起，回顾二人的交往，叙写当下的处境，赞美友人的品质，表达对友人的思念和对其处境的不平。情感真挚，艺术感染力强。

作者善于运用典故，把古代典籍中的词语经过转化、改造，吸收融合在自己的作品中，从而使诗歌的含义更加丰富、情致更加含蓄。因此，他的诗表现出深厚的学养、浓郁的书卷气，具有生新廉悍的艺术风貌。这首诗就集中体现了这种艺术特点。

熔经铸史是作者诗歌语言运用上的一个特点。诗歌中，作者用常见的字词组成新奇的意象，字面较为平常，典故也是常见，但经过巧妙的艺术构思，以故为新，在整体上取得了新奇的艺术效果。如“春风”、“桃李”、“一杯酒”三个意象叠加，色彩明丽，节奏轻快，形成了一个知己相聚、意气风发的画面；“江湖”、“夜雨”、“十年灯”三个意象叠加，则显得比较黯淡、悲伤，摹写知己天各一方，秋夜苦雨相伴的凄凉景象。以乐景衬哀情，这一系列的意象所形成的今昔对比，造就了一种不胜感慨的凄苦意境，也把辗转江湖的苦闷与对欢愉时光的期盼表达得淋漓尽致。

【思考练习】

一、黄庭坚诗歌有哪些艺术特点？

二、赏析诗句“桃李春风一杯酒，江湖夜雨十年灯”。

书愤[1]

陆游

陆游(1125—1210)，字务观，号放翁，越州山阴(今浙江省绍兴市)人。宋高宗绍兴二十三年(1153年)，试礼部，名在前列，因触怒秦桧，被黜免。孝宗时，赐进士出身。历官隆兴、夔州通判，入四川宣抚使王炎幕府，投身军旅生活。光宗时，除朝议大夫、礼部郎中。他一贯主张抗金，为主和派所忌，后被劾去职，晚岁闲居故里，过着清贫、忧愤的生活，临终作诗仍念念不忘北伐和收复失地。

陆游是南宋伟大的爱国诗人，词和散文成就也很高。现存诗9400多首，题材异常广阔，“凡一草一木，一鸟一鱼，无不裁剪入诗”(见赵翼《瓯北诗话》)，其中涉及时事政治的作品，风格雄奇奔放，沉郁悲壮，洋溢着强烈的爱国主义激情，在思想上、艺术上取得了卓越成就。他是南宋一代诗坛领袖，与范成大、尤袤、杨万里合称为“南宋四大家”。有《渭南文集》、《剑南诗稿》存世。

早岁那知世事艰[2]，中原北望气如山[3]。楼船夜雪瓜洲渡，铁马秋风大散关[4]。
塞上长城空自许[5]，镜中衰鬓已先斑。《出师》一表真名世，千载谁堪伯仲间[6]。

【注释】

[1]诗作于宋孝宗淳熙十三年(1186年)，作者时年62岁。书愤：抒发义愤。书：写。

[2]世事艰：恢复中原之事，不断受到主和派的阻挠和破坏。

[3]“中原”句：北望中原，收复失地的豪情满怀有如山涌。

[4]“楼船”二句：作者追叙自己当年在东南和西北两地，气壮如山的抗金之事。楼船：大型战舰，于三国魏发明。瓜洲渡：地名，今在镇江对岸，当时是边防重镇。大散关：在今陕西省宝鸡县西南，为宋金交界处。作者1161年担任镇江通判时，曾与抗金名将张浚一起谋划反攻、收复中原；作者1172年参加王炎幕府时，曾与金兵在大散关发生遭遇战。

[5]“塞上”句：意谓少时以扬威边地的名将自许，结果却是志愿落空。塞上长城：指南朝刘宋名将檀道济，此处作者用作自比。空自许：自许落空。

[6]“《出师》”二句：赞叹诸葛亮坚持北伐，用以表明自己恢复中原的志愿。《出师表》中有“兴复汉室，还于旧都”之语，同于作者生平之志。伯仲间：意指可以相提并论。伯仲：原指兄弟间长幼的次序，引申为衡量人物差等之词。

【导读】

这首诗歌是陆游七律的代表作。作者回顾一生，感慨时事，无比激愤，集中抒写了报国壮志和忧国深思的悲愤之情。

首联写作者早年的抱负。想当年，作者北望中原，收复失地的壮心豪气，有如山涌。但一个“艰”字，饱含着对朝廷屈辱投降的激愤，也包含着一心报国的英雄却空度岁月的无奈。颈联是作者对自己过去抗金行动的追思。作者将过去抗敌的辉煌与眼前“有心杀贼，无力回天”的现实形成鲜明对比，通过今昔对比，突出了对现实的不满，隐含着一种愤懑的情绪。颔联中，作者以“塞上长城”自许，以为能成为一个抗敌的英雄，然而，壮志未酬，已生华发。作者以沉痛的笔调，抒发了对苟安而不思抗金的投降派的极度愤慨。尾联，作者通过对诸葛亮的赞扬，叹息南宋朝廷中没有一个可以与之相比之人，用以表明对朝廷不思恢复中原的气愤，亦暗指自己恢复中原之志亦将“名世”。诗歌虽没有一个“愤”字，却句句是愤，字字书愤。作者胸中那郁积之“愤”，在字里行间一气灌之，表现得淋漓尽致，其爱国之情感染着每一位读者。

诗歌感情沉郁，格调悲壮，气韵沉雄，近于杜甫。“楼船夜雪瓜洲渡，铁马秋风大散关”句，对仗精工，雄放豪迈，为后世读者所称道。二句全以名词意向串联，意象选取甚为干净、典型；同时，“楼船”与“夜雪”，“铁马”与“秋风”，意象两两相合，出自作者亲身经历，饱含着他的政治生活感受，似展开两幅壮阔、豪迈的战争画卷，引人入胜。

【思考练习】

一、联系作品，谈谈陆游诗中的爱国主题。

二、诗句“楼船夜雪瓜洲渡，铁马秋风大散关”中的对仗有什么特点？

五代史·伶官传序[1]

欧阳修

欧阳修(1007～1072)，字永叔，号醉翁，晚年又号六一居士，吉州庐陵(今江西省吉安市)人。宋仁宗天圣八年(1030年)进士。为谏官，正直敢言，要求改革政治。支持范仲淹的“庆历革新”，遭到守旧派的排挤和打击，屡遭贬谪。后累官至翰林学士、枢密副使、参知政事。王安石执政后，辞官退隐，死后追赠为太师，谥文忠。

欧阳修是北宋诗文革新运动的领袖，在散文、诗、词等方面都有很高的成就。他反对宋初以来追求形式的靡丽文风，为文以韩愈为宗，主张文章应“明道”、“致用”、“事信”、“言文”，大力反对浮靡的时文，倡导有内容的古文。所作多议世事，切中时弊。说理畅达，抒情委婉，语言明白晓畅，是其特点。诗如其文，一洗“西昆体”绮靡、晦涩之习，多平易疏朗。词则富于情韵。

后人把他列为唐宋八大家之一，八大家中的“三苏”、曾巩和王安石，都受到他的影响，在他的带领下，北宋文坛盛极一时，且影响深远。有《欧阳文忠公集》、《五代史》和《新唐书》(与宋祁合撰)存世。

呜呼！盛衰之理，虽曰天命，岂非人事哉[2]！原庄宗之所以得天下[3]，与其所以失之者，可以知之矣。

世言晋王之将终也[4]，以三矢赐庄宗而告之曰：“梁，吾仇也；燕王，吾所立；契丹与吾约为兄弟；而皆背晋以归梁。此三者，吾遗恨也。与尔三矢，尔其无忘乃父之志！”庄宗受而藏之于庙[5]。其后用兵，则遣从事以一少牢告庙[6]，请其矢，盛以锦囊，负而前驱，及凯旋而纳之[7]。

方其系燕父子以组[8]，函梁君臣之首[9]，入于太庙，还矢先王，而告以成功，其意气之盛，可谓壮哉！及仇雠已灭，天下已定，一夫夜呼，乱者四应[10]，仓皇东出，未及见贼而士卒离散，君臣相顾，不知所归。至于誓天断发，泣下沾襟，何其衰也！岂得之难而失之易欤？抑本其成败之迹，而皆自于人欤？《书》曰："满招损，谦受益。"忧劳可以兴国，逸豫可以亡身[11]，自然之理也。故方其盛也，举天下之豪杰，莫能与之争；及其衰也，数十伶人困之，而身死国灭，为天下笑[12]。

夫祸患常积于忽微[13]，而智勇多困于所溺[14]，岂独伶人也哉！作《伶官传》。

【注释】

[1]本文是欧阳修编撰的《五代史·伶官传》的序。伶官：古代的乐官，此指供奉内廷、授有官职的伶人。

[2]"盛衰"三句：古人多认为国家的治乱盛衰是由于天命，作者则认为人事是主因。

[3]原：推本求源，推究。庄宗：后唐庄宗李存勖，于公元923年统一北方，建立后唐。

[4]晋王：庄宗的父亲李克用。

[5]庙：太庙，帝王祭祀祖先的宗庙。

[6]从事：具体办事的官员。一少牢：用一猪、一羊作祭品。牢：祭祀用的牲畜。

[7]纳：放回。

[8]组：绳索。

[9]函：用木匣装。

[10]"一夫"二句：指局势突变，各地相继叛乱。

[11]逸豫：逍遥游乐，不能居安思危。

[12]"及其衰也"四句：《伶官传》记载，庄宗取得政权后，宠信伶官景进、史彦琼、郭门高等，以致败政乱国。

[13]忽微：极细小的东西。

[14]所溺：所沉迷而不能自拔事物。

【导读】

本文选自欧阳修编撰的《五代史·伶官传》。所谓五代，是指唐王朝灭亡以后，在中国北方相继更替的后梁、后唐、后晋、后汉、后周五个短暂的政权。后唐庄宗李存勖取得政权后，荒淫腐化，癖好音律，宠用伶人景进、史彦琼、郭门高等，让他们做官掌权，以致败政乱国，只做了三年皇帝便身死国灭。为了提供历史借鉴，欧阳修在《五代史》里写了一篇《伶官传》，记述了上述的史实。本文是《伶官传》前的序，作者通过对史实的评论，针对当时所谓"天命"的观点，谈了自己的进步见解。

本文就后唐庄宗时所出现的伶官之祸这一史实，对后唐的盛衰过程作了具体分析。文章提出了封建王朝的盛衰决定于人事的论点，这在当时对天命论的迷信思想是有力的冲击，具有进步的历史意义。"忧劳可以兴国，逸豫可以亡身"、"祸患常积于忽微，而智勇多困于所溺"这些结论，成为后人传诵的名句，至今仍有其教育意义。但是，作者的认识也有其局限性，他所讲的"人事"，从文章的具体内容看，仅仅是指封建统治者个人的品德和作为，这就并没有揭示出封建王朝更替的社会根源。

本文叙议结合，写得抑扬顿挫、辞气纵横，被前人誉为"《五代史》中第一篇文字"。开头开门见山地提出"盛衰之理，岂非人事"的论点，全文便紧紧围绕"盛衰"二字展开叙事和议论。首先叙述庄宗秉承父亲遗命，兢兢业业、克敌制胜的事迹，证明后唐的兴盛全由于人事。然后叙述庄宗由胜利到灭亡的急遽变化，用高度概括的笔法隐括庄宗在灭梁以后纵情声色、宠用伶人的史实，揭示了后唐的衰亡也由于人事。最后转入评论，在再次申明成败“皆自于人”、回应开头提出的论点之后，进一步指出后唐的急遽衰亡是由于庄宗的“逸豫亡身”和“困于所溺”，给人们提供历史的鉴戒。文章在叙述和评论后唐兴亡的史实时，反复动用盛衰对比和先扬后抑的手法，把道理论述得酣畅淋漓。评论时又议论结合抒情，寄寓着自己的深沉感慨，使文章的论理富于感人的力量。

【思考练习】

一、《五代史·伶官传序》体现了作者怎样的历史观？我们应该如何看待这种历史观？

二、《五代史·伶官传序》叙事、议论上有什么特点？

墨池记[1]

曾巩

曾巩(1019～1083)，字子固，建昌南丰(今江西省南丰县)人。宋仁宗嘉祐二年(1057年)进士。通判越州(治所在今浙江省绍兴市)，知齐州(治所在今山东省济南市)、福州(治所在今福建省福州市)，均有政声。官至中书舍人。

曾巩出自欧阳修门下，与欧阳修并称“欧曾”。文章温醇典重，雍容平易，能穷尽事理。长于议论，议论委曲周详，文字简练平正，结构严谨而舒缓。有《元丰类稿》存世。

临川之城东[2]，有地隐然而高，以临于溪，曰新城。新城之上，有池洼然而方以长[3]，曰王羲之之墨池者[4]。荀伯子《临川记》云也[5]。羲之尝慕张芝[6]，临池学书，池水尽黑，此为其故迹，岂信然邪？

方羲之之不可强以仕，而尝极东方，出沧海，以娱其意于山水之间[7]。岂有徜徉肆恣[8]，而又尝自休于此邪？羲之之书晚乃善[9]，则其所能，盖亦以精力自致者，非天成也。然后世未有能及者，岂其学不如彼邪？则学固岂可以少哉！况欲深造道德者邪[10]？

墨池之上，今为州学舍[11]。教授王君盛恐其不章也[12]，书“晋王右军墨池”之六字于楹间以揭之[13]，又告于巩曰：“愿有记。”推王君之心[14]，岂爱人之善，虽一能不以废[15]，而因以及乎其迹邪[16]？其亦欲推其事以勉其学者邪？夫人之有一能，而使后人尚之如此[17]，况仁人庄士之遗风余思[18]，被于来世者如何哉[19]！

庆历八年九月十二日，曾巩记[20]。

【注释】

[1]本文是作者应抚州州学教授王盛之请而写的一篇叙记。文章先由墨池的传闻推出王羲之书法系由苦练造就的结论，然后引申到为学修身要靠后天勤奋深造的普遍道理。全文因小见大，语简意深，多设问句，辞气委婉，体现了作者独特的文风。

[2]临川：宋抚州临川郡，今江西省抚州市。

[3]洼然：低陷的样子。方以长：方而长，指长方形。

[4]王羲之：字逸少，晋琅琊临沂(今山东省临沂市)人。官至右军将军，会稽内史，世称王右军。著

名书法家，后人称其为“书圣”。

[5]荀伯子：南朝宋颍川颍阴(今河南省许昌市)人，曾任临川内史，著有《临川记》。

[6] 张芝：字伯英，东汉弘农(今河南省灵宝县)人。著名书法家，善草书，人称“草圣”。

[7]“方羲之”四句：《晋书·王羲之传》载：骠骑将军王述当时与王羲之齐名，而为王羲之所轻。王羲之任会稽内史时，朝廷又命王述为扬州刺史，会稽属扬州，王羲之耻位于王述下，便辞职隐居，誓不再仕。王羲之去官后，与东土人士尽山水之游，遍游东中诸郡，穷诸名山，泛沧海。

[8]徜徉肆恣：纵情遨游。

[9]“羲之”句：《晋书·王羲之传》载：王羲之的书法初不如同时庾翼、郗愔，晚年才臻于精妙之境。

[10]深造道德：在道德修养上有崇高造诣。造：至，诣。

[11]州学舍：抚州州府的学舍。

[12]教授：官名，主管学政和教育所属生员。章：同“彰”，显著。

[13]楹：厅堂前部的柱子。揭之：标明。

[14]推：一本作“惟”。

[15]不以废：不肯让它埋没。

[16]“而因”句：因而爱及到他的遗迹吗？

[17]尚：尊重，推崇。

[18]仁人庄士：旧时指修得行仁、端庄有道的人。遗风余思：留存于后人心目中的道德典范。庄士：庄重自持正直的人。

[19]被：影响，延及。

[20]庆历八年：即宋仁宗庆历八年(1048年)。一本无“庆历……”十二字。

【导读】

本文的显著特点是因小及大，小中见大，用小题目做大文章。题目是为墨池作记，从作者文中“此为其故迹，岂信然邪”的语气来看，他对临川墨池是否确为王羲之的真迹，是持有怀疑态度的。因此，他略记墨池的处所、形状以后，把笔锋转向对王羲之成功的议论：“盖亦以精力自致者，非天成也”，即认为王羲之的成功，并非“天成”，而是后天勤学苦练的结果。这是本文的第一层意思，这层意思紧扣“墨池”题意，是题中应有之义。作者由此进一步引申、推论。学习书法是如此，“欲深造道德者”也是如此，作者从学习书法推及道德修养，强调都是通过后天勤学苦练而获得的；从“人之有一能”尚且为后人追思不已，推及“仁人庄士之遗风余思”将永远影响后世。这两点推论都极为自然，作者从书法推及风节品德，从具体的书法家推及更广泛的仁人志士。这是本文的第二层意思。这两层意思不仅因小及大，从前者推出后者顺理成章，而且从怀念书法家到追慕先德，也是跟题意紧密联系的。

文章结构上有记事与议论双线交错推进的特点。作者一面记事，一面议论，结构上双线交错推进。一条线索是叙事的转换，从墨池旧址写到当今墨池边上的学舍，这是从古到今；另一条线索是议论的推进，从讲书法到讲道德，从缅怀王羲之苦练书法推到勉励当今后学深造道德，这是从前贤推到后学。这样行文，显出严谨，而又不板滞，表现了作者开阔的思路、高超的见识。

【思考练习】

一、沈德潜评价本文时说：“用意或在题中，或出题外，令人徘徊赏之。”谈谈你对这句话的理解。

二、文章结构上有什么特点？这种特点有什么好处？

第五章　元明清及近代文学

1206年，蒙古贵族在斡难河源奉铁木真为大汗，尊其为成吉思汗，蒙古汗国建立。蒙古国建立后，凭借着强大的军事实力不断向外扩张。1271年，成吉思汗之孙忽必烈取《易经》中“大哉乾元”之意，改国号为“大元”。次年，建都于大都（即今北京）。随后元朝加紧了统一全国的步伐。1279年，元军消灭了南宋的最后残余势力，统一全国。1368年，明军攻占大都，元朝灭亡。

元代的历史虽然短暂，但元代文学在中国文学发展过程中却具有划时代的意义。从元代开始，以戏曲、小说为代表的“俗文学”异彩纷呈，其耀眼光芒甚至掩盖了持续千年的以诗、词、文为代表的“雅文学”的光彩。以往文坛以抒情文学为主导的局面第一次被叙事文学所取代。除文学发展的自身原因外，与元代独特的社会背景密不可分。

元代统治者在体制礼仪上虽沿袭汉制，在民族政策上却持有严重的民族偏见，再加上吏治的黑暗腐败，导致终元一代民族对立情绪激荡、社会矛盾尖锐，元代不少文学作品中透露出的激愤反抗情绪正是这一社会现实的折射。

思想界的流派纷呈，导致了自汉代以来儒家独尊地位的下降。礼教力量的暂时势弱，使得元代戏曲中出现了诸多具有叛逆色彩的人物形象。

元代的农业、手工业和商业都出现了昌盛的局面。经济的发展促进了城市的繁荣，而市民阶级的娱乐需求进而催生了戏曲创作的兴盛。

科举制在元代时兴时辍，加之民族歧视严重，文人通过科举入仕的机会几近渺茫。不少仕途失落的知识分子被迫或自觉地进入了以往被人轻视的戏曲创作领域，借剧中人物的歌哭，抒发内心的郁结，为元代戏曲的繁荣注入了强大的动力。

元代戏曲是包含文学、音乐、舞蹈、说唱、科诨等多种表演因素的综合艺术，可分为杂剧和南戏。杂剧流行于整个元代，南戏主要流行于东南沿海。在体制上，以杂剧为例，杂剧一般由一本四折加一楔子构成。折相当于现在的幕，楔子是杂剧中的开场戏或场与场之间的过场戏。演出角色分为末、旦、净、杂四大类。末是男角，旦是女角，净扮演的是刚强勇猛的人，杂则为陪衬性人物。男主角叫正末，女主角叫正旦。全剧只能由男主角或女主角演唱，其他角色只能宾白。杂剧的舞台演出由唱、科、白三部分组成。唱即演唱曲词；科又称“介”，包括行、坐、打诨等表演动作、手势、表情和某些舞台效果；白即台词。在舞台表演中，念白用来叙事，唱词用来抒情。

关汉卿是元杂剧最杰出作家之一。他的剧作情节曲折，对白精彩，人物形象生动。其代表作《窦娥冤》以窦娥冤屈惨死的悲剧，深刻揭示了社会的黑暗和官场的腐败，并对窦娥不屈不挠的反抗精神给予了热情的颂扬。王实甫的《西厢记》意境优美、曲词典丽，描绘了张生和崔莺莺突破封建礼教与婚姻制度、追求爱情自由的故事，谱写了一曲“愿普天下有情的都成了眷属”的爱情赞歌。此外，马致远的《汉宫秋》、白朴的《梧桐雨》、纪君祥的《赵氏孤儿》、康进之的《李逵负荆》等都是元代前期杂剧创作的优秀代表。

元代后期，杂剧繁荣的中心由大都（今北京）南移到杭州一带。成就最突出的当属郑光祖的《倩女离魂》。这时的杂剧由于体制上的限制，抗争性的减弱，加之伦理说教性的增强，最终步向衰落。而原先处于弱势的南戏，由于体制的优势和艺术水准的提高，日趋兴盛。元末高明的《琵琶记》是南戏艺术的最高典范。《琵琶记》和施惠的《拜月亭记》等南戏作品，对明清传奇的产生发展具有极大影响。

蒙元统治者入主中原，也带来了富有北方少数民族风情的音乐。这些音乐与中原本土音乐结合形成了新的乐曲，而传统文体——词已无法适应新生的曲调，于是一种可合乐演唱的新诗体——散曲，应运而生。散曲主要分为小令和套数。小令又称“叶儿”，是单个的曲子；套数是由同一宫调若干的曲牌按一定规范连缀起来的套曲。出生民间的散曲，带来的是来自民间的清新爽利，以其通俗明快的风格，诉说着作者的喜怒哀乐。

关汉卿的[南吕·一枝花]《不服老》用生动的比喻和泼辣的语言，描绘了一位具有叛逆精神、追求个性自由的浪子形象。马致远一曲[天净沙]《秋思》以萧瑟的景物、深沉的意境，写尽落魄文人的内心世界。关、马也成为元代前期散曲创作的佼佼者。元代后期的散曲创作逐渐文人化、案头化，失去了前期清新自然的风格，成就不如前期。佳作有乔吉的[中吕·满庭芳]《渔父词》、张养浩的[中吕·山坡羊]《潼关怀古》、睢景臣的[般涉调·哨遍]《高祖还乡》等。

元代诗文在继承唐宋诗文的基础上继续发展。元前期诗人主要有耶律楚材、刘因等人；中后期有被称为“元诗四家”的虞集、杨载、范梈、揭傒斯。总体成就不如戏曲和散曲创作。

明太祖朱元璋于1368年称帝，以应天府（即今南京）为京师，国号大明，建立了明朝，这也是中国历史上最后一个由汉族统治者所建立的封建王朝。明代统治者继续强化中央集权，积极提倡程朱理学作为社会的统治思想。科举考试再度兴盛，考试内容被限定在“四书”、“五经”范围内，著名的八股取士制度由此问世，使得社会思想文化为之窒息。直到明代中叶，由于经济、政治的影响，思想文化界才出现了松动的迹象，由此产生的进步思潮对明代中后期的文学发展意义深远。城市经济在明代持续繁荣，促进了以小说戏曲为代表的叙事文学进一步的成熟发展。这两种文体也正代表了明代文学的主要成就。

无论是长篇还是短篇小说创作，在此期都呈现了空前繁荣的盛况。长篇章回小说是我国古典小说的主要形式。它是在宋元讲史话本发展的基础上，经文人加工整理创作而产生的，其特点是分回标目、段落整齐、首尾完整。我国第一部章回小说是历史演义小说《三国演义》，它和英雄传奇小说《水浒传》共同拉开了我国章回小说创作的帷幕。前者描写了魏、蜀、吴三国争霸的近百年历史，表达了作者对昏君佞臣的痛恨以及对明主良臣的渴慕。后者记述了北宋末年一场声势浩大的农民起义，歌颂了梁山英雄们的“忠义”。明中叶以后，小说创作佳作迭出。先是出现了我国神魔小说的开山之作《西游记》，第一部世情小说《金瓶梅》也随后问世。其中《金瓶梅》也是我国第一部由文人独创的长篇章回小说。它将市井平民、家庭生活作为描写对象，为中国长篇小说的发展开拓了新领域。这四部小说也被称为“四大奇书”。此外，《新列国志》、《杨家府演义》、《封神演义》等也是这一时期影响较大的作品。

明中叶，从宋元话本的基础上发展而来的短篇小说拟话本成就斐然。冯梦龙的“三言”和凌濛初的“二拍”是其中翘楚。冯梦龙编著的《喻世明言》、《警世通言》、《醒世恒言》三部短篇白话小说集，合称为“三言”。“三言”的出现，标志着古代白话短篇小说整理和创作高潮的到来。之后，凌濛初受“三言”影响创作了“二拍”(《初刻拍案惊奇》和《二刻拍案惊奇》)，进一步推动了白话短篇小说的发展，但其思想性和艺术性都逊色于“三言”。

明代戏曲主要沿着杂剧、传奇两条线索发展。明代前期的杂剧题材狭隘，思想消极，已趋衰落。中后期的杂剧创作在内容和体制上都有所突破，代表如徐渭的《四声猿》、孟称舜的《桃花人面》等。但就总体成就而言，明代杂剧不如明代传奇，也不及元代杂剧。

传奇一词由来已久。在明嘉靖以后，传奇一般指不包括杂剧在内的明清中长篇戏剧的总称，也是明代戏曲的主要代表。明初传奇带有浓厚的伦理教化意味，成就不高。明中期出现了三大传奇《宝剑记》、《浣纱记》、《鸣凤记》，以其较高的思想艺术性一扫明代开国以来剧苑的沉闷之气。明代后期传奇创作进入了高潮期，将这高潮推向顶峰的便是汤显祖。他的杰作《牡丹亭》描写了杜丽娘和柳梦梅生死离合的爱情故事，洋溢着要求个性解放、爱情婚姻自主的浪漫主义精神。全剧情节曲折动人、境界奇幻华美、曲词宛转精丽。女主人公杜丽娘更是继崔莺莺之后成为古典文学中最动人的女性形象之一。此期，高濂的《玉簪记》、孟称舜的《娇红记》等也值得肯定。

明代诗文成就逊色于小说和戏曲。明初诗文的代表作家是宋濂、刘基、高启等人。他们都由元入明，经历过改朝换代的动荡，诗作反映人生感慨，现实性较强。之后出现了由杨士奇等宰辅权臣为代表的“台阁体”，其诗文内容多为歌功颂德之作，重辞藻，轻思想，佳作甚少。李东阳为首的“茶陵派”，一定程度上表现了诗人的真情实感，冲击了“台阁体”带来的不良文风。明中叶，李梦阳、何景明为首的“前七子”和以李攀龙、王世贞为首的“后七子”，强调“文必秦汉，诗必盛唐”，以复古对抗“台阁体”，取代了“台阁体”在文坛上的统治地位。但一味强调复古、墨守成规，也成为前后七子诗文创作的最大诟病。以王慎中、唐顺之、茅坤、归有光为代表的“唐宋派”，针对前后七子的弊端，肯定唐宋古文，以古人法度写个性文章。其中归有光的成就最突出。他真情描写家庭琐事，娓娓道来，自然清新，佳作如《先妣事略》、《寒花葬志》、《项脊轩志》等感人至深，在当时的复古风潮中难能可贵。“公安派”(公安今属湖北)是晚明文学的重要派别，以袁宗道、袁宏道、袁中道三兄弟为代表。主张文学要“独抒性灵，不拘格套”。但过分随意的创作态度也使他们走向另一个极端。此后，以钟惺、谭元春为代表的“竟陵派”(竟陵今属湖北)，将幽深奇僻当作文学的全部内容，成就有限。晚明小品文代表是张岱。他的《西湖七月半》、《湖心亭看雪》等，写得灵动鲜活，渗透着晚明文人特有的生活情趣。明代诗文可以说是在复古中不断前进，也因过分仿古导致了其成就的平庸。

1616年，女真族首领努尔哈赤建立后金，成为威胁明朝统治的最大势力。1636年，其子皇太极称帝，改国号为“清”。1644年，明末农民起义军首领李自成率军攻克北京，明朝最后一位皇帝崇祯帝无奈自缢，明朝灭亡。同年，清军入关，击败了李自成的起义军，定都北京。之后，清朝统治者耗时20余年，先后镇压了各地的农民起义和南明的抗清武装力量，逐步统一全国，成为继元朝之后第二个由少数民族执掌的政权。作为我国最后一个封建专制王朝，清朝的中央集权制越发强化；满汉之间、地主与农民之间民族和阶级矛盾突出；为维护其统治，清王朝实行严厉的文化专制政策，八股取士制度更加腐朽。但在重压之下，不少作家仍执著地用作品表达着他们反封建专制、反民族压迫的进步思想。

清代文学呈现出一种集大成的景象，小说、戏曲、诗、词、古文等创作蓬勃发展，兼有以前各代的特点。小说为其中翘楚，戏曲有所开创，其余则稍逊风骚。

清代的短篇和长篇小说都达到了一个新的高度。短篇小说分白话和文言两大系统。拟话本白话小说数量不少，但成就都不及“三言”、“二拍”。文言小说却表现得相当出色，蒲松龄的《聊斋志异》代表着中国古代文言短篇小说的最高成就。全书以花妖狐魅的奇异故事，折射出现实社会的真实，寄托着作者对社会人生的孤愤之情。其中揭露和抨击社会政治黑暗的《席方平》、嘲弄科举制的《司文郎》、歌颂纯真爱情的《婴宁》等都是流芳于世的杰作。《聊斋志异》之后，诸多“仿聊斋”小说层出不穷，如沈起凤的《谐铎》，长白浩歌子《萤窗异草》等，但无论思想还是艺术性都逊色于原作。清代长篇小说在清初进入全盛。吴敬梓的《儒林外史》是我国最成熟的讽刺小说。小说在嬉笑怒骂中刻画了士林人物的群丑图，深刻揭露了八股取士制度对社会各阶层的毒害，批判了官场的黑暗和礼教吃人的本质，也塑造了不少正面人物，表现了作者的社会理想。曹雪芹的《红楼梦》一出，独压群芳，成为中国古典小说的巅峰之作。全书以贾府的衰落过程为背景，描写宝、黛、钗的婚恋悲剧以及一群身份、地位不同的少女的人生悲剧，深刻反映了封建末世尖锐而复杂的社会矛盾，揭示了封建社会行将没落的历史趋势。作者通过人物的悲剧命运，探究造成悲剧的根源，对封建社会及其文化进行了深刻反思。

清代是古代戏曲发展又一繁荣时期，以传奇成就最高。清初传奇普遍带有明清易代而来的悲凉感和沧桑感，多用历史剧的方式抒写内心悲愤隐衷。李玉的《清忠谱》描写晚明苏州市民反抗阉党的事件，影响较大。其后洪昇的《长生殿》和孔尚任的《桃花扇》借爱情故事，写一代兴亡，代表了清代戏曲的最高成就。《长生殿》以同情的笔调描写李隆基与杨玉环的爱情悲剧，渲染一种情缘易逝的失落感，又客观地揭示两人爱情给国家民族带来的灾难，流露出作者对国家兴亡的感伤情绪。《桃花扇》以清流才子侯方域和秦淮名妓李香君的离合之情为线索，真实再现了明末社会的历史画卷，揭示出明王朝衰亡的历史教训。清中叶后，传奇由于日益脱离舞台和现实生活而开始衰落，出自民间的地方戏占领了戏曲舞台，为近代京剧和地方戏的发展奠定了基础。戏曲理论在清代也有了新的发展，其中李渔的《闲情偶寄》中关于戏曲结构、语言、表演艺术的论述，使其成为我国古代戏曲理论的集大成之作。

清代诗歌再度繁荣。清初顾炎武、黄宗羲、王夫之、屈大均等由明入清的遗民诗人，用诗歌倾诉着家国之悲和民生疾苦，感情真挚。此外，钱谦益、吴伟业、王士禛也是清初影响较大的著名诗人。清中叶，随着文字狱的大兴，文人畏谈现实，专心考据，诗歌理论也受考据学风的影响，强调拟古和形式主义，总体成就不如清初。其中袁枚的“性灵说”较为突出，他强调诗歌要表现性情，其诗作也具有直抒胸臆、清新晓畅的特点。词在清代出现“中兴”局面。著名词人有陈维崧、朱彝尊、纳兰性德等。陈维崧、朱彝尊分别开创了阳羡派和浙西派，两大词派对清代词坛影响深远。满族词人纳兰性德独树一帜，他的词多写离愁别恨、幽思哀怨，很少涉及重大社会问题，但其描写执著缠绵，真挚自然，语言淡雅朴质，情味深长。代表作有《饮水词》等。清代的散文和骈文也卓有成就。清初顾炎武、黄宗羲、王夫之等遗民作家的政治散文充满爱国情绪。以传记散文见长的侯方域、魏禧、汪琬被称为“清初三大家”。清代散文以桐城派影响最大。桐城人方苞、刘大櫆、姚鼐号称“桐城三祖”。从方苞标举“义法”，提倡言之有物而文有条理，到姚鼐提倡“义理、考据、辞章”合一，桐城派形成了体系严密的古文理论。他们的创作目的在于维护封建统治,但也不乏优秀之作。清代骈文创作以汪中成就最高,他的骈文内容贴近现实,情感发自肺腑,代表作《哀盐船文》更是骈文中的杰作。

从1840年鸦片战争起,至"五四"新文化运动兴起止,中国文学进入了近代文学时期。近代文学前承清中叶文学,后启中国现代文学,具有鲜明的过渡转化特征。在当时半殖民地半封建的社会中,各种新兴因素正在酝酿:资本主义萌芽的发展、西学东渐的传播、现代传媒的兴起、新式教育的勃兴等,使得文坛上拟古与进步作家并存、新型知识分子孕育成长,文学观念、作品形态都发生了巨变。反帝反封建成为近代文学的创作主流,为了达到以文学启发民智的目的,创作的通俗化成为近代文学的突出特征。

龚自珍是近代文坛举足轻重的人物。他的《己亥杂诗》以其进步的思想、高扬的爱国热情,唱出了时代的新声。戊戌变法时期,资产阶级思想文化的更新带来了"诗界革命"、"文界革命"。前者有黄遵宪以"旧风格含新意境",以诗作主张反帝卫国、变法图强。后者有梁启超、康有为、谭嗣同以新文体宣扬变法维新。辛亥革命时期,巾帼英雄秋瑾的诗作气势慷慨、笔力劲健。她的《黄海舟中日人索句并见日俄战争地图》是一首救国于危亡的激昂战歌。南社代表柳亚子的诗歌以革命浪漫主义的激情,展示时代的风云变幻,充满爱国主义和民主主义激情。传统的诗文词在此期也有所发展,但因其思想陈旧,已是强弩之末。

近代前期小说创作成就不高。侠义公案小说用清官统率侠客的叙述模式,既迎合了鼓吹统治阶级圣明的意图,又满足了民众伸张正义的愿望,显示出作家创作境界向封建正统思想回归的迹象,代表作如《三侠五义》、《施公案》等。人情世态小说将才子佳人故事与近代繁华市井相结合,展现了19世纪末青楼风月、市井洋场以及官场商界的众生相。代表有《品花宝鉴》、《花月痕》等。近代后期的"小说界革命"颇引人注目,促进了小说创作的繁荣。其中最具影响的是"四大谴责小说":李宝嘉的《官场现形记》、吴沃尧的《二十年目睹之怪现状》、刘鹗的《老残游记》、曾朴的《孽海花》。这类作品或揭露官场黑暗,或刻画社会丑态,针砭时弊与文化反思交织互补,呈现出强烈的批判意识。但思想上幻想改良,艺术上过分夸张,成为这类作品的主要弊病。

京剧的形成并最终成为剧坛盟主,是近代戏曲史上值得浓墨重彩书写的大事。此外,地方戏也呈现出繁荣景象。20世纪初,在新思想的刺激下,戏剧改良运动兴起,并诞生了不同于中国传统戏曲的新剧种——话剧,后者也成为宣传革命思想的有力武器。

西厢记·赖简[1]

王实甫

王实甫,名德信,大都(今北京)人,生卒年及生平事迹不详,是元代前期杰出的杂剧作家,与关汉卿堪称杂剧创作的双子星座。其剧作风韵优美,词曲清丽。

《西厢记》故事原型出自唐中叶元稹的传奇小说《莺莺传》,金代董解元的《西厢记诸宫调》将其由小说改成了说唱文学,王实甫最终将其改编成戏曲。《西厢记》无论在思想和艺术性上都远超过其原型，是古典戏曲中不朽的杰作。明代贾仲明称"《西厢记》天下夺魁"。全剧五本二十折，通过白衣书生张珙和相国小姐崔莺莺争取婚姻自由的故事，大胆地提出以情为基础的婚姻爱情观，强烈冲击了封建礼教和婚姻制度。

王实甫一生创作杂剧 14 种，除《西厢记》外，今存《破窑记》四折和《贩茶船》、《芙蓉亭》曲文各一折。

(红上云)今日小姐著[2]我寄书与张生，当面偌多般意儿，元来[3]诗内暗约著他来。小姐也不对我说，我也不瞧破他，则请他烧香。今夜晚妆处比每日较别[4]，我看他到其间怎的瞒我？(红唤科)姐姐，咱烧香去来。(旦上云)花阴重叠香风细，庭院深沉淡月明。(红云)今夜月明风清，好一派景致也呵！

【双调】【新水令】晚风寒峭透窗纱，控金钩绣帘不挂。门阑[5]凝暮霭，楼角敛残霞。恰对菱花[6]，楼上晚妆罢。

【驻马听】不近喧哗，嫩绿池塘藏睡鸭；自然幽雅，淡黄杨柳带栖鸦。金莲蹴损牡丹芽，玉簪抓住荼蘼架。夜凉苔径滑，露珠儿湿透了凌波袜[7]。

我看那生和俺小姐巴不得到晚。

【乔牌儿】自从那日初时想月华，捱一刻似一夏。见柳梢斜日迟迟下，早道"好教贤圣打"[8]。

【搅筝琶】打扮的身子儿诈[9]，准备着云雨会巫峡[10]。只为这燕侣莺俦[11]，锁不住心猿意马。

不则俺那小姐害，那生呵——

二三日来水米不粘牙。因姐姐闭月羞花，真假，这其间性儿难按纳，一地里胡拿[12]。

姐姐这湖山下立地，我开了寺里角门儿。怕有人听俺说话，我且看一看。(做意了)偌早晚，傻角却不来"赫赫赤赤"[13]来？(末云)这其间正好去也，赫赫赤赤。(红云)那鸟来了。

【沉醉东风】我则道槐影风摇暮鸦，元来是玉人帽侧乌纱。一个潜峰在曲槛边，一个背立在湖山下。那里叙寒温？并不曾打话[14]。

(红云)赫赫赤赤，那鸟来了。(末云)小姐，你来也。(搂住红科)(红云)禽兽！是我，你看得好仔细著！若是夫人怎了？(末云)小生害得眼花，搂得慌了些儿，不知是谁。望乞恕罪。(红唱)

便做道搂得慌呵，你也索觑[15]咱，多管是饿得你个穷神眼花。

(末云)小姐在那里？(红云)在湖山下。我问你咱：真个著你来哩？(末云)小生猜诗谜社家[16]，风流隋何，浪子陆贾[17]，准定扢扎帮[18]便倒地。(红云)你休从门里去，则道我使你来。你跳过这墙去，今夜这一弄儿[19]助你两个成亲。我说与你，依著我者。

【乔牌儿】你看那淡云笼月华，似红纸护银蜡；柳丝花朵垂帘下，绿莎茵铺着绣榻[20]。

【甜水令】良夜迢迢，闲庭寂静，花枝低亚[21]。他是个女孩儿家，你索将性儿温存，话儿摩弄，意儿谦洽。休猜做败柳残花。

【折桂令】他是个娇滴滴美玉无瑕，粉脸生春，云鬓堆鸦[22]。恁地般[23]受怕担惊，又不图甚浪酒闲茶[24]。则你那夹被儿时当奋发，指头儿告了消乏。打叠起嗟呀，毕罢了牵挂，收拾了忧愁，准备着撑达[25]。

（末作跳墙搂旦科）（旦云）是谁？（末云）是小生。（旦怒云）张生，你是何等之人！我在这里烧香，你无故至此。若夫人闻知，有何理说？（末云）呀，变了卦也！（红唱）

【锦上花】为甚媒人，心无惊怕？赤紧的夫妻每、意不争差[26]。我这里蹑足潜踪，悄地听咱[27]：一个羞惭，一个怒发。

【幺篇】张生无一言，呀，莺莺变了卦。一个悄悄冥冥，一个絮絮答答。却早禁住隋何，迸住陆贾，叉手躬身，装聋作哑[28]。

张生背地里嘴那里去了？向前搂住丢番，告到官司，怕羞了你？

【清江引】没人处则会闲嗑牙[29]，就里空奸诈[30]。怎想湖山边，不记"西厢下"[31]。香美娘处分破花木瓜[32]。

（旦云）红娘，有贼！（红云）是谁？（末云）是小生。（红云）张生，你来这里有甚么勾当？（旦云）扯到夫人那里去。（红云）到夫人那里，恐坏了他行止。我与姐姐处分他一场。张生，你过来，跪着！你既读孔圣之书，必达周公之礼。夤夜[33]来此何干？

【雁儿落】不是俺一家儿乔作衙[34]，说几句衷肠话：我则道你文学海样深，谁知你色胆有天来大。

（红云）你知罪么？（末云）小生不知罪。（红唱）

【得胜令】谁著你夤夜入人家？非奸做贼拿。你本是个折桂客，做了偷花汉；不想去跳龙门，学骗马[35]。

姐姐，且看红娘面，饶过这生者。（旦云）若不看红娘面，扯你到夫人那里去，看你有何面目见江东父老！起来。（红唱）

谢小姐贤达，看我面遂情[36]罢。若到官司[37]详察，

"你既是秀才，只合苦志于寒窗之下，谁教你夤夜辄入人家花园？做得个非奸即盗。"先生呵，

整备著精皮肤吃顿打[38]。

（旦云）先生虽有活人之恩，恩则当报。既为兄妹，何生此心？万一夫人知之，先生何以自安？今后再勿如此。若更为之，与足下决无干休！（下）（末朝鬼门道云）[39]你著我来，却怎么有偌多说话？（红扳过末云）羞也，羞也！却不"风流隋何，浪子陆贾"？（末云）得罪波"社家"，今日便早则死心塌地。（红唱）

【离亭宴带歇拍煞】再休题春宵一刻千金价，准备着寒窗更守十年寡[40]。猜诗谜的社家，凭拍了"迎风户半开"，山障了"隔墙花影动"，绿惨了"待月西厢下"[41]。你将何郎粉面搽，他自把张敞眉儿画[42]。强风情措大[43]。晴干了尤云殢雨[44]心，悔过了窃玉偷香胆，删抹了倚翠偎红[45]话。

（末云）小生再写一简，烦小娘子将去，以尽衷情如何？（红唱）

淫词儿早则休，简帖儿从今罢。犹古自参不透风流调法[46]。从今后悔罪也卓文君，你与我游学去波汉司马[47]。（下）

（末云）你这小姐送了人也！此一念小生再不敢举。奈有病体日笃，将如之奈何？夜来得简方喜，今日强扶至此，又值这一场怨气，眼见休也。则索回书房中纳闷去。桂子闲中落，槐花病里看。（下）

【注释】

[1]本文选自王实甫《西厢记》第三本“张君瑞害相思”第三折。本文念白的字体异于唱词字体，以示区别。

[2]著(zhuó)：即简体字“着”，派遣。

[3]元来：原来。

[4]处：表示时间之词，意为时候，之际。较别：特别，不一样。

[5]门阑：门框。

[6]菱花：这里指铜镜。

[7]凌波袜：美女之袜。出自曹植《洛神赋》：“凌波微步，罗袜生尘。”凌：踏。

[8]好教贤圣打：应该让羲和把太阳赶下山去。贤圣：即羲和。传说羲和是为日驾车之神。

[9]诈：漂亮，体面。

[10]云雨会巫峡：即“巫山云雨”的典故。出自宋玉《高唐赋》。楚王游览云梦之台时困倦入睡，梦见一美丽女子自荐枕席。两相欢好之后，女子言明自己乃是巫山神女，“妾在巫山之阳，高丘之阻。旦为朝云，暮为行雨，朝朝暮暮，阳台之下”。后以巫山云雨指称男女缠绵情爱。

[11]燕侣莺俦：指美好伴侣。燕莺双栖，常用来比喻夫妇。

[12]胡拿：胡闹，乱来。

[13]偌(ruò)：如此，这样。赫赫赤赤：用嘴发出的一种声响，有音无意，元剧中多用于约会暗号。

[14]寒温：问候冷暖起居。打话：对话，交谈。

[15]索：须，应得。觑(qù)：瞧，看。

[16]社家：内行人。

[17]随何：和下句中的“陆贾”都是汉初著名说客，以口才著称。

[18]扢(gǔ)扎帮：即扢扎，象声词，形容行动快速，突然，立即。

[19]一弄儿：一切，全部。

[20]绿莎(suō)茵：绿草地如同铺在床上的褥子。

[21]低亚：低压，低垂的样子。亚：通“压”。

[22]堆鸦：形容女子发黑且美。

[23]恁(nèn)的般：这样，如此。

[24]浪酒闲茶：男女调情时吃的酒菜。

[25]撑达：如愿。

[26]意不争差：指莺莺、张生相会的心意想法一致，没有差错。争差：差错。

[27]咱：用在祈使句末，表示祈使语气，相当于“吧”。

[28]“早禁住随何”句：意为(张生)一言不发，早先所夸耀的口才到哪去了呢？这是红娘对张生的讽刺。

[29]闲嗑(kè)牙：说闲话。

[30]就里：内里。

[31]“怎想湖山边”句：指莺莺当场变卦，而张生却不知辩驳约他前来约会的人正是莺莺。“西厢下”指莺莺给张生的书简中写道：“待月西厢下，迎风户半开。隔墙花影动，疑是玉人来。”暗示张生月下约会。

[32]香美娘：指莺莺。处分：责备，数落。破：语气助词。着：了。花木瓜：本为安徽所产的一种瓜果。后来比喻好看而无实用、徒有其表的人和事。

[33]夤(yín)夜：深夜。

[34]乔作衙：元代流行语。不是官员却装作官员来审案，有妄自尊大之意。乔：假装。

[35]骗马：元代词语。指鸡鸣狗盗之术。

[36]遂情：遂顺人情，给面子。

[37]官司：旧指官府。

[38]整备：整顿备办，即准备。精皮肤：意为细皮嫩肉。精：细密。

[39]鬼门道：旧称戏台上的上、下场门。

[40]寒窗更守十年寡：独自儿再过十年清苦的读书生涯。

[41]"㑳(qí)拍了'迎风户半开'"三句：意为莺莺诗中的约会，遇到了种种困难。㑳拍：不合拍。山障：隔绝。绿惨：阴暗。张生前说自己是"猜诗谜的社家"，红娘笑他一件都猜不着。

[42]"何郎粉面搽"三句：何郎：三国魏国驸马何晏。其仪容俊美，平日喜修饰，粉白不去手，人称"傅粉何郎"。"何郎"即用来称喜欢修饰或面目姣好的青年男子。张敞：汉代人。他每天要替妻子画眉后，才去上朝。因而旧时用"张敞画眉"比喻夫妻感情融洽。

[43]强(qiǎng)风情措大：本无爱情而勉强装作有爱情的酸秀才。强：勉强。风情：风月情怀，指男女恋情。

[44]尤云殢(tì)雨：比喻男女之间的缠绵欢爱。尤、殢都有恋慕缠绵的意思。

[45]倚翠偎红：男女亲热昵爱。翠、红都指代女子。

[46]"犹古自"句：意为还没有弄懂恋爱的手段。风流调法：恋爱的手段。

[47]汉司马：汉代司马相如。此处指张生。游学去波汉司马：讥笑张生不能及司马相如，这样的汉司马还须再去学习学习吧。这是红娘对张生的调侃之语。

【导读】

《西厢记》的主线是老夫人与莺莺、张生、红娘之间展开的维护与反抗封建礼教的矛盾冲突。而全剧的副线则是崔、张、红三者之间由出身、教养造成的性格冲突。在"赖简"一折中后者的矛盾冲突达到了高潮，并在冲突中生动地刻画出人物不同的性格特征。剧中淋漓尽致地描绘出莺莺性格的矛盾之处。身为青春少女，莺莺渴望爱情的到来；而相国小姐的身份和封建礼教的熏陶又使她不敢触犯礼教的藩篱，勇敢地追求幸福。理智与情感的交锋始终交织在莺莺一举一动中，也是她从备受礼教约束到走向叛逆的性格发展的必然表现。在这一折中，礼教的力量最终战胜了爱情的冲动，显示出莺莺性格中时而勇敢、时而怯懦、时而大胆、时而畏缩的一面，而莺莺的"赖简"也正从侧面批判了封建礼教对人性的压抑和摧残。而张生在爱情面前的大胆执著，在礼教面前的哑口无言则暴露出这位爱情斗士性格中的软弱。红娘的善解人意、风趣机智也给读者留下了深刻印象。

此外，本折情节曲折多变，矛盾冲突波澜起伏。莺莺与张生人约黄昏后，本以为会皆大欢喜，没想却风波乍起，令读者对两人未来悬想无限。语言上，作者把古典诗词的含蓄凝练与民间通俗口语融为一体，形成既典雅又活泼的语言风格：写景如"花间美人"，清婉幽美；写人则声口不同，性格鲜明。如张生的语言坦直而常带夸张，显出痴狂本色；莺莺的语言含蓄而矜持，符合其大家闺秀的身份；红娘的语言率直泼辣，刻画出聪慧俏皮的丫鬟形象。

【思考练习】

一、《西厢记》体现了作者怎样的爱情婚姻观念？你如何看待这种婚恋观念？

二、试分析崔莺莺形象。

诸葛亮舌战群儒[1]

罗贯中

罗贯中，名本，字贯中，号湖海散人，祖籍东原（今属山东），元末明初人。生平事迹流传于世极少。唯一可见是其友贾仲明所编《录鬼簿续编》中提到他“与人寡合”，“遭时多故”，四处漂泊，“不知其所终”。

罗贯中除创作了《三国演义》外，还是《水浒传》的编写者之一。今存杂剧《赵太祖龙虎风云会》也是罗贯中所作。此外，署名作者是罗贯中的小说还有《隋唐两朝志传》、《残唐五代史演义传》、《三遂平妖传》，但恐怕都是后人托名伪作。

却说鲁肃、孔明辞了玄德、刘琦[2]，登舟望柴桑郡来。二人在舟中共议。鲁肃谓孔明曰：“先生见孙将军，切不可实言曹操兵多将广。”孔明曰：“不须子敬[3]叮咛，亮自有对答之语。”及船到岸，肃请孔明于馆驿中暂歇，先自往见孙权。权正聚文武于堂上议事，闻鲁肃回，急召入问曰：“子敬往江夏[4]，体探虚实若何？”肃曰：“已知其略，尚容徐禀。”权将曹操檄文[5]示肃曰：“操昨遣使赍[6]文至此，孤先发遣来使，现今会众商议未定。”肃接檄文观看。其略曰：

“孤近承帝命，奉词伐罪。旄麾[7]南指，刘琮束手[8]；荆襄之民，望风归顺。今统雄兵百万，上将千员，欲与将军会猎[9]于江夏，共伐刘备，同分土地，永结盟好。幸勿观望，速赐回音。”

鲁肃看毕曰：“主公尊意若何？”权曰：“未有定论。”张昭[10]曰：“曹操拥百万之众，借天子之名，以征四方，拒之不顺。且主公大势[11]可以拒操者，长江也。今操既得荆州，长江之险，已与我共之矣，势不可敌。以愚之计，不如纳降，为万安之策。”众谋士皆曰：“子布之言，正合天意。”孙权沉吟不语。张昭又曰：“主公不必多疑。如降操，则东吴民安，江南六郡可保矣。”孙权低头不语。

须臾，权起更衣，鲁肃随于权后。权知肃意，乃执肃手而言曰：“卿欲如何？”肃曰：“恰才众人所言，深误将军。众人皆可降曹操，惟将军不可降曹操。”权曰：“何以言之？”肃曰：“如肃等降操，当以肃还乡党，累官故不失州郡[12]也；将军降操，欲安所归乎？位不过封侯，车不过一乘，骑不过一匹，从不过数人[13]，岂得南面称孤[14]哉！众人之意，各自为己，不可听也。将军宜早定大计。”权叹曰：“诸人议论，大失孤望。子敬开说大计，正与吾见相同。此天以子敬赐我也！但操新得袁绍之众，近又得荆州之兵，恐势大难以抵敌。”肃曰：“肃至江夏，引诸葛瑾之弟诸葛亮在此，主公可问之，便知虚实。”权曰：“卧龙先生在此乎？”肃曰：“现在馆驿中安歇。”权曰：“今日天晚，且未相见。来日聚文武于帐下，先教见我江东英俊[15]，然后升堂议事。”肃领命而去。

次日至馆驿中见孔明，又嘱曰：“今见我主，切不可言曹操兵多。”孔明笑曰：“亮自见机而变，决不有误。”肃乃引孔明至幕下，早见张昭、顾雍[16]等一班文武二十余人，峨冠博带，整衣端坐。孔明逐一相见，各问姓名。施礼已毕，坐于客位。张昭等见孔明丰神飘洒，器宇轩昂，料道此人必来游说。张昭先以言挑之曰："昭乃江东微末之士，久闻先生高卧隆中[17]，自比管、乐[18]。此语果有之乎?"孔明曰："此亮平生小可[19]之比也。"昭曰："近闻刘豫州[20]三顾先生于草庐之中，幸得先生，以为如鱼得水，思欲席卷荆襄。今一旦以属曹操，未审是何主见?"孔明自思张昭乃孙权手下第一个谋士，若不先难倒他，如何说得孙权?遂答曰："吾观取汉上之地，易如反掌。我主刘豫州躬行仁义，不忍夺同宗之基业[21]，故力辞之。刘琮孺子，听信佞言，暗自投降，致使曹操得以猖獗。今我主屯兵江夏，别有良图，非等闲可知也。"昭曰："若此，是先生言行相违也。先生自比管、乐——管仲相桓公，霸诸侯，一匡天下；乐毅扶持微弱之燕，下齐七十余城：此二人者，真济世之才也。先生在草庐之中，但笑傲风月，抱膝危坐[22]。今既从事刘豫州，当为生灵兴利除害，剿灭乱贼。且刘豫州未得先生之前，尚且纵横寰宇，割据城池；今得先生，人皆仰望。虽三尺童蒙，亦谓彪虎生翼，将见汉室复兴，曹氏即灭矣。朝廷旧臣，山林隐士，无不拭目而待：以为拂高天之云翳，仰日月之光辉，拯民于水火之中，措天下于衽席之上[23]，在此时也。何先生自归豫州，曹兵一出，弃甲抛戈，望风而窜；上不能报刘表以安庶民，下不能辅孤子而据疆土；乃弃新野，走樊城，败当阳，奔夏口，无容身之地：是豫州既得先生之后，反不如其初也。管仲、乐毅，果如是乎？愚直之言，幸勿见怪!"孔明听罢，哑然而笑曰："鹏飞万里，其志岂群鸟能识哉？譬如人染沉疴，当先用糜粥以饮之，和药以服之；待其腑脏调和，形体渐安，然后用肉食以补之，猛药以治之：则病根尽去，人得全生也。若不待气脉和缓，便投以猛药厚味[24]，欲求安保，诚为难矣。吾主刘豫州，向日军败于汝南，寄迹[25]刘表，兵不满千，将止关、张、赵云而已，此正如病势尪羸[26]已极之时也。新野山僻小县，人民稀少，粮食鲜薄，豫州不过暂借以容身，岂真将坐守于此耶？夫以甲兵不完，城郭不固，军不经练，粮不继日，然而博望烧屯，白河用水[27]，使夏侯惇，曹仁辈心惊胆裂：窃谓管仲、乐毅之用兵，未必过此。至于刘琮降操，豫州实出不知；且又不忍乘乱夺同宗之基业，此真大仁大义也。当阳之败，豫州见有数十万赴义之民，扶老携幼相随，不忍弃之，日行十里，不思进取[28]江陵，甘与同败，此亦大仁大义也。寡不敌众，胜负乃其常事。昔高皇[29]数败于项羽，而垓下一战成功，此非韩信之良谋乎？夫信久事高皇，未尝累胜。盖国家大计，社稷安危，是有主谋。非比夸辩之徒，虚誉欺人，坐议立谈，无人可及；临机应变，百无一能。——诚为天下笑耳!"这一篇言语，说得张昭并无一言回答。

座上忽一人抗声问曰："今曹公兵屯百万，将列千员，龙骧虎视，平吞江夏，公以为何如?"孔明视之，乃虞翻[30]也。孔明曰："曹操收袁绍蚁聚之兵，劫刘表乌合之众，虽数百万不足惧也。"虞翻冷笑曰："军败于当阳，计穷于夏口，区区[31]求救于人，而犹言不惧，此真大言欺人也!"孔明曰："刘豫州以数千仁义之师，安能敌百万残暴之众？退守夏口，所以待时也。今江东兵精粮足，且有长江之险，犹欲使其主屈膝降贼，不顾天下耻笑。——由此论之，刘豫州真不惧操贼者矣!"虞翻不能对。

座间又一人问曰："孔明欲效仪、秦[32]之舌，游说东吴耶?"孔明视之，乃步骘[33]也。孔明曰："步子山以苏秦、张仪为辩士，不知苏秦、张仪亦豪杰也。苏秦佩六国相印，张仪两次相秦，皆有匡扶人国之谋，非比畏强凌弱，惧刀避剑之人也。君等闻曹操虚发诈伪之词，便畏惧请降，敢笑苏秦、张仪乎?"步骘默然无语。

忽一人问曰："孔明以曹操何如人也?"孔明视其人，乃薛综[34]也。孔明答曰："曹操乃汉贼也，又何必问?"综曰："公言差矣。汉传世至今，天数将终。今曹公已有天下三分之二，人皆归心。刘豫州不识天时，强欲与争，正如以卵击石，安得不败乎？”孔明厉声曰：“薛敬文安得出此无父无君之言乎！夫人生天地间，以忠孝为立身之本。公既为汉臣，则见有不臣之人，当誓共戮之：臣之道也。今曹操祖宗叨食汉禄，不思报效，反怀篡逆之心，天下之所共愤；公乃以天数归之，真无父无君之人也！不足与语！请勿复言！”薛综满面羞惭，不能对答。

座上又一人应声问曰：“曹操虽挟天子以令诸侯，犹是相国曹参[35]之后。刘豫州虽云中山靖王[36]苗裔，却无可稽考，眼见只是织席贩屦[37]之夫耳，何足与曹操抗衡哉！”孔明视之，乃陆绩[38]也。孔明笑曰：“公非袁术座间怀桔之陆郎[39]乎？请安坐，听吾一言：曹操既为曹相国之后，则世为汉臣矣。今乃专权肆横，欺凌君父，是不唯无君，亦且蔑祖，不惟汉室之乱臣，亦曹氏之贼子也。刘豫州堂堂帝胄[40]，当今皇帝按谱赐爵，何云无可稽考？且高祖起身亭长[41]，而终有天下；织席贩屦，又何足为辱乎？公小儿之见，不足与高士共语！”陆绩语塞。

座上一人忽曰：“孔明所言，皆强词夺理，均非正论，不必再言。且请问孔明治何经典[42]？”孔明视之，乃严畯[43]也。孔明曰：“寻章摘句，世之腐儒也，何能兴邦立事？且古耕莘伊尹，钓渭子牙，张良、陈平之流，邓禹、耿弇之辈[44]，皆有匡扶宇宙之才，未审其生平治何经典。——岂亦效书生区区于笔砚之间，数黑论黄[45]，舞文弄墨而已乎？”严畯低头丧气而不能对。

忽又一人大声曰：“公好为大言[46]，未必真有实学，恐适为儒者所笑耳。”孔明视其人，乃汝阳程德枢[47]也。孔明答曰：“儒有君子小人之别。君子之儒，忠君爱国，守正恶邪，务使泽及当时，名留后世。——若夫小人之儒，惟务雕虫，专工翰墨[48]；青春作赋，皓首穷经[49]；笔下虽有千言，胸中实无一策。且如扬雄以文章名世，而屈身事莽，不免投阁而死，此所谓小人之儒也[50]。虽日赋万言，亦何取哉！”程德枢不能对。众人见孔明对答如流，尽皆失色。

【注释】

[1]本文选自《三国演义》第四十三回“诸葛亮舌战群儒　鲁子敬力排众议”。标题是编者所加。

[2]刘琦：荆州牧刘表的长子。初得刘表喜爱，后失宠于刘表。他依附刘备，又向诸葛亮谋求自安之术。刘表大将江夏太守黄祖被孙权所杀，刘琦便求代其任。刘表去世，在外戚蔡瑁等拥立下，刘表次子，即下文中的刘琮继承其父官爵。曹操大军南下，刘琮献荆州而降。

[3]子敬：鲁肃，字子敬。东汉末年东吴著名的军事统帅。

[4]江夏：现在的湖北武汉市江夏区。

[5]檄文：古代用于征召、晓谕的政府公告，或声讨、揭发罪行等的文书。

[6]赍(jī)：携带，持。

[7]旄(máo)麾：即旌麾，帅旗。

[8]束手：不抵抗，投降。

[9]会猎：两方发生战争的婉转说法。

[10]张昭：字子布，三国时期吴国重臣。

[11]势：政治、军事或其他社会活动方面的状况或情势。

[12]累官：积功升官。此句意为：最后积功升官，还能成为州郡的长官。

[13]乘：量词。一车四匹马拉叫“一乘”。骑：坐骑。从：随从。

[14]南面称孤：朝南坐着，自称孤家。指统治一方，称帝称王。南面：古代以坐北朝南为尊位。帝位

面朝南，故代称帝位。

[15]英俊：才智杰出的人。

[16]顾雍：字元叹，三国时吴国名臣。

[17]高卧隆中：指刘备三顾茅庐前，诸葛亮隐居隆中的时期。

[18]管：管仲，春秋时期齐国著名的政治家、军事家，辅佐齐桓公成就了霸业。乐：乐毅，战国后期杰出的军事家，他辅佐燕昭王振兴燕国，报了强齐伐燕之仇。两人都是历史上有名的能臣。

[19]小可：平常。

[20]刘豫州：刘备，曹操曾表奏刘备为豫州牧，因而此处称刘备为“刘豫州”。

[21]同宗之基业：刘表与刘备同属刘姓宗族，因而说荆襄是同宗之基业。

[22]危坐：古人以两膝着地，耸起上身为“危坐”，即正身而跪，表示严肃恭敬。后泛指正身而坐。

[23]措：筹划，办理。衽席：泛指卧席。措天下于衽席之上：意为毫不费力地筹划天下大事。

[24]厚味：过于咸、酸、苦、辣、甜等味道浓重的食物。

[25]寄迹：在外乡停留或暂住。

[26]尪羸(wāng léi)：身体瘦弱或虚弱。

[27]博望烧屯：火烧博望坡，是诸葛亮出山后打的第一仗。他用几千人马，在博望坡用火攻大败夏侯惇十万曹军，终令关羽、张飞等人折服。白河用水：火烧博望坡后，曹军溃逃，欲渡白河。诸葛亮堵住白河上游，使河水大涨，又使曹军损失惨重。

[28]不思进取：没有考虑进攻。进取：进攻。

[29]高皇：指汉高祖刘邦。

[30]虞翻：字仲翔，三国时期吴国学者、官员。

[31]区区：自称的谦词。虞翻这里指的是诸葛亮。

[32]仪：张仪，战国时著名纵横家。秦：苏秦，战国时期与张仪齐名的纵横家。两人都以论辩之才著称。

[33]步骘(zhì)：字子山，三国时期吴国著名将领，即下文步子山。

[34]薛综：字敬文，三国时期吴国名臣，即下文薛敬文。

[35]曹参：字敬伯，西汉开国功臣，继萧何后汉代的第二位相国。

[36]中山靖王：刘胜，汉景帝刘启的庶子，为第一代中山国国王，儿子众多。刘备称中山靖王是其第十三世先祖。

[37]织席贩屦：这里是讽刺刘备出身低微。屦：古代用麻葛制成的一种鞋。

[38]陆绩：字公纪，三国时吴国著名学者，博学多识，通晓天文、历算，多有著述。

[39]怀桔之陆郎：即“陆绩怀橘”的典故。陆绩6岁时，拜见袁术。袁术命人拿许多橘子给他吃。陆绩藏了三枚。拜别之时，橘子不慎滚落在地。袁术询问，陆绩回答是要留给母亲吃。袁术认为他年幼知孝，与众不同，经常向别人称赞他的美德。此处诸葛亮开口就提及此事，与后文“小儿之见”相应，暗含揶揄之意。

[40]胄(zhòu)：帝王或贵族的子孙。

[41]起身：出身。亭：秦、汉时在乡村每十里设一亭，亭设亭长。因而亭长是很卑小的官职。

[42]经典：旧指作为典范的儒家载籍。

[43]严畯(jùn)：字曼才，三国时期吴国的重要文臣之一，善诗、书、三礼，又好说文。

[44]“伊尹”句：伊尹，商代名臣。出仕前，曾在“有莘之野”躬耕务农，后助商灭夏。子牙：即吕尚，姜姓，字子牙。出仕前，曾以直钩钓渭水之鱼，得遇文王，佐周灭商。张良、陈平：皆是刘邦的重要谋士，汉代开国功臣。邓禹、耿弇(yǎn)：皆是东汉开国名将。

[45]数黑论黄：背后乱加评论，肆意诽谤别人。数：数落，批评。

[46]大言：夸大的言辞，大话。

[47]程德枢：即程秉，字德枢，三国时吴国名儒。

[48]雕虫：即雕虫小技，比喻微不足道的技能(多指文字技巧)。翰墨：指文辞或文章。

[49]皓首穷经：直到年老头白还在钻研经典和古籍。皓：白。首：头发。穷经：专心研究经书和古籍。本意形容勤勉好学，至老不倦。这里诸葛亮嘲讽程德枢不从事实际的工作而把时间花费在舞文弄墨中。

[50]“扬雄”句：扬雄，字子云，西汉学者。王莽夺汉篡权时，曾在王莽朝中任大夫。投阁：王莽时，扬雄的门人刘棻获罪，株连扬雄。扬雄因怕无法免罪，便从天禄阁上跳下，几乎摔死。这里说投阁而死，是诸葛亮对扬雄人品蔑视的表现。

【导读】

《三国演义》，全名《三国志通俗演义》，是中国第一部长篇章回体小说。全书描写了始于东汉末年黄巾起义，终于西晋统一的近百年历史。小说以魏、蜀、吴三个势力集团之间的政治军事斗争为主线，展示出当时尖锐复杂的矛盾冲突，塑造了一批叱咤风云的英雄人物，表达了作者对明君贤相的渴慕以及反对暴政的政治理想。《三国演义》开创了历史演义小说的先河，对后世影响极大。

《三国演义》中对“智”的推崇集中表现在诸葛亮身上，“舌战群儒”是诸葛亮才学的又一次出色演绎。

辩论中，诸葛亮先守后攻，步步为营。面对张昭带有羞辱和人身攻击的发难，他驳斥了张昭对刘备的指责和对自己才能的怀疑，又指出刘备的境况只不过是一时，并含沙射影地指责张昭的鼠目寸光和力求自保的错误思想；对于虞翻和步骘，诸葛亮毫不留情地嘲笑其胆怯和懦弱；在驳斥薛综时，诸葛亮以儒家正统学说的道德准则，义正词严地指出他不思报效社稷，胆小怕事、无父无君的荒谬言论，使其理屈词穷，无言以对。陆绩以门第出身、严畯和程德枢以学识论英雄的谬论，都被诸葛亮以不可辩驳的语言反击了，使其满面羞惭，哑口无言。

诸葛亮以其出众的口才、敏捷的思维、过人的胆识赢得了这场舌辩的胜利，一举击溃了江东主降派的嚣张气焰，为最终孙、刘联盟的形成奠定了坚实的基础。真可谓“三寸不烂之舌，强于百万之师”。

【思考练习】

一、诸葛亮对于严畯和程德枢的刁难使用了怎样的辩论方法加以反击？

二、你能从诸葛亮的论辩艺术中吸取哪些优长？

杜十娘怒沉百宝箱(节选)[1]

冯梦龙

冯梦龙(1574～1646)，字犹龙，别署龙子犹、墨憨斋主人、顾曲散人、姑苏词奴等，长洲(今江苏省苏州市)人。冯梦龙的仕途之路颇多坎坷，57岁才选为贡生，61岁时任福建寿宁知县，64岁离任回乡。清兵入关时曾进行抗清活动，后郁愤而终。

冯梦龙虽出身书香门第，自幼受儒学熏陶，却并不被封建道德所桎梏。他年轻时经常出入青楼楚馆，熟悉市民生活。思想上，他深受封建斗士李贽的影响，主张以出于天性自然的“情”对抗封建伦理教条。在文学上，除了传统诗文创作，他创作、搜集、整理、编辑了大量小说、戏曲、民歌、笑话等通俗文学。冯梦龙一生的最大成就是编撰了《喻世明言》、《警世通言》、《醒世恒言》三部小说集，合称为“三言”。“三言”既包括冯梦龙对宋元旧本的汇总编撰，也有其独立的创作，反映了明代市民阶级的生活和思想情态，代表了宋元明三代白话短篇小说的最高成就。

话中单表万历[2]二十年间，有户部官奏准：目今兵兴之际，粮饷未充，暂开纳粟入监之例[3]。原来纳粟入监的有几般便宜：好读书，好科举，好中，结末来又有个小小前程结果。以此宦家公子，富室子弟，到不愿做秀才，都去援例做太学生。自开了这例，两京[4]太学生，各添至千人之外。

内中有一人，姓李，名甲，字干先，浙江绍兴府人氏。父亲李布政[5]，所生三儿，惟甲居长。自幼读书在庠[6]，未得登科，援例入于北雍。因在京坐监[7]，与同乡柳遇春监生同游教坊司[8]院内，与一个名姬相遇。那名姬姓杜，名嫩，排行第十，院中都称为杜十娘，生得：

浑身雅艳，遍体娇香，两弯眉画远山青，一对眼明秋水润。脸如莲萼，分明卓氏文君；唇似樱桃，何减白家樊素[9]。可怜一片无瑕玉，误落风尘花柳中。

……

却说李公子风流年少，未逢美色，自遇了杜十娘，喜出望外，把花柳情怀，一担儿挑在他身上。那公子俊俏庞儿，温存性儿，又是撒漫的手儿，帮衬的勤儿，与十娘一双两好，情投意合。十娘因见鸨儿贪财无义，久有从良之志；又见李公子忠厚志诚，甚有心向他。奈李公子惧怕老爷，不敢应承。虽则如此，两下情好愈密，朝欢暮乐，终日相守，如夫妇一般，海誓山盟，各无他志。真个：

恩深似海恩无底，义重如山义更高。

再说杜妈妈，女儿被李公子占住，别的富家巨室，闻名上门，求一见而不可得。初时李公子撒漫用钱，大差大使，妈妈胁肩谄笑，奉承不暇。日往月来，不觉一年有余，李公子囊箧渐渐空虚，手不应心，妈妈也就怠慢了。老布政在家闻知儿子嫖[10]院，几遍写字来唤他回去。他迷恋十娘颜色，终日延捱。后来闻知老爷在家发怒，越不敢回。

古人云：“以利相交者，利尽而疏。”那杜十娘与李公子，真情相好，见他手头愈短，心头愈热。妈妈也几遍教女儿打发李甲出院，见女儿不统口[11]；又几遍将言语触突李公子，要激怒他起身。公子性本温克，词气愈和。妈妈没奈何，日逐只将十娘叱骂道：“我们行户人家[12]，吃客穿客，前门送旧，后门迎新，门庭闹如火，钱帛堆成垛。自从那李甲在此，混帐一年有余，莫说新客，连旧主顾都断了。分明接了个钟馗老，连小鬼也没得上门。弄得老娘一家人家，有气无烟，成什么模样！”

杜十娘被骂，耐性不住，便回答道：“那李公子不是空手上门的，也曾费过大钱来。”妈妈道：“彼一时，此一时。你只教他今日费些小钱儿，把与老娘，办些柴米，养你两口也好。别人家养的女儿，便是摇钱树，千生万活；偏我家晦气，养了个退财白虎。开了大门七件事，般般都在老身心上。到替你这小贱人白白养着穷汉，教我衣食从何处来？你对那穷汉说，有本事出几两银子与我，到得你跟了他去，我别讨个丫头过活却不好？”

十娘道：“妈妈，这话是真是假？”妈妈晓得李甲囊无一钱，衣衫都典尽了，料他没处设法，便应道：“老娘从不说谎，当真哩！”十娘道：“娘，你要他许多银子？”妈妈道：“若是别人，千把银子也讨了，可怜那穷汉出不起，只要他三百两，我自去讨一个粉头代替。只一件，须是三日内交付与我，左手交银，右手交人。若三日没有银时，老身也不管三七二十一，公子不公子，一顿孤拐打那光棍出去。那时莫怪老身！”十娘道：“公子虽在客边乏钞，谅三百金还措办得来。只是三日忒近，限他十日便好。”妈妈想道：“这穷汉一双赤手，便限他一百日，他那里银子？没有银子，便铁皮包脸，料也无颜上门。那时重整家风，媺儿也没得话讲。”答应道：“看你面，便宽到十日。第十日没有银子，不干老娘之事。”十娘道：“若十日内无银，料他也无颜再见了。只怕有了三百两银子，妈妈又翻悔起来。”妈妈道：“老身年五十一岁了，又奉十斋[13]，怎敢说谎？不信时与你拍掌为定。若翻悔时，做猪做狗。”

从来海水斗难量，可笑虔婆[14]意不良；
料定穷儒囊底竭，故将财礼难娇娘。

是夜，十娘与公子在枕边，议及终身之事。公子道：“我非无此心，但教坊落籍[15]，其费甚多，非千金不可。我囊空如洗，如之奈何！”十娘道：“妾已与妈妈议定，只要三百金，但须十日内措办。郎君游资虽罄，然都中岂无亲友，可以借贷。倘得如数，妾身遂为君之所有，省受虔婆之气。”公子道：“亲友中为我留恋行院，都不相顾。明日只做束装起身，各家告辞，就开口假贷路费，凑聚将来，或可满得此数。”起身梳洗，别了十娘出门。十娘道：“用心作速，专听佳音。”公子道：“不须分付。”

公子出了院门，来到三亲四友处，假说起身告别，众人到也欢喜。后来叙到路费欠缺，意欲借贷。常言道：“说着钱，便无缘。”亲友们就不招架[16]。他们也见得是，道李公子是风流浪子，迷恋烟花，年许不归，父亲都为他气坏在家。他今日抖然要回，未知真假。倘或说骗盘缠到手，又去还脂粉钱，父亲知道，将好意翻成恶意，始终只是一怪，不如辞了干净。便回道：“目今正值空乏，不能相济，惭愧！惭愧！”人人如此，个个皆然，并没有个慷慨丈夫，肯统口许他一十二十两。

李公子一连奔走了三日，分毫无获，又不敢回决十娘，权且含糊答应。到第四日又没想头，就羞回院中。平日间有了杜家，连下处也没有了，今日就无处投宿，只得往同乡柳监生寓所借歇。

……

公子在柳监生寓中，一连住了三日，共是六日了。杜十娘连日不见公子进院，十分着紧，就教小厮四儿街上去寻。四儿寻到大街，恰好遇见公子。四儿叫道：“李姐夫，娘在家里望你。”公子自觉无颜，回复道：“今日不得功夫，明日来罢。”四儿奉了十娘之命，一把扯住，死也不放，道：“娘叫咱寻你。是必同去走一遭。”李公子心上也牵挂着婊子，没奈何，只得随四儿进院。见了十娘，嘿嘿无言。十娘问道：“所谋之事如何？”公子眼中流下泪来。十娘道：“莫非人情淡薄，不能足三百之数么？”公子含泪而言，道出二句：

“不信上山擒虎易，果然开口告人难。

一连奔走六日，并无铢两，一双空手，羞见芳卿。故此这几日不敢进院。今日承命呼唤，忍耻而来，非某不用心，实是世情如此。”十娘道：“此言休使虔婆知道。郎君今夜且住，妾别有商议。”

十娘自备酒肴，与公子欢饮。睡至半夜，十娘对公子道：“郎君果不能办一钱耶？妾终身之事，当如何也？”公子只是流涕，不能答一语。渐渐五更天晓，十娘道：“妾所卧絮褥内，藏有碎银一百五十两，此妾私蓄，郎君可持去。三百金，妾任其半，郎君亦谋其半，庶易为力。限只四日，万勿迟误！”

十娘起身将褥付公子，公子惊喜过望，唤童儿持褥而去。径到柳遇春寓中，又把夜来之情与遇春说了。将褥拆开看时，絮中都裹着零碎银子；取出兑时，果是一百五十两。遇春大惊道：“此妇真有心人也！既系真情，不可相负。吾当代为足下谋之。”公子道：“倘得玉成，决不有负！”当下柳遇春留李公子在寓，自出头各处去借贷。两日之内，凑足一百五十两，交付公子道：“吾代为足下告债，非为足下，实怜杜十娘之情也。”李甲拿了三百两银子，喜从天降，笑逐颜开，欣欣然来见十娘。刚是第九日，还不足十日。十娘问道：“前日分毫难借，今日如何就有一百五十两？”公子将柳监生事情，又述了一遍。十娘以手加额道：“使吾二人得遂其愿者，柳君之力也！”两个欢天喜地，又在院中过了一晚。

次日，十娘早起，对李甲道：“此银一交，便当随郎君去矣！舟车之类，合当预备。妾昨日于姊妹中借得白银二十两，郎君可收下为行资也。”公子正愁路费无出，但不敢开口，得银甚喜。说犹未了，鸨儿恰来敲门，叫道：“嫩儿，今日是第十日了！”公子闻叫，启户相延道：“承妈妈厚意，正欲相请。”便将银三百两放在桌上。鸨儿不料公子有银，嘿然变色，似有悔意。十娘道：“儿在妈妈家中八年，所致金帛不下数千金矣。今日从良美事，又妈妈亲口所订，三百金不欠分毫，又不曾过期。倘若妈妈失信不许，郎君持银去，儿即刻自尽。恐那时人财两失，悔之无及也！”鸨儿无词以对。腹内筹画了半晌，只得取天平兑准了银子，说道：“事已如此，料留你不住了。只是你要去时，即今就去。平时穿戴衣饰之类，毫厘休想！”说罢，将公子和十娘推出房门，讨锁来就落了锁。此时九月天气。十娘才下床，尚未梳洗，随身旧衣，就拜了妈妈两拜。李公子也作了一揖。一夫一妇，离了虔婆大门。

鲤鱼脱却金钩去，摆尾摇头再不来。

公子教十娘且住片时：“我去唤个小轿抬你，权往柳荣卿寓所去，再作道理。”十娘道：“院中诸姊妹平昔相厚，理宜话别。况前日又承他借贷路费，不可不一谢也。”乃同公子到各姊妹处谢别。姊妹中惟谢月朗、徐素素与杜家相近，尤与十娘亲厚。十娘先到谢月朗家。月朗见十娘秃髻旧衫，惊问其故。十娘备述来因，又引李甲相见。十娘指月朗道：“前日路资，是此位姐姐所贷，郎君可致谢。”李甲连连作揖。……月朗让卧房与李甲、杜嫩二人过宿。次日，又大排筵席，遍请院中姊妹。凡十娘相厚者，无不毕集。都与他夫妇把盏称喜。吹弹歌舞，各逞其长，务要尽欢，直饮至夜分。十娘向众姊妹，一一称谢。众姊妹道：“十姊为风流领袖，今从郎君去，我等相见无日。何日长行，姊妹们尚当奉送。”月朗道：“候有定期，小妹当来相报。但阿姊千里间关，同郎君远去，囊箧萧条，曾无约束[17]，此乃吾等之事。当相与共谋之，勿令姊有穷途之虑也。”众姊妹各唯唯而散。是晚，公子和十娘仍宿谢家。至五鼓，十娘对公子道：“吾等此去，何处安身？郎君亦曾计议有定着否？”公子道：“老父盛怒之下，若知娶妓而归，必然加以不堪，反致相累。展转寻思，尚未有万全之策。”十娘道：“父子天性，岂能终绝？既然仓卒难犯，不若与郎君于苏、杭胜地，权作浮居[18]。郎君先回，求亲友于尊大人面前劝解和顺，然后携妾于归，彼此安妥。”公子道：“此言甚当。”

……

次早，择了出行吉日，雇倩轿马停当。十娘又遣童儿寄信，别谢月朗。临行之际，只见肩舆纷纷而至，乃谢月朗与徐素素拉众姊妹来送行。月朗道：“十姊从郎君千里间关，囊中消索，吾等甚不能忘情。今合具薄赆[19]，十姊可检收，或长途空乏，亦可少助。”说罢，命从人挈一描金文具至前，封锁甚固，正不知什么东西在里面。十娘也不开看，也不推辞，但殷勤作谢而已。须臾，舆马齐集，仆夫催促起身。柳监生三杯别酒，和众美人送出崇文门外，各各垂泪而别。正是：

他日重逢难预必，此时分手最堪怜。

……

不一日，行至瓜洲[20]，大船停泊岸口。公子别雇了民船，安放行李，约明日侵晨，剪江而渡。其时仲冬中旬，月明如水……公子乃携酒具于船首，与十娘铺毡并坐，传杯交盏。饮至半酣，公子执卮对十娘道：“恩卿妙音，六院[21]推首，某相遇之初，每闻绝调，辄不禁神魂之飞动。心事多违，彼此郁郁，鸾鸣凤奏，久矣不闻。今清江明月，深夜无人，肯为我一歌否？”十娘兴亦勃发，遂开喉顿嗓，取扇按拍，呜呜咽咽，歌出元人施君美《拜月亭》杂剧上“状元执盏与婵娟”一曲，名《小桃红》。真个：

声飞霄汉云皆驻，响入深泉鱼出游。

却说他舟有一少年，姓孙，名富，字善赉，徽州新安人氏。家资巨万，积祖扬州种盐。年方二十，也是南雍中朋友。生性风流，惯向青楼买笑，红粉追欢，若嘲风弄月，到是个轻薄的头儿。事有偶然，其夜亦泊舟瓜洲渡口，独酌无聊。忽听得歌声嘹亮，凤吟鸾吹，不足喻其美。起立船头，伫听半晌，方知声出邻舟。正欲相访，音响倏已寂然。乃遣仆者潜窥踪迹，访于舟人。但晓得是李相公雇的船，并不知歌者来历。孙富想道：“此歌者必非良家，怎生得他一见？”展转寻思，通宵不寐。捱至五更，忽闻江风大作，及晓，彤云密布，狂雪飞舞。怎见得，有诗为证：

千山云树灭，万径人踪绝。
扁舟蓑笠翁，独钓寒江雪[22]。

因这风雪阻渡，舟不得开。孙富命艄公移船，泊于李家舟之傍。孙富貂帽狐裘，推窗假作看雪。值十娘梳洗方毕。纤纤玉手，揭起舟傍短帘，自泼盂中残水，粉容微露，却被孙富窥见了，果是国色天香，魂摇心荡，迎眸注目，等候再见一面，杳不可得。沉思久之，乃倚窗高吟高学士[23]《梅花诗》二句道：

雪满山中高士卧，月明林下美人来。

李甲听得邻舟吟诗，舒头出舱，看是何人。只因这一看，正中了孙富之计。孙富吟诗，正要引李公子出头，他好乘机攀话。当下慌忙举手，就问：“老兄尊姓何讳？”李公子叙了姓名乡贯，少不得也问那孙富。孙富也叙过了，又叙了些太学中的闲话，渐渐亲热。孙富便道：“风雪阻舟，乃天遣与尊兄相会，实小弟之幸也。舟次无聊，欲同尊兄上岸，就酒肆中一酌，少领清诲，万望不拒。"公子道："萍水相逢，何当厚扰？"孙富道："说那里话！'四海之内，皆兄弟也'。"喝教艄公打跳[24]，童儿张伞，迎接公子过船，就于船头作揖，然后让公子先行，自己随后，各各登跳上涯。

行不数步，就有个酒楼。二人上楼，拣一副洁净座头，靠窗而坐。酒保列上酒肴。孙富举杯相劝，二人赏雪饮酒。先说些斯文中套话，渐渐引入花柳之事。二人都是过来之人，志同道合，说得入港[25]，一发成相知了。

孙富屏去左右，低低问道："昨夜尊舟清歌者何人也？"李甲正要卖弄在行，遂实说道："此乃北京名姬杜十娘也。"孙富道："既系曲中姊妹，何以归兄？"公子遂将初遇杜十娘，如何相好，后来如何要嫁，如何借银讨他，始末根由，备细述了一遍。孙富道："兄携丽人而归，固是快事，但不知尊府中能相容否？"公子道："贱室不足虑。所虑者老父性严，尚费踌躇耳！"孙富将机就机，便问道："既是尊大人未必相容，兄所携丽人，何处安顿？亦曾通知丽人，共作计较否？"公子攒眉而答道："此事曾与小妾议之。"孙富欣然问道："尊宠必有妙策。"公子道："他意欲侨居苏杭，流连山水，使小弟先回，求亲友宛转于家君之前，俟家君回嗔作喜，然后图归。高明以为何如？"孙富沉吟半晌，故作愀然之色道："小弟乍会之间，交浅言深，诚恐见怪。"公子道："正赖高明指教，何必谦逊？"孙富道："尊大人位居方面[26]，必严帷薄之嫌[27]，平时既怪兄游非礼之地，今日岂容兄娶不节之人。况且贤亲贵友，谁不迎合尊大人之意者？兄枉去求他，必然相拒。就有个不识时务的进言于尊大人之前，见尊大人意思不允，他就转口了。兄进不能和睦家庭，退无词以回复尊宠。即使留连山水，亦非长久之计。万一资斧困竭，岂不进退两难！"

公子自知手中只有五十金，此时费去大半，说到资斧困竭，进退两难，不觉点头道是。孙富又道："小弟还有句心腹之谈，兄肯俯听否？"公子道："承兄过爱，更求尽言。"孙富道："疏不间亲，还是莫说罢。"公子道："但说何妨？"孙富道："自古道，'妇人水性无常'，况烟花之辈，少真多假。他既系六院名姝，相识定满天下；或者南边原有旧约，借兄之力，挈带而来，以为他适之地。"公子道："这个恐未必然。"孙富道："既不然，江南子弟，最工轻薄。兄留丽人独居，难保无逾墙钻穴之事[28]，若挈之同归，愈增尊大人之怒。为兄之计，未有善策。况父子天伦，必不可绝。若为妾而触父，因妓而弃家，海内必以兄为浮浪不经之人。异日妻不以为夫，弟不以为兄，同袍不以为友[29]，兄何以立于天地之间？兄今日不可不熟思也！"

公子闻言，茫然自失，移席问计："据高明之见，何以教我？"孙富道："仆有一计，于兄甚便；只恐兄溺枕席之爱，未必能行，使仆空费词说耳！"公子道："兄诚有良策，使弟再睹家园之乐，乃弟之恩人也。又何惮而不言耶？"孙富道："兄飘零岁余，严亲怀怒，闺阁离心，设身以处兄之地，诚寝食不安之时也。然尊大人所以怒兄者，不过为迷花恋柳，挥金如土，异日必为弃家荡产之人，不堪承继家业耳！兄今日空手而归，正触其怒。兄倘能割衽席之爱，见机而作，仆愿以千金相赠。兄得千金，以报尊大人，只说在京授馆，并不曾浪费分毫，尊大人必然相信。从此家庭和睦，当无间言[30]。须臾之间，转祸为福。兄请三思，仆非贪丽人之色，实为兄效忠于万一也。"

李甲原是没主意的人，本心惧怕老子，被孙富一席话，说透胸中之疑，起身作揖道："闻兄大教，顿开茅塞。但小妾千里相从，义难顿绝，容归与商之。得其心肯，当奉复耳。"孙富道："说话之间，宜放婉曲。彼既忠心为兄，必不忍使兄父子分离，定然玉成兄还乡之事矣。”二人饮了一回酒，风停雪止，天色已晚。孙富教家僮算还了酒钱，与公子携手下船。正是：

逢人且说三分话，未可全抛一片心。

却说杜十娘在舟中，摆设酒果，欲与公子小酌，竟日未回，挑灯以待。公子下船，十娘起迎。见公子颜色匆匆，似有不乐之意，乃满斟热酒劝之。公子摇首不饮，一言不发，竟自床上睡了。

十娘心中不悦，乃收拾杯盘，为公子解衣就枕，问道：“今日有何见闻，而怀抱郁郁如此？”公子叹息而已，终不启口。问了三四次，公子已睡去了。十娘委决不下，坐于床头而不能寐。

到夜半，公子醒来，又叹一口气。十娘道：“郎君有何难言之事，频频叹息？”公子拥被而起，欲言不语者几次，扑簌簌掉下泪来。

十娘抱持公子于怀间，软言抚慰道：“妾与郎君情好已及二载，千辛万苦，历尽艰难，得有今日。然相从数千里，未曾哀戚；今将渡江，方图百年欢笑，如何反起悲伤？必有其故。夫妇之间，死生相共，有事尽可商量，万勿讳也！”

公子再四被逼不过，只得含泪而言道：“仆天涯穷困，蒙恩卿不弃，委曲相从，诚乃莫大之德也。但反覆思之，老父位居方面，拘于礼法，况素性方严，恐添嗔怒，必加黜逐。你我流荡，将何底止？夫妇之欢难保，父子之伦又绝。日间蒙新安孙友邀饮，为我筹及此事，寸心如割！”

十娘大惊道：“郎君意将如何？”公子道：“仆事内之人，当局而迷。孙友为我画一计颇善，但恐恩卿不从耳！”十娘道：“孙友者何人？计如果善，何不可从？”公子道：“孙友名富，新安盐商，少年风流之士也。夜间闻子清歌，因而问及。仆告以来历，并谈及难归之故，渠意欲以千金聘汝，我得千金，可藉口以见吾父母；而恩卿亦得所天[31]。但情不能舍，是以悲泣。”说罢，泪如雨下。

十娘放开两手，冷笑一声道：“为郎君画此计者，此人乃大英雄也！郎君千金之资，既得恢复，而妾归他姓，又不致为行李之累，发乎情，止乎礼，诚两便之策也。那千金在那里？”公子收泪道：“未得恩卿之诺，金尚留彼处，未曾过手。”十娘道：“明早快快应承了他，不可挫过机会。但千金重事，须得兑足，交付郎君之手，妾始过舟，勿为贾竖子所欺。”

时已四鼓，十娘即起身挑灯梳洗道：“今日之妆，乃迎新送旧，非比寻常。”于是脂粉香泽，用意修饰，花钿绣袄，极其华艳，香风拂拂，光采照人。

装束方完，天色已晓。孙富差家僮到船头候信。十娘微窥公子，欣欣似有喜色，乃催公子快去回话，及早兑足银子。公子亲到孙富船中，回复依允。孙富道：“兑银易事，须得丽人妆台为信。”公子又回复了十娘。十娘即指描金文具道：“可便抬去。”孙富喜甚，即将白银一千两，送到公子船中。

十娘亲自检看，足色足数，分毫无爽。乃手把船舷，以手招孙富。孙富一见，魂不附体。十娘启朱唇，开皓齿道：“方才箱子可暂发来，内有李郎路引[32]一纸，可检还之也。”

孙富视十娘已为“瓮中之鳖”，即命家僮送那描金文具，安放船头之上。十娘取钥开锁，内皆抽替小箱。十娘叫公子抽第一层来看，只见翠羽明珰，瑶簪宝珥，充牣于中，约值数百金。十娘遽投之江中。李甲与孙富及两船之人，无不惊诧。又命公子再抽一箱，乃玉箫金管；又抽一箱，尽古玉紫金玩器，约值数千金。十娘尽投之于大江中。岸上之人，观者如堵，齐声道："可惜，可惜！"正不知什么缘故。最后又抽一箱，箱中复有一匣。开匣视之，夜明之珠，约有盈把。其他祖母绿、猫儿眼，诸般异宝，目所未睹，莫能定其价之多少。众人齐声喝彩，喧声如雷。十娘又欲投之于江。李甲不觉大悔，抱持十娘恸哭。那孙富也来劝解。

十娘推开公子在一边，向孙富骂道："我与李郎备尝艰苦，不是容易到此；汝以奸淫之意，巧为谗说，一旦破人姻缘，断人恩爱，乃我之仇人。我死而有知，必当诉之神明，尚妄想枕席之欢乎！"又对李甲道："妾风尘数年，私有所积，本为终身之计。自遇郎君，山盟海誓，白首不渝。前出都之际，假托众姊妹相赠，箱中韫藏百宝，不下万金。将润色郎君之装，归见父母，或怜妾有心，收佐中馈[33]，得终委托，生死无憾。谁知郎君相信不深，惑于浮议，中道见弃，负妾一片真心。今日当众目之前，开箱出视，使郎君知区区千金，未为难事。妾椟中有玉，恨郎眼内无珠。命之不辰[34]，风尘困瘁，甫得脱离，又遭弃捐，今众人各有耳目，共作证明，妾不负郎君，郎君自负妾耳！"

于是众人聚观者，无不流涕，都唾骂李公子负心薄幸。公子又羞又苦，且悔且泣。方欲向十娘谢罪，十娘抱持宝匣，向江心一跳。众人急呼捞救。但见云暗江心，波涛滚滚，杳无踪影。可惜一个如花似玉的名姬，一旦葬于江鱼之腹！

三魂渺渺归水府，七魄悠悠入冥途。

当时旁观之人，皆咬牙切齿，争欲拳殴李甲和那孙富。慌得李、孙二人，手足无措，急叫开船，分途遁去。李甲在舟中，看了千金，转忆十娘，终日愧悔，郁成狂疾，终身不痊。孙富自那日受惊得病，卧床月余，终日见杜十娘在傍诟骂，奄奄而逝。人以为江中之报也。

……

后人评论此事，以为孙富谋夺美色，轻掷千金，固非良士；李甲不识杜十娘一片苦心，碌碌蠢才，无足道者。独谓十娘千古女侠，岂不能觅一佳侣，共跨秦楼之凤[35]，乃错认李公子，明珠美玉，投于盲人，以致恩变为仇，万种恩情，化为流水，深可惜也！

【注释】

[1]本文选自《警世通言》第三十二卷，有删节。

[2]万历：明神宗朱翊钧年号(1573～1619)。此句前删去一段入话。

[3]纳粟入监：捐纳粟米(或银子)取得国子监生员的权利。有了监生资格，即可以去考举人。

[4]两京：北京和南京。朱元璋于南京建国，后明成祖朱棣迁都至北京。两京都设有国子监，南京的国子监叫"南庸"，北京的叫"北庸"。

[5]布政：布政使。明初分全国为13个承宣布政司，相当于13个省，每司设一布政使，作为最高行政长官。

[6]在庠(xiáng)：已经进了学。庠：古代乡学。

[7]坐监：正式在国子监读书叫坐监。

[8]教坊司：原为古代主管音乐歌舞的机关。明代教坊司专管乐舞承应，隶属礼部，也管理娼妓。这里指妓院。

[9]白家樊素：唐白居易的姬妾。白居易有诗云："樱桃樊素口，杨柳小蛮腰。"

[10]阙(piáo)：同"嫖"。

[11]不统口：不搭理。

[12]行(háng)户：与下文的“行院”都是妓院的隐称。

[13]十斋：信佛的人每月有十天不吃荤腥，称为十斋。

[14]虔婆：本意为强盗之妻，这里指鸨母。

[15]教坊落籍：从教坊除去名籍。古代妓女必须先从教坊除去名籍后，才能从良。

[16]招架：招揽，有招呼应承之意，此处指应酬，接口。

[17]约束：此处是准备的意思。曾无约束：指物资上全无准备。

[18]浮居：暂住。

[19]赆(jìn)：临别时赠送给远行人的路费。

[20]瓜洲：镇名，在今江苏省扬州市南。

[21]六院：明初南京的妓院，其后成为妓院的代称。

[22]“千山”句：此为唐柳宗元《江雪》诗，文字有出入。

[23]高学士：明初诗人高启。

[24]打跳：铺起跳板。

[25]入港：言语投机。

[26]位居方面：古代封疆大臣，独当一面称为方面官。李甲父亲是布政使，为明代一省高官，故称位居方面。

[27]必严帷薄之嫌：指必定严肃地维持男女之间的封建礼防。帷：即幔。薄：即帘。均为障隔内外之具。封建时代，女子居内室不与外界男子接触。

[28]逾墙钻穴：跳墙钻洞。这里指偷情、幽会之类事。

[29]同袍：指朋友。袍：衣服。

[30]间言：挑拨离间之言。

[31]所天：丈夫。

[32]路引：出行时所领的执照，即今天的通行证。

[33]中馈：进食于尊长叫馈。旧时妇女多在家料理饮食之事，故称妇职为主持中馈，中馈便引申为妻子的代称。佐中馈：即为妾。

[34]命之不辰：命运多舛。不辰：生不逢时。

[35]共跨秦楼之凤：传说春秋时，萧史善吹箫，秦穆公把女儿弄玉嫁给他，夫妻恩爱。萧史常教弄玉吹箫。一日，两人吹箫，招来了赤龙、紫凤。萧史骑龙，弄玉跨凤，一同飞升成仙。此处用这一典故形容美满的婚姻。

【导读】

本篇是中国古代文学史上最为杰出的短篇小说之一。小说围绕身处风尘却向往幸福的妓女杜十娘与无情怯懦的官宦子弟李甲之间的悲剧爱情，展现了黑暗社会与凉薄世俗对善良女性无情摧残和毁灭的全过程。作者以其饱含同情的细腻笔触，塑造一位自尊自爱、宁折不屈、执著追求纯真情感和美好生活的杜十娘形象，并对纨绔子弟李甲的庸弱自私、背信弃义以及孙富“破人姻缘，断人恩爱”的丑恶行径给予了强烈的鄙视和唾弃。

小说情节完整，脉络清晰，伏笔的运用、巧合的设置使全篇布局巧妙、情节波折；在塑造人物方面，作者善于运用个性化的语言和行动，来展现人物性格变化和内心世界的隐秘动态，使得人物形象传神而丰润，取得了卓越的艺术效果。

【思考练习】

一、有人认为杜十娘拥有百宝箱，其实还有别的道路可选，没必要投水自杀。你怎么看待这种观点？

二、导致杜十娘悲剧的原因是什么?

牡丹亭·游园[1]

汤显祖

汤显祖(1550～1616),字义仍,号海若,别号若士,自署清远道人,江西临川人,明代晚期杰出戏曲剧作家、文学家。汤显祖21岁时中举,由于不肯依附权贵,到34岁才中进士。万历十九年(1591年),因上《论辅臣科臣疏》,针砭时弊而被贬,后调任浙江遂昌知县。终因触怒权贵,于万历二十六年(1598年)愤而弃官归里,潜心戏剧和诗词创作。

在思想上,汤显祖受泰州学派罗汝芳、王学左派以及封建斗士李贽等人的影响,形成了他以情反礼的"至情论"。汤显祖认为"世总为情","人生而有情",追求有情人生,呼唤精神上的自由和个性的解放是他终其一生的目标。思想上超乎时代的进步性加之艺术上的精益求精,使他在文学创作上获得了巨大的成功。

汤显祖工诗文,但其戏曲创作成就最大,被誉为"东方的莎士比亚"。其剧作《牡丹亭》、《紫钗记》、《南柯记》和《邯郸记》合称"临川四梦",在中国和世界文学史上有着重要的地位。其中《牡丹亭》正是他"至情论"的完美演绎。有《玉茗堂文集》、《红泉逸草》等存世。

【绕池游】(旦上)梦回莺啭,乱煞年光遍[2]。人立小庭深院。(贴)炷尽沉烟[3],抛残绣线,恁今春关情似去年[4]?

【乌夜啼】(旦)晓来望断梅关[5],宿妆残。(贴)你侧着宜春髻子[6],恰凭阑。(旦)翦不断,理还乱[7],闷无端。(贴)已分付催花莺燕借春看。(旦)春香,可曾叫人扫除花径?(贴)分付了。(旦)取镜台衣服来。(贴取镜台衣服上)"云髻罢梳还对镜,罗衣欲换更添香。"[8]镜台衣服在此。

【步步娇】(旦)袅晴丝[9],吹来闲庭院,摇漾春如线。停半晌,整花钿[10]。没揣菱花[11],偷人半面,迤逗的彩云偏[12]。(行介)步香闺怎便把全身现!

(贴)今日穿插的好。

【醉扶归】(旦)你道翠生生出落的裙衫儿茜[13],艳晶晶花簪八宝填[14],可知我常一生儿爱好是天然[15]。恰三春好处无人见[16]。不提防沉鱼落雁鸟惊喧[17],则怕的羞花闭月花愁颤[18]。

(贴)早茶时了,请行。(行介)你看:画廊金粉半零星,池馆苍苔一片青。踏草怕泥新绣袜[19],惜花疼煞小金铃[20]。(旦)不到园林,怎知春色如许?

【皂罗袍】原来姹紫嫣红开遍[21],似这般都付与断井颓垣。良辰美景奈何天,赏心乐事谁家院[22]!恁般景致,我老爷和奶奶,再不提起。(合)朝飞暮卷[23],云霞翠轩;雨丝风片,烟波画船[24]。锦屏人忒看的这韶光贱[25]!

(贴)是花都放了,那牡丹还早。

【好姐姐】(旦)遍青山啼红了杜鹃[26],荼蘼外烟丝醉软[27]。春香呵,牡丹虽好,他春归怎占的先[28]!(贴)成对儿莺燕呵!(合)闲凝眄,生生燕语明如翦[29],呖呖莺歌溜的圆。

(旦)去罢。(贴)这园子委是观之不足也。(旦)提他怎的!(行介)

【隔尾】观之不足由他缱[30],便赏遍了十二亭台是枉然[31]。到不如兴尽回家闲过遣。

(作到介)(贴)开我西阁门,展我东阁床。瓶插映山紫[32],炉添沉水香[33]。小姐,你歇息片时,俺瞧老夫人去也。(下)

【注释】

[1]《游园》本出自《惊梦》一出,由[绕地游]和[山坡羊]两套组成。这里只选了[绕地游]一套。本文念白的字体异于唱词字体,以表区别。

[2]乱煞年光遍:使人眼花缭乱的春光到处都是。

[3]炷(zhù):燃烧。沉烟:沉香燃烧散发的烟雾,这里借指沉香。沉香:名贵的香料。

[4]恁今春关情似去年:为什么今年的春情,比去年来得浓呢?恁(nèn):为什么。似:比拟之词,有深似之意。

[5]梅关:在大庾岭上,宋代蔡挺置。这里是虚指。

[6]宜春髻子:饰有宜春彩燕的发髻。古代妇女于立春日,剪彩为燕形,贴宜春字戴之。见《荆楚岁时记》。

[7]翦不断,理还乱:李煜词《乌夜啼》中的句子。这里比喻杜丽娘无法摆脱由于长期禁锢而产生的苦闷。

[8]"云髻"二句:引自薛逢《宫词》,见《全唐诗》卷五百四十八。

[9]晴丝:在春天晴朗的日子里飘荡在空中的游丝。

[10]花钿:泛指女性佩戴的嵌有金花珠宝的首饰。

[11]没揣:不料。菱花:镜子。

[12]迤(yǐ)逗:牵引,引惹。彩云:指式样美好的发髻。

[13]翠生生:色彩艳丽。出落的:显得。茜:同"蒨",鲜明。

[14]艳晶晶:极言光彩绚丽璀璨。花簪:用珍宝镶嵌饰成的簪子。八宝:泛指各种珍宝。填:嵌饰。本句意为:戴着镶嵌有各种珍宝的,光彩璀璨的簪子。

[15]爱好:爱美。

[16]三春好处:比喻自己美丽的容颜。

[17]沉鱼落雁:形容女子的美丽。庄子《齐物论》:"毛嫱、丽姬,人之所美者,鱼见之深入,鸟见之高飞。"喧:声音哗噪。

[18]羞花闭月:形容女子的美丽。李白《西施》:"秀色掩今古,荷花羞玉颜。"曹植《洛神赋》:"仿佛兮若轻云之蔽月。"蔽月:闭月。颤:颤抖。

[19]泥:沾污。

[20]"惜花"句:《开元天宝遗事》记:"天宝初,宁王……于后院中纫红丝为绳,密缀金铃,系于花梢之上。每有鸟鹊翔集,则令园吏掣铃索以惊之。盖惜花之故也。"疼煞:言为惜花驱鹊而动于掣铃,致小金铃被拉得疼煞。

[21]姹紫嫣红:形容花的艳丽。此句描写百花盛开之状。

[22]谁家:哪一家。此句与上句同出于谢灵运《拟魏太子邺中集诗序》:"天下良辰美景、赏心乐事,四者难并。"

[23]朝飞暮卷:是王勃《滕王阁序诗》:"画栋朝飞南浦云,珠帘暮卷西山雨"的省文。

[24]烟波:水气弥漫的情状。

[25]锦屏人:泛指幽居深闺、不能领略自然美景的人。忒(tè):太,过于。韶光:即春光。

[26]啼红了杜鹃:到处开遍了鲜艳的花。寇准诗:“杜鹃啼处血成花。”或以为指开遍了杜鹃花。

[27]荼蘼:花名,夏日开花。这里指荼蘼架。烟丝:即游丝。

[28]“牡丹虽好”二句:皮日休咏牡丹诗有“独占人间第一春”句。牡丹当春尽才开花,故有此反问。整句意为:牡丹虽美,但它开花太迟了,怎能占春花中第一呢?这句蕴含着杜丽娘对美丽的青春被耽误而产生的幽怨和伤感。

[29]生生燕语明如翦:形容燕语明快如剪。

[30]缱(qiǎn):留恋不舍。

[31]十二:虚指,犹言所有。

[32]映山紫:映山红的一种。

[33]沉水香:沉香的别称。

【导读】

《牡丹亭》讲述了官宦小姐杜丽娘,在刻板尊礼的双亲严苛看管下,渴慕美好爱情而不得,竟梦中与书生柳梦梅幽会,后因情而死,最终又因情重生,与柳梦梅终成眷属的故事。作者用杜、柳生死不渝的爱情,表达了对程朱理学“存天理,灭人欲”的厌弃以及对人性自由的向往与追求。本剧一经演出,便感动了无数痴情男女,现今仍是剧坛上演不衰的名剧。其中《惊梦》一出,更是其中的名段。

杜丽娘身为太守千金,二八年华却被拘囿在深闺,受到严格的封建教育。而生活环境的寂寞,精神世界的空虚,使得这位青春少女苦闷郁结,却不知烦闷何来。《诗经》中“窈窕淑女,君子好逑”的爱情表白终于唤起了杜丽娘青春的萌动。在冲动之下,她决定瞒着迂腐的父亲私自游园。

对镜梳妆,却被镜子“偷人半面”,顿觉娇羞无地,手脚无措。这正是幽居深闺少女情窦初开的刹那特殊心理状态的反映,也是青春觉醒的开端。“袅晴丝,吹来闲庭院,摇漾春如线”的满园春色中,杜丽娘不由得比照自己寂寞无主的美好青春。自然界的春天与主人公的青春相互呼应。正是对青春的热爱,才有了她“恰三春好处无人见”的寂寥慨叹,也正是对青春的留恋,才有了她“如花美眷,似水流年”的感喟。牡丹再好终会凋零,青春再美终会消逝。姹紫嫣红春色,却勾起了杜丽娘无限惆怅和寂寞。她的幽怨不仅是对林花谢了春红的伤叹,更是对青春短暂、人生无常的觉悟。短暂的游园不仅是对春色的赏阅,更是杜丽娘青春和生命的觉醒,是她反抗性格成长的第一步。

《游园》诗意盎然,辞藻清丽,意境幽远。情景交融手法的完美运用,展示出人物内心幽微细密的情感波动。汤显祖也自谓:“一生四梦,得意处唯在《牡丹》。”(王思任《批点玉茗堂牡丹亭叙》)

【思考练习】

一、比较崔莺莺和杜丽娘形象,分析她们之间的异同。

二、青春如此美好,却又如此短暂。这段宝贵的似水流年中什么是值得把握和珍惜的呢?谈谈你的理解。

先妣事略[1]

归有光

归有光(1506～1571),字熙甫,别号震川,江苏昆山人,明代散文家。出生寒儒家庭,屡次参加会试不中。后迁居嘉定安亭江上,读书谈道,学徒众多。直至嘉靖四十四年(1565年)才中进士。初任浙江长兴县令,去世前任南京太仆丞。

归有光提倡学习唐宋古文,与王慎中、唐顺之、茅坤等被称为"唐宋派"。他力矫前后七子缺乏真情实感的拟古之论,主张散文创作应寓真情于朴素简洁的风格之中,并取得了较高的成就。他的创作对后世文风的改变有一定影响。有《震川集》等存世。

先妣周孺人[2],弘治[3]元年二月二十一日生。年十六来归[4]。逾年[5]生女淑静,淑静者大姊也;期[6]而生有光;又期而生女子,殇一人,期而不育者一人;又逾年生有尚,妊十二月;逾年,生淑顺;一岁,又生有功。有功之生也,孺人比乳他子加健。然数颦蹙[7]顾诸婢曰:"吾为多子苦!"老妪以杯水盛二螺进,曰:"饮此,后妊不数[8]矣。"孺人举之尽,喑[9]不能言。

正德[10]八年五月二十三日,孺人卒。诸儿见家人泣,则随之泣。然犹以为母寝[11]也,伤哉!于是家人延[12]画工画,出二子,命之曰:鼻以上画有光,鼻以下画大姊。以二子肖母也。

孺人讳[13]桂。外曾祖讳明。外祖讳行,太学生。母何氏,世居吴家桥,去[14]县城东南三十里;由千墩浦而南,直桥并小港以东,居人环聚,尽周氏也。外祖与其三兄皆以资雄[15],敦尚简实;与人姁姁[16]说村中语,见子弟甥侄无不爱。

孺人之吴家桥则治木绵[17];入城则缉纑[18],灯火荧荧,每至夜分。外祖不二日使人问遗[19]。孺人不忧米盐,乃劳苦若不谋夕[20]。冬月炉火炭屑,使婢子为团,累累曝阶下。室靡弃物,家无闲人。儿女大者攀衣,小者乳抱,手中纫缀不辍。户内洒然[21]。遇[22]僮奴有恩,虽至棰楚[23],皆不忍有后言[24]。吴家桥岁致[25]鱼蟹饼饵,率人人得食。家中人闻吴家桥人至,皆喜。有光七岁,与从兄[26]有嘉入学,每阴风细雨,从兄辄留[27],有光意恋恋,不得留也。孺人中夜觉寝,促有光暗诵《孝经》[28],即熟读,无一字龃龉[29],乃喜。

孺人卒,母何孺人亦卒。周氏家有羊狗之痾[30]。舅母卒,四姨归顾氏,又卒,死三十人而定[31]。惟外祖与二舅存。

孺人死十一年,大姊归王三接,孺人所许聘者也。十二年,有光补学官[32]弟子,十六年而有妇,孺子所聘者也。期而抱女,抚爱之,益念孺人。中夜与其妇泣,追[33]惟一二,仿佛如昨,馀则茫然矣。世乃有无母之人,天乎痛哉!

【注释】

[1]先妣(bǐ):亡母。妣:母,后只用于称亡母。《礼记·曲礼》:"生曰父,曰母,曰妻;死曰考,曰妣,曰嫔。"

[2]孺人：古代贵族、官吏之母或妻的封号。明代用以封赠七品官之妻。
[3]弘治：明孝宗朱祐樘的年号(1488～1505)。
[4]归：古代称女子出嫁为归。《诗经·桃夭》中曰："之子于归，宜其室家。"
[5]逾年：一年以后。
[6]期：周年。
[7]颦蹙(cù)：皱眉头。
[8]后妊不数：不会过多生育。
[9]喑：喑哑，声音沙哑干涩。
[10]正德：正德是历史上多位君主的年号。明代时，正德指明武宗朱厚照的年号(1506～1521)。
[11]寝：睡、卧。
[12]延：请。
[13]讳：古时称死去的皇帝或尊长的名字。
[14]去：距离。
[15]资雄：指物力等非常充足。
[16]煦煦(xǔ)：和蔼亲切。
[17]治木绵：纺织木棉。
[18]缉纑(lú)：搓麻线。缉：析麻搓接成线。纑：麻缕。
[19]问遗(wèi)：亲友相馈赠。
[20]若不谋夕：好像吃了早饭就没有晚饭的样子。
[21]洒然：很有秩序。
[22]遇：对待。
[23]棰：木棍。楚：荆杖。两者都是古代打人用具。棰楚：则引申为杖刑的通称。《汉书·路温舒传》："棰楚之下，何求而不可得？"
[24]后言：在背后恶语抱怨。
[25]致：送给，给予。
[26]从兄：同曾祖伯叔之子年长于己者。
[27]留：停止在某一个地方。这里指留在家里不去上学。
[28]《孝经》：书名，宣传封建孝道的儒家经典。
[29]龃龉(jǔyǔ)：不协调，差失。
[30]羊狗之痾(kē)：由家畜传染的疾病。痾：同"疴"。
[31]定：平安，平靖，多指局势。
[32]学官：学校。
[33]追：追忆。

【导读】

归有光的散文将家庭琐事引到古文创作中来，扩大了散文的表现范围。在本文中，作者以朴实平易的笔调记述母亲辛劳短暂却不无光华的一生，用点滴的生活琐事展现了一位勤劳、俭朴、宽厚、慈爱的母亲形象，情真意挚，神态生动。全文略于直接抒情，却用即事寓情的手法，在平实的叙述中流露出作者对母亲无尽的依恋和追思，文字间弥漫着淡淡的感伤。语言简练，却情味悠长，感人至深。

【思考练习】

一、简要总结归有光散文的艺术特色。

二、不要因为亲情平凡，就在琐屑生活中忘了它。学习归有光散文的写作艺术，记录下亲人感动你的某个瞬间，重温亲情的温暖。

沁园春·瞬息浮生

纳兰性德

纳兰性德(1655～1685)，字容若，号楞伽山人，满洲正黄旗人，大学士纳兰明珠长子。少年聪慧，康熙十五年(1676年)进士，官至一品侍卫。他善骑射、精书法，有着相当广博的学识，尤擅长词作。纳兰家族与皇室的姻戚关系紧密，但他一生淡泊名利，屡有出世之想，却难以摆脱身份地位的束缚。超逸的个人才华加之特殊的心境，使他的词作笼上哀郁凄婉的情调。词以小令尤工，描写塞外景色的词作以及爱情词、悼亡词更是其中翘楚。纳兰性德与阳羡派代表陈维崧、浙西派创始人朱彝尊并称为"清词三大家"。清代词人况周颐在《蕙风词话》中赞誉他为"国初第一词手"。他的词集名为《饮水词》，后人多称为《纳兰词》。他的诗、词、文、赋被综合编纂入《通志堂集》传世。

丁巳[1]重阳前三日，梦亡妇淡妆素服，执手哽咽，语多不复能记。但临别有云："衔恨[2]愿为天上月，年年犹得向郎圆。"妇素未工[3]诗，不知何以得此也。觉后感赋。

瞬息浮生[4]，薄命如斯，低徊怎忘。记绣榻闲时，并吹红雨[5]；雕阑曲处，同倚斜阳。梦好难留，诗残莫续，赢得更深哭一场。遗容在，只灵飙[6]一转，未许端详。　　重寻碧落[7]茫茫，料短发、朝来定有霜。便人间天上，尘缘未断；春花秋叶，触绪还伤。欲结绸缪[8]，翻惊摇落[9]，两处鸳鸯各自凉[10]。真无奈，把声声阶雨[11]，谱出回肠。

【注释】

[1]丁巳：康熙十六年(1677年)。卢氏殁于本年五月三十日，至重阳前三日，正届百日之期。

[2]衔恨：心中悔恨，懊恼。衔：深藏在心。

[3]工：擅长。

[4]浮生：短暂虚幻的人生。

[5]红雨：落花。李贺《将进酒》诗："况是青春日将暮，桃花乱落如红雨。"

[6]灵飙：阴风。此谓梦中人随风消逝。

[7]碧落：道家称东方第一层天，碧霞满空，叫做"碧落"。这里泛指天上。这里取唐代白居易《长恨歌》中"上穷碧落下黄泉，两处茫茫皆不见"之意。

[8]绸缪(chóu móu)：形容缠绵不解的男女恋情。

[9]翻：表示转折，相当于反而，却。摇落：凋残，零落。

[10]"两处鸳鸯各自凉"句：底本原作"减尽荀衣昨日香"。此处根据汪元治所编《纳兰词》刻本改。

[11]"把声声阶雨"句：底本原作"倩声声邻笛"。此处据汪元治所编《纳兰词》刻本改。

【导读】

纳兰性德31岁即英年早逝，在他短暂的一生中，曾有过一段美好却悲戚的爱情。词人19岁娶卢氏为妻。卢氏出身名门，知书达理，与词人雅趣相通、情投意合。却不想婚后三年，卢氏死于难产，以致阴阳两隔。哀苦无端的词人便把无尽凄苦诉诸笔端，从此悼亡成为他忘不了也诉不尽的主题。

北宋苏轼的悼亡词《江城子·十年生死两茫茫》几乎让人认为无人能再出其右，但本词却毫不逊色与前人，如泣如诉地表达了词人对亡妻的一往情深。

小序中词人就在梦境中追寻着爱妻的身影，流露出词人的耿耿深情。开篇词人更是表达了毫不克制的忧伤和刻骨铭心的追念。流光岁月，悠悠远逝，往昔的琴瑟和谐，相依相偎，只能让词人如今更痛彻心扉地悲叹梦好难留，"赢得更深哭一场"。那些曾经美好的记忆，现在却要付出毕生的时间和孤独去面对。下阕从梦中醒来的词人，却还想在茫茫碧空中追寻遗容，鸳梦重温，冥搜苦忆的眷念情怀感人心脾。曾经两人的春花秋叶，如今只能徒自伤情；他希冀着重结尘缘，却又深深地惧怕命运的再次翻云覆雨，只能让枕边泪共阶前雨，诉尽愁情。

本词感人之处贵在情真，纯由情感在笔端倾泻，淋漓尽致又不失婉约缠绵；语言婉丽清新，自然质朴，典故运用融化无痕；抑郁悲凄的风格令人悱恻动容。无怪乎王国维在《人间词话》中说"纳兰容若以自然之眼观物，以自然之舌言情。……北宋以来，一人而已。"

【思考练习】

一、结合纳兰性德词作的艺术特点分析其另一首作品《蝶恋花·辛苦最怜天上月》：

辛苦最怜天上月。一昔如环，昔昔都成玦。若似月轮终皎洁，不辞冰雪为卿热。

无那尘缘容易绝。燕子依然，软踏帘钩说。唱罢秋坟愁未歇，春丛认取双栖蝶。

二、诗云："易得无价宝，难得有情郎。"你对此有何看法？

婴宁[1]

蒲松龄

蒲松龄（1640～1715），字留仙，又字剑臣，号柳泉，淄川（今山东淄博市）人。他出生书香之家，文思敏捷。19岁应童子试，县、府、道三试均为第一。但此后屡试不第，一生蹉跎科场。39岁开始当塾师谋生，教书之余，疲于应试，直到71岁才援例取得贡生的身份。蒲松龄一生穷愁潦倒，饱尝世情，可却知音难觅，因此将一腔"孤愤"之情，化作奇幻的文字，诉诸花妖狐魅，为后世留下了传世之作《聊斋志异》。

短篇文言小说集《聊斋志异》是蒲松龄文学成就的最高代表，同时也是自唐传奇以来文言小说史上最耀眼的杰作。全书充溢着对封建礼教的蔑视，对黑暗世界的抨击，对纯真爱情的歌颂，体现了作者对人生、社会以及对传统婚恋爱情观的思考和探索。

蒲松龄著述丰富，除《聊斋志异》外，还给后人留下了大量的诗、文、词、戏曲、俚曲等，有《蒲松龄集》传世。

王子服，莒[2]之罗店人。早孤。绝惠[3]，十四入泮[4]。母最爱之，寻常不令游郊野。聘萧氏，未嫁而夭，故求凰未就也。会上元[5]，有舅氏子吴生，邀同眺瞩。方至村外，舅家有仆来，招吴去；生见游女如云，乘兴独游。有女郎携婢，拈梅花一枝，容华绝代，笑容可掬。生注目不移，竟忘顾忌。女过去数武[6]，顾婢曰："个儿郎目灼灼似贼！"遗花地上，笑语自去。

生拾花怅然，神魂丧失，怏怏遂返。至家，藏花枕底，垂头而睡，不语亦不食。母忧之。醮禳[7]益剧，肌革锐减。医师诊视，投剂发表[8]，忽忽若迷。母抚问所由，默然不答。适吴生来，嘱密诘之。吴至榻前，生见之泪下。吴就榻慰解，渐致研诘[9]。生具吐其实，且求谋画。吴笑曰："君意亦复痴！此愿有何难遂？当代访之。徒步于野，必非世家[10]。如其未字[11]，事固谐矣；不然，拚以重赂，计必允遂。但得痊瘳，成事在我。"生闻之，不觉解颐[12]。吴出告母，物色女子居里，而探访既穷，并无踪绪。母大忧，无所为计。然自吴去后，颜顿开，食亦略进。数日，吴复来。生问所谋。吴绐[13]之曰："已得之矣。我以为谁何人，乃我姑氏女，即君姨妹行，今尚待聘；虽内戚有婚姻之嫌[14]，实告之，无不谐者。"生喜溢眉宇，问："居何里？"吴诡曰："西南山中，去此可三十余里。"生又付嘱再四，吴锐身自任[15]而去。

生由此饮食渐加，日就平复。探视枕底，花虽枯，未便凋落。凝思把玩，如见其人。怪吴不至，折柬招之。吴支托不肯赴召。生恚怒，悒悒不欢。母虑其复病，急为议姻；略与商榷，辄摇首不愿。惟日盼吴。吴迄无耗，益怨恨之。转思三十里非遥，何必仰息他人？怀梅袖中，负气自往，而家人不知也。伶仃独步，无可问程，但望南山行去。约三十余里，乱山合沓，空翠爽肌，寂无人行，止有鸟道。遥望谷底，丛花乱树中，隐隐有小里落。下山入村，见舍宇无多，皆茅屋，而意甚修雅。北向一家，门前皆丝柳，墙内桃杏尤繁，间以修竹；野鸟格磔[16]其中。意其园亭，不敢遽入。回顾对户，有巨石滑洁，因据坐少憩。俄闻墙内有女子，长呼"小荣"，其声娇细。方伫听间，一女郎由东而西，执杏花一朵，俯首自簪。举头见生，遂不复簪，含笑拈花而入。审视之，即上元途中所遇也。心骤喜。但念无以阶进[17]；欲呼姨氏，顾从无还往，惧有讹误。门内无人可问。坐卧徘徊，自朝至于日昃[18]，盈盈望断，并忘饥渴。时见女子露半面来窥，似讶其不去者。忽一老媪扶杖出，顾生曰："何处郎君，闻自辰刻便来，以至于今。意将何为？得勿饥耶？"生急起揖之，答云："将以盼亲[19]。"媪聋聩不闻。又大言[20]之，乃问："贵戚何姓？"生不能答。媪笑曰："奇哉！姓名尚自不知，何亲可探？我视郎君，亦书痴耳。不如从我来，啖以粗粝；家有短榻可卧。待明朝归，询知姓氏，再来探访，不晚也。"生方腹馁思啖，又从此渐近丽人，大喜。从媪入，见门内白石砌路，夹道红花，片片堕阶上；曲折而西，又启一关，豆棚花架满庭中。肃客[21]入舍，粉壁光明如镜；窗外海棠枝朵，探入室中；裀籍几榻[22]，罔不洁泽。甫坐，即有人自窗外隐约相窥。媪唤："小荣！可速作黍。"外有婢子噭[23]声而应。坐次[24]，具展宗阀[25]。媪曰："郎君外祖，莫姓吴否？"曰："然。"媪惊曰："是吾甥也！尊堂，我妹子。年来以家窭贫，又无三尺男，遂至音问梗塞。甥长成如许，尚不相识。"生曰："此来即为姨也，匆遽遂忘姓氏。"媪曰："老身秦姓，并无诞育；弱息[26]仅存，亦为庶产[27]。渠母改醮[28]，遗我鞠养。颇亦不钝，但少教训，嬉不知愁。少顷，使来拜识。"

未几，婢子具饭，雏尾盈握[29]。媪劝餐已，婢来敛具。媪曰："唤宁姑来。"婢应去。良久，闻户外隐有笑声。媪又唤曰："婴宁，汝姨兄在此。"户外嗤嗤笑不已。婢推之以入，犹掩其口，笑不可遏。媪嗔目曰："有客在，咤咤叱叱[30]，是何景象？"女忍笑而立，生揖之。媪曰："此王郎，汝姨子。一家尚不相识，可笑人也。"生问："妹子年几何矣？"媪未能解。生又言之。女复笑不可仰视。媪谓生曰："我言少教诲，此可见矣。年已十六，呆痴裁如婴儿。"生曰："小于甥一岁。"曰："阿甥已十七矣，得非庚午属马者耶？"生首应之。又问："甥妇阿谁？"答云："无之。"曰："如甥才貌，何十七岁犹未聘？婴宁亦无姑家，极相匹敌[31]；惜有内亲之嫌。"生无语，目注婴宁，不遑他瞬[32]。婢向女小语云："目灼灼，贼腔未改！"女又大笑，顾婢曰："视碧桃开未？"遽起，以袖掩口，细碎连步而出。至门外，笑声始纵。媪亦起，唤婢襆被，为生安置。曰："阿甥来不易，宜留三五日，迟迟送汝归。如嫌幽闷，舍后有小园，可供消遣；有书可读。"

次日，至舍后，果有园半亩，细草铺毡，杨花糁径[33]；有草舍三楹，花木四合其所。穿花小步，闻树头苏苏有声，仰视，则婴宁在上。见生来，狂笑欲堕。生曰："勿尔，堕矣！"女且下且笑，不能自止。方将及地，失手而堕，笑乃止。生扶之，阴捘[34]其腕。女笑又作，倚树不能行，良久乃罢。生俟其笑歇，乃出袖中花示之。女接之曰："枯矣。何留之？"曰："此上元妹子所遗，故存之。"问："存之何意？"曰："以示相爱不忘也。自上元相遇，凝思成疾，自分化为异物[35]；不图得见颜色，幸垂怜悯。"女曰："此大细事[36]。至戚何所靳惜[37]？待郎行时，园中花，当唤老奴来，折一巨捆负送之。"生曰："妹子痴耶？""何便是痴？"曰："我非爱花，爱拈花之人耳。"女曰："葭莩之情[38]，爱何待言。"生曰："我所谓爱，非瓜葛之爱[39]，乃夫妻之爱。"女曰："有以异乎？"曰："夜共枕席耳。"女俯思良久，曰："我不惯与生人睡。"语未已，婢潜至，生惶恐遁去。少时，会母所。母问："何往？"女答以园中共话。媪曰："饭熟已久，有何长言，周遮[40]乃尔。"女曰："大哥欲我共寝。"言未已，生大窘，急目瞪之，女微笑而止。幸媪不闻，犹絮絮究诘，生急以他词掩之。因小语责女。女曰："适此语不应说耶？"生曰："此背人语。"女曰："背他人，岂得背老母。且寝处亦常事，何讳之？"生恨其痴，无术可以悟之。

食方竟，家中人捉双卫[41]来寻生。先是，母待生久不归，始疑；村中搜觅几遍，竟无踪兆。因往询吴。吴忆曩[42]言，因教于西南山村行觅。凡历数村，始至于此。生出门，适相值[43]，便入告媪，且请偕女同归。媪喜曰："我有志，匪伊[44]朝夕。但残躯不能远涉；得甥携妹子去，识认阿姨，大好！"呼婴宁，宁笑至。媪曰："有何喜，笑辄不辍？若不笑，当为全人。"因怒之以目。乃曰："大哥欲同汝去，可便装束。"又饷家人酒食，始送之出曰："姨家田产丰裕，能养冗人。到彼且勿归，小学诗礼，亦好事翁姑。即烦阿姨，为汝择一良匹。"二人遂发。至山坳回顾，犹依稀见媪倚门北望也。

抵家，母睹姝丽，惊问为谁。生以姨女对。母曰："前吴郎与儿言者，诈也。我未有姊，何以得甥？"问女，女曰："我非母出。父为秦氏，没时，儿在褓中，不能记忆。"母曰："我一姊适秦氏，良确；然殂谢[45]已久，那得复存？"因审诘面庞、志赘[46]，一一符合。又疑曰："是矣。然亡已多年，何得复存？"疑虑间，吴生至，女避入室。吴询得故，惘然久之。忽曰："此女名婴宁耶？"生然之。吴亟称怪事。问所自知，吴曰："秦家姑去世后，姑丈鳏居，祟于狐，病瘠死。狐生女名婴宁，绷[47]卧床上，家人皆见之。姑丈殁，狐犹时来；后求天师符粘壁间，狐遂携女去。将勿此耶？"彼此疑参。但闻室中吃吃皆婴宁笑声。母曰："此女亦太憨生[48]。"吴请面之。母入室，女犹浓笑不顾。母促令出，始极力忍笑，又面壁移时，方出。才一展拜，翻然遽入，放声大笑。满室妇女，为之粲然。吴请往觇其异，就便执柯[49]。寻至村所，庐舍全无，山花零落而已。吴忆姑葬处，仿佛不远；然坟垅湮没，莫可辨识，诧叹而返。母疑其为鬼。入告吴言，女略无骇意；又吊[50]其无家，亦殊无悲意，孜孜[51]憨笑而已。众莫之测。母令与少女同寝止。昧爽[52]即来省问，操女红精巧绝伦。但善笑，禁之亦不可止；然笑处嫣然，狂而不损其媚，人皆乐之。邻女少妇，争承迎之。母择吉将为合卺[53]，而终恐为鬼物。窃于日中窥之，形影殊无少异。至日，使华装行新妇礼；女笑极不能俯仰，遂罢。生以其憨痴，恐泄漏房中隐事；而女殊密秘，不肯道一语。每值母忧怒，女至，一笑即解。奴婢小过，恐遭鞭楚，辄求诣母共话；罪婢投见，恒得免。而爱花成癖，物色遍戚党；窃典金钗，购佳种，数月，阶砌藩溷[54]，无非花者。

庭后有木香一架，故邻西家。女每攀登其上，摘供簪玩。母时遇见，辄诃之。女卒不改。一日，西人子见之，凝注倾倒。女不避而笑。西人子谓女意已属，心益荡。女指墙底笑而下，西人子谓示约处，大悦。及昏而往，女果在焉。就而淫之，则阴如锥刺，痛彻于心，大号而踣[55]。细视，非女，则一枯木卧墙边，所接乃水淋窍也。邻父闻声，急奔研问，呻而不言。妻来，始以实告。爇火烛窍[56]，见中有巨蝎，如小蟹然。翁碎木捉杀之。负子至家，半夜寻卒。邻人讼生，讦[57]发婴宁妖异。邑宰素仰生才，稔知其笃行士，谓邻翁讼诬，将杖责之。生为乞免，逐释而出。母谓女曰："憨狂尔尔，早知过喜而伏忧也。邑令神明，幸不牵累；设鹘突[58]官宰，必逮妇女质公堂，我儿何颜见戚里？"女正色，矢不复笑。母曰："人罔不笑，但须有时。"而女由是竟不复笑，虽故逗，亦终不笑；然竟日未尝有戚容。

一夕，对生零涕。异之。女哽咽曰："曩以相从日浅，言之恐致骇怪。今日察姑及郎，皆过爱无有异心，直告或无妨乎？妾本狐产。母临去，以妾托鬼母，相依十余年，始有今日。妾又无兄弟，所恃者惟君。老母岑寂山阿，无人怜而合厝[59]之，九泉辄为悼恨。君倘不惜烦费，使地下人消此怨恫，庶养女者不忍溺弃。"生诺之，然虑坟冢迷于荒草。女但言无虑。刻日，夫妻舆榇[60]而往。女于荒烟错楚[61]中，指示墓处，果得媪尸，肤革犹存。女抚哭哀痛。舁[62]归，寻秦氏墓合葬焉。是夜，生梦媪来称谢，寤而述之。女曰："妾夜见之，嘱勿惊郎君耳。"生恨不邀留。女曰："彼鬼也。生人多，阳气胜，何能久居？"生问小荣，曰："是亦狐，最黠。狐母留以视妾，每摄饵[63]相哺，故德之常不去心。昨问母，云已嫁之。"由是岁值寒食，夫妻登秦墓，拜扫无缺。女逾年，生一子。在怀抱中，不畏生人，见人辄笑，亦大有母风云。

异史氏[64]曰："观其孜孜憨笑，似全无心肝者；而墙下恶作剧，其黠孰甚焉。至凄恋鬼母，反笑为哭，我婴宁殆隐于笑[65]者矣。窃闻山中有草，名'笑矣乎'。嗅之，则笑不可止。房中植此一种，则合欢、忘忧，并无颜色矣；若解语花[66]，正嫌其作态耳。"

【注释】

[1]《婴宁》选自《聊斋志异》卷二。

[2]莒(jǔ)：古国名，后置为州县，在今山东省莒县一带。

[3]绝惠：极端聪明。惠：通"慧"。

[4]入泮(pàn)：考中秀才，入县学为生员。

[5]上元：上元节。古时元宵节又称为上元节。会：恰巧，正好。

[6]武：古时以六尺为步，半步为武。这里泛指脚步。

[7]醮禳(jiào ráng)：祈祷消灾。醮：僧道设坛祈祷。禳：消除灾祸。

[8]剂：药剂。发表：中医名词，即发汗解表，用药把病从体内表散出来。

[9]研诘：细细追问。

[10]世家：世禄之家。泛指世代贵显的家族或大家。

[11]字：女子许婚。古代称女子成年待嫁为“待字”。《仪礼·士昏礼》：“女子许嫁，笄而醴之，称字。”古代贵族女子15岁许嫁时举行笄礼，然后命字。笄(jī)：古代束发用的簪子，借指一种束发仪式。醴(lǐ)：甜酒。此处指喝酒。

[12]解颐：露出笑容。颐：面颊。

[13]绐(dǎi)：欺哄。

[14]内戚有婚姻之嫌：意谓姨表亲戚因血缘相近，通婚有所禁忌。内戚：内亲，妻子的亲属。王子服与婴宁为姨兄妹，故云内戚。

[15]锐身自任：自告奋勇，毫不犹豫。锐身：犹挺身，指勇于承担风险。自任：自觉承担。这里是吴生为哄骗王子服而做出的举动。

[16]格磔(zhé)：鸟鸣声。

[17]阶进：进身的因由。阶：因由，凭借。

[18]日昃(zè)：太阳偏西。

[19]盼亲：探亲。

[20]大言：大声告诉。

[21]肃客：请客人进入。《礼记·曲礼》：“主人肃客而入。”

[22]裀：同“茵”，褥子，床垫。裀藉：垫席，裀褥。

[23]噭(jiào)声而应：高声答应。

[24]坐次：按尊卑的位置坐好。

[25]展：陈述。宗阀：宗族门第。

[26]弱息：本指幼弱的子女，后多指女儿。

[27]庶产：妾生。封建家族中，侧室称庶，所生子女称“庶出”。

[28]改醮(jiào)：改嫁。《仪礼·士昏礼》：“庶妇则使人醮之。”醮：古代婚娶时用酒祭神的一种简单仪式，后多指女子出嫁。

[29]雏尾盈握：肥嫩的雏鸡。《礼记·内则》：“雏尾不盈握，弗食。”雏：此指小鸡。盈握：满一把。鸡的尾部满一把，言其肥。

[30]咤咤叱叱：谓口中发出声音。

[31]匹敌：般配。敌：相当。

[32]不遑他瞬：没有空闲看其他地方，意为目不转睛地看着对方。遑：空闲，闲暇。瞬：眨眼。

[33]杨花糁(sǎn)径：杨花粉粒，星星点点散落在小路上。糁：碎米屑，泛指散乱的粒状细物。此处意谓撒落。

[34]捘(zùn)：捏。

[35]化为异物：指人死亡。异物：鬼的讳词。

[36]大细事：极小的事。

[37]靳惜：吝惜。

[38]葭莩(jiā fú)之情：亲戚情谊。葭莩：芦苇内壁的薄膜。比喻关系疏远淡漠，也是亲戚的代称。

[39]瓜葛：指亲戚。瓜和葛都是蔓生植物，因以比喻互相牵连的亲戚。

[40]周遮：言语烦琐。

[41]捉双卫：牵着两头驴子。捉：牵。卫：驴的别称。据传，春秋时期晋国的卫玠喜欢乘驴，后人就以“卫”代称驴。

[42]曩(nǎng)：以往，从前。

[43]值：遇到，逢着。

[44]匪伊朝夕：不止一日。匪：通“非”。伊：句中语词。

[45]殂谢：去世。

[46]志赘：身体上的特征或标记。志：通“痣”。赘：赘疣，俗称瘊子。

[47]绷：束，包扎。这里指婴儿包着包被。

[48]憨(hān)生：娇痴。憨：傻。生：语助词。

[49]执柯：作媒。

[50]吊：怜悯。

[51]孜孜(zī)：不停地。

[52]昧爽：黎明。

[53]合卺(jǐn)：古代婚礼仪式之一，即新夫妇在新房内共饮合欢酒。后世改用杯盏，乃称“交杯酒”。后亦以“合卺”借指成婚。

[54]藩溷(fān hùn)：篱笆和厕所。溷：肮脏之处，这里指厕所。

[55]踣(bó)：跌倒。

[56]爇(ruò)火：点燃灯火。烛：照。

[57]讦(jie)：揭发。

[58]鹘(hú)突：胡涂。

[59]合厝(cuò)：合葬。厝：安葬。

[60]舆榇：以车载棺。榇：棺材。

[61]错楚：错杂的树丛。

[62]舁(yú)：抬。

[63]摄饵：摄取食物。

[64]异史氏：即蒲松龄，是作者自己假托之名。“异史氏曰”是仿效《史记》“太史公曰”的笔法附在每篇后面的评论。

[65]隐于笑：用笑来掩护自己。隐：潜藏。

[66]解语花：见《开元天宝遗事》。唐明皇与杨贵妃在太液池赏花，左右极赞池花之美，而“帝指贵妃示于左右曰：‘争如我解语花？’”后因以“解语花”比喻善于迎合人意的美女。

【导读】

《婴宁》描写了狐女婴宁和“情种”王子服浪漫的爱情故事。小说最成功之处在于塑造了婴宁形象。作者摒弃了传统的对话和行动描写，只抓住婴宁的典型特点“笑”，进行了传神的描画。作者笔下的婴宁，或“含笑拈花而入”、或“笑不可遏”、或“微笑而止”、或“犹浓笑不顾”等等，其憨痴可爱如同亲见。

婴宁爱笑的性格是在与世隔绝的环境中形成的。她的笑是未经封建礼教熏染，最天真灿烂的笑容，是纯洁心灵的反射。当她离开山村，进入凡俗的人世，她的笑在那个礼教约束的世界中显得别样的爽朗、无邪，让人心向往之。然而婴宁的不拘礼教，最终引来祸端。惩治西人子，展现了婴宁性格中天真却不失狡黠的一面。而婴宁的纯真之笑，却在污秽的头脑中激起肮脏的念头，也让她第一次看到了现实的丑恶。这个复杂的世界，是容不下婴宁真诚的笑容的。婴宁的不笑是她向封建道德的妥协，是个体与社会的必然冲突，也是那个社会对自由性灵的摧残和压抑。

艺术上，全篇构思的独特巧妙，以人物塑造见长。作者抓住人物爱笑、爱花的特点，多角度进行描写烘托渲染，使“花妖狐魅，多具人情”，音容笑貌栩栩如生。小说的叙述语言简练典雅，人物对话生动活泼，体现了作者极高的艺术造诣。

【思考练习】

一、简述“花”在婴宁形象塑造中的作用。

二、时代变迁,但个人与社会的冲突依然存在,是坚持自我,还是顺应社会,请谈谈你的思考。

黛玉葬花[1]

曹雪芹

曹雪芹(约1715～约1763),名霑,字梦阮,号雪芹,又号芹圃、芹溪,清代伟大现实主义小说家。祖籍辽阳,先祖原是汉族人,明末被编入满洲正白旗,是满洲贵族的家奴。曹家与皇室有着密切的关系,曹雪芹的曾祖母是康熙的乳母,祖父曹寅曾为康熙的侍读。从曹雪芹的曾祖父曹玺开始,曹家三代任江宁织造,深受康熙皇帝的宠信和眷顾,显赫一时。雍正初年,曹家由于受朝廷内部政治斗争牵连,遭罢官抄家之祸,从此家道中落。曹雪芹晚年境遇更为潦倒,并最终在贫病交加中去世,终年不到50岁。

曹雪芹少年时代曾在金陵(今南京)度过一段富贵奢华的生活。其祖父曹寅在世时,曹家经常是江南文人聚会的中心。曹寅本人既是诗人、书法家,又是藏书家、校勘家,曾主持刊印《全唐诗》。家学渊源对曹雪芹有着深刻影响,他工诗善画,才华出众。家族的盛衰变故,使他深刻体会到人生悲哀和世事无常,也看透了社会的腐朽和衰败。“生于繁华,终于沦落”的刻骨经历使他将自己的悲剧体验、探索精神都熔铸到了《红楼梦》中。但他终因贫病交加,英年早逝,只完成了《红楼梦》的前80回。现流行本为120回,后40回一般认为是高鹗所续。

《红楼梦》以宝、黛、钗之间的婚恋悲剧为主线,以贾家为代表的四大家族的兴衰为背景,对封建婚姻、道德、文化等多方面进行了揭露和批判,歌颂了贵族阶级中的青年叛逆者以及奴仆们的反抗精神,体现出追求个性自由等初步的民主主义思想,曲折显示出封建社会必然衰亡的历史趋势。由于历史局限,小说也笼罩上虚无主义和宿命论的色彩。整部小说思想深邃、结构严谨、人物生动、语言典丽,当之无愧是中国古典小说的巅峰之作。

话说林黛玉正自悲泣,忽听院门响处,只见宝钗出来了,宝玉、袭人一群人送了出来。待要上去问着宝玉,又恐当着众人问,羞了宝玉不便,因而闪过一旁,让宝钗去了,宝玉等进去关了门,方转过来,尚望着门洒了几点泪。自觉无味,转身回来,无精打彩的,卸了残妆。紫鹃、雪雁素日知道林黛玉的情性,无事闷坐,不是愁眉,便是长叹,且好端端的不知为了什么,常常的便自泪不干的,先时还有人解劝,谁知后来一年一月的竟常常的如此,把这个样儿看惯了,也都不理论[2]了。所以也没人去理,由他闷坐,只管睡觉去了。那林黛玉倚着床栏杆,两手抱着膝,眼睛含着泪,好是木雕泥塑的一般,直坐到二更[3]多天方才睡了。一宿无话。

至次日，乃是四月二十六日，原来这日未时[4]交芒种[5]节，尚古风俗，凡交芒种节的这日，都要设摆各色礼物，祭饯花神，言芒种一过，便是夏日了，众花皆谢，花神退位，须要饯行。闺中更兴这件风俗，所以大观园中之人，都早起来了。那些女孩子们或用花瓣柳枝编成轿马，或用绫锦纱罗叠成干旄旌幢[6]，都用彩线系了，每一颗树上、每一枝花上，都系了这些物事，满园里绣带飘摇，花枝招展。更兼这些人打扮得桃羞杏让，燕妒莺惭，一时也道不尽。

且说宝钗、迎春、探春、惜春、李纨、凤姐等，并大姐儿、香菱、众丫鬟们，都在园内玩耍，独不见林黛玉。迎春因说道："林妹妹怎么不见？好个懒丫头，这会子还睡觉不成?"宝钗道："你们等着，等我去闹了他来。"说着，便丢了众人，一直往潇湘馆来。正走着，只见文官等十二个女孩子也来了。上来问了好，说了一回闲话。宝钗回身指道："他们都在那里呢，你们找他们去，我找林姑娘去就来。"说着，逶迤[7]往潇湘馆来。忽然抬头见宝玉进去了，宝钗便站住，低头想了一想："宝玉和林黛玉是从小儿一处长大，他兄妹间多有不避嫌疑之处，嘲笑不忌，喜怒无常，况且黛玉素昔猜忌，好弄小性儿的。此刻自己也跟了进去，一则宝玉不便，二则黛玉嫌疑，倒是回来的妙。"想毕，抽身回来。

刚要寻别的姊妹去，忽见前面一双玉色蝴蝶，大如团扇，一上一下，迎风翩跹[8]，十分有趣。宝钗意欲扑了来玩耍，遂向袖中取出扇子来，向草地下来扑。只见那一双蝴蝶，忽起忽落，来来往往，将欲过河去了。倒引的宝钗蹑手蹑脚的，一直跟到池边滴翠亭上，香汗淋漓，娇喘细细。宝钗也无心扑了，刚欲回来，只听那亭里边嘁嘁喳喳有人说话。原来这亭子四面俱是游廊曲桥，盖造在池中水上，四面雕镂槅子糊着纸。宝钗在亭外听见说话，便煞住脚，往里细听。只听说道："你瞧瞧，这手帕子果然是你丢的那块，你就拿着，要不是就还芸二爷去。"又有一人说话："可不是我那块？拿来给我罢。"又听道："你拿什么谢我呢？难道白找了来不成。"又答道："我已经许了谢你，自然不是哄你的。"又听说道："我找了来给你，自然谢我，但只是那拣的人你就不谢他么?"那一个又说道："你别胡说，他是个爷们家，拣了我们的东西，自然该还的，叫我拿什么谢他呢?"又听说道："你不谢他，我怎么回他呢？况且他再三再四的和我说了，若没谢的，不许我给你呢。"半晌，又听说道："也罢，拿我这个给他算谢他的罢。你要告诉别人呢，须说一个誓。"又听说道："我要告诉人，嘴上就长一个疔，日后不得好死!"又听说道："嗳呀，咱们只顾说话，看有人来悄悄的在外头听见，不如把这槅子都推开了，便是有人见咱们在这里，他们只当我们说顽话呢。若是到跟前，咱们也看的见，就别说了。"

宝钗在外面听见这话，心中吃惊，想道："怪道从古至今，那些奸淫狗盗的人，心机都不错，这一开了，见我在这里，他们岂不臊了。况且说话的语音，大似宝玉房里红儿的言语，他素日眼空心大，是个头等刁钻古怪东西。今儿我听了他的短儿，人急造反，狗急跳墙，不但生事，而且我还没趣。如今便赶着躲了，料也躲不及，少不得要使个金蝉脱壳的法子。"犹未想完，只听"咯吱"一声，宝钗便故意放重了脚步，笑着叫道："颦儿，我看你往那里藏?"一面说，一面故意往前赶。

那亭内的小红、坠儿刚一推窗，只听宝钗如此说着往前赶，两个人都吓怔了。宝钗反向他二人笑道："你们把林姑娘藏在那里了?"坠儿道："何曾见林姑娘了?"宝钗道："我才在河那边看着林姑娘在这里蹲着弄水儿呢，我要悄悄的吓他一跳，还没有走到跟前，他倒看见我了，朝东一绕就不见了。别是藏在里头了。"一面说，一面故意进去寻了一寻，抽身就走，口内说道：“一定是又钻在山子洞里去了，遇见蛇咬一口也罢了。”一面说，一面走。心中又好笑：“这件事算遮过去了，不知他二人是怎样。”

谁知小红听了宝钗的话，便信以为真，让宝钗去远，便拉坠儿道：“了不得了！林姑娘蹲在这里，一定听了话去了。”坠儿听说，也半日不言语。小红又道：“这可是怎么样呢？”坠儿道：“便听见了，管谁筋疼！各人干各人的就完了。”小红道：“若是宝姑娘听见，还倒罢了。林姑娘嘴里又爱刻薄人，心里又细，他一听见了，倘或走露了，怎么样呢？”二人正说着，只见文官，香菱，司棋、侍书等上亭子来了，二人只得掩着这话，且和他们顽笑。

……

如今且说林黛玉因夜间失寐，次日起来迟了，闻得众姊妹都在园中做饯花会，恐人笑他痴懒，连忙梳洗了出来。刚到了院中，只见宝玉进门来了，便笑道：“好妹妹，你昨儿可告我了不曾？我悬了一夜心。”黛玉便回头叫紫鹃道：“把屋子收拾了，下一扇纱屉，看那大燕子回来，把帘子放了下来，拿狮子[9]倚住，烧了香，就把炉罩上。”一面说，一面又往外走。宝玉见他这样，还认作是昨日晌午的事，那知晚间的这段公案，还打恭作揖的。林黛玉正眼也不看，各自出了院门，一直找别的姊妹去了。宝玉心中纳闷，自己猜疑：“看起这样光景来，不像是为昨儿的事，但只昨日我回来得晚了，又没有见他，再没有冲撞了他的去处了。”一面想，一面由不得随后追了来。

……

宝玉因不见了林黛玉，便知他躲了别处去了，想了一想，索性迟两天，等他的气息一息，再去也罢了。因低头看见许多凤仙、石榴等各色落花，锦重重的落了一地。因叹道：“这是他心里生了气，也不收拾这花儿来了。待我送了去，明儿再问着他。”说着，只见宝钗约着他们往外头去。宝玉道：“我就来。”等他二人去远，把那花兜了起来，登山渡水，过树穿花，一直奔了那日同林黛玉葬桃花的去处来。

将已到了花塚，犹未转过山坡，只听山坡那边有呜咽之声，一面数落着，哭的好不伤心。宝玉心下想道：“这不知是那房里的丫头受了委曲，跑到这个地方来哭。”一面想，一面煞着脚步，听他哭道是：

花谢花飞飞满天[10]，红消香断有谁怜？
游丝软系飘春榭，　落絮轻沾扑绣帘。
闺中女儿惜春暮，　愁绪满怀无释处。
手把花锄出绣闺，　忍踏落花来复去[11]。
柳丝榆荚自芳菲[12]，不管桃飘与李飞。
桃李明年能再发，　明年闺中知有谁？
三月香巢已垒成，　梁间燕子太无情。
明年花发虽可啄，　却不道人去梁空巢亦倾。
一年三百六十日，　风刀霜剑严相逼。
明媚鲜妍能几时，　一朝飘泊难寻觅。
花开易见落难寻，　阶前愁煞葬花人[13]。
独把花锄泪暗洒，　洒上空枝见血痕[14]。
杜鹃无语正黄昏，　荷锄归去掩重门。
青灯照壁人初睡，　冷雨敲窗被未温。

怪奴底事倍伤神[15]? 半为怜春半恼春。
怜春忽至恼忽去， 至又无言去不闻。
昨宵庭外悲歌发， 知是花魂与鸟魂。
花魂鸟魂总难留， 鸟自无言花自羞。
愿奴胁下生双翼， 随花飞到天尽头。
天尽头，何处有香丘?
未若锦囊收艳骨， 一抔净土掩风流[16]。
质本洁来还洁去， 强于污淖陷渠沟。
尔今死去侬收葬， 未卜侬身何日丧[17]。
侬今葬花人笑痴， 他年葬侬知是谁?
试看春残花渐落， 便是红颜老死时。
一朝春尽红颜老， 花落人亡两不知!

宝玉听了，不觉痴倒。

话说林黛玉只因昨夜晴雯不开门一事，错疑在宝玉身上。次日又可巧遇见饯花之期，正在一腔无明[18]，未曾发泄，又勾起伤春愁思，因把些残花落瓣去掩埋，由不得感花伤己，哭了几声，便随口念了几句。不想宝玉在山坡上听见，先不过点头感叹，次又听到“侬今葬花人笑痴，他年葬侬知是谁? 一朝春尽红颜老，花落人亡两不知”等句，不觉恸倒山坡之上，怀里兜的落花撒了一地。试想林黛玉的花颜月貌，将来亦到无可寻觅之时，宁不心碎肠断! 既黛玉终归无可寻觅之时，推之于他人，如宝钗、香菱、袭人等，亦可到无可寻觅之时矣；宝钗等终归无可寻觅之时，则自己又安在哉! 且自身尚不知何在何往，则斯处斯园斯花斯柳又不知当属谁姓矣。因此一而二，二而三，反复推求了去，真不知此时此际，如何解释这段悲伤。正是：

花影不离身左右，鸟声只在耳东西。

那时林黛玉正自伤感，忽听山坡上也有悲声，心下想道：“人人都笑我有痴病，难道还有一个痴子不成?”抬头一看，见是宝玉，林黛玉便道：“啐! 我当是谁，原来是这个狠心短命的……”刚说到“短命”二字的，又把口掩住，长叹一声，自己抽身便走了。这里宝玉悲恸了一回，见黛玉去了，便知黛玉看见他躲开了，自己也觉无味，抖抖土起来，下山寻归旧路，往怡红院来。

可巧看见林黛玉在前头走，连忙赶上去说道：“你且站着，我知你不理我，我只说一句话，从今以后撂开手。”林黛玉回头，见是宝玉，待要不理他，听他说只说一句话，便道：“请说来。”宝玉笑道：“两句话说了你听不听?”黛玉听说，回头就走。宝玉在身后面叹道：“既有今日，何必当初?”黛玉听见这话，由不得站住回头道：“当初怎么样? 今日怎么样?”宝玉叹道：“唉! 当初姑娘来了，那不是我陪着顽笑? 凭我心爱的，姑娘要就拿去；我爱吃的，听见姑娘也爱吃，连忙收拾的干干净净，收着等姑娘到来。一桌子吃饭，一床儿上睡觉。丫头们想不到的，我怕姑娘生气，我替丫头们想到。我心里想着姊妹们从小儿长大，亲也罢，热也罢，和气到了底，才见得比人好。如今谁承望姑娘人大心大，不把我放在眼睛里，倒把外四路的什么宝姐姐、凤姐姐的放在心坎儿上，倒把我三日不理，四日不见的。我又没个亲兄弟、亲妹妹。虽然有两个，你难道不知道是我隔母的? 我也和你是独出，只怕同我的心一样，谁知我是白操了这一番心，有冤无处诉!”说着，不觉滴下眼泪来。

那时林黛玉耳内听了这话，眼内见这形景，心内不觉灰了大半，也不觉滴下泪来，低头不语。宝玉见这般形景，遂又说道："我也知道我如今不好了，但只任凭着我怎么不好，万不敢在妹妹跟前有错处。便有一二分错处，你或教导我，戒我下次，或骂我几句，打我几下，我都不灰心。谁知你总不理我，叫我摸不着头脑，少魂失魄，不知怎么样才是。便就死了也是个屈死鬼，任凭高僧高道忏悔，也不能超脱，还得你申明了缘故我才得托生呢。"

黛玉听了这话，不觉将昨晚的事俱忘在九霄云外了。便说道："你既这么说，为什么我来了，你不叫丫头开门？"宝玉诧异道："这话从那里说起？我要是这么样，立刻就死了！"黛玉啐道："大清早起死呀活的，也不忌讳！你说有呢便有，没有就没有，起什么誓呢？"宝玉道："实在没有见你去，就是宝姐姐坐了一坐，就出来了。"林黛玉想了一想，笑道："是了，想必是你丫头们懒待动，丧声歪气的，也是有的。"宝玉道："想必是这个原故，等我回去问了是谁，教训教训他们就好了。"黛玉道："你的那些姑娘们，也该教训教训。只是论理我不该说，今儿得罪了我的事小，倘或明儿宝姑娘来，什么贝姑娘来，也得罪了，事情岂不大了？"说着，抿着嘴笑。宝玉听了，又是咬牙，又是笑。

二人正说话，只见丫头来请吃饭，遂都到前头来了。

……

【注释】

[1]本文选自《红楼梦》第二十七回"滴翠亭杨妃戏彩蝶 埋香冢飞燕泣残红"（节选）和第二十八回"蒋玉菡情赠茜香罗 薛宝钗羞笼红麝串"（节选）。标题是编者另加。

[2]理论：这里是理会之意。

[3]二更：指晚上 9 时至 11 时。又称二鼓。

[4]未时：中国古时把一天划分为十二个时辰，每个时辰相当于现在的两小时。未时下午 1 时整至下午 3 时整。

[5]芒种：二十四节气之一，在公历 6 月 6 日前后。

[6]干：盾牌。旄：旗杆顶端缀有牦牛幢的旗。旌：与旄相似，另有五彩折羽装饰。幢：形状像伞。旄、旌、幢都是古代的旗子。

[7]逶迤（wēi yí）：徐徐而行。

[8]翩跹（piān xiān）：形容轻快地旋舞动的样子。

[9]狮子：这里是一种压帘用的带座的石狮子。

[10]飞满天：庚辰本作"花满天"，但细看"花"字是后来的改笔，原抄是两小点，表示与上一"飞"字相同。故从甲戌、戚序本。

[11]忍：岂忍。

[12]榆荚：榆树的实，白色，俗称榆钱。

[13]愁煞：一作"闷煞"。

[14]"洒上"句：一指，娥皇和女英在湘水上哭舜帝，泣血染竹枝成斑，此斑竹之来历。黛玉所居住的潇湘馆内栽种有许多翠竹，而黛玉又号"潇湘妃子"，亦源于此。二指，蜀帝魂化杜鹃鸟，啼血染花枝，花即杜鹃花，所以下句接言"杜鹃"。

[15]底：何，什么。

[16]一抔：一捧，双手捧物。因《史记·张释之列传》中曾用"取长陵一抔土"来表示掘开陵墓。后人就以"一抔之土"称坟墓，这里用以指花冢。

[17]侬：女子自称，吴地常用之。

[18]无明：佛教用语，意为"痴"，即"没有智慧"。佛家认为人的种种烦恼痛苦都是由"无明"引起。

后也称发火动怒为“无明业火”。“无明”也就成为怒火的代称。

【导读】

本文事件人物众多，但最打动人心的莫过于黛玉悲赋葬花吟。黛玉葬花的起因是第二十六回中黛玉听说宝玉被贾政叫走，因担心宝玉，晚间便前去探望，不想遭闭门羹，更看到宝钗与宝玉并肩走出。这一切沉重地打击了黛玉，激起了她强烈的身世之感和对自己爱情的担忧，在悲戚中她吟出了这首哀艳凄美的《葬花吟》。

《葬花吟》名为咏花，实则写人，倾吐了黛玉身世之叹的全部哀怨和不平，也是她生命理念和人生价值的真实写照。前两句黛玉以花自喻。《淮南子》云：“春女思，秋士悲。”暮春时节本就让人心生惆怅，在敏感多愁的黛玉心中，残损的落花、脆弱的游丝、飘荡的飞絮让她想到的就是自己漂泊的命运、青春的易逝、甚至生命的凋残……斥榆柳桃李，叹人去巢倾，恨风刀霜剑，是她对冷酷现实的无情控诉，是她对世态人情的深沉愤懑，也是她对未来命运的悲观预言。葬花时，“花开易见落难寻”、“独倚花锄泪暗洒”的愁怨忧闷，“青灯照壁”、“冷雨敲窗”的萧索落寞以及恼春怜春的满怀愁绪，激起了黛玉内心深沉的郁愤，燃起了她希望摆脱不幸命运的反抗。“愿奴胁下生双翼，随花飞到天尽头。”是她孤傲不阿抗争精神的集中展现；“未若锦囊收艳骨，一抔净土掩风流。质本洁来还洁去，强于污淖陷渠沟。”是她不甘屈服的高贵品质和绝望抗争的表白。可是“天尽头，何处有香丘？”最终，黛玉用眼泪谱就的生命悲歌，在爱与恨，挣扎与无奈的悲怆与孤独中结束。这首悲歌也成了黛玉未来命运的谶语。

《葬花吟》融情入景，情景交融，抒情淋漓尽致，语言如泣如诉，为我们展现了黛玉孤苦飘零的内心世界和对未来命运的悲观迷茫，充满了落花飘零、物是人非的生命的悲哀。无论是思想内涵，还是艺术水准，都堪称千古绝唱。

在本文的其他事件中，作者通过不同人物的语言、动作、表情、心理活动展现了栩栩如生却又别具个性的人物形象。如宝钗的巧计避嫌展现了她沉稳世故、中庸圆滑的个性，宝黛之间的倾情表白显示了两人之间的精神共鸣与心心相印。此外，本文中复杂而和谐的结构艺术、亦张亦弛的叙事节奏、简洁纯静而又文采斐然的叙述语言，也都体现了曹雪芹杰出的艺术才华。

【思考练习】

一、阅读《葬花吟》，分析其体现了黛玉性格上的哪些特点。

二、滴翠亭事件反映了宝钗怎样的性格特征？

黄海舟中日人索句并见日俄战争地图[1]

秋瑾

秋瑾(1875～1907)，原名秋闺瑾，字璇卿，东渡后改名瑾，号鉴湖女侠，浙江山阴(今绍兴)人，我国著名的革命家、诗人。秋瑾性喜豪侠，习文练武，喜着男装，蔑视封建礼法，提倡男女平等。1904年，秋瑾毅然冲破封建家庭的束缚，东渡日本留学，先后加入光复会、同盟会，进行反清革命活动。回国后，她积极投身于民主革命运动。1907年因与徐锡麟组织反清起义失败，被清政府杀害于浙江绍兴轩亭口。其作品多洋溢着挺身救国的热血激情。后人将其诗、词、文汇编为《秋瑾集》。

万里乘风去复来[2]，
只身东海挟春雷[3]。
忍看图画移颜色[4]，
肯使江山付劫灰[5]！
浊酒不销忧国泪，
救时应仗出群才[6]。
拚将十万头颅血，
须把乾坤力挽回。

【注释】

[1]根据中华书局所编的《秋瑾史迹》此诗题为："日人银澜使者索题，并见日俄战地，早见地图，有感。"

[2]"万里"句：写诗人只身往返日本和祖国情状。秋瑾曾于1904年仲夏东渡日本，同年冬因事回国；次年又再次赴日，所以是"去复来"。

[3]挟春雷：喻为用革命真理使祖国获得新生而奔走。

[4]忍看：反诘之词，即不忍看。图画：地图。移颜色：指中国的领土被日俄帝国主义侵占。

[5]劫灰：劫难以后的灰烬。劫火：佛教词语。新译《仁王经》记载"劫火洞然，大千俱坏"，指天地历遭焚毁的劫难。这里指中国的领土被帝国主义的炮火毁坏。

[6]出群：超群。

【导读】

1904年，日、俄两国为重新分割朝鲜和我国东北进行了一场帝国主义战争。战场主要在我国东北境内。帝国主义肆意践踏中国的领土主权，而腐败透顶的清政府非但不能保护本国国土和国民生命财产的安全，还毫无廉耻地宣布"中立"，任凭帝国主义宰割。诗人在此背景下创作此诗，有对祖国遭受侵略的愤恨，却并不希冀借酒消愁，而是要向天下的有志之士呼吁合力救亡图存，表达了诗人誓死救国、拯救民族于危亡的决心和抱负。

本诗感情真挚而激越奔放，充满了勇往直前的壮烈情怀；语言朴素明快，刚健雄豪之气喷薄而出，具有感人心魄的动人力量。

【思考练习】

一、简述秋瑾诗歌的艺术特色。

二、你认为秋瑾巾帼不让须眉、执著信仰、忧时救国的精神在今天有怎样的时代意义？

第六章　中国现当代文学

中国现代文学和中国当代文学合称为中国现当代文学，就性质来说，它是指用现代的语言和文学形式，表达现代中国人的思想情感、审美情趣的文学；在时限上是指1917年开始的新文化运动至新时期，包括了整个新民主主义和社会主义时期将近100年的新文学。中国新文学是在轰轰烈烈的新文化运动中诞生的，其起点以1917年胡适和陈独秀在《新青年》杂志上发表《文学改良刍议》、《文学革命论》两篇文章为标志。中国新文学以其不可遏止的势头开创了中国文学新的纪元。作为一个历史叙述段落，新文学伴随着中国社会的剧烈变化动荡而律动，大体走过了五个历史时段：1917～1927是新文学发生、发展的第一个十年，1928～1937称为第二个十年，1938～1949的抗战与解放战争时期的文学是第三个十年，1949～1976的建国后文学，1976年后的新时期文学。

文学改良运动是上个世纪初思想启蒙运动的一个重要内容。胡适、陈独秀等提出的反对文言文、提倡白话文，反对旧文学、提倡新文学的文学革命主张，以激烈强硬的姿态很快形成了规模和声势，产生了广泛的社会效应，取得了重大实绩。20世纪20年代，初生的新文学领域出现了流派纷呈、社团蓬勃发展的景象。当时重要的文学社团有文学研究会、创造社、浅草社、沉钟社等。在文学创作领域，各种文学样式都取得了丰硕的成果，鲜明地显示了新文学实践的勃勃生机和累累硕果。

就小说而言，鲁迅作为新文化运动一面旗帜，以《阿Q正传》、《祝福》、《药》等小说创作实绩被称为“现代小说之父”，从而为现代小说的发展奠定了基础并使之成熟，也使得现代小说一经问世就达到了较高的艺术水准和精神品位。鲁迅本时期的小说作品集结于《呐喊》、《彷徨》。另外，许地山(《命命鸟》)、王统照(《沉思》)、冰心(《超人》)等人的问题小说的创作，郁达夫(《沉沦》)、郭沫若(《牧羊哀话》)等人的抒情小说的创作，以及王鲁彦(《柚子》)、许钦文(《鼻涕阿二》)、废名(《竹林的故事》)等人的乡土小说的创作，叶圣陶(《潘先生在难中》)教育小说的创作，丰富和繁荣了新文学开端期的小说面貌。

这是一个诗歌之花竞相绽放的时期，郭沫若激情澎湃、带有浓厚浪漫主义色彩的诗集《女神》是继胡适《尝试集》后中国新诗的奠基之作。其他重要的诗人和流派有：以汪静之为代表的以写爱情诗为主的湖畔诗人，以蒋光慈为代表的政治抒情诗人，以闻一多、徐志摩为代表的新月派格律诗人，以李金发为代表的象征主义诗人等。

在吸取中国传统散文营养基础上发展起来的现代散文，在当时也极为繁盛。“周氏兄弟”(周树人、周作人)在杂文园地里培植出了生动景象，朱自清也在叙事散文领域别开生面，瞿秋白开辟了报告文学这一崭新的文学体例。通过对传统旧戏的批判和西洋话剧的引入，当时还涌现出了田汉、丁西林、郭沫若、陈大悲、洪森、熊佛西、欧阳予倩等剧作家和他们的话剧作品。

第二个时段是个多元美学形态并存的文学时期。从1928年开始，新文学队伍发生新的组合。文学主潮随着社会的变革而空前政治化。马克思主义文艺理论的传播与运用，使得新兴的"左翼"文艺迅速发展；与此同时，人文主义思潮与文艺也随之高涨，形成了多元并存的文学格局。无产阶级文学运动是在新文学"从文学革命到革命文学"的过程中产生、发展、壮大的，这是文学对时代的必然回应。1930 年 3 月成立的中国左翼作家联盟（简称"左联"）领导的左翼文艺运动以及受其影响的民主主义、自由主义作家的创作，决定了 30 年代文学的基本面貌。

当时的文学界主要有"左翼文学"、"海派文学"、"京派文学"三大文学流派。左翼文学的重要作家有蒋光慈、丁玲、柔石、张天翼、沙汀、艾芜等，他们以对时代和社会的真诚思考和倾情投入，使左翼文学展现出强大的声势，而代表左翼小说最高成就的是茅盾创作的《子夜》、《林家铺子》、《春蚕》等。海派文学以施蛰存、刘纳鸥等组成的"新感觉派"为代表。京派文学的代表作家有废名、沈从文等。这两派作家更多地着力于"文学"和"艺术"本身，使他们的小说作品在当时别具一格，同时也为现代小说开辟了"另一路向"。民主主义小说作家巴金创作的《家》、老舍创作的《骆驼祥子》，以及戏剧作家曹禺创作的《雷雨》、《日出》、《原野》等，既有进步的思想意义，又达到了极高的艺术水平，是这个时期一道道亮丽的文学风景。

本时期的诗歌主潮当属现实主义诗歌，代表作家有以殷夫、蒲风为代表的中国诗歌会的革命诗人和臧克家、田间、艾青等。他们的诗歌传达的是时代的情绪，呼号的是时代的声音，因而在当时产生了深远的影响。而 20 年代以徐志摩、闻一多为代表的新月派诗歌经由陈梦家等的过渡，到了 30 年代被戴望舒、何其芳、卞之琳为代表的现代派诗歌取而代之，现代派诗歌深受西方现代派诗的影响，注意意象、象征、隐喻等现代诗歌表现方式和技巧，追求诗意的含蓄、朦胧。

散文方面，鲁迅后期杂文和左翼作家的"鲁迅风"杂文在当时紧跟政治，起到了积极的战斗作用，并对后世的杂文创作提供了很好的范本。而周作人、林语堂、京派作家等的散文创作，则与时代和政治保持着距离，形成了"言志"、独抒性灵的小品散文的风格。

八年抗战及以后的三年内战，中国社会步入大转折前的动荡时期。特殊的战时形势，使战时的政治区域分割为国统区、解放区、沦陷区和"孤岛"区四块。不同区域的文化背景和文化心理决定了不同的文学风范。但是，"五四"新文学传统并未因此而消解，在特殊的历史时期，表现出了更为一致的同质性，显示出战争与救亡并存的特征。抗战的爆发，民族生死存亡的严峻形势使各派作家组成了抗日统一战线，在全国范围内掀起了声势浩大的抗日文艺运动。这是一个文学走向"大众"、回归"社会"的时期，既有朗诵诗、街头剧、报道文学等鼓动性文学作品的如火如荼，也有话剧、小说、讽刺诗等讽刺暴露性作品的层出不穷。

进入 40 年代以后，面对蒋介石政权的法西斯专制，作家们创作了大量讽喻现实的历史剧，著名的有阳翰笙等的"太平天国"史剧，郭沫若的"战国史剧"和"南朝史剧"等。七月派作家是 40 年代很有影响的文学流派，该流派的诗人代表有阿垅、绿原等，小说作家代表有路翎等，而理论家代表为胡风。这是一个主张"现实主义深化"的文学流派，无论在创作上，还是在文学理论上，都呈示出了独特的风貌和强大的实力。"九叶诗派"（包括辛笛、陈敬容、杜运燮、杭约赫、郑敏、唐祈、唐湜、袁可嘉、穆旦等诗人和诗歌理论家）也是 40 年代的重要文学流派，他们在诗歌创作中吸取西方现代派诗人的艺术营养，同时又把诗歌视线投入到大变革、大动荡的社会现实当中，“现实”的题材和“现代”的手法的有机结合，把现代诗歌推向了新的高度，也为中国新诗的现代化作出了巨大贡献。作为“沦陷区”的典型作家，张爱玲创作了《金锁记》、《倾城之恋》等小说和《更衣记》等散文。以延安文学为中心的解放区文学是新文学的一方新天地，以毛泽东《在延安文艺座谈会上的讲话》确定的文学规范和方向为指导，产生了赵树理、丁玲、周立波、孙犁、李季、阮章竞等作家、诗人及其作品，从而为新中国文学开启了门户，铺就了道路。

1949 年新中国的建立，宣告了新民主主义革命的结束而跨入了社会主义社会。社会形态的变化，使新文学的内容与形式都发生了根本性的转折而呈现出新的品格。作为现代文学延伸与发展的建国初文学，尽管多有缺失，但是，无论从题材抑或形式上都真实地反映了这一历史性的变迁。1949 年 7 月在北京召开的“第一次文代会”，标志着中国“当代文学”的开始，同时也是文学“为工农兵服务，为政治服务”的文学规范和方向确立的标志。这种单一的文学规范和方向体现在文学创作和文学理论的各个领域、各个方面。“颂歌”是建国初期文学的主流，创作者主要是从解放区刚刚成长起来的作家。新的文学规范和方向反映在小说创作中，主要是《保卫延安》(杜鹏程)等共产党领导的革命战争题材的小说，《三里湾》(赵树理)、《创业史》(柳青)等农村题材小说的风靡盛行。50 年代中后期和 60 年代前期，中国当代文学掀起了一个文学创作高潮，既有老舍、田汉分别创作的话剧《茶馆》、《关汉卿》，把话剧创作提高到新的高度；又有一大批革命历史题材的长篇小说纷纷亮相，如杨沫的《青春之歌》、曲波的《林海雪原》、吴强的《红日》、欧阳山的《三家巷》等等；还有郭小川、贺敬之、闻捷等的诗歌，秦牧、杨朔、刘白羽等的散文的纷纷涌现。总的来说，这一时期的文学创作传播了国家意志，灌输和强化了国家主流意识形态，配合了现实社会的政治形势和现实斗争，传达和张扬了昂扬、激烈的时代情绪。客观地说，本时期的文学创作是政治意义大于艺术意义。

1966 年“文化大革命”的爆发，使中国当代文学陷入了灾难的深渊。这是使单一的文学规范和文学方向走向绝对化、极端化和纯粹化的荒谬时代，文学完全沦为政治斗争的工具和奴隶。经过江青等人别有用心地对新文学“经典”的颠覆和破坏，整个文坛几乎只剩下“两本书”和八个“革命样板戏”。但文学仍在文化专制和政治暴政的历史语境中艰难而顽强地沿袭自身的香火。除了穆旦、丰子恺等失去创作权利的老作家依旧在坚持秘密创作外，“白洋淀诗派”和张扬、赵振开等的小说创作是“地下创作”的典型代表。任何事物走向了极端，必然会从其内部滋生出新的反叛的质素，文学也是如此。1976 年 4 月 5 日爆发的“天安门诗歌”运动又揭开了文学的新篇章。

所谓“新时期文学”便是指 1976 年“四人帮”粉碎后，文学禁锢被打破，伴随着“实践是检验真理的标准”的讨论，文学空间得以拓展后，获得了自由生长的中国文学。新时期文学是从苦难的行旅中起步的，直到十一届三中全会以后，文艺“为人民服务，为社会主义服务”方针的提出，“五四”文学所开辟的现实主义优良传统的恢复和发扬，“文学是人学”的职能重新得到确认，才标志着一个多向拓进的新时期文学的到来。

以对刚刚过去的那个荒谬时代的控诉和反思为写作题材的“伤痕文学”和“反思文学”是新时期首先涌动的创作潮流。“伤痕文学”的代表作品有刘心武的《班主任》、卢新华的《伤痕》等，“反思文学”的代表作品有王蒙的《布礼》、古华的《芙蓉镇》、张贤亮的《绿化树》等。20 世纪 70 年代末期、80 年代初期也是诗歌大发展的时期，艾青、公刘等一大批复出的诗人率先恢复了诗歌的现实主义传统;以北岛、顾城、舒婷等为代表的“朦胧诗人”在思想和艺术两方面都展现了新的美学风格,呈现出崛起的诗歌姿态。“改革文学”是顺应时代的改革进程出现的,有影响的作家作品有蒋子龙的《乔厂长上任记》、张洁的《沉重的翅膀》、高晓声的“陈焕生系列”小说等。在新时期,单一的文学局面被打破,文学的题材和艺术表现都得到了突破和拓展:爱情题材、知识分子题材、军旅题材、文化寻根题材……多姿多彩,竞相斗艳;意识流等现代主义创作手法与现实主义手法的交叉融汇,使当代小说得到了迅猛发展,使文学领域呈现出朝气蓬勃的多元格局。

20 世纪 80 年代中后期,中国文学进入了一个多主题或无主题的多元化时代。在诗歌领域,具有后现代主义特质的“新生代诗歌”(第三代诗歌)取代“朦胧诗”占据了先锋的位置,海子、西川、韩东、于坚,以及女诗人翟永明、伊蕾等,用各自的诗歌实践将诗歌创作带进了广阔的空间。在小说领域,“先锋小说”发起了声势浩大的叙述革命从而结束了传统现实主义完整叙事的时代。余华以《现实一种》、《难逃劫数》、《活着》、《许三观卖血记》、《我没有自己的名字》等作品显示了雄厚的实力。现代主义创作经历了王蒙等的“形式上的现代主义”、刘索拉等“荒诞小说”的“观念上的现代主义”后,到马原等的创作,才真正实现从小说观念到形式都进行现代主义的全新尝试。刘恒、池莉、方方等作家的“新写实主义”小说,莫言、苏童、陈忠实的“新历史小说”,王朔为代表的“新市民小说”,林白、陈染、海男和宣称“身体写作”的更年轻的女性作家的“女性文学”,在新时期小说格局中也都占据着引人注目的位置。散文、戏剧等其他文学样式在探索中不断调整、不断完善,从整体上把中国当代文学推向了一个个新境界,例如戏剧走向小剧场,散文出现“学者散文热”、“美文热”等等。

20 世纪 90 年代以来,文学的个人化特点越来越明显,同时,文学面向市场的价值取向特征也越来越明显。

总之,中国百年新文学既无时无刻不与时代、社会纠葛在一起,忠实地记录各种现实存在和精神存在并且审视、赞美或是质疑着这种种存在的合理性;与此同时,又无时无刻不在捍卫、寻求其自身的本质特性和规律。当然,“中国新文学”不是一个结论性的概念,它本身也还在不断摸索、发展着……

伤逝[1]

鲁迅

鲁迅(1881～1936),本名周树人,字豫才,浙江绍兴人。1902 年赴日本留学,期间弃医从文,开始翻译与创作活动。1912 年起任职于教育部,并先后在北京大学、北京女子师范大学、厦门大学、中山大学任教职。1927 年 10 月后定居上海,成为职业作家。除翻译外国作品和整理中国古籍外,创作了《呐喊》、《彷徨》、《故事新编》等小说集,《野草》、《朝花夕拾》等散文集,及十余部杂文集。其中包括《阿 Q 正传》、《狂人日记》、《孤独者》、《伤逝》、《过客》等新文学经典作品。鲁迅是 20 世纪中国最重要的文学家,也是一生致力于国民性改造的伟大的思想家。有多种版本的《鲁迅全集》行世，较通行的是1981年16卷本。

如果我能够，我要写下我的悔恨和悲哀，为子君，为自己。

会馆[2]里的被遗忘在偏僻里的破屋是这样地寂静和空虚。时光过得真快，我爱子君，仗着她逃出这寂静和空虚，已经满一年了。事情又这么不凑巧，我重来时，偏偏空着的又只有这一间屋。依然是这样的破窗，这样的窗外的半枯的槐树和老紫藤，这样的窗前的方桌，这样的败壁，这样的靠壁的板床。深夜中独自躺在床上，就如我未曾和子君同居以前一般，过去一年中的时光全被消灭，全未有过，我并没有曾经从这破屋子搬出，在吉兆胡同创立了满怀希望的小小的家庭。

不但如此。在一年之前，这寂静和空虚是并不这样的，常常含着期待；期待子君的到来。在久待的焦躁中，一听到皮鞋的高底尖触着砖路的清响，是怎样地使我骤然生动起来呵！于是就看见带着笑涡的苍白的圆脸，苍白的瘦的臂膊，布的有条纹的衫子，玄色的裙。她又带了窗外的半枯的槐树的新叶来，使我看见，还有挂在铁似的老干上的一房一房的紫白的藤花。

然而现在呢，只有寂静和空虚依旧，子君却决不再来了，而且永远，永远地！……

子君不在我这破屋里时，我什么也看不见。在百无聊赖中，顺手抓过一本书来，科学也好，文学也好，横竖什么都一样；看下去，看下去，忽而自己觉得，已经翻了十多页了，但是毫不记得书上所说的事。只是耳朵却分外地灵，仿佛听到大门外一切往来的履声，从中便有子君的，而且橐橐地逐渐临近，——但是，往往又逐渐渺茫，终于消失在别的步声的杂沓中了。我憎恶那不像子君鞋声的穿布底鞋的长班[3]的儿子，我憎恶那太像子君鞋声的常常穿着新皮鞋的邻院的搽雪花膏的小东西！

莫非她翻了车么？莫非她被电车撞伤了么？……

我便要取了帽子去看她，然而她的胞叔就曾经当面骂过我。

蓦然，她的鞋声近来了，一步响于一步，迎出去时，却已经走过紫藤棚下，脸上带着微笑的酒窝。她在她叔子的家里大约并未受气；我的心宁帖了，默默地相视片时之后，破屋里便渐渐充满了我的语声，谈家庭专制，谈打破旧习惯，谈男女平等，谈伊孛生，谈泰戈尔，谈雪莱[4]……。她总是微笑点头，两眼里弥漫着稚气的好奇的光泽。壁上就钉着一张铜板的雪莱半身像，是从杂志上裁下来的，是他的最美的一张像。当我指给她看时，她却只草草一看，便低了头，似乎不好意思了。这些地方，子君就大概还未脱尽旧思想的束缚，——我后来也想，倒不如换一张雪莱淹死在海里的记念像或是伊孛生的罢；但也终于没有换，现在是连这一张也不知那里去了。

"我是我自己的，他们谁也没有干涉我的权利！"

这是我们交际了半年，又谈起她在这里的胞叔和在家的父亲时，她默想了一会之后，分明地，坚决地，沉静地说了出来的话。其时是我已经说尽了我的意见，我的身世，我的缺点，很少隐瞒；她也完全了解的了。这几句话很震动了我的灵魂，此后许多天还在耳中发响，而且说不出的狂喜，知道中国女性，并不如厌世家所说那样的无法可施，在不远的将来，便要看见辉煌的曙色的。

送她出门，照例是相离十多步远；照例是那鲇鱼须的老东西的脸又紧帖在脏的窗玻璃上了，连鼻尖都挤成一个小平面；到外院，照例又是明晃晃的玻璃窗里的那小东西的脸，加厚的雪花膏。她目不邪视地骄傲地走了，没有看见；我骄傲地回来。

“我是我自己的，他们谁也没有干涉我的权利！”这彻底的思想就在她的脑里，比我还透澈，坚强得多。半瓶雪花膏和鼻尖的小平面，于她能算什么东西呢？

我已经记不清那时怎样地将我的纯真热烈的爱表示给她。岂但现在，那时的事后便已模胡，夜间回想，早只剩了一些断片了；同居以后一两月，便连这些断片也化作无可追踪的梦影。我只记得那时以前的十几天，曾经很仔细地研究过表示的态度，排列过措辞的先后，以及倘或遭了拒绝以后的情形。可是临时似乎都无用，在慌张中，身不由己地竟用了在电影上见过的方法了。后来一想到，就使我很愧恧，但在记忆上却偏只有这一点永远留遗，至今还如暗室的孤灯一般，照见我含泪握着她的手，一条腿跪了下去……。

不但我自己的，便是子君的言语举动，我那时就没有看得分明；仅知道她已经允许我了。但也还仿佛记得她脸色变成青白，后来又渐渐转作绯红，——没有见过，也没有再见的绯红；孩子似的眼里射出悲喜，但是夹着惊疑的光，虽然力避我的视线，张皇地似乎要破窗飞去。然而我知道她已经允许我了，没有知道她怎样说或是没有说。

她却是什么都记得：我的言辞，竟至于读熟了的一般，能够滔滔背诵；我的举动，就如有一张我所看不见的影片挂在眼下，叙述得如生，很细微，自然连那使我不愿再想的浅薄的电影的一闪。夜阑人静，是相对温习的时候了，我常是被质问，被考验，并且被命复述当时的言语，然而常须由她补足，由她纠正，像一个丁等的学生。

这温习后来也渐渐稀疏起来。但我只要看见她两眼注视空中，出神似的凝想着，于是神色越加柔和，笑窝也深下去，便知道她又在自修旧课了，只是我很怕她看到我那可笑的电影的一闪。但我又知道，她一定要看见，而且也非看不可的。

然而她并不觉得可笑。即使我自己以为可笑，甚而至于可鄙的，她也毫不以为可笑。这事我知道得很清楚，因为她爱我，是这样地热烈，这样地纯真。

去年的暮春是最为幸福，也是最为忙碌的时光。我的心平静下去了，但又有别一部分和身体一同忙碌起来。我们这时才在路上同行，也到过几回公园，最多的是寻住所。我觉得在路上时时遇到探索，讥笑，猥亵和轻蔑的眼光，一不小心，便使我的全身有些瑟缩，只得即刻提起我的骄傲和反抗来支持。她却是大无畏的，对于这些全不关心，只是镇静地缓缓前行，坦然如入无人之境。

寻住所实在不是容易事，大半是被托辞拒绝，小半是我们以为不相宜。起先我们选择得很苛酷，——也非苛酷，因为看去大抵不像是我们的安身之所；后来，便只要他们能相容了。看了二十多处，这才得到可以暂且敷衍的处所，是吉兆胡同一所小屋里的两间南屋；主人是一个小官，然而倒是明白人，自住着正屋和厢房。他只有夫人和一个不到周岁的女孩子，雇一个乡下的女工，只要孩子不啼哭，是极其安闲幽静的。

我们的家具很简单，但已经用去了我的筹来的款子的大半；子君还卖掉了她唯一的金戒指和耳环。我拦阻她，还是定要卖，我也就不再坚持下去了；我知道不给她加入一点股分去，她是住不舒服的。

和她的叔子，她早经闹开，至于使他气愤到不再认她做侄女；我也陆续和几个自以为忠告，其实是替我胆怯，或者竟是嫉妒的朋友绝了交。然而这倒很清静。每日办公散后，虽然已近黄昏，车夫又一定走得这样慢，但究竟还有二人相对的时候。我们先是沉默的相视，接着是放怀而亲密的交谈，后来又是沉默。大家低头沉思着，却并未想着什么事。我也渐渐清醒地读遍了她的身体，她的灵魂，不过三星期，我似乎于她已经更加了解，揭去许多先前以为了解而现在看来却是隔膜，即所谓真的隔膜了。

子君也逐日活泼起来。但她并不爱花，我在庙会[5]时买来的两盆小草花，四天不浇，枯死在壁角了，我又没有照顾一切的闲暇。然而她爱动物，也许是从官太太那里传染的罢，不一月，我们的眷属便骤然加得很多，四只小油鸡，在小院子里和房主人的十多只在一同走。但她们却认识鸡的相貌，各知道那一只是自家的。还有一只花白的叭儿狗，从庙会买来，记得似乎原有名字，子君却给它另起了一个，叫作阿随。我就叫它阿随，但我不喜欢这名字。

这是真的，爱情必须时时更新，生长，创造。我和子君说起这，她也领会地点点头。

唉唉，那是怎样的宁静而幸福的夜呵！

安宁和幸福是要凝固的，永久是这样的安宁和幸福。我们在会馆里时，还偶有议论的冲突和意思的误会，自从到吉兆胡同以来，连这一点也没有了；我们只在灯下对坐的怀旧谭中，回味那时冲突以后的和解的重生一般的乐趣。

子君竟胖了起来，脸色也红活了；可惜的是忙。管了家务便连谈天的工夫也没有，何况读书和散步。我们常说，我们总还得雇一个女工。

这就使我也一样地不快活，傍晚回来，常见她包藏着不快活的颜色，尤其使我不乐的是她要装作勉强的笑容。幸而探听出来了，也还是和那小官太太的暗斗，导火线便是两家的小油鸡。但又何必硬不告诉我呢？人总该有一个独立的家庭。这样的处所，是不能居住的。

我的路也铸定了，每星期中的六天，是由家到局，又由局到家。在局里便坐在办公桌前钞，钞，钞些公文和信件；在家里是和她相对或帮她生白炉子，煮饭，蒸馒头。我的学会了煮饭，就在这时候。

但我的食品却比在会馆里时好得多了。做菜虽不是子君的特长，然而她于此却倾注着全力；对于她的日夜的操心，使我也不能不一同操心，来算作分甘共苦。况且她又这样地终日汗流满面，短发都粘在脑额上；两只手又只是这样地粗糙起来。

况且还要饲阿随，饲油鸡，……都是非她不可的工作。我曾经忠告她：我不吃，倒也罢了；却万不可这样地操劳。她只看了我一眼，不开口，神色却似乎有点凄然；我也只好不开口。然而她还是这样地操劳。

我所豫期的打击果然到来。双十节的前一晚，我呆坐着，她在洗碗。听到打门声，我去开门时，是局里的信差，交给我一张油印的纸条。我就有些料到了，到灯下去一看，果然，印着的就是：奉局长谕史涓生着毋庸到局办事秘书处启十月九号。

这在会馆里时，我就早已料到了；那雪花膏便是局长的儿子的赌友，一定要去添些谣言，设法报告的。到现在才发生效验，已经要算是很晚的了。其实这在我不能算是一个打击，因为我早就决定，可以给别人去钞写，或者教读，或者虽然费力，也还可以译点书，况且《自由之友》的总编辑便是见过几次的熟人，两月前还通过信。但我的心却跳跃着。那么一个无畏的子君也变了色，尤其使我痛心；她近来似乎也较为怯弱了。

“那算什么。哼，我们干新的。我们……。”她说。

她的话没有说完；不知怎地，那声音在我听去却只是浮浮的；灯光也觉得格外黯淡。人们真是可笑的动物，一点极微末的小事情，便会受着很深的影响。我们先是默默地相视，逐渐商量起来，终于决定将现有的钱竭力节省，一面登“小广告”去寻求钞写和教读，一面写信给《自由之友》的总编辑，说明我目下的遭遇，请他收用我的译本，给我帮一点艰辛时候的忙。

“说做，就做罢！来开一条新的路！”

我立刻转身向了书案，推开盛香油的瓶子和醋碟，子君便送过那黯淡的灯来。我先拟广告；其次是选定可译的书，迁移以来未曾翻阅过，每本的头上都满漫着灰尘了；最后才写信。

我很费踌躇，不知道怎样措辞好，当停笔凝思的时候，转眼去一瞥她的脸，在昏暗的灯光下，又很见得凄然。我真不料这样微细的小事情，竟会给坚决的，无畏的子君以这么显著的变化。她近来实在变得很怯弱了，但也并不是今夜才开始的。我的心因此更缭乱，忽然有安宁的生活的影像——会馆里的破屋的寂静，在眼前一闪，刚刚想定睛凝视，却又看见了昏暗的灯光。

许久之后，信也写成了，是一封颇长的信；很觉得疲劳，仿佛近来自己也较为怯弱了。于是我们决定，广告和发信，就在明日一同实行。大家不约而同地伸直了腰肢，在无言中，似乎又都感到彼此的坚忍崛强的精神，还看见从新萌芽起来的将来的希望。

外来的打击其实倒是振作了我们的新精神。局里的生活，原如鸟贩子手里的禽鸟一般，仅有一点小米维系残生，决不会肥胖；日子一久，只落得麻痹了翅子，即使放出笼外，早已不能奋飞。现在总算脱出这牢笼了，我从此要在新的开阔的天空中翱翔，趁我还未忘却了我的翅子的扇动。

小广告是一时自然不会发生效力的；但译书也不是容易事，先前看过，以为已经懂得的，一动手，却疑难百出了，进行得很慢。然而我决计努力地做，一本半新的字典，不到半月，边上便有了一大片乌黑的指痕，这就证明着我的工作的切实。《自由之友》的总编辑曾经说过，他的刊物是决不会埋没好稿子的。

可惜的是我没有一间静室，子君又没有先前那么幽静，善于体帖了，屋子里总是散乱着碗碟，弥漫着煤烟，使人不能安心做事，但是这自然还只能怨我自己无力置一间书斋。然而又加以阿随，加以油鸡们。加以油鸡们又大起来了，更容易成为两家争吵的引线。

加以每日的“川流不息”的吃饭；子君的功业，仿佛就完全建立在这吃饭中。吃了筹钱，筹来吃饭，还要喂阿随，饲油鸡；她似乎将先前所知道的全都忘掉了，也不想到我的构思就常常为了这催促吃饭而打断。即使在坐中给看一点怒色，她总是不改变，仍然毫无感触似的大嚼起来。

使她明白了我的作工不能受规定的吃饭的束缚，就费去五星期。她明白之后，大约很不高兴罢，可是没有说。我的工作果然从此较为迅速地进行，不久就共译了五万言，只要润色一回，便可以和做好的两篇小品，一同寄给《自由之友》去。只是吃饭却依然给我苦恼。菜冷，是无妨的，然而竟不够；有时连饭也不够，虽然我因为终日坐在家里用脑，饭量已经比先前要减少得多。这是先去喂了阿随了，有时还并那近来连自己也轻易不吃的羊肉。她说，阿随实在瘦得太可怜，房东太太还因此嗤笑我们了，她受不住这样的奚落。

于是吃我残饭的便只有油鸡们。这是我积久才看出来的，但同时也如赫胥黎[6]的论定“人类在宇宙间的位置”一般，自觉了我在这里的位置：不过是叭儿狗和油鸡之间。

后来，经多次的抗争和催逼，油鸡们也逐渐成为肴馔，我们和阿随都享用了十多日的鲜肥；可是其实都很瘦，因为它们早已每日只能得到几粒高粱了。从此便清静得多。只有子君很颓唐，似乎常觉得凄苦和无聊，至于不大愿意开口。我想，人是多么容易改变呵！

但是阿随也将留不住了。我们已经不能再希望从什么地方会有来信，子君

也早没有一点食物可以引它打拱或直立起来。冬季又逼近得这么快，火炉就要成为很大的问题；它的食量，在我们其实早是一个极易觉得的很重的负担。于是连它也留不住了。

倘使插了草标[7]到庙市去出卖，也许能得几文钱罢，然而我们都不能，也不愿这样做。终于是用包袱蒙着头，由我带到西郊去放掉了，还要追上来，便推在一个并不很深的土坑里。

我一回寓，觉得又清静得多多了；但子君的凄惨的神色，却使我很吃惊。那是没有见过的神色，自然是为阿随。但又何至于此呢？我还没有说起推在土坑里的事。

到夜间，在她的凄惨的神色中，加上冰冷的分子了。

“奇怪。——子君，你怎么今天这样儿了？”我忍不住问。

“什么？”她连看也不看我。

“你的脸色……。”

“没有什么，——什么也没有。”

我终于从她言动上看出，她大概已经认定我是一个忍心的人。其实，我一个人，是容易生活的，虽然因为骄傲，向来不与世交来往，迁居以后，也疏远了所有旧识的人，然而只要能远走高飞，生路还宽广得很。现在忍受着这生活压迫的苦痛，大半倒是为她，便是放掉阿随，也何尝不如此。但子君的识见却似乎只是浅薄起来，竟至于连这一点也想不到了。

我拣了一个机会，将这些道理暗示她；她领会似的点头。然而看她后来的情形，她是没有懂，或者是并不相信的。

天气的冷和神情的冷，逼迫我不能在家庭中安身。但是，往那里去呢？大道上，公园里，虽然没有冰冷的神情，冷风究竟也刺得人皮肤欲裂。我终于在通俗图书馆里觅得了我的天堂。

那里无须买票；阅书室里又装着两个铁火炉。纵使不过是烧着不死不活的煤的火炉，但单是看见装着它，精神上也就总觉得有些温暖。书却无可看：旧的陈腐，新的是几乎没有的。

好在我到那里去也并非为看书。另外时常还有几个人，多则十余人，都是单薄衣裳，正如我，各人看各人的书，作为取暖的口实。这于我尤为合式。道路上容易遇见熟人，得到轻蔑的一瞥，但此地却决无那样的横祸，因为他们是永远围在别的铁炉旁，或者靠在自家的白炉边的。

那里虽然没有书给我看，却还有安闲容得我想。待到孤身枯坐，回忆从前，这才觉得大半年来，只为了爱，——盲目的爱，——而将别的人生的要义全盘疏忽了。第一，便是生活。人必生活着，爱才有所附丽。世界上并非没有为了奋斗者而开的活路；我也还未忘却翅子的扇动，虽然比先前已经颓唐得多……。

屋子和读者渐渐消失了，我看见怒涛中的渔夫，战壕中的兵士，摩托车[8]中的贵人，洋场上的投机家，深山密林中的豪杰，讲台上的教授，昏夜的运动者和深夜的偷儿……。子

君，——不在近旁。她的勇气都失掉了，只为着阿随悲愤，为着做饭出神；然而奇怪的是倒也并不怎样瘦损……。

冷了起来，火炉里的不死不活的几片硬煤，也终于烧尽了，已是闭馆的时候。又须回到吉兆胡同，领略冰冷的颜色去了。近来也间或遇到温暖的神情，但这却反而增加我的苦痛。记得有一夜，子君的眼里忽而又发出久已不见的稚气的光来，笑着和我谈到还在会馆时候的情形，时时又很带些恐怖的神色。我知道我近来的超过她的冷漠，已经引起她的忧疑来，只得也勉力谈笑，想给她一点慰藉。然而我的笑貌一上脸，我的话一出口，却即刻变为空虚，这空虚又即刻发生反响，回向我的耳目里，给我一个难堪的恶毒的冷嘲。子君似乎也觉得的，从此便失掉了她往常的麻木似的镇静，虽然竭力掩饰，总还是时时露出忧疑的神色来，但对我却温和得多了。

我要明告她，但我还没有敢，当决心要说的时候，看见她孩子一般的眼色，就使我只得暂且改作勉强的欢容。但是这又即刻来冷嘲我，并使我失却那冷漠的镇静。

她从此又开始了往事的温习和新的考验，逼我做出许多虚伪的温存的答案来，将温存示给她，虚伪的草稿便写在自己的心上。我的心渐被这些草稿填满了，常觉得难于呼吸。我在苦恼中常常想，说真实自然须有极大的勇气的；假如没有这勇气，而苟安于虚伪，那也便是不能开辟新的生路的人。不独不是这个，连这人也未尝有！

子君有怨色，在早晨，极冷的早晨，这是从未见过的，但也许是从我看来的怨色。我那时冷冷地气愤和暗笑了；她所磨练的思想和豁达无畏的言论，到底也还是一个空虚，而对于这空虚却并未自觉。她早已什么书也不看，已不知道人的生活的第一着是求生，向着这求生的道路，是必须携手同行，或奋身孤往的了，倘使只知道捶着一个人的衣角，那便是虽战士也难于战斗，只得一同灭亡。

我觉得新的希望就只在我们的分离；她应该决然舍去，——我也突然想到她的死，然而立刻自责，忏悔了。幸而是早晨，时间正多，我可以说我的真实。我们的新的道路的开辟，便在这一遭。

我和她闲谈，故意地引起我们的往事，提到文艺，于是涉及外国的文人，文人的作品：《诺拉》，《海的女人》[9]。称扬诺拉的果决……。也还是去年在会馆的破屋里讲过的那些话，但现在已经变成空虚，从我的嘴传入自己的耳中，时时疑心有一个隐形的坏孩子，在背后恶意地刻毒地学舌。

她还是点头答应着倾听，后来沉默了。我也就断续地说完了我的话，连余音都消失在虚空中了。

"是的。"她又沉默了一会，说，"但是，……涓生，我觉得你近来很两样了。可是的？你，——你老实告诉我。"

我觉得这似乎给了我当头一击，但也立即定了神，说出我的意见和主张来：新的路的开辟，新的生活的再造，为的是免得一同灭亡。

临末，我用了十分的决心，加上这几句话：

"……况且你已经可以无须顾虑，勇往直前了。你要我老实说；是的，人是不该虚伪的。我老实说罢：因为，因为我已经不爱你了！但这于你倒好得多，因为你更可以毫无挂念地做事……。"

我同时豫期着大的变故的到来，然而只有沉默。她脸色陡然变成灰黄，死了似的；瞬间便又苏生，眼里也发了稚气的闪闪的光泽。这眼光射向四处，正如孩子在饥渴中寻求着慈爱的母亲，但只在空中寻求，恐怖地回避着我的眼。

我不能看下去了，幸而是早晨，我冒着寒风径奔通俗图书馆。

在那里看见《自由之友》，我的小品文都登出了。这使我一惊，仿佛得了一点生气。我想，生活的路还很多，——但是，现在这样也还是不行的。

我开始去访问久已不相闻问的熟人，但这也不过一两次；他们的屋子自然是暖和的，我在骨髓中却觉得寒冽。夜间，便蜷伏在比冰还冷的冷屋中。

冰的针刺着我的灵魂，使我永远苦于麻木的疼痛。生活的路还很多，我也还没有忘却翅子的扇动，我想。——我突然想到她的死，然而立刻自责，忏悔了。

在通俗图书馆里往往瞥见一闪的光明，新的生路横在前面。她勇猛地觉悟了，毅然走出这冰冷的家，而且，——毫无怨恨的神色。我便轻如行云，漂浮空际，上有蔚蓝的天，下是深山大海，广厦高楼，战场，摩托车，洋场，公馆，晴明的闹市，黑暗的夜……。

而且，真的，我豫感得这新生面便要来到了。

我们总算度过了极难忍受的冬天，这北京的冬天；就如蜻蜓落在恶作剧的坏孩子的手里一般，被系着细线，尽情玩弄，虐待，虽然幸而没有送掉性命，结果也还是躺在地上，只争着一个迟早之间。

写给《自由之友》的总编辑已经有三封信，这才得到回信，信封里只有两张书券[10]：两角的和三角的。我却单是催，就用了九分的邮票，一天的饥饿，又都白挨给于己一无所得的空虚了。

然而觉得要来的事，却终于来到了。

这是冬春之交的事，风已没有这么冷，我也更久地在外面徘徊；待到回家，大概已经昏黑。就在这样一个昏黑的晚上，我照常没精打采地回来，一看见寓所的门，也照常更加丧气，使脚步放得更缓。但终于走进自己的屋子里了，没有灯火；摸火柴点起来时，是异样的寂寞和空虚！

正在错愕中，官太太便到窗外来叫我出去。

"今天子君的父亲来到这里，将她接回去了。"她很简单地说。

这似乎又不是意料中的事，我便如脑后受了一击，无言地站着。

"她去了么？"过了些时，我只问出这样一句话。

"她去了。"

"她，——她可说什么？"

"没说什么。单是托我见你回来时告诉你，说她去了。"

我不信；但是屋子里是异样的寂寞和空虚。我遍看各处，寻觅子君；只见几件破旧而黯淡的家具，都显得极其清疏，在证明着它们毫无隐匿一人一物的能力。我转念寻信或她留下的字迹，也没有；只是盐和干辣椒，面粉，半株白菜，却聚集在一处了，旁边还有几十枚铜元。这是我们两人生活材料的全副，现在她就郑重地将这留给我一个人，在不言中，教我借此去维持较久的生活。

我似乎被周围所排挤，奔到院子中间，有昏黑在我的周围；正屋的纸窗上映出明亮的灯光，他们正在逗着孩子玩笑。我的心也沉静下来，觉得在沉重的迫压中，渐渐隐约地现出脱走的路径：深山大泽，洋场，电灯下的盛筵；壕沟，最黑最黑的深夜，利刃的一击，毫无声响的脚步……。

心地有些轻松，舒展了，想到旅费，并且嘘一口气。

躺着，在合着的眼前经过的豫想的前途，不到半夜已经现尽；暗中忽然仿佛看见一堆食物，这之后，便浮出一个子君的灰黄的脸来，睁了孩子气的眼睛，恳托似的看着我。我一定神，什么也没有了。

但我的心却又觉得沉重。我为什么偏不忍耐几天，要这样急急地告诉她真话的呢？现在她知道，她以后所有的只是她父亲——儿女的债主——的烈日一般的严威和旁人的赛过冰霜的冷眼。此外便是虚空。负着虚空的重担，在严威和冷眼中走着所谓人生的路，这是怎么可怕的事呵！而况这路的尽头，又不过是——连墓碑也没有的坟墓。

我不应该将真实说给子君，我们相爱过，我应该永久奉献她我的说谎。如果真实可以宝贵，这在子君就不该是一个沉重的空虚。谎语当然也是一个空虚，然而临末，至多也不过这样地沉重。

我以为将真实说给子君，她便可以毫无顾虑，坚决地毅然前行，一如我们将要同居时那样。但这恐怕是我错误了。她当时的勇敢和无畏是因为爱。

我没有负着虚伪的重担的勇气，却将真实的重担卸给她了。她爱我之后，就要负了这重担，在严威和冷眼中走着所谓人生的路。

我想到她的死……。我看见我是一个卑怯者，应该被摈于强有力的人们，无论是真实者，虚伪者。然而她却自始至终，还希望我维持较久的生活……。

我要离开吉兆胡同，在这里是异样的空虚和寂寞。我想，只要离开这里，子君便如还在我的身边；至少，也如还在城中，有一天，将要出乎意表地访我，像住在会馆时候似的。

然而一切请托和书信，都是一无反响；我不得已，只好访问一个久不问候的世交去了。他是我伯父的幼年的同窗，以正经出名的拔贡[11]，寓京很久，交游也广阔的。

大概因为衣服的破旧罢，一登门便很遭门房的白眼。好容易才相见，也还相识，但是很冷落。我们的往事，他全都知道了。

“自然，你也不能在这里了，”他听了我托他在别处觅事之后，冷冷地说，“但那里去呢？很难。——你那，什么呢，你的朋友吧，子君，你可知道，她死了。”

我惊得没有话。

“真的？”我终于不自觉地问。

“哈哈。自然真的。我家的王升的家，就和她家同村。”

“但是，——不知道是怎么死的？”

“谁知道呢。总之是死了就是了。”

我已经忘却了怎样辞别他，回到自己的寓所。我知道他是不说谎话的；子君总不会再来的了，像去年那样。她虽是想在严威和冷眼中负着虚空的重担来走所谓人生的路，也已经不能。她的命运，已经决定她在我所给与的真实——无爱的人间死灭了！

自然，我不能在这里了；但是，“那里去呢？”

四围是广大的空虚，还有死的寂静。死于无爱的人们的眼前的黑暗，我仿佛一一看见，还听得一切苦闷和绝望的挣扎的声音。

我还期待着新的东西到来，无名的，意外的。但一天一天，无非是死的寂静。

我比先前已经不大出门，只坐卧在广大的空虚里，一任这死的寂静侵蚀着我的灵魂。

死的寂静有时也自己战栗，自己退藏，于是在这绝续之交，便闪出无名的，意外的，新的期待。

一天是阴沉的上午，太阳还不能从云里面挣扎出来；连空气都疲乏着。耳中听到细碎的步声和咻咻的鼻息，使我睁开眼。大致一看，屋子里还是空虚；但偶然看到地面，却盘旋着一匹小小的动物，瘦弱的，半死的，满身灰土的……。

我一细看，我的心就一停，接着便直跳起来。

那是阿随。它回来了。

我的离开吉兆胡同，也不单是为了房主人们和他家女工的冷眼，大半就为着这阿随。但是，"那里去呢？"新的生路自然还很多，我约略知道，也间或依稀看见，觉得就在我面前，然而我还没有知道跨进那里去的第一步的方法。

经过许多回的思量和比较，也还只有会馆是还能相容的地方。依然是这样的破屋，这样的板床，这样的半枯的槐树和紫藤，但那时使我希望，欢欣，爱，生活的，却全都逝去了，只有一个虚空，我用真实去换来的虚空存在。

新的生路还很多，我必须跨进去，因为我还活着。但我还不知道怎样跨出那第一步。有时，仿佛看见那生路就像一条灰白的长蛇，自己蜿蜒地向我奔来，我等着，等着，看看临近，但忽然便消失在黑暗里了。

初春的夜，还是那么长。长久的枯坐中记起上午在街头所见的葬式，前面是纸人纸马，后面是唱歌一般的哭声。我现在已经知道他们的聪明了，这是多么轻松简截的事。

然而子君的葬式却又在我的眼前，是独自负着虚空的重担，在灰白的长路上前行，而又即刻消失在周围的严威和冷眼里了。

我愿意真有所谓鬼魂，真有所谓地狱，那么，即使在孽风怒吼之中，我也将寻觅子君，当面说出我的悔恨和悲哀，祈求她的饶恕；否则，地狱的毒焰将围绕我，猛烈地烧尽我的悔恨和悲哀。

我将在孽风和毒焰中拥抱子君，乞她宽容，或者使她快意……。

但是，这却更虚空于新的生路；现在所有的只是初春的夜，竟还是那么长。我活着，我总得向着新的生路跨出去，那第一步，——却不过是写下我的悔恨和悲哀，为子君，为自己。

我仍然只有唱歌一般的哭声，给子君送葬，葬在遗忘中。

我要遗忘；我为自己，并且要不再想到这用了遗忘给子君送葬。

我要向着新的生路跨进第一步去，我要将真实深深地藏在心里的创伤中，默默地前行，用遗忘和说谎做我的前导……

一九二五年十月二十一日

【注释】

[1]本篇作于1925年，1926年9月收入小说集《彷徨》。这篇小说在收入此书前未在报刊上发表过，因此发表的时间应为小说集《彷徨》出版的时间。

[2]会馆：旧时都市中同乡会或同业公会设立的馆舍，供同乡或同业旅居、聚会之用。

[3]长班：旧时官员的随身仆人，也用来称呼一般的"听差"。

[4]伊孛生(H. Ibsen，1828～1906)：通译易卜生，挪威剧作家。泰戈尔(R. Tagore，1861－1941)：印度诗人，1924年曾来过我国，当时他的诗作译成中文的有《新月集》、《飞鸟集》等。雪莱(P. B.

Shelley,1792—1822):英国诗人,曾参加爱尔兰民族独立运动,因传播革命思想和争取婚姻自由屡遭迫害,后在海里覆舟淹死。他的《西风颂》、《云雀颂》等著名短诗,"五四"后被介绍到我国。

[5]庙会:又称"庙市",旧时在节日或规定的日子,设在寺庙或其附近的集市。

[6]赫胥黎(T. Huxley,1825～1895):英国生物学家,他的《人类在宇宙间的位置》(今译《人类在自然界的位置》),是宣传达尔文的进化论的重要著作。

[7]草标:旧时在被卖的人身或物品上插置的草秆,作为出卖的标志。

[8]摩托车:当时对小汽车的称呼。

[9]《诺拉》:通译《娜拉》(又译作《玩偶之家》);《海的女人》:通译《海的夫人》。它们都是易卜生的著名剧作。

[10]书券:购书用的代价券,可按券面金额到指定书店选购。旧时有的报刊用它代替现金支付稿酬。

[11]拔贡:清代科举考试制度,在规定的年限(原定六年,后改为十二年)选拔"文行计优"的秀才,保送到京师,贡入国子监,称为"拔贡",是贡生的一种。

【导读】

《伤逝》是一部短篇小说,也可以说是鲁迅唯一一部以爱情为主题的小说。它所讲述的是两个觉醒的知识分子涓生和子君的爱情悲剧。造成这个悲剧的原因有两方面:当时社会现实的客观原因和涓生、子君思想上的主观原因。故事没有放开笔墨写他们的热烈相爱、争取自由的斗争,而是用倒叙的手法,由涓生来追述和总结过去,大力压缩同居前的热恋与抗争的激扬文字,着重铺写同居后的不幸遭遇和爱情破裂的过程,使整个故事情节的进行和人物的描述都渗透着"悔恨和悲哀"的感情色彩。涓生的反思和悔恨,揭示出恋爱和婚姻问题不可能是一个孤立的问题,它的最终解决,不能仅靠着个性的解放,而应该是整个社会解放的一个组成部分。这也正是涓生和子君爱情悲剧的思想意义所在:追求爱情婚姻自由,真正实现个性解放,必须同改造社会的斗争结合起来,才有出路。《伤逝》成为鲁迅启蒙主义小说所达到的一个新的高峰。

小说采用"手记"的形式,用诗一样的语言抒写了涓生的心境,以涓生的回忆来叙述他与子君的这场令人悲哀心碎的恋情,寓批判于事实的叙述,有追忆中的内心独白和倾诉,也有回想里的细节点缀和刻画,具有浓郁的抒情色彩和白描技法。这样的写法造成了小说的双重效果:一是真切地记叙了涓生、子君两人的情感历程及其悲剧结局,使作品所表述的故事显得清晰、完整;二是主人公的议论与抒情大大增强了作品的思想和感情力度,作品凸现出涓生深深的自责与忏悔,更加重了故事的悲剧性,也加深了作品思想内涵的感染力,异常凄切哀婉,情意悠长。

【思考练习】

一、简析《伤逝》中涓生和子君爱情悲剧的主要原因及思想意义。

二、结合作品,具体论析《伤逝》采用"涓生手记"的形式,对于表现作品的思想内涵、揭示人物的内心世界有什么作用?

赠与今年的大学毕业生[1]

胡适

胡适(1891～1962),原名嗣穈,字希疆,后改名胡适,字适之,安徽绩溪人。现代诗人、文史学者、思想家。青年时代留学美国,攻读哲学、文学,受赫胥黎、杜威思想影响较大。1917年回国后,任北京大学教授,宣扬民主、科学,倡导反封建的新文化运动,发表《文学改良刍议》、《文学进化观念与戏剧改良》等文章,率先从事白话新诗与文学史的写作,成为“五四”新文化运动的一位主要代表人物。

胡适在我国哲学史、文学史、古典小说和古籍整理等各领域的研究工作中都有重要成果。主要著作有《尝试集》、《白话文学史》、《中国哲学史大纲》、《中国章回小说考证》、《胡适文存》(共三集)等。

这一两个星期里,各地的大学都有毕业的班次,都有很多的毕业生离开学校去开始他们的成人事业。学生的生活是一种享有特殊优待的生活,不妨幼稚一点,不妨吵吵闹闹,社会都能纵容他们,不肯严格地要他们负行为的责任。现在他们要撑起自己的肩膀来挑他们自己的担子了。在这个国难最紧急的年头,他们的担子真不轻!我们祝他们的成功,同时也不忍不依据我们自己的经验,赠与他们几句送行的赠言——虽未必是救命毫毛,也许作个防身的锦囊罢!

你们毕业之后,可走的路不出这几条:绝少数的人还可以在国内或国外的研究院继续作学术研究,少数的人可以寻着相当的职业;此外还有做官,办党,革命三条路;此外就是在家享福或者失业闲居了。第一条继续求学之路,我们可以不讨论。走其余几条路的人,都不能没有堕落的危险。堕落的方式很多,总括起来,约有这两大类:第一是容易抛弃学生时代的求知识的欲望。你们到了实际社会里,往往所用非所学,往往所学全无用处,往往可以完全用不着学问,而一样可以胡乱混饭吃,混官做。在这种环境里,即使向来抱有求知识学问的决心的人,也不免心灰意懒,把求知的欲望渐渐冷淡下去。况且学问是要有相当的设备的:书籍,试验室,师友的切磋指导,闲暇的工夫,都不是一个平常要糊口养家的人所能容易办到的、没有做学问的环境,又谁能怪我们抛弃学问呢?

第二是容易抛弃学生时代的理想的人生的追求。少年人初次与冷酷的社会接触,容易感觉理想与事实相去太远,容易发生悲观和失望。多年怀抱的人生理想,改造的热诚,奋斗的勇气,到此时候,好像全不是那么一回事,渺小的个人在那强烈的社会炉火里,往往经不起长时期的烤炼就熔化了,一点高尚的理想不久就幻灭了。抱着改造社会的梦想而来,往往是弃甲曳兵而走,或者做了恶势力的俘虏。你在那俘虏牢狱里,回想那少年气壮时代的种种理想主义,好像都成了自误误人的迷梦!从此以后,你就甘心放弃理想的人生的追求,甘心做现成社会的顺民了。

要防御这两方面的堕落,一面要保持我们求知识的欲望,一面要保持我们对于理想人生的追求。有什么好法子呢?依我的观察和经验,有三种防身的药方是值得一试的。

第一个方子只有一句话："总得时时寻一两个值得研究的问题！"问题是知识学问的老祖宗；古今来一切知识的产生与积聚，都是因为要解答问题——要解答实用上的困难或理论上的疑难。所谓"为知识而求知识"，其实也只是一种好奇心追求某种问题的解答，不过因为那种问题的性质不必是直接应用的，人们就觉得这是"无所为"的求知识了。我们出学校之后，离开了做学问的环境，如果没有一个两个值得解答的疑难问题在脑子里盘旋，就很难继续保持追求学问的热心。可是，如果你有了一个真有趣的问题天天逗你去想他，天天引诱你去解决他，天天对你挑衅笑你无可奈何他——这时候，你就会同恋爱一个女子发了疯一样，坐也坐不下，睡也睡不安，没工夫也得偷出工夫去陪她，没钱也得节衣节食去巴结她。没有书，你自会变卖家私去买书；没有仪器，你自会典押衣服去置办仪器；没有师友，你自会不远千里去寻师访友。你只要能时时有疑难问题来逼你用脑子，你自然会保持发展你对学问的兴趣，即使在最贫乏的智识环境中，你也会慢慢的聚起一个小图书馆来，或者设置起一所小试验室来。所以我说：第一要寻问题。脑子里没有问题之日，就是你的智识生活寿终正寝之时！古人说，"待文王而兴者，凡民也。若夫豪杰之士，虽无文王犹兴。"试想伽利略(Galileo)和牛顿(Newton)有多少藏书？有多少仪器？他们不过是有问题而已。有了问题而后，他们自会造出仪器来解答他们的问题。没有问题的人们，关在图书馆里也不会用书，锁在试验室里也不会有什么发现。

第二个方子也只有一句话："总得多发展一点非职业的兴趣。"离开学校之后，大家总得寻个吃饭的职业。可是你寻得的职业未必就是你所学的，或者未必是你所心喜的，或者是你所学而实在和你的性情不相近的。在这种状况之下，工作就往往成了苦工，就不感觉兴趣了。为糊口而作那种非"性之所近而力之所能勉"的工作，就很难保持求知的兴趣和生活的理想主义。最好的救济方法只有多多发展职业以外的正当兴趣与活动。一个人应该有他的职业，又应该有他的非职业的玩艺儿，可以叫做业余活动。凡一个人用他的闲暇来做的事业，都是他的业余活动。往往他的业余活动比他的职业还更重要，因为一个人的前程往往全靠他怎样用他的闲暇时间。他用他的闲暇来打麻将，他就成个赌徒；你用你的闲暇来做社会服务，你也许成个社会改革者；或者你用你的闲暇去研究历史，你也许成个史学家。你的闲暇往往定你的终身。英国十九世纪的两个哲人，弥儿(J. S. Mill)终身做东印度公司的秘书，然而他的业余工作使他在哲学上，经济学上，政治思想史上都占一个很高的位置；斯宾塞(Spencer)是一个测量工程师，然而他的业余工作使他成为前世纪晚期世界思想界的一个重镇。古来成大学问的人，几乎没有一个不是善用他的闲暇时间的。特别在这个组织不健全的中国社会，职业不容易适合我们性情，我们要想生活不苦痛或不堕落，只有多方发展业余的兴趣，使我们的精神有所寄托，使我们的剩余精力有所施展。有了这种心爱的玩艺儿，你就做六个钟头的抹桌子工夫也不会感觉烦闷了，因为你知道，抹了六点钟的桌子之后，你可以回家去做你的化学研究，或画完你的大幅山水，或写你的小说戏曲，或继续你的历史考据，或做你的社会改革事业。你有了这种称心如意的活动，生活就不枯寂了，精神也就不会烦闷了。

第三个方子也只有一句话："你总得有一点信心。"我们生在这个不幸的时代，眼中所见，耳中所闻，无非是叫我们悲观失望的。特别是在这个年头毕业的你们，眼见自己的国家民族沉沦到这步田地，眼看世界只是强权的世界，望极天边好像看不见一线的光明——在这个年头不发狂自杀，已算是万幸了，怎么还能够希望保持一点内心的镇定和理想的信任呢？我要对你们说：这时候正是我们要培养我们的信心的时候！只要我们有信心，我们还有救。古人说："信心(Faith)可以移山。"又说："只要工夫深，生铁磨成绣花针。"你不信吗？当拿破仑的军队征服普鲁士占据柏林的时候，有一位穷教授叫做菲希特(Fichte)的，天天在讲堂上劝他的国人要有信心，要信仰他们的民族是有世界的特殊使命的，是必定要复兴的。菲希特死的时候(1814年)，谁也不能预料德意志统一帝国何时可以实现。然而不满五十年，新的统一的德意志帝国居然实现了。

一个国家的强弱盛衰，都不是偶然的，都不能逃出因果的铁律的。我们今日所受的苦痛和耻辱，都只是过去种种恶因种下的恶果。我们要收将来的善果，必须努力种现在的新因。

一粒一粒的种，必有满仓满屋的收，这是我们今日应该有的信心。一分耕耘，一分收获，这是初涉人世的青年都有的想法，但现实往往是劳而无获，因此理想也就丧失，心灵也就麻木了。

我们要深信：今日的失败，都由于过去的不努力。

我们要深信：今日的努力，必定有将来的大收成。

佛典里有一句话："福不唐捐。[2]"唐捐就是白白地丢了。我们也应该说："功不唐捐！"没有一点努力是会白白地丢了的。在我们看不见想不到的时候，在我们看不见想不到的方向，你瞧！你下的种子早已生根发叶开花结果了！

你不信吗？法国被普鲁士打败之后，割了两省地，赔了五十万万佛郎的赔款。这个例子无数次地被胡适用来证明"科学可以救国"，但是当时中国的现实是残酷的，连一张平静的书桌都放不下，哪里还能指望"科学"能救国！这时候有一位刻苦的科学家巴斯德(Pasteur)终日埋头在他的试验室里做他的化学试验和微菌学研究。他是一个最爱国的人，然而他深信只有科学可以救国。他用一生的精力证明了三个科学问题：(一)每一种发酵作用都是由于一种微菌的发展；(二)每一种传染病都是由于一种微菌在生物体中的发展；(三)传染病的微菌，在特殊的培养之下，可以减轻毒力，使它从病菌变成防病的药苗。——这三个问题，在表面上似乎都和救国大事业没有多大的关系。然而从第一个问题的证明，巴斯德定出做醋酿酒的新法，使全国的酒醋业每年减除极大的损失。从第二个问题的证明，巴斯德教全国的蚕丝业怎样选种防病，教全国的畜牧农家怎样防止牛羊瘟疫，又教全世界的医学界怎样注重消毒以减除外科手术的死亡率。从第三个问题的证明，巴斯德发明了牲畜的脾热瘟的疗治药苗，每年替法国农家减除了二千万佛郎的大损失；又发明了疯狗咬毒的治疗法，救济了无数的生命。所以英国的科学家赫胥黎(Huxley)在皇家学会里称颂巴斯德的功绩道："法国给了德国五十万万佛郎的赔款，巴斯德先生一个人研究科学的成绩足够还清这一笔赔款了。"

巴斯德对于科学有绝大的信心，所以他在国家蒙奇辱大难的时候，终不肯抛弃他的显微镜与试验室。他绝不想他的显微镜底下能偿还五十万万佛郎的赔款，然而在他看不见想不到的时候，他已收获了科学救国的奇迹了。

朋友们，在你最悲观最失望的时候，那正是你必须鼓起坚强的信心的时候。你要深信：天下没有白费的努力。成功不必在我，而功力必不唐捐。能够永远有这样的信心，自然也是好的。

胡适(1932年6月27日)

【注释】

[1]本文是作者在 1932 年 6 月为即将走上社会的大学毕业生们所作的演讲。初载于 1932 年 7 月 3 日《独立评论》第 7 号，后收入《胡适文存四集》。

[2]福不唐捐：语出《法华经八・观世音菩萨普门品二五》："若有众生，恭敬礼拜观世音菩萨，福不唐捐。"唐捐：虚掷，落空。

【导读】

本文不是一般的赠言与含混的祝福，也不是空泛的嘱咐——"虽未必是救命毫毛，也许作个防身的锦囊吧！"

文章首先指出，毕业生们无论走哪条就业之路都不能没有堕落的危险。"堕落"，作者说得很重，却不是危言耸听。在作者看来，学生离开学校，设若抛弃学生时代的求知识的欲望，或者抛弃学生时代的理想人生的追求，成为庸人、顺民，就是堕落。因为大学生是社会栋梁、国家中坚、民族希望、文化传承者，对自身的要求必须有所不同。这一段可称当头棒喝，不由人不对下面所谈的"救命的药方"心存期冀。

为防御"两方面的堕落"，胡适开出了"三种防身的药方"、"防身的锦囊"，那就是：一、"总得时时寻一两个值得研究的问题"；二、"总得多发展一点非职业的兴趣"；三、"总得有一点信心"。两年后，又到学生毕业时，又要给学生赠言，作者"心里要说的话，想来想去，还只是这三句话：要寻问题，要培养业余兴趣，要有信心 "。直到 1960 年，他送给毕业生的，仍然是这个"防身药方的三味药"："问题丹"、"兴趣散"、"信心汤"。可谓苦口婆心，不厌其烦，谆谆嘱咐，语重心长。应当说，每个人卒业后的境遇和机缘各不相同，不见得都能完满实现上述三个理想；但预先服下这"三味药"，时时心存此念，自会终身受益。

本文非演讲的记录，而是一篇拟写的演讲稿。作者以师长身份面对学子，却毫无凌人盛气，而是语气平和，字里行间蕴藏着诚恳与真情，使人感动，而这也正是为文的根本。

【思考练习】

一、面对今天的实际，你认为胡适的这三味药还有坚持的必要与可能吗？

二、反躬自问，我们在大学求学时代，"求知识的欲望"和"理想的人生的追求"是否足够强烈？

鸣凤投湖[1]

巴金

巴金(1904～2005)，原名李尧棠，字芾甘，四川成都人，祖籍浙江嘉兴。现代文学家、出版家、翻译家，同时也被誉为"五四"新文化运动以来最有影响的作家之一，是 20 世纪中国杰出的文学大师、中国当代文坛的巨匠。著述颇丰，代表作有"激流三部曲"：《家》、《春》、《秋》；"爱情三部曲"：《雾》、《雨》、《电》；长篇小说《憩园》、《寒夜》。此外，他还写作了大量的中、短篇小说及诗歌、散文等。

她不回自己的房间，却一直往花园里走去。她一路上摸索着，费了很大的力，才走到她的目的地——湖畔。湖水在黑暗中发光，水面上时时有鱼的唼喋声。她茫然地立在那里，回想着许许多多的往事。他跟她的关系一幕一幕地在她的脑子里重现。她渐渐地可以在黑暗中辨物了。一草一木，在她的眼前朦胧地显露出来，变得非常可爱，而同时她清楚地知道她就要跟这一切分开了。世界是这样静。人们都睡了。然而他们都活着。所有的人都活着，只有她一个人就要死了。过去十七年中她所能够记忆的是打骂，流眼泪，服侍别人，此外便是她现在所要身殉的爱。在生活里她享受的比别人少，而现在在这样轻的年纪，她就要最先离开这个世界了。明天，所有的人都有明天，然而在她的前面却横着一片黑暗，那一片、一片接连着一直到无穷的黑暗，在那里是没有明天的。是的，她的生活里是永远没有明天的。明天，小鸟在树技上唱歌，朝日的阳光染黄树梢，在水面上散布无数明珠的时候，她已经永远闭上眼睛看不见这一切了。她想，这一切是多么可爱，这个世界是多么可爱。她从不曾伤害过一个人。她跟别的少女一样，也有漂亮的面孔，有聪明的心、有血肉的身体。为什么人们单单要蹂躏她，伤害她，不给她一瞥温和的眼光，不给她一颗同情的心，甚至没有人来为她发出一声怜悯的叹息！她顺从地接受了一切灾祸，她毫无怨言。后来她终于得到了安慰，得到了纯洁的、男性的爱，找到了她崇拜的英雄。她满足了。但是他的爱也不能拯救她，反而给她添了一些痛苦的回忆。他的爱曾经允许过她许多美妙的幻梦，然而它现在却把她丢进了黑暗的深渊。她爱生活，她爱一切，可是生活的门面面地关住了她，只给她留下那一条堕落的路。她想到这里，那条路便明显地在她的眼前伸展，她带着恐怖地看了看自己的身子。虽然在黑暗里她看不清楚，然而她知道她的身子是清白的。好像有什么人要来把她的身子投到那条堕落的路上似的，她不禁痛惜地、爱怜地摩抚着它。这时候她下定决心了。她不再迟疑了。她注意地看那平静的水面。她要把身子投在晶莹清澈的湖水里，那里倒是一个很好的寄身的地方，她死了也落得一个清白的身子。她要跳进湖水里去。

忽然她又站住了。她想她不能够就这样地死去，她至少应该再见他一面，把自己的心事告诉他，他也许还有挽救的办法。她觉得他的接吻还在她的唇上燃烧，他的面颜还在她的眼前荡漾。她太爱他了，她不能够失掉他。在生活中她所得到的就只有他的爱。难道这一点她也没有权利享受？为什么所有的人都还活着，她在这样轻的年纪就应该离开这个世界？这些问题一个一个在她的脑子里盘旋。同时在她的眼前又模糊地现出了一幅乐园的图画，许多跟她同年纪的有钱人家的少女在那里嬉戏，笑谈，享乐。她知道这不是幻象，在那个无穷大的世界中到处都有这样的幸福的女子，到处都有这样的乐园，然而现在她却不得不在这里断送她的年轻的生命。就在这个时候也没有一个人为她流一滴同情的眼泪，或者给她送来一两句安慰的话。她死了，对这个世界，对这个公馆并不是什么损失，人们很快地就忘记了她，好像她不曾存在过一般。“我的生存就是这样地孤寂吗?”她想着，她的心里充满着无处倾诉的哀怨。泪珠又一次迷糊了她的眼睛。她觉得自己没有力量支持了，便坐下去，坐在地上。耳边仿佛有人接连地叫“鸣凤”，她知道这是他的声音，便止了泪注意地听。周围是那样地静寂，一切人间的声音都死灭了。她静静地倾听着，她希望再听见同样的叫声，可是许久，许久，都没有一点儿动静。她完全明白了。他是不能够到她这里来的。永远有一堵墙隔开他们两个人。他是属于另一个环境的。他有他的前途，他有他的事业。她不能够拉住他，她不能够妨碍他，她不能够把他永远拉在她的身边。

她应该放弃他。他的存在比她的更重要。她不能让他牺牲他的一切来救她。她应该去了，在他的生活里她应该永久地去了。她这样想着，就定下了最后的决心。她又感到一阵心痛。她紧紧地按住了胸膛。她依旧坐在那里，她用留恋的眼光看着黑暗中的一切。她还在想。她所想的只是他一个人。她想着，脸上时时浮出凄凉的微笑，但是眼睛里还有泪珠。

最后她懒洋洋地站起来，用极其温柔而凄楚的声音叫了两声："三少爷，觉慧，"便纵身往湖里一跳。

平静的水面被扰乱了，湖里起了大的响声，荡漾在静夜的空气中许久不散。接着水面上又发出了两三声哀叫，这叫声虽然很低，但是它的凄惨的余音已经渗透了整个黑夜。不久，水面在经过剧烈的骚动之后又恢复了平静。只是空气里还弥漫着哀叫的余音，好像整个的花园都在低声哭了。

【注释】

[1]本文节选自长篇小说《家》。

[2]唼喋：象声词，鱼和水鸟、鹅鸭的吃食声。

【导读】

《家》描写的是"五四"之后，成都地区一个封建大家庭走向崩溃的故事。故事集中在1920年冬到1921年秋的八九个月时间里，揭露了封建专制制度的罪恶，撕开了在温情关系掩盖下的大家庭的勾心斗角，暴露了所谓"诗礼传家"的封建大家庭的荒淫无耻，也描写了新思潮唤醒的一代青年的觉醒和反抗，从而宣告了这个封建大家庭必然崩溃的命运。

在巴金精心刻画的被损害与被侮辱的青年女性形象中，鸣凤是一颗光彩夺目的明珠。她聪明、美丽、纯洁、善良、无私。巴金把这个少女作为真善美来歌颂，集中描写了鸣凤投湖前错综复杂的矛盾心理。全章围绕鸣凤投湖，始终把主人公置于生与死、爱与恨、希望与绝望的感情漩涡中，细致入微地写出了鸣凤被送的消息传来、与觉慧诀别、湖畔独白这三次思想波澜。巴金浓墨重彩，用饱含深情的艺术笔触，探寻人的情感的深层领域，深刻地揭示了鸣凤不愿死却不得不死的尖锐思想冲突和内心的巨大痛苦。正义与邪恶、光明与黑暗、美与丑、现实与理想的尖锐冲突，使鸣凤投湖具有震撼人心的悲剧美，具有强烈的艺术魅力，使人们在悲剧美的享受中达到理性的审美深度。节选部分大量抒情般的内心独白，直抒胸臆，表现了主人公坦荡无私的美好心灵，而且深刻地揭示了悲剧的社会意蕴，喊出了贫苦少女对吃人社会的质问和谴责，既直抒鸣凤心中无法倾诉的哀怨，更表现了她对现实社会的怀恋和无奈。

【思考练习】

一、鸣凤投湖前的心理描写表现了鸣凤什么样的心理和性格？

二、课外阅读"激流三部曲"，谈谈你对作品的理解。

天才梦[1]

张爱玲

张爱玲(1921～1995)，原名张瑛，笔名梁京，原籍河北丰润，生于上海。出身官宦世家，曾外祖父是晚清重臣李鸿章，祖父张佩纶是清末著名的清流派名臣，至其父一代，家庭即败落。因父母失和离异，童年生活并不愉快，7岁开始尝试写作，就读圣玛丽女校时开始发表小说。1939年入香港大学读书，1942年回上海，开始职业创作生涯，1952年再赴香港，1965年移居美国。主要作品有：小说集《传奇》，散文集《流言》，长篇小说《秧歌》、《赤地之恋》，文学评论《红楼梦魇》等。张爱玲的作品融合了中西创作技巧，对人性的揭示细致入微，形成颇具特色的个人风格，是20世纪中国最为优秀的女性作家之一。

我是一个古怪的女孩，从小被目为天才，除了发展我的天才外别无生存的目标。然而，当童年的狂想逐渐褪色的时候，我发现我除了天才的梦之外一无所有——所有的只是天才的乖僻缺点。世人原谅瓦格涅[2]的疏狂，可是他们不会原谅我。

加上一点美国式的宣传，也许我会被誉为神童。我三岁时能背诵唐诗。我还记得摇摇摆摆地立在一个满清遗老的藤椅前朗吟"商女不知亡国恨，隔江犹唱后庭花"，眼看着他的泪珠滚下来。七岁时我写了第一部小说，一个家庭悲剧。遇到笔划复杂的字，我常常跑去问厨子怎样写。第二部小说是关于一个失恋自杀的女郎。我母亲批评说：如果她要自杀，她决不会从上海乘火车到西湖去自溺。可是我因为西湖诗意的背景，终于固执地保存了这一点。

我仅有的课外读物是《西游记》与少量的童话，但我的思想并不为它们所束缚。八岁那年，我尝试过一篇类似乌托邦的小说，题名快乐村。快乐村人是一好战的高原民族，因克服苗人有功，蒙中国皇帝特许，免征赋税，并予自治权。所以快乐村是一个与外界隔绝的大家庭，自耕自织，保存着部落时代的活泼文化。

我特地将半打练习簿缝在一起，预期一本洋洋大作，然而不久我就对这伟大的题材失去了兴趣。现在我仍旧保存着我所绘的插画多帧，介绍这种理想社会的服务，建筑，室内装修，包括图书馆，"演武厅"，巧克力店，屋顶花园。公共餐室是荷花池里一座凉亭。我不记得那里有没有电影院与社会主义——虽然缺少这两样文明产物，他们似乎也过得很好。

九岁时，我踌躇着不知道应当选择音乐或美术作我终身的事业。看了一张描写穷困的画家的影片后，我哭了一场，决定做一个钢琴家，在富丽堂皇的音乐厅里演奏。对于色彩、音符、字眼，我极为敏感。当我弹奏钢琴时，我想像那八个音符有不同的个性，穿戴了鲜艳的衣帽携手舞蹈。我学写文章，爱用色彩浓厚、音韵铿锵的字眼，如"珠灰"、"黄昏"、"婉妙"、"splendour[3]"、"melancholy[4]"，因此常犯了堆砌的毛病。直到现在，我仍然爱看《聊斋志异》与俗气的巴黎时装报告，便是为了这种有吸引力的字眼。

在学校里我得到自由发展。我的自信心日益坚强，直到我十六岁时，我母亲从法国回来，将她睽违多年的女儿研究了一下。

“我懊悔从前小心看护你的伤寒症，”她告诉我，“我宁愿看你死，不愿看你活着使你自己处处受痛苦。”我发现我不会削苹果，经过艰苦的努力我才学会补袜子。我怕上理发店，怕见客，怕给裁缝试衣裳。许多人尝试过教我织绒线，可是没有一个成功。在一间房里住了两年，问我电铃在哪儿我还茫然。我天天乘黄包车上医院去打针，接连三个月，仍然不认识那条路。总而言之，在现实的社会里，我等于一个废物。

我母亲给我两年的时间学习适应环境。她教我煮饭；用肥皂粉洗衣；练习行路的姿势；看人的眼色；点灯后记得拉上窗帘；照镜子研究面部神态；如果没有幽默天才，千万别说笑话。

在待人接物的常识方面，我显露惊人的愚笨。我的两年计划是一个失败的试验。除了使我的思想失去均衡外，我母亲的沉痛警告没有给我任何的影响。

生活的艺术，有一部分我不是不能领略。我懂得怎么看《七月巧云》，听苏格兰兵吹 bagpipe[5]，享受微风中的藤椅，吃盐水花生，欣赏雨夜的霓虹灯，从双层公共汽车上伸出手摘树巅的绿叶。在没有人与人交接的场合，我充满了生命的欢悦。可是我一天不能克服这种咬啮性的小烦恼，生命是一袭华美的袍，爬满了蚤子。

【注释】

[1]本文是 1939 年 5 月张爱玲远在香港求学期间，写给上海《西风》月刊的征文，获该刊名誉奖第三名。原载 1940 年 8 月《西风》第 48 期。

[2 瓦格涅：通译瓦格纳，德国作曲家、文学家。

[3]splendour：辉煌，壮丽。

[4]melancholy：忧郁。

[5]bagpipe：苏格兰风笛。

【导读】

本文是作者 19 岁刚入香港大学读书时写的“第一篇中文作品”(据作者 1944 年 3 月 16 日在上海女作家聚谈会上的发言)，算得上张爱玲早年的自传。她以与这个年龄不相称的冷静，叙述自己儿童时的天才表现和种种乖僻，道尽“人世沧桑”，由此可看出作者心智的成熟，而这正是她在小说中能深刻表现人性的原因所在。

“我宁愿看你死，不愿看你活着使你自己处处受痛苦。”母亲这句判断含蓄而尖锐地道出一个敏感的天才所可能遇到的困难与麻烦。天才的痛苦其实并不在下文她所说生活能力的低下、待人接物的低能；而在于高度敏锐的感觉能力以及过度强烈的心理反应，使她与社会、与他人难以正常相处，这才是关键。张爱玲晚年近于自闭的生活方式充分证明了她母亲判断的正确。

本文让我们能够了解，一个真正的天才是何等表现。通行的一个说法：天才是百分之一的天分，加上百分之九十九的努力。张爱玲的例子可以证明这个说法不大能成立。文学艺术领域的天才很大程度上是由先天禀赋决定的。不承认这一点，以为不论什么事情都可以经过努力获得成功，这使很多人误入歧途，选择了一个不适合自己的职业。终生努力，乏善可陈倒在其次，自己精神备受折磨，生活成了苦役，这才是最悲惨的。

【思考练习】

一、天才就意味着精神和心灵的痛苦，天才就意味着享受事业成功的快乐，你更认同哪一种说法？

二、你觉得张爱玲的自我描述真实客观吗？试写一篇自传或自述。

谈独立思考[1]

茅盾

茅盾(1896～1981)，原名沈德鸿，字雁冰，浙江嘉兴桐乡人。中国现代著名作家、文学评论家和文化活动家以及社会活动家，五四新文化运动先驱者之一，我国革命文艺奠基人之一。1916 年北京大学预科毕业，1921 年参加组织“文学研究会”，加入中国共产党，主编《小说月报》。1928 年去日本，从事小说创作，1930 年回国，参加“左联”，担任领导工作，1932 年完成长篇小说《子夜》。新中国成立后历任中国作协主席、文化部长等职。他的文学成就是多方面的，小说创作最著，从不同侧面反映了时代的面貌，代表作有《蚀》(包括《幻灭》、《动摇》、《追求》三个中篇)、《子夜》、《林家铺子》、“农村三部曲”(《春蚕》、《秋收》、《残冬》)等。

有人问：如何而能独立思考？

我想：这个答案可以很多，其中之一也许是洋洋万言，引经据典，而效果等于不着一字。

但是，也还有另一方式的答案：

不读书者不一定就不能独立思考；然而，读死书、死读书、只读一面的书而不读反面的和其他多方面的书，却往往会养成思考时的“扶杖而行”，以致最后弄到独立思考能力的萎缩。

眼睛只看上边、不看下边的人，耳朵只喜欢听好话、不喜欢听批评的人，常常只想到自己、不想到别人的人，他们面前的可能的危险是：让“独自”思考顶替了独立思考。

教条主义是独立思考的敌人，它的另一敌人便是个人崇拜。

如果广博的知识是孕育独立思考的，那么，哺养独立思考的便应是民主的精神。

井底之蛙恐怕很难有独立思考的能力。应声虫大概从没有感到有独立思考之必要。而日驰数百里的驿马虽然见多识广，也未必善于独立思考[2]。

人类的头脑，本来是具有独立思考的能力的。如果没有，人类就不能从“蠢如鹿豕”进化到文明[3]。但是人类的这个天赋，是在生活斗争中不断碰到矛盾而又不断解决矛盾的过程中逐渐发达起来的。前人的经验和独立思考的成果，应当是后人所借以进行独立思考的资本，而不是窒息独立思考的偶像。

儿童的知识初开，常常模仿大人。这时的模仿，就是吸收前一代的经验和知识，为后来的独立思考准备条件。做大人的，看见幼儿模仿自己，便赞一声“聪明”，可是到后来看见渐臻成熟的少年不再满足于模仿自己，却又骂他“不肖”；这真是可笑的矛盾。

从前有些“诗礼之家”[4]，有一套教养子女的规矩：自孩提以至成长，必使“非礼勿视，非礼勿听，非礼勿言……”[5]这是把儿童放在抽出了空气的玻璃罩内的办法。这样培养出来的，如果不是书呆子，是犬儒[6]，便是精神上失去平衡的畸形人，是经不起风霜的软体人。当然也不会是具有独立思考能力的人。

"诗礼之家"现在没有了，我盼望这样的教养方法也和它一同地永远消逝。

【注释】

[1]此文原载1956年7月3日《人民日报》，署名玄珠。当时学术界思想比较活跃，反对教条主义，感到学者、作家都应独立思考，具备独立思考的能力。虽用"玄珠"发表，许多读者都知道这是茅盾过去常用的笔名。此文顺应潮流，实事求是，深刻中肯，影响很大。但不久形势突变，文化专制越来越厉害，文章中这些观点几乎成为"文革"中大批判的焦点。作者当时勇于提出问题，切中时弊，大胆发言，令人敬佩。

[2]井底之蛙：喻指见识狭隘的人。应声虫，喻指人云亦云、缺乏见识的人。日驰数百里的驿马：喻指忙忙碌碌、埋头傻干而不开动脑筋的人。

[3]蠢如鹿豕：初民尚未开化时，只如鹿和猪这样的动物一般，很愚笨。喻指初民社会人类的原始状态很低级，以后才逐渐文明起来。

[4]诗礼之家：封建社会中"知诗识礼"之家。指能按儒家经典《诗经》、《礼记》等书保持封建宗法、思想教育等传统的家庭。

[5]"非礼"句：是儒家经典中最重礼法的语言，是用来禁阻、扼杀独立思考活动的。

[6]犬儒：原指古希腊有一种对生活无所要求的信仰者。后用来泛指一些浑浑噩噩，对生活无所追求的庸儒者。

【导读】

此文切中当时一般学习中的弊病，提出问题，指明原因，同时也揭示了治病、改进的途径。

读死书，死读书，只读一面的书而不读反面的和其他多方面的书，是不行的。应该读有生命活力的书，不要只埋头死读而不开动脑筋；应多多思考，不要只知其一不知其二；要比较阅读不同见解的书，要尽可能博览多方面的书，避免主观、偏见。扩大视野，对认识客观真理、培养独立思考能力有利。

趋炎附势、轻视百姓的人，只爱听奉承不喜听批评意见的人，极端自私自利的人是很危险的。要向品德高尚、胸襟宽大、关心群众的人学习，自己也成为一个有价值的人。教条主义者，盲目崇拜、迷信个人的人，缺乏广博知识、高远理想的人，人云亦云乐于当应声虫、驯服工具的人，或难有独立思考能力，或连独立思考的必要也不了解，这是不幸的。要加紧努力，在生活磨炼和工作实践中成长起来。

文章要言不烦，切实具体，发人深省，很有说服力。

【思考练习】

一、善于独立思考的人，既要能选择很有价值的书来读，认真仔细地读，还应不断思考，发现问题，勇于提出疑问，不要迷信、盲从。请谈谈你对"读书"与"思考"两者关系的认识。

二、独立思考特别需要有一个宽松、和谐、广开言路的社会环境，和谐社会才可能培养出创新人才。请你说说对"独立思考"与"构建和谐社会"两者关系的认识。

正红旗下(节选)[1]

老舍

老舍(1899～1966),原名舒庆春,字舍予,满族,北京人。中国现代著名小说家、戏剧家。出身贫寒,自幼丧父,北京师范学校毕业,早年任小学校长、劝学员。1924年赴英在伦敦大学东方学院教中文,开始写作,连续在《小说月报》上发表长篇小说《老张的哲学》、《赵子曰》、《二马》,成为我国现代长篇小说奠基人之一。归国后先后在齐鲁大学、山东大学任教,同时从事写作,其间代表作有长篇小说《猫城记》、《离婚》、《骆驼祥子》,中篇小说《月牙儿》、《我这一辈子》,短篇小说《微神》、《断魂枪》等。抗日战争爆发后到武汉和重庆组织中华全国文艺界抗敌协会,并创作长篇小说《四世同堂》。1946年赴美讲学,四年后回国,主要从事话剧剧本创作,代表作有《龙须沟》、《茶馆》。荣获"人民艺术家"称号,被誉为语言大师。曾任全国文学艺术界联合会副主席、全国作协副主席及北京市文联主席。1966年"文革"初受严重迫害后自沉于太平湖中。

直到如今,我还弄不清楚这段历史。姑父是唱戏的不是,关系并不大。我总想不通:凭什么姑母,一位寡妇,而且是爱用烟锅子敲我的脑袋的寡妇,应当吃几份儿饷银呢?我的父亲是堂堂正正的旗兵,负着保卫皇城的重任,每月不过才领三两银子,里面还每每搀着两小块假的;为什么姑父,一位唱小生或老旦的,还可能是汉人,会立下那么大的军功,给我姑母留下几份儿钱粮呢?看起来呀,这必定在什么地方有些错误!

不管是皇上的,还是别人的错儿吧,反正姑母的日子过得怪舒服。她收入的多,开销的少——白住我们的房子,又有弟媳妇作义务女仆。她是我们小胡同里的"财主"。

恐怕呀,这就是她敢跟大姐的婆婆顶嘴抬杠的重要原因之一。大姐的婆婆口口声声地说:父亲是子爵,丈夫是佐领,儿子是骁骑校[2]。这都不假;可是,她的箱子底儿上并没有什么沉重的东西。有她的胖脸为证,她爱吃。这并不是说,她有钱才要吃好的。不!没钱,她会以子爵女儿、佐领太太的名义去赊。她不但自己爱赊,而且颇看不起不敢赊,不喜欢赊的亲友。虽然没有明说,她大概可是这么想:不赊东西,白作旗人!

我说她"爱"吃,而没说她"讲究"吃。她只爱吃鸡鸭鱼肉,而不会欣赏什么山珍海味。不过,她可也有讲究的一面:到十冬腊月,她要买两条丰台暖洞子[3]生产的碧绿的、尖上还带着一点黄花的王瓜,摆在关公面前;到春夏之交,她要买些用小蒲包装着的,头一批成熟的十三陵大樱桃,陈列在供桌上。这些,可只是为显示她的气派与排场。当她真想吃的时候,她会买些冒充樱桃的"山豆子",大把大把地往嘴里塞,既便宜又过瘾。不管怎么说吧,她经常拉下亏空,而且是债多了不愁,满不在乎。对债主子们,她的眼瞪得特别圆,特别大;嗓音也特别洪亮,激昂慷慨地交代:"听着!我是子爵的女儿,佐领的太太,娘家婆家都有铁杆儿庄稼!俸银俸米到时候就放下来,欠了日子欠不了钱,你着什么急呢!"

这几句豪迈有力的话语,不难令人想起二百多年前清兵入关时候的威风,因而往往足以把债主子打退四十里。不幸，有时候这些话并没有发生预期的效果，她也会瞪着眼笑那么一两下，叫债主子吓一大跳；她的笑，说实话，并不比哭更体面一些。她的刚柔相济，令人啼笑皆非。

她打扮起来的时候总使大家都感到遗憾。可是，气派与身分有关，她还非打扮不可。该穿亮纱，她万不能穿实地纱；该戴翡翠簪子，决不能戴金的。于是，她的几十套单、夹、棉、皮，纱衣服，与冬夏的各色首饰，就都循环地出入当铺，当了这件赎那件，博得当铺的好评。据看见过阎王奶奶的人说：当阎王奶奶打扮起来的时候，就和盛装的大姐婆婆相差无几。

因此，直到今天，我还摸不清她的丈夫怎么会还那么快活。在我幼年的时候，我觉得他是个很可爱的人。是，他不但快活，而且可爱！除了他也爱花钱，几乎没有任何缺点。我首先记住了他的咳嗽，一种清亮而有腔有调的咳嗽，叫人一听便能猜到他至小是四品官儿。他的衣服非常整洁，而且带着樟脑的香味，有人说这是因为刚由当铺拿出来，不知正确与否。

无论冬夏，他总提着四个鸟笼子，里面是两只红颏，两只蓝靛颏儿。他不养别的鸟，红、蓝颏儿雅俗共赏，恰合佐领的身份。只有一次，他用半年的俸禄换了一只雪白的麻雀。不幸，在白麻雀的声誉刚刚传遍九城的大茶馆之际，也不知怎么就病故了，所以他后来即使看见一只雪白的老鸦也不再动心。

在冬天，他特别受我的欢迎：在他的怀里，至少藏着三个蝈蝈葫芦，每个都有摆在古玩铺里去的资格。我并不大注意葫芦。使我兴奋的是它们鱼面装着的嫩绿蝈蝈，时时轻脆地鸣叫，仿佛夏天忽然从哪里回到北京。

在我的天真的眼中，他不是来探亲家，而是和我来玩耍。他一讲起养鸟、养蝈蝈与蛐蛐的经验，便忘了时间，以至我母亲不管怎样为难，也得给他预备饭食。他也非常天真。母亲一暗示留他吃饭，他便咳嗽一阵，有腔有调，有板有眼，而后又哈哈地笑几声才说："亲家太太，我还真有点饿了呢！千万别麻烦，到天泰轩叫一个干炸小丸子、一卖木樨肉、一中碗酸辣汤，多加胡椒面和香菜，就行啦！就这么办吧！"

这么一办，我母亲的眼圈儿就分外湿润那么一两天！不应酬吧，怕女儿受气；应酬吧，钱在哪儿呢？那年月走亲戚，用今天的话来说，可真不简单！

亲家爹虽是武职，四品顶戴的佐领，却不大爱谈怎么带兵与打仗。我曾问过他是否会骑马射箭，他的回答是咳嗽了一阵，而后马上又说起养鸟的技术来。这可也的确值得说，甚至值得写一本书！看，不要说红、蓝颏儿们怎么养，怎么蹓，怎么"押"，在换羽毛的季节怎么加意饲养，就是那四个鸟笼子的制造方法，也够讲半天的。不要说鸟笼子，就连笼里的小磁食罐，小磁水池，以及清除鸟粪的小竹铲，都是那么考究，谁也不敢说它们不是艺术作品！是的，他似乎已经忘了自己是个武官，而把毕生的精力都花费在如何使小罐小铲、咳嗽与发笑都含有高度的艺术性，从而随时沉醉在小刺激与小趣味里。

他还会唱呢！有的王爷会唱须生，有的贝勒会唱《金钱豹》，有的满族官员由票友而变为京剧名演员……戏曲和曲艺成为满人生活中不可缺少的东西，他们不但爱去听，而且喜欢自己粉墨登场。他们也创作，大量地创作，岔曲、快书、鼓词等等。我的亲家爹也当然不甘落后。遗憾的是他没有足够的财力去组成自己的票社，以便亲友家庆祝孩子满月，或老太太的生日，去车马自备、清茶恭候地唱那么一天或一夜，耗财买脸，傲里夺尊，誉满九城。

他只能加入别人组织的票社，随时去消遣消遣。他会唱几段联珠快书。他的演技并不很高，可是人缘很好，每逢献技都博得亲友们热烈喝彩。美中不足，他走票的时候，若遇上他的夫人也盛装在场，他就不由地想起阎王奶奶来，而忘了词儿。这样丢了脸之后，他回到家来可也不闹气，因为夫妻们大吵大闹会喊哑了他的嗓子。倒是大姐的婆婆先发制人，把日子不好过，债务越来越多，统统归罪于他爱玩票，不务正业，闹得没结没完。他一声也不出，只等到她喘气的时候，他才用口学着三弦的声音，给她弹个过门儿："登根儿哩登登"。艺术的熏陶使他在痛苦中还能够找出自慰的办法，所以他快活——不过据他的夫人说，这是没皮没脸，没羞没臊！

【注释】

[1]《正红旗下》创作于1962年，共十一章，此文节选自第一章。

[2]骁骑校："佐领"下面的小军官。子爵：古代五等爵（公、侯、伯、子、男）的第四等。清代子爵又分一二三等，是比较小的世袭爵位。佐领：八旗兵制，以300人为一"牛录"（后增至400人），统领"牛录"的军官，满语叫做"牛录额真"，汉译"佐领"，是地位比较低的武官。

[3]暖洞子：温室。

【导读】

正红旗，清代八旗之一。八旗是清代满族的一种军队组织，以旗的颜色为号，有镶黄、正黄、镶白、正白、镶红、正红、镶蓝、正蓝，凡满族成员都隶属各旗，八旗成员统称"旗人"。老舍隶属"正红旗"，所以这篇自传体长篇小说取名《正红旗下》。

《正红旗下》是一部艺术价值很高的长篇小说，小说通过一个满族北京市民衰败的故事，反映了清末的社会现实。小说也反映了北京文化及其危害，它使人们看到庸俗的生活方式是怎样腐蚀了人的灵魂，束缚了人们的天性；长期的规范束缚使市民们麻木愚昧并自觉吞噬着被异化的苦果。他们在这样的环境中生存，也在这样的环境中沉沦。他们的才智、生命就耗费在庸俗无聊上。《正红旗下》还表现了民族性格和民族文化的弱化。作品以全部的描写表明：两百年积下的历史尘垢剥蚀了一个民族的灵魂，使一个充满生机的民族走向衰老腐化，在世界潮流面前，不仅失去了竞争能力，而且也失去了自守、甚至生存能力。

老舍多以城市人民生活为题材，《正红旗下》运用北京话表现人物、描写事件，具有浓郁的地方色彩和强烈的生活气息，细节真实，语言幽默，诙谐轻松。这部小说的语言艺术也很值得称道，老舍把理性的反思融入形象的描绘之中，从而形成一种含蓄的讽刺笔调，特别适合小说所要表现的民族风习与反思国民性的需要。

【思考练习】

一、通过阅读作品，体会老舍对他所描绘的满族的历史和生活怀有的感情。

二、老舍被称为"人民艺术家"，他的作品有一种独特的幽默风格，试比较老舍的幽默与其他现当代作家，如鲁迅、钱钟书、赵树理等人的不同。

再别康桥[1]

徐志摩

徐志摩(1897～1931),原名徐章垿,浙江海宁人,中国现代著名诗人。曾留学欧美,1922年回国。先后在北京大学、光华大学、大夏大学等校任教。1925年主编《晨报副镌·诗刊》。1928年主编《新月月刊》,是"新月派"的中坚,1931年因飞机失事去世。

徐志摩早期诗歌多表现对资产阶级理想的向往和追求,也有同情下层劳动人民痛苦生活和对黑暗现实不满的诗作。后期诗歌多表现理想破灭后的彷徨、感伤、空虚和颓废情绪。他的诗有很强的艺术感染力:形象性强,比喻贴切,音节和谐,语言清新,形式也比较多样。诗集有《志摩的诗》、《翡冷翠的一夜》、《猛虎集》等。另有散文集《爱眉小札》等。

轻轻的我走了,
正如我轻轻的来;
我轻轻的招手,
作别西天的云彩。

那河畔的金柳,
是夕阳中的新娘;
波光里的艳影,
在我的心头荡漾。

软泥上的青荇[2],
油油的在水底招摇;
在康河的柔波里,
我甘心做一条水草!

那榆荫下的一潭,
不是清泉,是天上的虹,
揉碎在浮藻间[3],
沉淀着彩虹似的梦。

寻梦?撑一支长篙,
向青草更青处漫溯,
满载一船星辉,

在星辉斑斓里放歌。

但我不能放歌，
悄悄是别离的笙箫；
夏虫也为我沉默，
沉默是今晚的康桥！

悄悄的我走了，
正如我悄悄的来；
我挥一挥衣袖，
不带走一片云彩。

十一月六日中国海上

【注释】

[1]本篇最初发表于1928年12月《新月》第1卷第10号，收入《猛虎集》。1921年徐志摩曾入剑桥大学研究院读研究生。1928年秋徐志摩出国讲学，再度至剑桥大学。康桥：剑桥。

[2]青荇(xìng)：即荇菜，一种水生植物。《诗经·周南·关雎》："参差荇菜，左右流之。"

[3]浮藻：浮在水面上的藻类植物。

【导读】

《再别康桥》是徐志摩最著名的诗篇之一，它表达了诗人故地重游时眷恋、珍惜而又略带忧郁的情怀，是一首精致的抒情佳作。

本诗艺术特点鲜明。其一是风格洗练而清丽。在对复杂的情感世界的表现中，作者只选取几个有代表性的意象，即达到了意蕴丰赡动人的艺术效果；其明暗喻交互一体，比喻中暗含象征的写法，使情与景水乳交融，大大丰富了诗的内涵；同时，诗的词汇丰富，语言华丽，音调柔美。这些都充分体现了徐志摩诗歌的风格特征。其二是诗体具有音乐和建筑的形式美：全诗分七节，每节四行，大都是每行三顿，读起来抑扬顿挫，富有音乐的节奏感；诗的排行参差错落而又有规律，富有建筑的韵律美。全诗审美效应很强。

【思考练习】

一、这首诗表现了诗人怎样的思想感情？

二、本诗开头和结尾的呼应有什么样的审美作用？

雨巷[1]

戴望舒

戴望舒(1905～1950)，浙江杭县人，原名戴梦鸥。中国现代著名诗人、翻译家。

戴望舒曾留学法国、西班牙。其诗歌深受法国象征派影响，成为30年代中国“现代派”诗歌的代表人物。戴望舒早期诗歌多抒发个人孤独、忧伤、愁苦的情怀，追求朦胧的审美情趣，以哀怨感伤的格调见长，《雨巷》就是他的成名作。诗集有《我的记忆》、《望舒草》等。抗日战争爆发后，戴望舒投入了抗日活动，1941年在香港为日军逮捕入狱，表现出坚贞不屈的民族气节。这段经历使他后期诗歌的风格变化很大，充满着激情和分明的爱憎，如《狱中题壁》、《我用残损的手掌》等，都表现出高尚的爱国主义情操和对美好未来的憧憬。

撑着油纸伞，独自
彷徨在悠长、悠长
又寂寥的雨巷，
我希望逢着
一个丁香一样的
结着愁怨的姑娘。

她是有
丁香一样的颜色，
丁香一样的芬芳，
丁香一样的忧愁，
在雨中哀怨，
哀怨又彷徨；

她彷徨在这寂寥的雨巷，
撑着油纸伞
像我一样，
像我一样地
默默彳亍着[2]，
冷漠、凄清，又惆怅。

她静默地走近，
走近，又投出
太息一般的眼光
她飘过
像梦一般的，
像梦一般地凄婉迷茫。

像梦中飘过
一枝丁香地，
我身旁飘过这女郎；
她静默地远了，远了，

到了颓圮的篱墙[3]，
走尽这雨巷。

在雨的哀曲里，
消了她的颜色，
散了她的芬芳，
消散了，甚至她的
太息般的眼光，
丁香般的惆怅。

撑着油纸伞，独自
彷徨在悠长，悠长
又寂寥的雨巷，
我希望飘过
一个丁香一样的
结着愁怨的姑娘。

【注释】

[1]本篇最初发表于《小说月报》1928年8月第19卷第8号，后收入诗集《我的记忆》，戴望舒因此被誉为“雨巷诗人”，是典型象征主义诗作。

[2]彳亍(chì chù)：慢慢行走的样子，走走停停。

[3]颓圮(pǐ)：崩坏，倒塌。

【导读】

1927年大革命失败后，作者和绝大部分知识分子一样陷入了极度的悲观和痛苦之中，于是在《雨巷》中营造了一个“梦一般地凄婉迷茫”的审美意境，表达出作者在低徊自恋的哀怨、悲伤、迷惘中的丝丝朦胧理想和浪漫情愫，含蓄而隐晦地揭示了一代知识青年的消极而真实的幻灭情绪。

《雨巷》的艺术审美价值是中国现代诗歌史上的一个高峰。“雨巷”作为象征意味十分浓郁的意象，它的丰富内涵是通过一个真实可信的“我”的形象，去寻找幻影中的“丁香姑娘”而不得的心理过程，来展示诗人理想幻灭时的那种难以名状的痛苦。“丁香姑娘”既是美丽、高洁的愁怨的象征，也是诗人理想的象征。从某种意义上来说，她象征的是那场惊天动地的革命失败后的不甘落寞的和美好形象被破坏的复杂心境，而《雨巷》则是通过这寂寞、冷清、朦胧的长长的雨巷，来表达诗人对一种美的追寻，和在追寻中无可依附的缥缈情感。诗人将自己忧郁的情绪充分浪漫化、诗化，意象和情绪之间的不确定性生成了作品丰富艺术内涵的审美张力。

【思考练习】

一、“丁香姑娘”象征什么？这首诗表现了诗人怎样的思想感情？

二、为什么说《雨巷》的艺术审美价值是中国现代诗歌史上的一个高峰？

神女峰

舒婷

舒婷(1952～),原名龚佩瑜,出生于福建泉州。20世纪80年代“朦胧诗”的代表诗人。1979年发表诗作《致橡树》、《祖国啊,我亲爱的祖国等》,震动新时期诗坛。她的诗充满对爱情的渴望、对理想的探寻、对传统的反思背叛和对人生自我价值的思考,具有细腻柔婉、抒情浪漫的女性风格和强烈的主观色彩,多用象征手法、多种意象组合以表达瞬间的感受。有诗集《双桅船》、《会唱歌的鸢尾花》等。

在向你挥舞的各色花帕中
是谁的手突然收回
紧紧捂住了自己的眼睛
当人们四散离去,谁
还站在船尾
衣裙漫飞,如翻涌不息的云
江涛
高一声
低一声

美丽的梦留下美丽的忧伤
人间天上,代代相传
但是,心
真能变成石头吗

为眺望远天的杳鹤
错过无数次春江月明
沿着江岸
金光菊和女贞子的洪流
正煽动新的背叛
与其在悬崖上展览千年
不如在爱人肩头痛哭一晚

1981年6月于长江

【导读】

诗人自己说过,“‘爱’是我今天斗争和诗歌的主题”,因而她“愿意尽可能地用诗歌来表现对‘人’的一种关切”。这首诗以神女峰的神话传说为视角，关注人们的传统思想和世俗道德，并为之反思、呼吁。神女峰的传说千年之久，历来被作为纯洁、忠贞、执著的爱情乃至传统美德的象征。虽为神身，远离红尘，但却无法摆脱封建伦理道德的束缚。在那“代代相传”的“人间天上”的浪漫爱情故事背后，潜藏的是女子饱含血泪的辛酸和忧伤：“美丽的梦留下美丽的忧伤”。人们向她挥舞着“各色花帕”，默然地将她视为美丽的风景，感受不到她的“忧伤”。诗人站在船尾沉思：人是为某种抽象的本质而活，还是富有灵动的生命？诗人要背叛的是漠视女性自由和权利的各种伦理道德。于是，诗人代表“神女”呼吁新的爱情观：“与其在悬崖上展览千年，不如在爱人肩头痛哭一晚。”

全诗不着标点，形式自由，是自由体的抒情诗。艺术上，象征手法的运用、爱情观的含蓄表达使诗歌表现出朦胧的特征。

【思考练习】

一、结合诗中表达的新的爱情伦理观，谈谈你的看法。

二、怎样理解“美丽的梦留下美丽的忧伤”？结尾“新的背叛”指什么？

亚洲铜

海子

海子(1964—1989)，中国新诗史上最有影响力的诗人之一。原名查海生，出生于安徽省安庆市怀宁县的一个贫穷的小山村。1979 年考入北京大学法律系，1982 年大学期间开始诗歌创作。1989 年 3 月 26 日在山海关附近卧轨自杀。从 1984 年的《亚洲铜》到 1989 年 3 月 14 日的最后一首诗《春天，十个海子》，海子创造了数量惊人的近 200 万字的诗歌、诗剧、小说、论文和札记。其中影响最大，在青年中流传最为广泛的是他的短诗。比较著名的有《亚洲铜》、《麦地》、《以梦为马》、《黑夜的献诗——献给黑夜的女儿》等。

亚洲铜 亚洲铜
祖父死在这里 父亲死在这里 我也会死在这里
你是唯一的一块埋人的地方
亚洲铜 亚洲铜
爱怀疑和飞翔的是鸟 淹没一切的是海水
你的主人却是青草 住在自己细小的腰上
守住野花的手掌和秘密
亚洲铜 亚洲铜
看见了吗 那两只白鸽子 它是屈原遗落在沙滩上的白鞋子
让我们——我们和河流一起 穿上它吧
亚洲铜 亚洲铜
击鼓之后 我们把在黑暗中跳舞的心脏叫做月亮

这月亮主要由你构成

【导读】

《亚洲铜》是海子早期诗歌作品。作为一个统领全篇的核心意象,"亚洲铜"在此具有深刻的双重象征含义,它既是贫穷祖国形象的精妙比喻,同时又是民族传统文化的形象命名与概括,表达了诗人对于民族苦难生存景况的深沉广阔的文化反思。

全诗分四节,在第一节中,诗人点出"亚洲铜"(黄土地)是接纳着"祖父"、"父亲"和"我"的"唯一的一块埋人的地方",暗示出贫瘠的黄土地是中华民族世世代代无法逃避的生存背景,它饱含了民族命运中的全部苦难、屈辱与辛酸;第二节则用"青草"在海水"淹没一切"的荒凉背景中"守住野花的手掌和秘密"这一自然意象,传达了诗人对于民族苦难命运内在的深沉思索以及隐秘的反抗意向;第三节顺承第二节的思想脉络,通过将"白鸽子"转化成"屈原遗落在沙滩上的白鞋子"的大胆联想,以及"穿上它们"的热烈恳求,流露了诗人对于以屈原为代表的、为着祖国的幸福前途而不惮勇敢殉身的崇高人格的由衷敬慕与礼赞;第四节对前三节所表达的思想感情给予进一步的深化,它通过一场想象中的"击鼓"舞蹈(仪式舞)所呈现出来的表面狂欢图景,于内在深层的痛苦中传达出人们对于生命和生存的虔诚祈祷与美好憧憬,有力地揭示了作品的深刻主题。

综观全诗,诗作意象鲜明生动、联想丰富而大胆、视域广阔、节奏张弛有度,极具情绪感染效果,与作品深刻的思想性互映生辉,构成了《亚洲铜》众口交誉的阅读魅力。

【思考练习】

一、如何理解"亚洲铜"的象征含义?

二、美国诗人西尔维娅·普拉斯说:"死是一门艺术,诗人的死实际等于诗人的再生。"请查找有关海子的生平资料,通过阅读海子的其他诗作,结合海子的死,谈谈你对这句话的看法。

一只特立独行的猪

王小波

王小波(1952～1997),北京人,当代著名作家。"文革"中在云南农场、山东农村从事农业劳动,后在北京当工人。1982 年大学毕业,1988 年获美国匹兹堡大学硕士学位,回国后先后在高校任教,有《黄金时代》、《白银时代》、《青铜时代》三部中长篇小说集(合成《时代三部曲》)等。20 世纪 90 年代开始思想随笔写作,在多个报刊开辟专栏,其犀利明快的文字博得舆论界的激赏。出版有《思维的乐趣》、《沉默的大多数》等。1997 年 4 月 10 日因心脏病猝发去世。

插队的时候,我喂过猪、也放过牛。假如没有人来管,这两种动物也完全知道该怎样生活。它们会自由自在地闲逛,饥则食渴则饮,春天来临时还要谈谈爱情;这样一来,它们的生活层次很低,完全乏善可陈。人来了以后,给它们的生活做出了安排:每一头牛和每一口猪的生活都有了主题。就它们中的大多数而言，这种生活主题是很悲惨的：前者的主题是干活，后者的主题是长肉。我不认为这有什么可抱怨的，因为我当时的生活也不见得丰富了多少，除了八个样板戏，也没有什么消遣。有极少数的猪和牛，它们的生活另有安排。以猪为例，种猪和母猪除了吃，还有别的事可干。就我所见，它们对这些安排也不大喜欢。种猪的任务是交配，换言之，我们的政策准许它当个花花公子。但是疲惫的种猪往往摆出一种肉猪（肉猪是阉过的）才有的正人君子架势，死活不肯跳到母猪背上去。母猪的任务是生崽儿，但有些母猪却要把猪崽儿吃掉。总的来说，人的安排使猪痛苦不堪。但它们还是接受了：猪总是猪啊。

对生活做种种设置是人特有的品性。不光是设置动物，也设置自己。我们知道，在古希腊有个斯巴达，那里的生活被设置得了无生趣，其目的就是要使男人成为亡命战士，使女人成为生育机器，前者像些斗鸡，后者像些母猪。这两类动物是很特别的，但我以为，它们肯定不喜欢自己的生活。但不喜欢又能怎么样？人也好，动物也罢，都很难改变自己的命运。

以下谈到的一只猪有些与众不同。我喂猪时，它已经有四五岁了，从名分上说，它是肉猪，但长得又黑又瘦，两眼炯炯有光。这家伙像山羊一样敏捷，一米高的猪栏一跳就过；它还能跳上猪圈的房顶，这一点又像是猫——所以它总是到处游逛，根本就不在圈里呆着。所有喂过猪的知青都把它当宠儿来对待，它也是我的宠儿——因为它只对知青好，容许他们走到三米之内，要是别的人，它早就跑了。它是公的，原本该劁掉[1]。不过你去试试看，哪怕你把劁猪刀藏在身后，它也能嗅出来，朝你瞪大眼睛，噢噢地吼起来。我总是用细米糠熬的粥喂它，等它吃够了以后，才把糠对到野草里喂别的猪。其他猪看了嫉妒，一起嚷起来。这时候整个猪场一片鬼哭狼嚎，但我和它都不在乎。吃饱了以后，它就跳上房顶去晒太阳，或者模仿各种声音。它会学汽车响、拖拉机响，学得都很像；有时整天不见踪影，我估计它到附近的村寨里找母猪去了。我们这里也有母猪，都关在圈里，被过度的生育搞得走了形，又脏又臭，它对它们不感兴趣；村寨里的母猪好看一些。它有很多精彩的事迹，但我喂猪的时间短，知道得有限，索性就不写了。总而言之，所有喂过猪的知青都喜欢它，喜欢它特立独行的派头儿，还说它活得潇洒。但老乡们就不这么浪漫，他们说，这猪不正经。领导则痛恨它，这一点以后还要谈到。我对它则不止是喜欢——我尊敬它，常常不顾自己虚长十几岁这一现实，把它叫做“猪兄”。如前所述，这位猪兄会模仿各种声音。我想它也学过人说话，但没有学会——假如学会了，我们就可以做倾心之谈。但这不能怪它。人和猪的音色差得太远了。

后来，猪兄学会了汽笛叫，这个本领给它招来了麻烦。我们那里有座糖厂，中午要鸣一次汽笛，让工人换班。我们队下地干活时，听见这次汽笛响就收工回来。我的猪兄每天上午十点钟总要跳到房上学汽笛，地里的人听见它叫就回来——这可比糖厂鸣笛早了一个半小时。坦白地说，这不能全怪猪兄，它毕竟不是锅炉，叫起来和汽笛还有些区别，但老乡们却硬说听不出来。领导上因此开了一个会，把它定成了破坏春耕的坏分子，要对它采取专政手段——会议的精神我已经知道了，但我不为它担忧——因为假如专政是指绳索和杀猪刀的话，那是一点门都没有的。以前的领导也不是没试过，一百人也逮不住它。狗也没用：猪兄跑起来像颗鱼雷，能把狗撞出一丈开外。谁知这回是动了真格的，指导员带了二十几个人，手拿五四式手枪；副指导员带了十几人，手持看青的火枪，分两路在猪场外的空地上兜捕它。这就使我陷入了内心的矛盾：按我和它的交情，我该舞起两把杀猪刀冲出去，和它并肩战斗，但我又觉得这样做太过惊世骇俗——它毕竟是只猪啊；还有一个理由，我不敢对抗领导，我怀疑这才是问题之所在。总之，我在一边看着。猪兄的镇定使我佩服之极：它很冷静地躲在手枪和火枪的连线之内，任凭人喊狗咬，不离那条线。这样，拿手枪的人开火就会把拿火枪的打死，反之亦然；两头同时开火，两头都会被打死。至于它，因为目标小，多半没事。就这样连兜了几个圈子，它找到了一个空子，一头撞出去了；跑得潇洒之极。以后我在甘蔗地里还见过它一次，它长出了獠牙，还认识我，但已不容我走近了。这种冷淡使我痛心，但我也赞成它对心怀叵测的人保持距离。

我已经四十岁了，除了这只猪，还没见过谁敢于如此无视对生活的设置。相反，我倒见过很多想要设置别人生活的人，还有对被设置的生活安之若素的人。因为这个原故，我一直怀念这只特立独行的猪。

【注释】

[1]劁(qiāo)：阉割。

【导读】

王小波的思想随笔常常以幽默诙谐之笔出之，主题则是极严肃的。此篇亦然，初读使人觉得好笑，甚至觉得有些油滑；然而再三读之，却让人品味出个中辛酸甚至悲愤。文章大部分篇幅在谈猪，结尾处揭示出全篇其实一直蕴含着的令人警醒的提示：被他人(甚至还要包括被自己——当然是按照他人的意志)安排或设置的生活，是不幸的。因为那意味着自由被扼杀，而人们往往对这样的生活安之若素，很难因此也很少特立独行如此猪者。文章说的是猪事，实则讲的全是人世，以鲜活而平庸的生活琐事作譬，引出严肃的论题，这也正是作者议论深刻而不显枯燥的原因之一。

本文的写作风格是幽默而严肃、活泼而平实，犀利深刻而具温情与善意。文章的主题与作者的态度是严肃的，思想的锋芒如绵里藏针，于幽默的调侃中冷冷地挑破遮蔽，使人忍俊不禁，又使人深思不已。态度平实，行文跳荡活跃。批判相当犀利，但在这批判锋芒的背后，却是作者对社会、对人群的热切的关爱，一如鲁迅先生批判“国民性”时所呈现给我们的。

【思考练习】

一、本文所写你认为是实有其事还是作者杜撰？这是否影响你对文章观点的认同？

二、自己安排或设置自己的生活有什么问题吗？别人想要设置我们的生活，能够一概无视吗？

第七章　外国文学

外国文学史在地域上涵盖东西方，时间上横跨数千年，优秀的作家作品灿若星河。按地域大致上可分为欧美文学和东方文学两部分，按时间大致可划分为古代、中古、近代和现代四个阶段。

一、古代文学

欧洲古代文学反映了欧洲从原始氏族制向奴隶制过渡阶段的社会现实，包括古希腊文学和古罗马文学。古希腊古罗马文学是欧洲文学的源头，无论其精神内涵还是艺术价值，都对后世欧洲产生了极其重要且深远的影响。

古希腊文学最重要的艺术成就是神话、史诗和悲剧。希腊神话始于原始人的口头相传，后被文人收集加工，荷马史诗和赫西俄德的《神谱》中保存了大量的希腊神话。希腊神话是人类童年时代的真实记录，它体系完整、想象丰富，具有神人同形同性、家族色彩浓厚等特点，其精神和艺术价值至今仍滋养着欧洲的文学和艺术。

荷马史诗包括《伊利亚特》（又译为《伊利昂纪》）和《奥德赛》（又译为《奥德修纪》）两部史诗，相传是由一位叫荷马的诗人所作，因而称为“荷马史诗”。史诗通过众多英雄形象的塑造，反映了希腊人对智慧和勇敢的崇敬，对个人价值的肯定，对现世生活的追求等积极的人本主义精神，艺术手法上也极为娴熟。这部史诗是欧洲文学光辉的开端，欧洲文学舞台辉煌的帷幕也由此徐徐拉开。

古希腊的戏剧以悲剧成就最大，喜剧次之。埃斯库罗斯、索福克勒斯和欧里庇得斯被称为“古希腊三大悲剧作家”。《被缚的普罗米修斯》（埃斯库罗斯）、《俄狄浦斯王》（索福克勒斯）和《美狄亚》（欧里庇得斯）是古希腊悲剧的杰出代表。古希腊喜剧作家的代表则是阿里斯托芬。

古罗马在武力上征服了古希腊，但其文明程度却与古希腊差距甚远。在两种文明的交融中，古罗马深受古希腊文明的影响，并在很多方面继承并发展了古希腊文明的精髓。在文学上，古罗马人全面继承了古希腊绚丽多彩的神话，很多罗马神话完全源自希腊神话，只是把原来神祇的希腊名改成了罗马名。例如希腊神话的主神宙斯（Zeus）在罗马神话中变成了朱庇特（Jupiter）。古罗马文学在自身的发展中也孕育了本民族的优秀作家，如诗人贺拉斯、维吉尔等。其中维吉尔模拟荷马史诗的叙述模式而创作的史诗《埃涅阿斯纪》，堪称欧洲文学史上第一部文人史诗。

东方文学主要指亚非文学，中国文学理应包含在东方文学之内，但由于中国文学史已单独撰著，因而在本章不再赘述。

古代东方文学主要指古代巴比伦文学、古代埃及文学、古代印度文学和古代希伯来文学。史诗《吉尔伽美什》是古代巴比伦文学的代表，也是世界文学史上最早的一部史诗，诗作表达了人们对永生的渴望和对死亡的畏惧。《亡灵书》反映了古代埃及人对灵魂不灭的执著信念。古代印度文学的杰出代表是两部史诗《摩诃婆罗多》和《罗摩衍那》。古代希伯来人信奉的犹太教经典《旧约》不仅是宗教典籍，也是希伯来文化文学的重要代表。《旧约》后来成为基督教圣典《圣经》的重要组成部分，并对后世西方世界产生了无可比拟的影响。

二、中古文学

公元476年，西罗马帝国覆灭，欧洲从此开始了封建化的进程。其时间跨度始于公元5世纪封建制度兴起，止于公元17世纪中叶资本主义势力逐渐强大。而中古文学只是指公元5世纪～15世纪（文艺复兴时期之前）的欧洲文学，由于这一阶段正好处于欧洲的中世纪，因而又称其为“中世纪文学”。公元15世纪～17世纪中叶的欧洲文学已经成为欧洲近代资产阶级文学的发端，所以不属于中古文学的范畴。

浓郁的宗教氛围和森严的等级制度是中世纪欧洲社会的主要特征，因而中世纪的文学无不笼罩上了或浓或淡的宗教色彩，并出现了表现特定阶层思想的作品。欧洲中世纪文学按其表现的特定内容可分为教会文学、骑士文学、英雄史诗和谣曲以及市民文学。中世纪欧洲最伟大诗人是意大利人但丁。他的《神曲》是中世纪欧洲文学的扛鼎之作。《神曲》分为《地狱》、《炼狱》、《天堂》三部，用梦幻的方式，隐晦却又深刻地反映了中世纪向近代社会过渡时期欧洲（特别是意大利）的社会面貌与精神情状，其艺术结构严密，对意大利民族文学的发展产生过重大影响。

中古东方文学是亚非各国封建时期的文学。中古前中期（约1世纪～14世纪）是东方文学发展、繁荣的黄金时期。日本、印度、阿拉伯和波斯的文学成就最为突出。被誉为“大和民族之魂”的日本女作家紫式部创作了亚非文学史上第一部长篇写实小说《源氏物语》。印度出现了伟大的诗人和剧作家迦梨陀娑和他的经典戏剧《沙恭达罗》。在阿拉伯的神奇土地上孕育出了充满幻想色彩和异域风情的阿拉伯民间故事集《一千零一夜》（又译《天方夜谭》）。中古波斯文学的最高成就是诗歌，诗人萨迪诗文相间的故事集《蔷薇园》，以其哲理性和艺术性成为波斯文学的杰出代表。

三、近代文学

欧洲近代文学全面反映了欧洲资本主义萌芽的产生、发展、壮大直至资产阶级国家建立这一历史阶段中欧洲的社会面貌与人们的精神世界，是欧洲资本主义时期的文学，它起始于文艺复兴时期，一直延续到19世纪末。

从13世纪末开始，随着生产力的发展，欧洲封建社会内部逐渐出现了资本主义萌芽。新兴资产阶级迫切需要自由发展资本主义，而封建制度与宗教神权成了他们最大的阻碍。因而在14世纪～17世纪初，新兴资产阶级掀起一场主张恢复古希腊古罗马文化的文艺复兴运动。这场运动的实质是借复兴古希腊古罗马文化，创建资产阶级以人为本的新文化体系，以反对封建和宗教的桎梏，求得资本主义的自由发展。

文艺复兴时期的文学正反映了欧洲历史上这一伟大的变革时期。意大利、法国、西班牙、英国等都产生了众多杰出的作家和作品，如薄伽丘的《十日谈》、拉伯雷的《巨人传》、塞万提斯的《堂吉诃德》等。文艺复兴时期的文学巨擘当属英国剧作家威廉·莎士比亚。他通过《哈姆雷特》、《麦克白》等一批优秀的戏剧作品，形象诠释了人文主义的内涵：反对封建束缚，要求个性解放、爱情自由，主张平等互爱，歌颂真情，批判伪善与贪欲，揭露纵容人欲对社会的危害等。通过剧作全面总结、反思了文艺复兴运动的得与失，更是莎士比亚思想深邃和进步性所在。莎士比亚的剧作人物鲜明、情节波折、语言精辟。他对人性复杂、人性悖谬的探究，对近代以来欧洲文学关于人性问题的思索影响极大。

17 世纪欧洲主要的文学思潮是古典主义。古典主义文学思潮是在封建君主庇护下，封建势力与新兴资产阶级互相妥协的背景中诞生的，因而古典主义文学的最大特征就是强调理性，拥护王权。这一时期法国悲剧作家高乃依的《熙德》、法国喜剧作家莫里哀的《伪君子》（又译《达尔杜弗》）、《吝啬鬼》等是古典主义文学的艺术典范。

18 世纪，资产阶级在文化领域掀起了一场“启蒙运动”，为即将到来的资产阶级革命造势，以便向没落的封建势力发起最后的进攻，宣传启蒙主义思想的启蒙主义文学应运而生。启蒙主义文学诞生之初就因其强烈的目的性而具有鲜明的政治倾向，其作品多以平民为主人公，语言简洁，哲理性强。英国作家笛福的《鲁滨逊漂流记》，通过鲁滨逊形象的塑造，颂扬了新兴资产阶级不畏困难、勇于进取的创业精神。法国出现了孟德斯鸠、伏尔泰、狄德罗等著名启蒙主义作家。德国文化巨人歌德的书信体小说《少年维特之烦恼》，以维特的悲剧倾吐了封建制度压抑下年轻一代的苦闷和抑郁。他的诗剧《浮士德》塑造了一位竭力探索人生意义和真理的资产阶级启蒙学者形象，体现了超越自我、自强不息的启蒙主义精神。

随着资产阶级制度的确立，人们逐渐认识到现实中的资产阶级国家并不像想象中的那样美好，不少作家开始重新思考人类的前途与命运。于是在 18 世纪末～19 世纪二三十年代，浪漫主义成为欧洲主要的文学思潮。浪漫主义作家主张用情感对抗资本主义文明对人性的倾轧，于是张扬情感、追求个性自由、崇尚自然成为浪漫主义文学的主要特征。英国诗人拜伦的长诗《恰尔德·哈洛尔德游记》塑造了哈洛尔德这位孤独、悲壮、崇尚个人反抗的“拜伦式英雄”。雪莱的诗歌《西风颂》高唱着“冬天如果来了，春天还会远吗？”预言着重建一切的革命的到来。法国文豪维克多·雨果的《巴黎圣母院》具有强烈的反封建、反教会精神，并以其离奇的情节、非凡的人物、强烈的美丑对照，成为浪漫主义文学的典型代表。

19 世纪三四十年代，与浪漫主义作家的想象和激情不同，一些作家开始用客观的态度观察记录资本主义社会的世情百态，并在冷静的叙述中让读者判别其中的是非善恶。批判现实主义文学逐渐取代浪漫主义文学在欧洲流行开来。著名作家不胜枚举，其中法国、英国、俄国作家成就尤其突出。

法国作家司汤达的长篇小说《红与黑》通过小资产阶级出身的青年于连的个人奋斗并最终失败的历程，描绘了法国波旁王朝复辟时期的社会风貌，反映了个人对社会的反抗，以及教会、贵族、大资产阶级相互勾结的社会对个人的倾轧。小说塑造了典型环境中的典型人物，细腻刻画了人物内心世界的幽微波动，是法国和欧洲批判现实主义文学的奠基之作。此后，巴尔扎克通过其由 90 多部作品组成的小说集《人间喜剧》“提供了一部法国‘社会’特别是巴黎‘上流社会’的卓越的现实主义历史”（恩格斯《致玛·哈克奈斯的信》）。在《欧也妮·葛朗台》、《高老头》、《贝姨》、《交际花盛衰记》等中，巴尔扎克真实记录了贵族的衰败、资产阶级的发迹以及金钱带来的种种罪恶。《人间喜剧》真实地再现了 19 世纪法国社会的现实，注重环境对人物性格的影响，强调细节描写与个性化的人物语言，代表着西欧现实主义文学的最高成就。此外，福楼拜的《包法利夫人》、莫泊桑的《漂亮朋友》(又译《俊友》)、小仲马的《茶花女》等共同铸就了法国现实主义文学的辉煌。

在英国，这一时期劳资斗争成为社会的主要矛盾。反映劳资矛盾、小人物的苦难和他们的个人奋斗成为英国现实主义文学表现的主要对象。盖斯凯尔夫人的《玛丽·巴顿》描绘了英国大萧条时期工人阶级困苦的生活和劳资关系日趋紧张的状况。萨克雷的《名利场》通过蓓基·夏泼这个为达目的不择手段的女冒险家形象，揭露了资本主义金钱社会的丑恶面目。狄更斯的《大卫·科波菲尔》记录了"小人物"科波菲尔，经历了磨难、挫折与奋斗，并最终获得幸福的故事。夏洛蒂·勃朗特颇具自传色彩的长篇小说《简爱》，通过简·爱坎坷不平的人生经历，成功地塑造了一位勇于追求人格尊严与独立，具有反抗精神的知识女性形象。其他如简·奥斯汀的《傲慢与偏见》、艾米丽·勃朗特的《呼啸山庄》、哈代的《德伯家的苔丝》等都在欧洲文学史上拥有不可忽视的地位。

19 世纪的俄国还处在封建农奴制下，作家们将批判的矛头直指封建农奴制，表现出强烈的反封建意识和战斗精神。其主要表现为：反映了贵族知识分子在思想上的彷徨与迷茫，塑造了一系列贵族阶级"多余人"形象(普希金的小说《叶普盖尼·奥涅金》、莱蒙托夫的长篇小说《当代英雄》等)；创造了与"多余人"相对的平民知识分子"新人"形象(屠格涅夫的小说《父与子》、车尔尼雪夫斯基的长篇小说《怎么办?》等)；批判了腐朽没落的农奴制度(果戈理的小说《死魂灵》等)；再现了"小人物"的不幸、软弱以及劳动人民的悲惨生活(契科夫的短篇小说《小公务员之死》、《万卡》等)。其中列夫·托尔斯泰以其长篇小说《战争与和平》、《复活》、《安娜·卡列尼娜》等，当之无愧地成为 19 世纪俄国最杰出的现实主义作家。

批判现实主义文学的代表还有德国诗人海涅的诗歌《德国，一个冬天的童话》、挪威剧作家易卜生的剧作《玩偶之家》(又译《娜拉》)、美国作家马克·吐温的小说《哈克贝利·费恩历险记》等。此外，法国自然主义作家左拉的小说《萌芽》、英国唯美主义作家王尔德的小说《道林·格雷的画像》、法国前期象征派诗人波特莱尔的诗集《恶之花》等，都是 19 世纪欧美文坛留给世界的宝贵艺术财富。

近代的东方，除日本文学属于资本主义文学范畴，其余诸国的文学都属于殖民地和半殖民地、半封建社会的文学。由于受到西方资本主义的殖民入侵以及其他复杂原因，近代东方文学的发展速度不如西方文学。在内容上表现出反封建、要求独立解放的启蒙精神和民族主义精神。其中，日本作家夏目漱石的小说《我是猫》尖锐地揭露和批判了日本明治时期的资本主义社会。印度文豪泰戈尔以其包含深刻的宗教和哲学见解的诗歌著称，凭借着散文诗集《吉檀迦利》，成为东方第一位诺贝尔文学奖得主。

四、现代文学

十月革命的浪潮，两次大战的惨烈，经济危机的萧条，层出不穷的社会思潮，冲击着 20 世纪的欧美社会，也改变着人们的精神世界。这种历史背景下的 20 世纪欧美文学，呈现出流派林立、思潮纷杂的局面。其中最主要的两大流派分别是现实主义和现代主义。

这一时期，一些作家继承并发展了 19 世纪批判现实主义文学的创作方法，继续批判着垄断资本主义社会的丑恶与腐朽，同情人们为争取自由解放而进行的斗争，表现出强烈的反战情绪。代表作家有英国剧作家萧伯纳的喜剧《巴巴拉上校》、法国作家罗曼·罗兰的小说《约翰·克利斯朵夫》、德国作家托马斯·曼的小说《布登勃洛克一家》、美国作家海明威的小说《永别了,武器》、《丧钟为谁而鸣》等。

20 世纪的俄国文坛格外引人瞩目。十月革命的洗礼、苏联的诞生,都使苏俄现实主义文学呈现出不同于欧美文学的新景象。最突出代表当属以高尔基为代表的苏联无产阶级文学。高尔基的长篇小说《母亲》描写了工人出身的巴维尔在无产阶级政党领导下的群众革命斗争中,逐渐成长为工人阶级革命家的历程,第一次塑造了一批具有社会主义觉悟的无产阶级英雄形象。高尔基也成为社会主义现实主义文学的奠基人。此外,肖洛霍夫的《静静的顿河》、奥斯特洛夫斯基的《钢铁是怎样炼成的》、法捷耶夫的《青年近卫军》等作品都是社会主义现实主义文学的杰出代表。

20 世纪欧美社会出现的现代主义,实际是对包括后期象征主义、表现主义、超现实主义、意识流小说、存在主义、荒诞派戏剧、黑色幽默派、魔幻现实主义等诸多文学流派的总称。怀疑一切和反传统是现代主义文学的主要创作倾向。著名的作家作品有:英国后期象征主义诗人艾略特的长诗《荒原》、奥地利表现主义作家卡夫卡的小说《变形记》、法国超现实主义作家布勒东的小说《娜佳》、法国意识流小说作家普鲁斯特的小说《追忆似水年华》、法国存在主义作家萨特的戏剧《禁闭》、爱尔兰荒诞派剧作家贝克特的戏剧《等待戈多》、美国黑色幽默派作家海勒的小说《第二十二条军规》等。欧美现代主义文学着重表现物质世界对人的压迫和异化,在强烈的反叛意识下,表现出对人类生存状态的深切忧虑,以及对人的本质、命运和人类前途的深入思考。但对现代主义文学流露出的悲观主义和虚无主义,还需读者理性地对待。

20 世纪以来的东方诸国,反帝反封建、争取民族解放是其首要历史任务,这也成为各国作家不可回避的创作主题。如日本作家小林多喜二的小说《为党生活者》描述了 20 世纪 30 年代初日本人民可歌可泣的革命斗争。印度作家普列姆昌德的小说《戈丹》反映了下层人民的悲惨生活等。这一时期的东方文学也在西方文学的影响下加快了发展步伐,曾经在西方文坛流行过的各种思潮几乎都在东方文坛上演了一遍。不过由于发展不充分,多数思潮中途夭折,也有一些作家在西方文学思潮与本土文学的碰撞中,取得了瞩目的成就。被称为日本现代派开山鼻祖之一的作家川端康成,以其纤细韵味的诗意,描写处于社会下层的人物,尤其是下层妇女的纯洁和不幸,并对她们报以同情和怜悯。他也以《雪国》、《古都》、《千只鹤》三部作品,成为继泰戈尔之后第二位获得诺贝尔文学奖的东方作家。

荷马史诗

荷马史诗包括《伊利亚特》(又译为《伊利昂记》)和《奥德赛》(又译为《奥德修记》)两部史诗。相传是一位名叫荷马的古希腊诗人所作,故称之为“荷马史诗”。

据考古发现,公元前 12 世纪末希腊半岛上的部族曾渡海讨伐特洛伊人,并毁灭了特洛伊。战争结束后,人们就用崇敬和神化的方式颂扬战争中的英雄人物。经过长期传唱，其故事内容越来越丰富。公元前9世纪～前8世纪，盲诗人荷马首次对这些英雄们的事迹进行了汇总和加工，形成了两部伟大的史诗，但这时的史诗仍以民间歌谣的形式存在。公元前6世纪，雅典学者用文字记录下两部史诗，使其基本定型。之后，荷马史诗屡经修改，在公元前2世纪，经过亚历山大学者的最后编订，形成了现今可见的最古老的版本。

【情节梗概】

《伊利亚特》其题名的意思为伊利昂(特洛伊人的都城)的故事。史诗描绘了希腊人与特洛伊人之间的10年之战。经考古发掘证明史诗中记载的这场战争确有其事。在真实的历史中，这场战争是氏族社会晚期的古希腊人为掠夺财富和奴隶而进行的一场部落战争。但在史诗中，整个战争笼罩着浓郁的神话色彩。

战争起因于“不和的金苹果”。英雄阿基琉斯的父母举行婚礼时，邀请了众神参加，却不巧忘记了邀请不和女神厄里斯。这位女神便伺机报复，在宴席上扔下了一个金苹果，上面写着“给最美的女神”。天后赫拉、智慧女神雅典娜和美神阿佛洛狄忒都希望得到这个苹果。她们去找特洛伊王子帕里斯评判，并都许以丰富的报偿。帕里斯把金苹果判给了美神。而美神也实现了自己的承诺——帮助帕里斯拐走了斯巴达国王的妻子，天下最美的女人——海伦。希腊与特洛伊之间的10年之战由此爆发。9年多的战争中，众神分为两派，各助一方，交战双方互有伤亡，但特洛伊城始终屹立不破。

《伊利亚特》集中描写了交战的第10年，战争结束前的51天内发生的事情，以阿基琉斯的愤怒为开端。希腊联军统帅阿伽门农蛮横地夺走了主将阿基琉斯的一名女俘，阿基琉斯深感侮辱，怒而罢战。失去了猛将的希腊联军节节溃败。阿伽门农希望和解，却遭拒绝。阿基琉斯的好友帕特洛克洛斯借用阿基琉斯的盔甲，打退了特洛伊人的进攻，但终被特洛伊主帅赫克托尔所杀。阿基琉斯悲痛欲绝，他重返战场，杀死了赫克托尔，并摧残尸体以泄其愤。最终，阿基琉斯接受了赫克托尔父亲普里阿摩斯的求情，将尸体还与特洛伊人。史诗在赫克托尔的葬礼中结束。

而战争的后续在《奥德赛》中继续。史诗的中心人物换成了足智多谋的奥德修斯。通过他设计的木马计，希腊人终于攻克了特洛伊，带着战利品踏上了回乡之路。《奥德赛》记述的便是奥德修斯历尽艰险回归故里的故事。由于遭遇重重劫难，奥德修斯在途中漂流了10年。史诗重点记录了第10年最后40天内的故事，之前的经历以倒叙的形式表现。史诗一条线索是奥德修斯回忆其冒险经历。另一条线索记述奥德修斯多年未归，他的妻子坚贞地等候丈夫归来，他的儿子四处寻找他的踪迹，而当地的许多贵族却企图追求他的妻子，以夺得他的财产。奥德修斯回乡后，两条线索合二为一。他假扮乞丐，试探妻子，并同儿子杀死了无耻的求婚者，重新夺回了属于自己的一切。

【导读】

史诗是古代长篇的民间叙事诗，通常以真实历史事件为背景，描写重大史实和英雄的丰功伟绩，从史诗中常常能折射出民族精神的光彩。《伊利亚特》和《奥德赛》在内容和风格上虽有所差异，但在思想基调上都着力渲染了古希腊民族精神中积极向上、乐观进取的生活态度和追求人生价值、荣誉高于一切的英雄主义精神，因而被后人视为姊妹篇。

荷马笔下的一系列英雄人物，通过其个性的展现，成为民族力量、民族精神的典型代表。其典型正是希腊勇士阿基琉斯。他“宁可做一个农人的帮工，也不愿当冥府里鬼魂的王者”，表达了对生命的挚爱；虽明知自己会死于战场的命运，却阻止不了他夺取荣誉的脚步，要在短促的一生中最大限度地获取和实现自身的价值。在这些英雄身上闪烁着的正是希腊民族精神中勇气和进取的光华。

荷马史诗以空前宏伟的规模，广泛地反映了当时社会的政治、经济、文化、风俗等历史生活，在艺术上也具有较高的成就。

首先，在谋篇布局、驾驭材料方面。《伊利亚特》记述10年战事，情节却只高度浓缩在最后一年，以战争结束前的51天为重点，避免了平铺直叙的平淡无味，既突出了重点，又关照了全局。

其次，人物塑造上初步显示了人物个性的复杂性。如奥德修斯的突出特点是智勇双全、能言善辩，但史诗也表现了他的虚伪狡诈、甚至残忍的一面，显示了人性的复杂。

再次，语言流畅、质朴，比喻生动形象，常采用固定的修饰词、短语来修饰中心词，如“足智多谋的奥德修斯”、“沉雷远播的宙斯”等，以达到渲染气氛和衬托人物性格的作用，带有鲜明的口头文学特色。

荷马史诗因其丰富的内容，堪称人类童年时代的“百科全书”。它的永久魅力，使马克思称其是“一种规范和高不可及的范本”，对后世欧洲文学和文化具有不可估量的深远影响。

【思考练习】

一、荷马史诗体现了希腊人怎么样的民族精神？

二、查阅相关资料，简述荷马史诗对后世欧洲文学与文明的影响。

神　曲

但丁

但丁·阿利盖里（1265～1321），意大利民族文学的奠基人，中世纪最伟大的作家。但丁生于意大利佛罗伦萨，少年苦读，学识渊博，尤其喜爱古罗马诗人维吉尔。青年时代，但丁就积极投身政治活动。1300年，他被任命为佛罗伦萨的行政官，达到了政治生涯的顶点。1302年，党争使得但丁遭到政治迫害，被判终身流放。在外流亡20年之后，但丁于1321年9月14日客死于意大利拉文那。

但丁一生著作甚丰，他的创作反映了欧洲中世纪文学向近代文学的过渡。《神曲》使他千古留名。他的抒情诗集《新生》，以“温柔的新体”抒发了对初恋爱人的眷恋之情。此外，其理论著作《论俗语》、《飨宴》等，对意大利民族语言和文学的发展意义深远。恩格斯评价他是“中世纪的最后一位诗人，同时又是新时代的最初一位诗人”。

【情节梗概】

但丁自叙在自己35岁的春天，迷失于一座黑暗的森林。代表淫欲的豹、代表野心的狮子和代表贪婪的狼，阻挡了他的去路，使他惊恐万分。危急之时，但丁的文学偶像古罗马诗人维吉尔出现了。维吉尔受但丁精神上的爱人贝阿特丽采之托，前来帮助但丁走出困境。在维吉尔的带领下，但丁先后游历了地狱、炼狱。地狱分九层，状如漏斗。在这里但丁看到了贪吃、贪色之人，贪官污吏，荼毒百姓的暴君，邪教徒，买卖圣职的教士，邪恶的教皇，卖主求荣、背亲叛国的无耻之徒等等，这些有罪的灵魂正根据生前所犯罪孽的轻重，在地狱的不同层中遭受酷刑的严惩。炼狱是一座海上的孤山，分为七层，犯有基督教中骄、妒、怒、惰、贪、食、色七宗罪的灵魂在这里经受磨砺，涤清自身罪孽，才有望升入天堂。在天堂外，身为异教徒的维吉尔与但丁黯然道别，因为他没有资格进入天堂。已化为天使的贝阿特丽采带领但丁进入天堂。这里住着行善者、虔诚的教士、哲学家、神学家、殉教者、正直的君主、修道者、基督和众天使等。在九重天之上，但丁得以参拜上帝，而上帝却如电光之一闪，转瞬即逝，《神曲》到此戛然而止。

【导读】

《神曲》是但丁在流放期间历经十数年完成的长篇杰作，由于其内容描写由黑暗到光明、由卑劣到高尚，符合当时喜剧的观念，因而命名为《喜剧》。后人为表示对诗人的崇敬，称之为《神圣的喜剧》，翻译到我国则译为《神曲》。

《神曲》通过中世纪幻游的形式，以一名生者对死亡国度的游历，将《地狱》、《炼狱》、《天堂》三部连缀起来。表面看来虽是充满想象和浪漫色彩的幻游故事，实际却是但丁站在新旧交替时代的高度，将现实、历史和神话传说融为一体，点评今古，以诗的语言描绘的一幅极具时代感的现实生活画卷，具有强烈的现实性和鲜明的政治倾向。

在《神曲》中，但丁用隐喻和象征的手法表达了他对意大利民族和整个人类的前途与命运的探索和思考，认为人类要在理性和哲学（维吉尔象征理性与哲学）的指导下，认识错误（地狱象征罪恶和错误），经历磨难，得到净化（炼狱象征道德上的净化），再由神学启发（贝阿特丽采象征神学），经过信仰的途径，达到人类的自救，获得永生的幸福。

全书表达了但丁对祖国的热爱，对分裂祖国行为的痛恨。最值得称道的是，在神权压制人权的中世纪中，但丁却大胆肯定人的理性和智慧，初步展现了文艺复兴时代人文主义精神的萌芽；但在人类的最终救赎上，但丁最终选择了信仰和神学，体现出其思想的复杂性和矛盾性。

在艺术上，《神曲》结构严整、脉络清晰；主要人物性格鲜明；象征、隐喻、梦幻手法的熟练运用，展现了诗人深厚的艺术功底。《神曲》也因其思想和艺术性的超脱凡俗而成为中世纪文学的扛鼎之作。

【思考练习】

一、简述《神曲》的思想内涵。

二、恩格斯认为但丁是“中世纪的最后一位诗人，同时又是新时代的最初一位诗人”，你对此作何理解？

哈姆雷特

莎士比亚

威廉·莎士比亚(1564～1616),是欧洲文艺复兴时期最伟大的戏剧家、诗人和人文主义文学的集大成者。他也被认为是欧洲文学史上最伟大的文学巨擘之一。莎士比亚出生于英国中部的斯特拉福镇。少年时期家庭富足,曾在当地的文法学校受过较好的教育,后因家道中落而辍学。婚后,由于家庭经济问题,莎士比亚只身前往伦敦谋生。他曾做过戏院看马人、杂役、龙套等,后逐渐在伦敦戏剧界崭露头角,并成为著名的"环球剧场"的股东之一。1610年,莎士比亚离开伦敦回到家乡。1616年4月23日离开人世。

莎士比亚20余年的写作生涯共完成了37个剧本、150首十四行诗和2部长诗。其中戏剧创作的伟大成就使其当之无愧地成为英国戏剧界的皇帝。莎士比亚的戏剧创作可分为三个阶段:第一阶段(1590～1600)为历史剧、喜剧时期。创作了包括《亨利六世》(上中下)、《理查三世》、《理查二世》等历史剧,喜剧创作较著名的有《仲夏夜之梦》、《威尼斯商人》、《温莎的风流娘们》等。著名的悲剧《罗密欧与朱丽叶》也创作于该阶段。第二阶段(1601～1607),为悲剧和悲喜剧时期。主要作品有"四大悲剧"(《麦克白》、《哈姆雷特》、《李尔王》、《奥赛罗》)、《雅典的泰门》等。第三阶段(1608～1612),为传奇剧时期。代表作有《辛白林》、《暴风雨》等。

【情节梗概】

丹麦王子哈姆雷特在威登堡大学接受人文主义教育时,丹麦国内一片混乱。父亲暴亡,叔叔克劳狄斯篡位,自己的母亲改嫁给了叔叔。巨大的打击使哈姆雷特陷入深沉的痛苦和迷茫中。父亲鬼魂的现身为他揭开了罪恶的现实——叔叔毒杀了自己的父亲。这个答案让哈姆雷特将信将疑,越发忧郁寡欢,而克劳狄斯早就把他视为眼中钉。为掩饰内心的不安、保护自己、探寻真相,哈姆雷特用装疯来迷惑仇敌。狡猾的克劳狄斯派出哈姆雷特昔日的同学,甚至利用哈姆雷特的恋人奥菲利娅,屡次试探他是否装疯。为了进一步寻求事实的真相,哈姆雷特授意戏班进宫表演,重现杀兄篡位的情境。克劳狄斯惊恐万分的反应更加证实了哈姆雷特的猜测。真相面前,哈姆雷特的首要任务是为父报仇,而他却屡次踯躅犹豫。母亲想劝说哈姆雷特,而他却指责母亲对父亲不忠。盛怒之下的哈姆雷特发现母亲卧室内有人偷听,他以为是叔叔,一剑刺去,却是大臣波洛涅斯——奥菲利娅的父亲。克劳狄斯假意派哈姆雷特出使英国避祸,实际是要借刀杀人。察觉内幕的哈姆雷特中途逃回丹麦。回国后,他才知恋人奥菲利娅因父亲被自己的情人杀死,发疯溺水夭亡。奥菲利娅之兄雷欧提斯受克劳狄斯的挑唆,要与哈姆雷特决斗,以报杀父丧妹之仇。克劳狄斯为雷欧提斯提供了毒剑、并准备了毒酒,意欲置哈姆雷特于死地。结果,哈姆雷特和雷欧提斯双双中了毒剑,王后误饮毒酒而亡。雷欧提斯临死时说出了克劳狄斯的奸计。临终前,哈姆雷特用毒剑处死了敌人,并嘱托好友把一切真相公之于众。

【导读】

《哈姆雷特》(又译《王子复仇记》)创作于 1601 年。这时的莎士比亚正面临着人文主义理想和丑恶现实之间巨大反差所造成的强烈矛盾中。矛盾迫使身为人文主义者的莎士比亚思考人文主义理想如何在黑暗现实中实现,进而对人性的复杂进行了深入的探索。《哈姆雷特》正是这一思考的艺术结晶。全剧真实地描绘了文艺复兴晚期英国和欧洲社会的真实面貌,表现了莎士比亚对文艺复兴运动的深刻反思以及对人的命运和前途的深切关注。

哈姆雷特形象是文艺复兴晚期处于理想与现实矛盾中的人文主义者的典型。家庭变故前,哈姆雷特是一位乐观的人文主义者,胸怀崇高的理想;家国的巨变、残酷的现实都与他的人文主义理想相悖,造成了他的忧郁和精神危机。这种危机也使得哈姆雷特对复仇、甚至对人性、人的价值进行着深层的反思。他痛苦地发现父亲被杀只不过是世界诸多罪恶中的一桩,为父复仇是与重整乾坤的使命相结合的。前者容易实现,而重整乾坤却是哈姆雷特无力承受的艰巨任务。这也是他在为父报仇行动上迟疑与延宕的原因所在。性格的多思多虑、优柔寡断也使得哈姆雷特用思想代替行动,最终落入敌人圈套,与之同归于尽。哈姆雷特的悲剧实际是人文主义理想在污浊现实中被无情毁灭的悲剧。该剧也因展现了一个伟大灵魂的奋斗反抗,在世界文学史上留下了浓墨重彩的一笔。此外,《哈姆雷特》情节结构的波诡云谲、人物塑造的栩栩如生、语言运用的丰富多彩,都使其成为世界戏剧史上的奇葩。

【思考练习】

一、人文主义思想的主要内涵是什么?它的提出在当时社会有何意义?

二、结合剧作,分析哈姆雷特形象。

伪君子

莫里哀

莫里哀(1622～1673),原名让·巴蒂斯特·波克兰,法国著名喜剧作家,也是 17 世纪法国古典主义文学的杰出代表。

莫里哀从小酷爱戏剧,为此他不惜放弃世袭的王家室内陈设商职位,一心从艺,并给自己取艺名"莫里哀"。长期的外地巡演为莫里哀积淀了深厚的创作经验和素材。他的创作贴近生活,针砭时弊,深受观众欢迎。《多情的医生》、《可笑的女才子》、《太太学堂》、《唐璜》、《吝啬鬼》等一系列名作展现了莫里哀出众的艺术才华。而《伪君子》(又译为《达尔杜弗》)更是莫里哀喜剧创作的巅峰之作。该剧在嬉笑怒骂中深刻揭露了教会的伪善和丑恶,其强烈的反封建、反教会精神,使该剧一上演就受到宗教势力的强势打压。历经 5 年的抗争之后,该剧才得以合法演出。《伪君子》至今仍是法国长演不衰的经典剧目之一。

【情节梗概】

巴黎富商奥尔恭信奉宗教。他在教堂中认识了一个名叫达尔杜弗的修士，并被达尔杜弗苦修节欲的“虔诚”所打动，把他接回家中，奉为良心导师。达尔杜弗也时刻以宗教道德标准约束着奥尔恭一家人的行为，因而深得奥尔恭及其母亲的欢心。而奥尔恭的续弦妻子、子女，包括女仆都认为达尔杜弗是个伪君子。达尔杜弗实际是一个外省的没落贵族，是个把宗教当成谋生工具的骗子。他虔诚的表演使得奥尔恭不惜破坏女儿的婚约，只为把女儿嫁给他，甚至推心置腹到将事关身家性命的政治秘密也告诉了达尔杜弗。而达尔杜弗不仅想娶奥尔恭的女儿，还觊觎奥尔恭的续弦妻子欧米尔。他挑逗欧米尔的情景被奥尔恭的儿子发现，并当即告诉了父亲。奥尔恭却认为达尔杜弗蒙受了不白之冤，气愤中将儿子赶出了家门，不仅剥夺了儿子的继承权，还写下契约把全部家产赠送给达尔杜弗。情急之下，欧米尔和家人设计让奥尔恭看到了达尔杜弗的真面目。如梦初醒的奥尔恭要把达尔杜弗赶出家门，而达尔杜弗却凶相毕露，不仅拿出契约要赶走奥尔恭一家，而且要利用政治秘密置奥尔恭于死地。最终，国王明察秋毫，下令逮捕达尔杜弗，并赦免了奥尔恭，全家皆大欢喜。

【导读】

《伪君子》通过达尔杜弗表里不一的言行举止，生动再现了当时教会的假冒伪善和恶德败行，深刻揭露了教会势力的欺骗性和危害性。

达尔杜弗性格中最突出的特点是伪善。他宣称苦修，实际却饱食终日；他标榜禁欲，实际却欲淫人妻女；他仿佛视钱财如粪土，实际却想骗取奥尔恭的全部家财；他对朋友看似忠实，实际却是忘恩负义的无赖。他的阴险狡诈使他屡次被人揭发都能化险为夷。此外，他在真相败露时表现出的狰狞面目，也显示了其凶残狠毒的本质。达尔杜弗形象因其高度的典型性，在欧洲已成为伪君子的代名词。

作为古典主义戏剧的典型代表，《伪君子》比较忠实地遵循了古典主义的“三一律”（叙述的故事发生在一天之内，事件地点在一个场景，情节服从于一个主题），人物性格和矛盾冲突鲜明突出，语言鲜活生动，善用对比和夸张的手法。但本剧也存在人物性格单一，趋于类型化等缺憾，这也是古典主义作品普遍存在的问题。

【思考练习】

一、论述古典主义文学思想和艺术上的特征。

二、分析达尔杜弗形象。

少年维特之烦恼

歌德

约翰·沃尔夫冈·歌德(1749～1832),18世纪末至19世纪初德国最伟大的作家、诗人和思想家,也是德国启蒙主义文学的代表人物。1770～1775年,是歌德文学创作的早期阶段。这时的青年歌德正逐渐成为德国文学"狂飙突进"运动的主将。1775年,歌德赴魏玛从政,逐渐脱离"狂飙突进"运动,开始了创作生涯的第二个阶段。魏玛10年,歌德的文艺创作基本趋于停滞,只创作了少量精美的诗篇。1786年,陷入苦闷的歌德隐居意大利,用两年时间逐渐恢复了创作活力。1788年重返魏玛后,歌德的主要精力由政治转向了文艺创作和科学研究。1794～1805年,在歌德创作的第三个阶段,他与席勒携手合作,开创了德国文学史上"魏玛古典主义"的繁荣时期。19世纪之后,歌德开始了创作的第四个阶段。晚年的他阅读了大量古今中外的文学名著,其中包括中国的小说,并广泛地与世界各国的科学家和文学家交往,预见性地提出了"世界文学"的概念。1832年,歌德逝世。

歌德一生精力过人,著述丰沛。剧作有《葛兹·冯·伯利欣根》、《哀格蒙特》、《浮士德》等,小说有《少年维特之烦恼》、《亲和力》、《威廉·迈斯特》等,诗歌有《普罗米修斯》、《赫尔曼与窦绿苔》、《威尼斯铭语》等。

【情节梗概】

出生中产阶级家庭的维特是一个有才华的青年。他能诗善画,热爱自然,多情善感。初春的一天,为了排遣内心的烦闷,维特来到一个偏僻的山村。宜人的风景,质朴的民风让他流连忘返。在一次乡间舞会上,他邂逅了当地法官的女儿绿蒂。两人一见倾心,难舍难分,但绿蒂已经订婚。不久,绿蒂的未婚夫旅行归来,并在当地的侯爵府任职,与维特也成了好朋友。在友情和爱情、理智和情感的纠结中,维特陷入了苦闷。为了摆脱郁闷,维特选择了离开,带着绝望的心情到一个公使馆担任下级官员。公使馆官僚风气严重,维特经常受到公使的百般挑剔,同事们也互相挤轧,这让维特愈发忧郁。维特在相熟的C伯爵家中做客,却又受到当地贵族男女的奚落和嘲讽,只因为维特出身于市民阶层。试图用工作来摆脱情感纠葛的维特,从现实中得到的只有歧视和冷漠。维特愤而辞职,来到一位侯爵的庄园作客。侯爵的热情招待没有解除维特内心的阴郁,他感到自己与等级森严的封建社会格格不入,却又不知出路在何方。最终,维特在爱情的驱使下,回到绿蒂身边,但绿蒂已嫁为人妇,一切都已物是人非。抱着对爱情的绝望,以及对于封建等级偏见的愤怒,维特设计了自己悲剧的结局:圣诞节前的一天的午夜时分,他留下了遗书,用绿蒂丈夫的手枪结束了自己年轻的生命。

【导读】

书信体小说《少年维特之烦恼》是歌德的成名之作。它是德国“狂飙突进”运动的丰硕成果之一，也是德国文学史上第一部具有世界影响的小说。小说通过青年维特爱情的不幸和事业的挫折，展现了欧洲从封建社会向资本主义社会过渡时期，新兴市民阶级的青年一代渴望纯洁爱情、追求平等、要求个性解放的强烈愿望。但封建势力依然强大，理想与现实的巨大反差导致了维特的愤懑悲观，最终用自杀来反抗残酷的社会。维特身上洋溢着德国“狂飙突进”运动时期崇尚自我、反抗社会的激情和叛逆精神。他的遭遇披露了德国封建社会的等级偏见和鄙陋习气，他的悲剧也暴露了德国新兴资产阶级自身的消极和软弱。

歌德通过日记和书信体的写作形式，以感伤的笔触、难抑的激情记录了维特的心路历程，因其真实反映了当时年轻人内心普遍的苦闷和抑郁，而激起了青年一代情感上的强烈共鸣。小说一经问世便风靡全欧洲，在当时掀起了一场持久的“维特热”浪潮。

【思考练习】

一、简述启蒙主义文学的基本特征。

二、维特悲剧的真正原因是什么？

巴黎圣母院

雨果

维克多·雨果(1802～1885)，法国伟大的人道主义作家、诗人和戏剧家，也是法国积极浪漫主义文学的领军人物。青年雨果一度受保皇派母亲的影响，思想上倾向保守。1827年，雨果发表了剧本《克伦威尔》，其《序言》成为浪漫主义文学的宣言，从此奠定了雨果浪漫主义文学领袖的地位。从1840年开始雨果逐渐步入政坛，思想上日趋倾向共和，创作上相对沉寂。之后，雨果因反抗路易·拿破仑的政变，遭失败后被迫流亡。近20年的流亡生涯使雨果成为一名坚定的共和主义者，也在文学创作上收获了累累硕果。作为共和主义者，雨果不理解巴黎公社革命；但作为一名人道主义者，在巴黎公社失败后，他又挺身而出，庇护遭当局残酷镇压的公社成员。雨果一生始终追随着时代的步伐前进，与祖国和人民同甘共苦，因而受到法国人民的热爱。1885年雨果与世长辞，法国人民为他举行了隆重的国葬，并至今缅怀这位伟大的文化战士。

雨果一生笔耕不辍，创作涉及诗歌、小说、戏剧、文学评论等各类文学体裁，且都卓有成就。其中，他的小说创作影响最大，代表作品有《巴黎圣母院》、《悲惨世界》、《海上劳工》、《笑面人》、《九三年》等。

【情节梗概】

15世纪一天，巴黎市民聚集在巴黎圣母院前的广场，沉浸在“愚人节”的狂欢中。在人们的哄笑声中巴黎圣母院的敲钟人加西莫多被选中成为“愚人之王”。畸形身体和丑陋的外貌使加西莫多自幼被父母抛弃，并时常受到人们的嘲笑和戏耍，他因而远离并深深仇视着他的同类，只服从于收养他的圣母院副主教孚罗诺。与此同时，广场上的人们正如痴如醉地欣赏着一位少女优美的舞姿。这位美丽动人的吉卜赛女郎就是流浪艺人爱丝梅拉达。她轻盈、飘逸的舞姿使清心寡欲的孚罗诺动了邪念，他指使加西莫多去劫持爱丝梅拉达。而爱丝梅拉达正巧被正在巡逻的国王卫队长弗比斯救下，加西莫多则被擒获。单纯善良的爱丝梅拉达因而爱上了这位英俊的军官。加西莫多被罚鞭打示众，他口渴难忍，百般哀求人们给他水喝，而得到的只是人们的嬉弄和凌辱。爱丝梅拉达出于同情，将水送到加西莫多的嘴边，她的行为深深感动了加西莫多，打动了他那颗对同类冷酷的心。爱丝梅拉达念念不忘弗比斯。弗比斯虽早已订婚，但他并不拒绝这美丽的艳遇，并与爱丝梅拉达约定在旅馆幽会。一心想占有爱丝梅拉达的孚罗诺得知消息后妒火中烧，他跟踪弗比斯，在暗地里刺伤了他并逃之夭夭。在场的爱丝梅拉达却被控告成了杀人者。审讯中，爱丝梅拉达百般辩解，却无人相信，她无辜地被判绞刑。而伤愈的弗比斯为了自己的声誉，也不肯证明少女的清白。卑鄙的孚罗诺提出以贞操换生存的无耻条件，被爱丝梅拉达严词拒绝。行刑之日，加西莫多不忍看少女受难，将爱丝梅拉达抢入圣母院楼顶避难，并日夜守护她不受伤害。当法庭无视圣地避难权，决定逮捕爱丝梅拉达时，爱丝梅拉达的同伴——来自乞丐王国的流浪者们攻打圣母院来搭救她，国王下令镇压暴乱。混战之中，孚罗诺用计将爱丝梅拉达劫出圣母院，再次威胁她服从自己。遭到拒绝后，孚罗诺残忍地将爱丝梅拉达交给了追捕而来的官兵，亲眼看着少女被绞死。悲痛的加西莫多看清了孚罗诺的人面兽心，愤怒地将他从巴黎圣母院顶楼推下摔死，自己则抱着爱丝梅拉达的遗体死去，与她一同化作了生死相依的尘土。

【导读】

《巴黎圣母院》是一部具有巨大的思想力量和艺术魅力的小说。小说在浓郁的中世纪宗教氛围中，围绕着纯洁美丽的少女爱丝梅拉达的悲剧命运，展现了孚罗诺人性的扭曲和加西莫多人性的复归，揭示了宗教禁欲主义的罪恶和封建司法制度的残酷，批判了负心薄义的行为，赞扬了下层人们之间的真挚情感，宣扬了雨果以“仁爱”为核心的人道主义思想。

作为浪漫主义文学的领袖，雨果确立了以“美丑对照”原则为核心的浪漫主义创作论。《巴黎圣母院》便是其伟大的艺术实践。小说运用了大量的对比手法，包括正反面人物对比、正面人物之间对比、人物自身对比等，在美丑对照中使媸妍毕现，从而突出了雨果“美在心灵”的主旨。

此外，小说浓烈的主观色彩、离奇的情节、非凡的人物、强烈的夸张、绚丽的语言都使其成为浪漫主义文学的经典杰作。

【思考练习】

一、在《巴黎圣母院》中，雨果是如何运用对比手法塑造人物的？

二、论述《巴黎圣母院》所体现的浪漫主义艺术特色。

红与黑

司汤达

司汤达(1783～1842),原名马利·亨利·贝尔,19世纪法国批判现实主义文学的奠基者。少年时期,司汤达在外祖父的影响下接受了自由思想和古典文学的熏陶,奠定了今后的思想基础。1799年,司汤达在巴黎加入了拿破仑的军队,追随拿破仑四处征战。1802～1806年他暂时离开军队,潜心研究文学和哲学。此后,司汤达继续追随拿破仑直至1814年拿破仑的最后垮台。之后,司汤达开始从事创作。司汤达一生的政治起伏与拿破仑有着密切关联。他崇拜拿破仑,拥护资产阶级革命,反对封建制度和贵族阶级,同情人民,他的文学创作正反映了这一思想倾向。1814年波旁王朝复辟后,司汤达侨居意大利,开始用"司汤达"这一笔名发表作品。1830年,司汤达出版了长篇小说《红与黑》,拉开了法国批判现实主义文学的序幕。

司汤达一生创作了《阿尔芒斯》、《巴马修道院》等小说,他大部分的中短篇作品被人结集为《意大利遗事》出版。此外,司汤达还创作了著名的心理分析论著《论爱情》,并且在艺术评论领域也颇有造诣。

【情节梗概】

于连·索雷尔是维立叶尔城一个木匠的儿子。19岁的于连英俊、聪明、意志坚强。他不甘像父亲和兄长一样平庸生活,从小就希望借助个人的努力和奋斗跻身上流社会。于连疯狂地崇拜拿破仑,希望像拿破仑一样从小人物走向人生的辉煌,但他又清醒地认识到拿破仑已经权倾势去。于是,当上神甫成为于连另一个热切的追求。为此,他发愤读书,精通拉丁文,并在西朗神甫的推荐下成为市长家的家庭教师,踏上了社会舞台的第一步。市长德瑞纳只关心勋章和金钱,时常在于连面前显示出阶级的优越感。出于市民阶级对权贵的报复心理,于连和市长夫人之间产生了暧昧关系,但之后他真心地爱上了美丽、纯洁的德瑞纳夫人。可是两人的恋情不久败露,于连被迫到贝尚松神学院求学。为了向上爬,他甘愿忍受神学院的伪善和钩心斗角,但不久就因为院内的党派斗争而不得不来到巴黎,成为德·拉莫尔侯爵的秘书。凭借着聪明和坚强的个性,于连不仅受到了侯爵的赏识而且赢得了侯爵小姐玛蒂尔德的芳心。利用爱情,于连得到中尉军衔、贵族头衔和收入不菲的庄园,未来的前途一片光明。正当于连踌躇满志之际,德瑞纳夫人的来信破灭了于连的幻想。在愤怒之下,于连射伤了德瑞纳夫人,自己也因此被捕。入狱后,于连清醒地认识到他落入了贵族阶级和教会所设下的圈套,他拒绝上诉,只对伤害了最爱的人而感到悔恨和耻辱。最终,于连平静地走上了断头台。他死后,玛蒂尔德亲自埋葬了情人的头颅。三天后,德瑞纳夫人也离开了人世。

【导读】

《红与黑》虽以于连的两次爱情经历为主线，但却是一部具有强烈政治倾向的小说。小说通过出生下层的青年于连的个人奋斗及其悲剧结局，揭示了法国波旁王朝复辟时期贵族的反动、教会黑暗和资产阶级唯利是图的社会图景，展现了以于连为代表的中下层资产阶级为实现自身价值所表现出的无畏精神。

主人公于连，本可以凭借智慧和坚强的意志实现出人头地的愿望。但在门第和金钱主宰的时代，于连逐渐认清了社会的丑恶现实。为了达到人生的成功，反抗蔑视他的上层社会，本性善良的于连选择向他所厌恶的上流社会妥协，并得到了丰厚的奖赏，但良心未泯的他时刻痛恨着自己的伪善。入狱之后，于连彻底意识到上层社会绝不会允许像他一样出生下层的青年跻身其中。他拒绝上诉，表明了他的绝不妥协，并用死对上层社会进行了最后的反抗。于连因其高度典型意义已成为具有反抗精神的个人奋斗的典型。

整部小说的结构严谨匀称，语言简洁流畅，善于刻画典型环境中的典型人物，特别是在人物心理深度的挖掘上达到了极高的水平，司汤达也因此奠定了其在法国乃至世界文坛的地位。

【思考练习】

一、论述《红与黑》反映的思想内涵。

二、你如何评价于连的个人奋斗？你认为应怎样实现自己的人生目标？

最后一片藤叶

欧·亨利

欧·亨利(1862～1910)，原名威廉·西德尼·波特，美国著名短篇小说家，曾被评论界誉为美国现代短篇小说之父。欧·亨利出生于美国北卡罗来纳州一个医师家庭。他一生颇具传奇性，当过学徒、牧牛人、会计、新闻记者、银行出纳员等。曾经因被指控盗用银行资金而一度流亡，后被捕入狱。在狱中，他创作了人生的首部作品，因碍于犯人的身份而使用了“欧·亨利”这个笔名。1901年，他提前获释，开始了创作生涯。

欧·亨利一生困顿，生活境遇的相似使他用饱含着同情的笔墨关注下层社会小人物的命运和遭遇。他一生创作了近300篇短篇小说，其中颇多享誉世界的名作，如《麦琪的礼物》、《最后一片藤叶》、《警察与赞美诗》、《爱的牺牲》、《带家具出租的房间》等。其小说构思新颖，伏笔暗藏，因其结局常常出人意料，而被称为“欧·亨利式结尾”。他的小说语言诙谐幽默，但在看似轻松的文字背后是沉重、冷酷的社会真实，形成了其“含泪的微笑”的独特艺术风格。在收获事业上的成功之际，欧·

亨利的健康每况愈下，于1910年病逝于纽约。

在华盛顿广场西边的一个小区里，街道都横七竖八地伸展开去，又分裂成一小条一小条的“胡同”。这些“胡同”稀奇古怪地拐着弯子。一条街有时自己本身就交叉了不止一次。有一回一个画家发现这条街有一种可贵之处：要是有个收帐的跑到这条街上，来催要颜料、纸张和画布的钱，他就会突然发现自己两手空空，原路返回，一文钱的帐也没有要到！

所以，不久之后不少画家就摸索到这个古色古香的老格林尼治村来，寻求朝北的窗户、18世纪的尖顶山墙、荷兰式的阁楼，以及低廉的房租。然后，他们又从第六街买来一些蜡酒杯和一两只火锅，这里便成了“艺术区”。

苏和琼西的画室设在一所又宽又矮的三层楼砖房的顶楼上。“琼西”是琼娜的爱称。她俩一个来自缅因州，一个是加利福尼亚州人。她们是在第八街的“台尔蒙尼歌之家”吃份饭时碰到的，她们发现彼此对艺术、生菜色拉和时装的爱好非常一致，便合租了那间画室。

那是5月里的事。到了11月，一个冷酷的、肉眼看不见的、医生们叫做“肺炎”的不速之客，在艺术区里悄悄地游荡，用他冰冷的手指头这里碰一下那里碰一下。在广场东头，这个破坏者明目张胆地踏着大步，一下子就击倒几十个受害者，可是在迷宫一样、狭窄而铺满青苔的“胡同”里，他的步伐就慢了下来。

肺炎先生不是一个你们心目中行侠仗义的老绅士。一个身子单薄，被加利福尼亚州的西风刮得没有血色的弱女子，本来不应该是这个有着红拳头的、呼吸急促的老家伙打击的对象。然而，琼西却遭到了打击；她躺在一张油漆过的铁床上，一动也不动，凝望着小小的荷兰式玻璃窗外对面砖房的空墙。

一天早晨，那个忙碌的医生扬了扬他那毛茸茸的灰白色眉毛，把苏叫到外边的走廊上。

“我看，她的病只有十分之一的恢复希望，”他一面把体温表里的水银柱甩下去，一面说，“这一分希望就是她想要活下去的念头。有些人好像不愿意活下去，喜欢照顾殡仪馆的生意，简直让整个医药界都无能为力。你的朋友断定自己是不会痊愈的了。她是不是有什么心事呢？”

“她——她希望有一天能够去画那不勒斯的海湾。”苏说。

“画画？——真是瞎扯！她脑子里有没有什么值得她想了又想的事——比如说，一个男人？”

“男人？”苏像吹口琴似的扯着嗓子说，“男人难道值得——不，医生，没有这样的事。”

“我会用能达到的全部力量去治疗她。可要是我的病人开始算计会有多少辆马车送她出丧，我就得把治疗的效果减掉百分之五十。只要你能想法让她对冬季大衣袖子的时新式样感到兴趣而提出一两个问题，那我可以向你保证把医好她的机会从十分之一提高到五分之一。”

医生走后，苏走进工作室里，把一条日本餐巾哭成一团湿。后来她手里拿着画板，装做精神抖擞的样子走进琼西的屋子，嘴里吹着爵士音乐调子。

琼西躺着，脸朝着窗口，被子底下的身体纹丝不动。苏以为她睡着了，赶忙停止吹口哨。

她架好画板,开始给杂志里的故事画一张钢笔插图。年轻的画家为了铺平通向艺术的道路,不得不给杂志里的故事画插图,而这些故事又是年轻的作家为了铺平通向文学的道路而不得不写的。

苏正在给故事主人公,一个爱达荷州牧人的身上,画上一条马匹展览会穿的时髦马裤和一片单眼镜时,忽然听到一个重复了几次的低微的声音。她快步走到床边。

琼西的眼睛睁得很大。她望着窗外,数着……倒过来数。

"12",她数道,歇了一会又说"11",然后是"10"和"9",接着几乎同时数着"8"和"7"。

苏关切地看了看窗外。那儿有什么可数的呢?只见一个空荡阴暗的院子,二十英尺以外还有一所砖房的空墙。一棵老极了的长春藤,枯萎的根纠结在一块,枝干攀在砖墙的半腰上。秋天的寒风把藤上的叶子差不多全都吹掉了,几乎只有光秃的枝条还缠附在剥落的砖块上。

"什么呀,亲爱的?"苏问道。

"6",琼西几乎用耳语低声说道,"它们现在越落越快了,三天前还有差不多一百片。我数得头都疼了,但是现在好数了。又掉了一片,只剩下五片了。"

"五片什么呀,亲爱的。告诉你的苏娣吧。"

"叶子。长春藤上的。等到最后一片叶子掉下来,我也就该去了。这件事我三天前就知道了。难道医生没有告诉你?"

"哼,我从来没听过这种傻话,"苏十分不以为然地说,"那些破长春藤叶子和你的病好不好有什么关系?你以前不是很喜欢这棵树吗?你这个淘气孩子。不要说傻话了。瞧,医生今天早晨还告诉我,说你迅速痊愈的机会是——让我一字不改地照他的话说吧——他说有九成把握。噢,那简直和我们在纽约坐电车或者走过一座新楼房的把握一样大。喝点汤吧,让苏娣去画她的画,好把它卖给编辑先生,换了钱来给她的病孩子买点红葡萄酒,再给她自己买点猪排解解馋。"

"你不用买酒了,"琼西的眼睛直盯着窗外说道,"又落了一片。不,我不想喝汤。只剩下四片了。我想在天黑以前等着看那最后一片叶子掉下去。然后我也要去了。"

"琼西,亲爱的,"苏俯着身子对她说,"你答应我闭上眼睛,不要瞧窗外,等我画完,行吗?明天我非得交出这些插图。我需要光线,否则我就拉下窗帘了。"

"你不能到那间屋子里去画吗?"琼西冷冷地问道。

"我愿意呆在你跟前,"苏说,"再说,我也不想让你老看着那些讨厌的长春藤叶子。"

"你一画完就叫我,"琼西说着,便闭上了眼睛。她脸色苍白,一动不动地躺在床上,就像是座横倒在地上的雕像。"因为我想看那最后一片叶子掉下来,我等得不耐烦了,也想得不耐烦了。我想摆脱一切,飘下去,飘下去,像一片可怜的疲倦了的叶子那样。"

"你睡一会吧,"苏说道,"我得下楼把贝尔门叫上来,给我当那个隐居的老矿工的模特儿。我一会儿就回来的。不要动,等我回来。"

老贝尔门是住在她们这座楼房底层的一个画家。他年过六十,有一把像米开朗琪罗的摩西雕像那样的大胡子,这胡子长在一个像半人半兽的森林之神的头颅上,又鬈曲地飘拂在小鬼似的身躯上。贝尔门是个失意的画家。他操了四十年的画笔,还远没有摸着艺术女神的衣裙。他老是说就要画他的那幅杰作了,可是直到现在他还没有动笔。几年来,他除了偶尔画点商业广告之类的玩意儿以外，什么也没有画过。他给艺术区里穷得雇不起职业模特儿的年轻画家们当模特儿，挣一点钱。他喝酒毫无节制，还时常提起他要画的那幅杰作。除此以外，他是一个火气十足的小老头子，十分瞧不起别人的温情，却认为自己是专门保护楼上画室里那两个年轻女画家的一只看家狗。

苏在楼下他那间光线黯淡的斗室里找到了嘴里酒气扑鼻的贝尔门。一幅空白的画布绷在个画架上，摆在屋角里，等待那幅杰作已经 25 年了，可是连一根线条还没等着。苏把琼西的胡思乱想告诉了他，还说她害怕琼西自个儿瘦小柔弱得像一片叶子一样，对这个世界的留恋越来越微弱，恐怕真会离世飘走了。

老贝尔门两只发红的眼睛显然在迎风流泪，他十分轻蔑地嗤笑这种傻呆的胡思乱想。

"什么，"他喊道，"世界上真会有人蠢到因为那些该死的长春藤叶子落掉就想死？我从来没有听说过这种怪事。不，我才不给你当那无聊的隐士模特儿呢。你干吗让她胡思乱想？唉，可怜的琼西小姐。"

"她病得很厉害很虚弱，"苏说，"发高烧发得她神经昏乱，满脑子都是古怪想法。好，贝尔门先生，你不愿意给我当模特儿，我也不勉强了。我看你是个讨厌的老——老罗唆鬼。"

"你简直太婆婆妈妈了！"贝尔门喊道，"谁说我不愿意当模特儿？走，我和你一块去。我不是讲了半天愿意给你当模特儿吗？老天爷，琼西小姐这么好的姑娘真不应该躺在这种地方生病。总有一天我要画一幅杰作，我们就可以都搬出去了。一定的！"

他们上楼以后，琼西正睡着觉。苏把窗帘拉下，一直遮住窗台，做手势叫贝尔门到隔壁屋子里去。他们在那里提心吊胆地瞅着窗外那棵长春藤。后来他们默默无言，彼此对望了一会。寒冷的雨夹杂着雪花不停地下着。贝尔门穿着他的旧的蓝衬衣，坐在一把翻过来充当岩石的铁壶上，扮作隐居的矿工。

第二天早晨，苏只睡了一个小时的觉，醒来了，她看见琼西无神的眼睛睁得大大地注视拉下的绿窗帘。

"把窗帘拉起来，我要看看。"她低声地命令道。

苏疲倦地照办了。

然而，看呀！经过了漫长一夜的风吹雨打，在砖墙上还挂着一片藤叶。它是长春藤上最后的一片叶子了。靠近茎部仍然是深绿色，可是锯齿形的叶子边缘已经枯萎发黄，它傲然挂在一根离地二十多英尺的藤枝上。

"这是最后一片叶子。"琼西说道，"我以为它昨晚一定会落掉的。我听见风声的。今天它一定会落掉，我也会死的。"

"哎呀，哎呀，"苏把疲乏的脸庞挨近枕头边上对她说，"你不肯为自己着想，也得为我想想啊。我可怎么办呢？"

可是琼西不回答。当一个灵魂正在准备走上那神秘的、遥远的死亡之途时，她是世界上最寂寞的人了。那些把她和友谊及大地联结起来的关系逐渐消失以后，她那个狂想越来越强烈了。

白天总算过去了，甚至在暮色中她们还能看见那片孤零零的藤叶仍紧紧地依附在靠墙的枝上。后来，夜的到临带来了呼啸的北风，雨点不停地拍打着窗子，雨水从低垂的荷兰式屋檐上流泻下来。

天刚蒙蒙亮，琼西就毫不留情地吩咐拉起窗帘来。

那片藤叶仍然在那里。

琼西躺着对它看了许久。然后她招呼正在煤气炉上给她煮鸡汤的苏。

“我是一个坏女孩子，苏娣，”琼西说，“天意让那片最后的藤叶留在那里，证明我是多么坏。想死是有罪过的。你现在就给我拿点鸡汤来，再拿点掺葡萄酒的牛奶来，再——不，先给我一面小镜子，再把枕头垫垫高，我要坐起来看你做饭。”

过了一个钟头，她说道：“苏娣，我希望有一天能去画那不勒斯的海湾。”

下午医生来了，他走的时候，苏找了个借口跑到走廊上。

“有五成希望。”医生一面说，一面把苏细瘦的颤抖的手握在自己的手里，“好好护理你会成功的。现在我得去看楼下另一个病人。他的名字叫贝尔门——听说也是个画家。也是肺炎。他年纪太大，身体又弱，病势很重。他是治不好的了；今天要把他送到医院里，让他更舒服一点。”

第二天，医生对苏说：“她已经脱离危险，你成功了。现在只剩下营养和护理了。”

下午苏跑到琼西的床前，琼西正躺着，安详地编织着一条毫无用处的深蓝色毛线披肩。苏用一只胳臂连枕头带人一把抱住了她。

“我有件事要告诉你，小家伙，”她说，“贝尔门先生今天在医院里患肺炎去世了。他只病了两天。头一天早晨，门房发现他在楼下自己那间房里痛得动弹不了。他的鞋子和衣服全都湿透了，冻凉冰凉的。他们搞不清楚在那个凄风苦雨的夜晚，他究竟到哪里去了。后来他们发现了一盏没有熄灭的灯笼，一把挪动过地方的梯子，几支扔得满地的画笔，还有一块调色板，上面涂抹着绿色和黄色的颜料，还有——亲爱的，瞧瞧窗子外面，瞧瞧墙上那最后一片藤叶。难道你没有想过，为什么风刮得那样厉害，它却从来不摇一摇、动一动呢？唉，亲爱的，这片叶子才是贝尔门的杰作——就是在最后一片叶子掉下来的晚上，他把它画在那里的。”

【导读】

小人物一直是欧·亨利笔下倾注同情的对象。他一方面控诉着金钱至上的美国社会对穷苦人们无情的倾轧和吞噬，另一方面又深情记述落魄小人物之间的可贵真情。《最后一片藤叶》就属于后者。在小说中，一生失意的老画家在凄风苦雨中画下了一片永不凋谢的常春藤叶，用自己的生命唤起了贫病交加的女画家对生的渴求。这丝毫算不上轰轰烈烈的事件，流露的却是人性的至善。那永不凋谢的常春藤叶正象征着苦难的世界上穷人之间的一丝温情，它慰藉着残酷现实中寂寞、悲凉的灵魂，也是鼓舞人们勇对惨淡人生的人性的永恒光辉。

小说艺术上的亮点来自于典型的“欧·亨利式结尾”。作者看似不动声色地叙述一个简单的故事，既无华丽的辞藻，也无波折的情节，但在似乎平静的叙述中作者精心埋下了诸多伏笔，直到结尾时才揭开谜底，而结尾虽突如其来却又在情理之中。出色的结尾使得小说尺水生波，潜在的艺术华彩奇迹般地光芒四射，继而小说又在高潮之巅戛然而止，留给读者无尽的遐想空间去想象、品味和思考。欧·亨利也正因其出色的创作与莫泊桑、契诃夫并称为世界三大短篇小说巨匠。

【思考练习】

一、小说真正的主人公是谁？分析评价这个人物。

二、什么是“欧·亨利式结尾”?

变形记(节选)[1]

卡夫卡

弗兰茨·卡夫卡(1883~1924),奥地利小说家,西方现代表现主义文学代表作家,也是西方现代派文学的先驱和探索者。卡夫卡出生犹太商人家庭,从中学时期起,他就非常喜爱哲学和文学。在大学时期,卡夫卡迫于父命,学习了法律。1902年卡夫卡开始从事创作,1906年获法律博士学位。毕业后卡夫卡在保险公司任职,直至1922年病退为止。父亲专横的阴影,一战后动荡萧条的生活环境,使卡夫卡终生生活在抑郁与孤独之中。对社会的陌生感、孤独感与恐惧感,是他创作的永恒主题。1924年,41岁的卡夫卡死于肺痨,结束了不幸的一生。

卡夫卡一生创作了散文小说集《观察》,3篇长篇小说《失踪者》、《诉讼》、《城堡》,但都没有最终完成。此外,他还写作了数量可观的中短篇小说以及大量的书信和日记。代表作品有《变形记》、《判决》、《饥饿的艺术家》、《在流刑营》、《乡村医生》等。

一天早晨,格里高尔·萨姆沙从不安的睡梦中醒来,发现自己躺在床上变成了一只巨大的甲虫。他仰卧着,那坚硬的像铁甲一般的背贴着床,他稍稍抬了抬头,便看见自己那穹顶似的棕色肚子分成了好多块弧形的硬片,被子几乎盖不住肚子尖,都快滑下来了。比起偌大的身躯来,他那许多只腿真是细得可怜,都在他眼前无可奈何地舞动着。

“我出了什么事啦?”他想。这可不是梦。他的房间,虽是嫌小了些,的确是普普通通人住的房间,仍然安静地躺在四堵熟悉的墙壁当中。在摊放着打开的衣料样品——萨姆沙是个旅行推销员——的桌子上面,还是挂着那幅画,这是他最近从一本画报上剪下来装在漂亮的金色镜框里的。画的是一位戴皮帽子围皮围巾的贵妇人,她挺直身子坐着,把一只套没了整个前臂的厚重的皮手筒递给看画的人。

格里高尔接着又朝窗口望去,那阴暗的天气——人们听得见雨点敲打在窗格子铁皮上的声音——使他的心情变得十分忧郁。“还是再睡一会儿,把这一切晦气事统统忘掉吧。”他想,但是这件事却完全办不到,因为他习惯侧向右边睡,可是在目前这种状况下竟无法使自己摆出这个姿势来。不管他怎么使劲扑向右边,他总是又摆荡回复到仰卧姿势。他试了大约一百次,闭上眼睛,好不必看见那些拼命挣扎的腿,后来他开始在腰部感觉到一种还从未感受过的隐痛,这时他才不得不罢休。

“啊,天哪,”他想,“我挑上了一个多么累人的差事!长年累月到处奔波,比坐办公室做生意辛苦多了。再加上还有经常出门的那种烦恼,担心各次火车的倒换,不定时的、劣质的饮食,而萍水相逢的人也总是些泛泛之交,不可能有深厚的交情,永远不会变成知己朋友。让这一切都见鬼去吧!”他觉得肚子上有点痒痒,便仰卧着慢慢向床头挪近过去,好让自己头抬起来更容易些。看清了发痒的地方,那儿布满了白色小斑点,他不明白这是怎么回事，想用一条腿去搔一搔，可是立刻又把腿缩了回来，因为这一碰引起他浑身一阵寒颤。

他又滑下来回复到原来的姿势。“这么早起床，”他想，“简直把人弄得痴痴呆呆的了。人必须要有足够的睡眠。别的推销员生活得像后宫里的贵妇。譬如每逢我上午回旅店领取已到达的订货单时，这帮老爷们才在吃早饭。我若是对老板来这一手，我立刻就会被解雇。不过话说回来，谁知道被解雇对我来说就不是一件很好的事呢？我若不是为了我父母亲的缘故而克制自己的话，我早就辞职不干了。我就会走到老板面前，把我的意见一股脑儿全告诉他。他非从斜面桌上掉下来不可！坐到那张斜面桌上并居高临下同职员说话，而他又耳背，人家就不得不走到他跟前来，这也真可以说是一种奇特的工作方式了。嗯，希望还没有完全破灭，只要等我积攒好了钱，还清父母欠他的债——也许还要五六年吧，我就一定把这件事办了。那时候我就会时来运转。不过眼下我必须起床，因为火车五点钟开。”

……

这一切都飞快地在他脑子里闪过，他还是没有下决心起床——闹钟敲六点三刻了——这时，他床头后面的门上传来了轻轻的一下叩门声。“格里高尔，”一个声音说，——这是他母亲的声音——“已经七点差一刻了。你不是还要赶火车吗？”好温和的声音！格里高尔听到自己的回答声时不免大吃一惊。没错，这分明是他自己的声音，可是却有另一种可怕的叽叽喳喳的尖叫声同时发了出来，仿佛是伴音似的，使他的话只有最初几个字才是清清楚楚的，接着马上就受到了干扰，弄得意义含混，使人家说不上到底听清楚没有。格里高尔本想回答得详细些，好把一切解释清楚，可是在这样的情形下他只得简单地说：“是的，是的，谢谢你，妈妈，我这会儿正在起床呢。”隔着木门，外面一定听不到格里高尔声音的变化，因为他母亲听到这些话也满意了，就拖着步子走了开去。然而这场简短的对话使家里人都知道格里高尔还在屋子里，这是出乎他们意料之外的，于是在侧边的一扇门上立刻就响起了他父亲的叩门声，很轻，不过用的却是拳头。“格里高尔，格里高尔，”他喊到，“你怎么啦？”过了一小会儿他又用更低沉的声音催促道：“格里高尔！格里高尔！”在另一侧的门上他的妹妹也用轻轻的悲哀的声音问：“格里高尔，你不舒服吗？要不要什么东西？”他同时回答了他们两个人：“我马上就好了。”他把声音发得更清晰，说完一个字过一会儿才说另一个字，竭力使他的声音显得正常。于是他父亲走回去吃他的早饭了，他妹妹却低声地说：“格里高尔，开开门吧，求求你。”可是他并不想开门，所以暗自庆幸自己由于时常旅行，他养成了晚上锁住所有门的习惯。即使回到家里也是这样。

……

他使劲地摇动着，身子已经探出不少，快要失去平衡了，他非得鼓足勇气采取决定性的步骤了，因为再过五分钟就是七点一刻——正在这时，前门的门铃响了起来。“是公司里派什么人来了，”他这么想，身子就随之而发僵，可是那些细小的腿却动弹得更快了。一时之间周围一片静默。“他们不愿开门。”格里高尔怀着不合常情的希望自言自语道。可是使女当然还是跟往常一样踏着沉重的步子去开门了。格里高尔听到客人的第一声招呼就马上知道这是谁——是秘书主任亲自出马了。真不知自己生就什么命，竟落到给这样一家公司当差，只要有一点小小的差错，马上就会招来最大的怀疑！在这一个所有的职员全是无赖的公司里，岂不是只有他一个人忠心耿耿吗？他早晨只占用公司两三个小时，不是就给良心折磨得几乎要发疯，真的下不了床吗？如果确有必要来打听他出了什么事，派个学徒来不也够了吗——难道秘书主任非得亲自出马，以便向全家人，完全无辜的一家人表示，这个可疑的情况只有他自己那样的内行来调查才行吗？与其说格里高尔下了决心，倒不如说他因为想到这些事非常激动，因而用尽全力把自己甩出了床外。砰的一声很响，但总算没有响得吓人。地毯把他坠落的声音减弱了几分，他的背也不如他所想象的那么毫无弹性，所以声音很闷，不惊动人。只是他不够小心，头翘得不够高，还是在地板上撞了一下；他扭了扭脑袋，痛苦而忿懑地把头挨在地板上磨蹭着。

……

格里高尔扒着椅子慢慢向门口移动过去，在门口撂下椅子，向房门扑过去，靠着门板直起身来——他的细腿的底部有一些黏性——在那儿休憩片刻，缓过一口气来。但是随后他便开始用嘴巴来转动插在锁孔里的钥匙。遗憾的是，他似乎没有什么真正的牙齿——他用什么来咬住钥匙呢？——不过他的下颚倒十分结实，足以担当此项任务，在它的帮助下他也果真启动了钥匙。他没有注意到无疑给自己造成某种伤害了，因为一股棕色的液体从他嘴里流出来，淌过钥匙并滴到地上。“您听，”秘书主任在隔壁房间里说，“他在转动钥匙。”这对格里高尔是一种很大的鼓舞。可是本来大家都应该对他喊，父亲和母亲也应该对他喊：“加油，格里高尔！”他们应该高喊：“永远向前，紧紧顶住锁孔！”以为大家都在全神贯注地注视着他的艰难动作，他竭尽全力，死命咬住钥匙。他随着钥匙的旋转而绕着锁孔舞动。现在还在用嘴使自己的身体保持直立。他按照需要或是吊在钥匙上，或是随后便用自己身体的全部重量又将钥匙压下去。锁终于啪地一声反弹回去，这个清脆的响声简直使格里高尔如梦初醒。他舒了一口气暗自思忖道：“看我没用锁匠吧！”并将脑袋搁在门把上，想将门完全打开。

门是向他自己这边拉的，所以虽然已经打开，人家还是瞧不见他。他得慢慢地从对开的那半扇门后面把身子挪出来，而且得非常小心，以免背脊直挺挺地跌倒在房间里。他正在困难地挪动自己，顾不上作任何观察，这时他却听见秘书主任大声“哦”了一声——这声音听起来就像风在呼啸——而他同时也看到，最靠近门口的他怎样用一只手捂住张开的嘴巴并徐徐向后退去，仿佛有一股无形的、均匀作用的力在驱动他们似的。母亲——虽然秘书主任在场，她照样披散着一头一夜睡眠后蓬乱森竖的头发站立在那儿——先是合掌望着父亲，随后便向格里高尔走过去两步并倒在了地上，衣裙在她四周摊了开来，脸庞垂在胸口完全隐匿不见了。父亲恶狠狠地捏紧拳头，仿佛他要将格里高尔打回房间里去似的，随即犹豫不定地扫视了一下起居室，接着便用双手捂住眼睛哭了起来，他的宽阔的胸膛颤抖着。

……

格里高尔明白，如果他不想让自己在公司里的职位受到极大的危害，他就决不可以让这位秘书主任怀着这种心情离去。父母对这一切不甚了然：天长日久，他们已经形成了这样一种信念，以为格里高尔在这家公司里工作，一辈子可以吃穿不愁了，而且现在他们一心只想着眼前的愁苦事，根本无暇顾及将来的事。但是格里高尔顾及到了，必须挽留、安慰、说服秘书主任，并在最后博得他的好感，格里高尔和他一家人的前途全系在这上面呢！要是妹妹在这儿就好了！她聪明，当格里高尔还心平气和地仰卧着的时候她就已经哭了。秘书主任，这个偏袒女性的人，一定会受她的驾驭。她就会关上寓所大门，在前室里劝他不要害怕。可是妹妹还就是不在，格里高尔只好亲自出马。他没有想到自己的身体究竟有什么活动能力，也没有想一想他的话人家仍旧很可能听不懂，而且简直根本听不懂，就放开了那扇门，挤过门口，迈步向秘书主任走去，而后者正可笑地用两只手抱住楼梯的栏杆；格里高尔刚要摸索可以支撑的东西，忽然轻轻喊了一声，身子趴了下来，他那许多只腿着了地。还没等全部落地，他的身子已经获得了安稳的感觉，从早晨以来，这还是第一次。他脚底下现在是结结实实的地板了，他高兴地注意到，他的腿完全听从指挥，它们甚至努力地把他朝他心里所想的任何方向带去，他简直要相信，他所有的痛苦总解脱的时候终于快来了。可是就在这同一个刹那间，就在他摇摇晃晃，由于动作受到遏制，在离他母亲不远处，躺在她正对面的地板上的时候，似乎正完全陷入沉思之中的母亲却霍地跳了起来，远远伸出双臂，叉开十指，大喊："救命，天哪，救命！"低垂着脑袋，仿佛她想把格里高尔看得更真切些似的，可是偏偏又身不由已地向后退去，忘记了她身后摆着那张已摆好餐具的桌子。当她退到桌子近旁时，便好似心不在焉地一屁股坐了上去，并且好像丝毫不曾觉察到，咖啡正从她身旁那把已打翻的大咖啡壶里汩汩地往地毯上流。

"母亲，母亲！"格里高尔轻声说并抬起头来看着她。一瞬间他把秘书主任完全忘却了；可是他的下巴却忍不住咂巴起来，因为他看到了淌出来的咖啡。母亲见状再次尖叫起来，逃离开桌子，扑进向她迎面奔来的父亲的怀里。可是格里高尔现在顾不得他的父母；秘书主任已经在走下楼梯了，他的下巴探在栏杆上扭过头来最后回顾了一眼。格里高尔急走几步，想尽可能追上他；可是秘书主任一定是看出了他的意图，因为他往下蹦了几级，随即消失了；可是还在不断地叫嚷"噢！"回声传遍了整个楼梯。不幸得很，秘书主任的逃走仿佛使一直比较镇定的父亲也慌乱万分，因为他非但自己不去追赶那人，或者至少别去阻拦格里高尔去追逐，反而右手操起秘书主任连同帽子和大衣一起留在一张椅子上的手杖，左手从桌子上抓起一张大报纸，一面顿脚，一面挥动手杖和报纸，要把格里高尔赶回到房间里去。格里高尔的请求全然无效，事实上别人根本不理解；不管他怎样谦恭地低下头去，他父亲反而把脚顿得更响。另一边，他母亲不顾天气寒冷，打开了一扇窗子，双手掩住脸，尽量把身子往外探。一阵劲风从街上刮到楼梯，窗帘掀了起来，桌上的报纸吹得拍达拍达乱响，有几张吹落在地板上。格里高尔的父亲无情地把他往后赶，一面嘘嘘叫着，简直像个野人。可是格里高尔还不熟悉怎么往后退，所以走得很慢。如果有机会掉过头，他能很快回进房间的，但是他怕转身的迟缓会使他父亲更加生气，他父亲手中的手杖随时会照准他的背上或头上给以狠狠的一击的，到后来，他竟不知怎么办才好，因为他绝望地注意到，倒退着走连方向都掌握不了；因此，他一面始终不安地侧过头瞅着父亲，一面开始掉转身子，他想尽量快些，事实上却非常迂缓。也许父亲发现了他的良好意图，因此并不干涉他，只是在他挪动时远远地用手杖尖拨拨他。只要父亲不再发出那种无法忍受的嘘嘘声就好了。这简直要使格里高尔发狂。他已经完全转过去了，只是因为给嘘声弄得心烦意乱，甚至转得过了头。最后他总算对准了门口，可是他的身体又偏巧宽得过不去。但是在目前精神状态下的父亲，当然不会想到去打开另外半扇门好让格里高尔得以通过。他父亲脑子里只有一件事，尽快把格里高尔赶回房间。让格里高尔直立起来，侧身进入房间，就要做许多麻烦的准备，父亲是绝不会答应的。他现在发出的声音更加响亮，他拼命催促格里高尔往前走，好像他前面没有什么障碍似的；格里高尔听到他后面响着的声音不再像是父亲一个人的了；现在更不是闹着玩的了，所以格里高尔不顾一切狠命向门口挤去。他身子的一边拱了起来，倾斜地卡在门口，腰部挤伤了，在洁白的门上留下了可憎的斑点，不一会儿他就给夹住了，不管怎么挣扎，还是丝毫动弹不得，他一边的腿在空中颤抖地舞动，另一边的腿却在地上给压得十分疼痛——这时，他父亲从后面使劲地推了他一把，实际上这倒是支援，使他一直跌进了房间中央，汩汩地流着血。在他后面，门砰的一声用手杖关上了，屋子里终于恢复了寂静。

【注释】

[1]本文节选自卡夫卡《变形记》的第一部分。

【导读】

中篇小说《变形记》是卡夫卡小说艺术的最高代表。小说记述了主人公格里高尔在父亲的公司破产、全家处于困顿的境况下，当了一家公司的旅行推销员。他辛勤地工作维持一家的生计，也得到了家人的尊重。一天早晨，格里高尔发现自己变成一只巨大的甲虫，却还保留了人的意识。他忧虑着自己的失业将给家人带来的困境，而他的家人却因他的变形陷入一片恐慌。变成甲虫的格里高尔再也不能工作，成为家人的累赘和负担，亲人们对他的态度随之发生了巨变：母亲同情儿子，却不能接受他变成甲虫的事实；父亲甚至想置他于死命；他最爱的妹妹不愿照料他的生活，还哭闹着要求父亲把他弄走。最终，格里高尔在家人的遗弃中悲凉地死去。他死后，他的家人如释重负地开始了新生活。

小说看似荒诞，却暗含哲理。人变甲虫，映射了现代人在生存的压迫下，失去了人的个性和价值，异化为非人。格里高尔整日为生计奔波，承受着沉重的肉体和精神压力，逐渐变得麻木、机械，成为物质的奴隶。而他的没有任何征兆的变形，也象征着人对自己命运的无从掌控，只能听任命运的摆弄。主人公生理上的变形，继而引发了人与人之间关系的异变。当格里高尔丧失养家糊口的存在价值之后，亲情、伦理之情荡然无存，显现出现代社会人与人、甚至是家庭成员之间极端自私、冷酷、隔膜的人际真相。

卡夫卡用看似荒诞的故事，折射出现代社会中人类真实的生存状态和精神上难以排遣的孤独、陌生和危机感，并以此警醒人类去追寻人性的完善。

用奇诡的想象、以象征的方式表现真实中的荒诞，以寻求荒诞中的本质，是卡夫卡小说最突出的艺术特征。此外，小说对人物心灵的探索以及冷峻的叙述语调也体现了现代主义文学的诸多特色。

【思考练习】

一、阅读《变形记》，谈谈你的体会和认识。

二、作者选择甲虫作为主人公变化的物象有何深意？

泰戈尔诗二首

泰戈尔

罗宾德拉纳特·泰戈尔(1861～1941)，印度近代杰出的诗人、小说家、社会活动家。泰戈尔出生于加尔各答市一个具有进步思想和深厚文化底蕴的家庭，家学渊源对他后来的进步思想和艺术创作都有着深刻影响。由于厌恶现行的教育体制，泰戈尔几乎没有受过正规的学校教育，而靠家庭教育和自学得以成才。泰戈尔早期作品（1880～90 年代末）的特点是梦幻多于现实，富于浪漫主义色彩。但随着他社会阅历的加深，作品中的现实精神逐渐加强。此期的代表作有《晚歌集》、《故事诗》等。20 世纪初至 1919 年的中期创作中，泰戈尔表现了对印度民族解放运动的深切关注，并积极探索着社会改革的途径。代表作有散文诗集《吉檀迦利》与小说《沉船》、《戈拉》等。泰戈尔的后期创作，从 1919 年直至去世。此间，泰戈尔在关注印度命运同时，开始关注世界人民的反帝斗争，作品更具现实性和昂扬的激情。小说《最后一首诗》、散文《俄罗斯书简》、诗集《随想集》等代表着此期的成就。

泰戈尔一生的作品除了小说、诗歌、散文、剧本外，还创作了大量歌曲、美术作品以及有关语言、哲学、政治、宗教等方面的论著，并凭借散文诗集《吉檀迦利》成为亚洲第一位获得诺贝尔文学奖的作家。

是的，我知道，这只是你的爱，呵，我心爱的人——这在树叶上跳舞的金光，这些驶过天空的闲云，这使我头额清爽的吹过的凉风。

清晨的光辉涌进我的眼睛——这是你传给我心的消息。你的脸容下俯，你的眼睛下望着我的眼睛，我的心接触到了你的双足。（《吉檀迦利》第 59 首）

我像一片秋天的残云，无主地在空中飘荡，呵，我的永远光耀的太阳！你的摩触还没有蒸化了我的水气，使我与你的光明合一，因此我计算着和你分离的悠长的年月。

假如这是你的愿望，假如这是你的游戏，就请把我这流逝的空虚染上颜色，镀上金辉，让它在狂风中飘浮，舒卷成种种的奇观。

而且假如你愿意在夜晚结束了这场游戏，我就在黑暗中，或在灿白晨光的微笑中，在净化的清凉中，溶化消失。（《吉檀迦利》第 80 首）

【导读】

散文诗集《吉檀迦利》是泰戈尔从自己孟加拉文诗集《吉檀迦利》中选取部分诗作，译为英文结集而成的，共 103 首诗，是泰戈尔诗歌艺术的精华所在。

“吉檀迦利”的意思是奉献，是诗人献给心中神灵的歌。本书所选的两首小诗就表现了诗人对神的追寻以及希望求得神的接纳的渴盼心情。

关于《吉檀迦利》的主题和“神”的蕴意学术界争议很多。一种观点认为，这是一部抒情哲理诗。诗人心中的神不是人类膜拜的偶像，也不是超然的存在，而是诗人心中希望和光明的象征，是人类应当追求的一种崇高境界。诗人将其人格化、诗意化，在颂神的表现形式下展现出对生命意义、人生理想的探索与追求。

如果从政治角度评价《吉檀迦利》，诗集从神我合一的宗教角度寻求理想的实现，主张泛爱主义，使得作品染上了惆怅、迷惘的情绪和浓郁的神秘主义色彩，且并不能引导理想走向真正的实现。但如果从美学角度欣赏，诗歌所洋溢的对生命本身的诗意追寻，不也能使读者从中得到一种对人性的涤荡和超越的审美愉悦吗？

诗篇用直率质朴的语言、优美的诗歌韵律，在浓郁的抒情氛围中蕴含深刻的哲理，使其艺术上具有巨大的魅力。

【思考练习】

一、诗人在诗中流露出忧伤、迷惘的情绪，原因何在？

二、你认为《吉檀迦利》最打动你的是什么？

第八章　中外医学典章

伤寒论·自序

张机

张机，字仲景，南郡涅阳（今河南南阳市）人。东汉末年著名医学家，人称医圣。生于东汉桓帝元嘉、永兴年间，死于建安末年，具体生卒年份不详。相传他曾举孝廉，做过长沙太守，因而有“张长沙”之称。张仲景从小“勤求古训，博采众方”，嗜好医学，成年后他潜心研究、诸多实践，终成一代良医。

汉末乱世中的人们常遭受瘟疫的肆虐，伤寒病更是其中罪魁。张仲景悲感之下，广泛收集医方，撰写了医学巨著《伤寒杂病论》。可惜此书已经散逸。后世根据该书佚文，分别整理成《伤寒论》和《金匮要略》两部书。今本是经北宋校正医书局校订的版本。

《伤寒论》和《金匮要略》确立的六经辨证论治的原则，至今仍是中医诊治的灵魂。此外，两书记载的大量有效方剂，基本概括了临床各科常用的药方，为方剂学做出了巨大贡献。两书也成为后世从医者必读的经典医籍。张仲景也因此被后人称为“医中之圣，方中之祖”。

余每览越人入虢之诊[1]，望齐侯之色[2]，未尝不慨然叹其才秀[3]也。怪当今居世之士，曾[4]不留神医药，精究方术，上以疗君亲之疾，下以救贫贱之厄，中以保身长全[5]，以养其生；但竞逐荣势[6]，企踵[7]权豪，孜孜汲汲[8]，惟名利是务；崇饰其末[9]，忽弃其本[10]，华其外而悴其内[11]。皮之不存，毛将安附[12]焉？卒然[13]遭邪风之气[14]，婴非常之疾[15]，患及祸至，而方震栗[16]；降志屈节[17]，钦望巫祝[18]，告穷归天[19]，束手受败。赍[20]百年之寿命，持至贵之重器[21]，委付凡医，恣其所措[22]。咄嗟呜呼！厥[23]身已毙，神明[24]消灭，变为异物[25]，幽潜重泉[26]，徒为啼泣。痛夫！举世昏迷[27]，莫能觉悟，不惜其命，若是轻生[28]，彼何荣势之云哉[29]？而进[30]不能爱人知人，退不能爱身知己，遇灾值祸，身居厄地，蒙蒙昧昧，蠢若游魂[31]。哀乎！趋[32]世之士，驰竞浮华，不固根本[33]，忘躯徇物[34]，危若冰谷[35]，至于是也！

余宗族素多，向[36]余二百。建安[37]纪年以来，犹未十稔[38]，其死亡者，三分有二，伤寒十居其七。感往昔之沦丧[39]，伤横夭之莫救，乃勤求古训[40]，博采众方，撰用《素问》、《九卷》、《八十一难》、《阴阳大论》、《胎胪药录》[41]，并平[42]脉辨证，为《伤寒杂病论》合十六卷，虽未能尽愈诸病，庶可以见病知源，若能寻[43]余所集，思过半矣[44]。

夫天布五行，以运万类；人禀五常[45]，以有五藏。经络府俞[46]，阴阳会通，玄冥幽微[47]，变化难极，自非[48]才高识妙，岂能探其理致[49]哉！上古有神农、黄帝、歧伯、伯高、雷公、少俞、少师、仲文[50]，中世有长桑、扁鹊，汉有公乘阳庆及仓公[51]，下此以往，未之闻也。观今之医，不念思求经旨，以演[52]其所知，各承家技，始终顺旧[53]。省疾问病，务在口给[54]，相对斯须，便处汤药。按寸不及尺，握手不及足[55]；人迎、趺阳[56]，三部不参[57]；动数发息，不满五十[58]。短期未知决诊[59]，九候曾无仿佛[60]，明堂阙庭[61]，尽不见察，所谓窥管[62]而已。夫欲视死别生，实为难矣！

孔子云：生而知之者上，学则亚之，多闻博识，知之次也[63]。余宿尚[64]方术，请事斯语[65]。

【注释】

[1]越人入虢(guó)之诊：事出自《史记》。记载扁鹊到虢国时，正逢虢国太子“病死”。扁鹊自称秦越人，施治太子，使其“死”而复生的故事。

[2]望齐侯之色：即齐桓侯“讳疾忌医”的故事，其中的医者也是扁鹊。

[3]秀：特别优异。

[4]曾(zēng)：竟，竟然。

[5]保身长全：保养自身，持久健康。

[6]荣势：荣华权势。

[7]企踵：踮起脚跟，形容急切仰望之状。企：踮起脚跟。

[8]孜孜(zī)汲汲(jí)：心情急切的样子。

[9]崇饰：粉饰，夸饰。末：细枝末节。

[10]忽弃：轻视抛弃。本：根本。

[11]华其外：使自己外表华丽。悴其内：使自己的身体憔悴。

[12]“皮之不存”句：指失去了生命，富贵权势又有何用呢？安附：附着何处。

[13]卒然：突然。

[14]遭邪风之气：遭受外邪的侵袭。

[15]婴：遭受。非常：不同寻常的。

[16]震栗：惊惧发抖。

[17]降：压抑，减损。降志：压抑自己的意志，降低自己的身份。屈节：降低身分相从。

[18]钦：恭敬地。巫祝：古代称事鬼神者为巫，祭主赞词者为祝。后连用以指掌占卜祭祀的人。

[19]告穷：用尽方法无济于事。归天：听命于天，即听天由命。

[20]赍(jī)：持，拿。

[21]重器：泛指珍宝。这里指人的身体。

[22]恣：听任，任凭。措：处理，安排。这里指上文中的“凡医”采取任何处置的方法。

[23]厥：其，他的，她的。

[24]神明：指人的精神。

[25]异物：指死去的人。

[26]重泉：九泉。旧指死者所归。

[27]昏迷：昏昧糊涂。

[28]若是轻生：像这样轻视生命。

[29]“彼何”句：他们还谈什么荣华权势呢？彼：他，他们。

[30]进：任官，出仕。与下句中的“退”对举。退：离开，辞去。

[31]游魂：汉魏之际的熟语，指苟延残喘，毫无主见的人。

[32]趋：追求，追逐。

[33]根本：指人的身体之本。

[34]徇物：屈从世俗，追求权势名利等身外之物。

[35]冰谷：薄冰和深谷。比喻极险的境地。

[36]向：先前。

[37]建安：东汉末年汉献帝的年号，公元196～220年。

[38]稔(rěn)：年，年度。

[39]沦丧：没落丧亡。

[40]古训：古代留下的医学著作。

[41]撰：选择。《素问》、《九卷》、《八十一难》、《阴阳大论》、《胎胪药录》皆古代医书。

[42]平：辨别。

[43]寻：探究，研究。

[44]思过半：指收益颇多。

[45]人禀五常，以有五藏：人体禀受了五行的正常运化，因此才有五脏的正常生理活动。五行：金、木、水、火、土。

[46]府俞：气府腧(shù)穴。俞：通“腧”。经气聚会之处为府，脉气灌注之处为腧。

[47]玄冥幽微：人体生理和病理的变化玄妙隐微，幽深奥秘。

[48]自非：若非，假若。

[49]理致：道理要旨。

[50]歧伯：歧伯、伯高等六人都是黄帝时名医。

[51]长桑：长桑君的省称，后借指良医。仓公：即淳于意。淳于意和公乘阳庆都是西汉医学家。

[52]演：扩大，推衍。

[53]顺旧：沿用旧法，有墨守成规之意。

[54]务在口给：致力于夸夸其谈，口头应付。口给：口才敏捷，能言善辩。

[55]按寸不及尺，握手不及足：只按寸口脉象不接触尺脉。只按手部脉象不接触足部脉。寸：脉学名词。称离手掌一寸的手腕经脉为“寸口”，简称“寸”。尺：脉学名词，尺脉的简称，中医诊脉部位之一。

[56]人迎、趺(fū)阳：皆经穴名。人迎：喉节两旁颈动脉搏动的部位。趺阳：位在足背胫前动脉搏动处。

[57]三部：指脉诊部位。即寸、关、尺三部。参：参验。

[58]动数发息，不满五十：指诊察病人脉象时，候脉的搏动的次数不足50下。在诊脉中这属于失诊。

[59]短期未知决诊：到了病危将死的阶段也不知决定诊断。短期：病危将死之时。

[60]九候曾无仿佛：九处侯脉部位的脉象简直没有一点儿模糊的印象。九候：《素问·三部九候论》中指：头部：两额动脉(太阳)，两侧耳前动脉(耳门)，两颊动脉(地仓、大迎)。上肢：手太阴肺经动脉(寸口)，手少阴心经动脉(神门)，手阳明大肠经动脉(合谷)。下肢：足厥阴肝经动脉(五里，妇女取太冲)，足太阴脾经动脉(箕门)，足少阴肾经动脉(太溪)等九处脉穴。

[61]明堂：鼻子。阙：两眉之间。庭：前额。

[62]窥管：管中窥物，意为没有全面诊察病情。

[63]“孔子云”句：生下来就明白事理的人是上等，通过学习而明白事理的人是第二等，多听广记而明白事理的人又次一等。

[64]宿：平素。尚：喜欢，爱好。方术：医术。

[65]请事斯语：请让我奉行这句话。

【导读】

文中张仲景表达了对先代太医的敬仰，并痛感于当时之人只知追名逐利不顾“保身长全”的舍本逐末的行为；继而因自己宗族饱受疫疠之苦，推己及人地想到百姓“横夭之莫救”，于是创作了《伤寒杂病论》；最后，他表达了对当时一些医者从医行为的不满，并明确提出了自己的治学态度。

全文洋溢着张仲景对健康和生命的终极关爱，展现了一代医圣谦虚谨慎、精益求精、好学上进的医德医风，其谆谆教诲令人感动深思。

【思考练习】

一、现代社会工作和竞争压力日增，你如何处理学习、工作和身体健康之间的关系？

二、孔子云：“生而知之者上，学则亚之，多闻博识，知之次也。”请谈谈你对这句话的认识。

大医精诚[1]

孙思邈

孙思邈(581～682)，今陕西耀县人，隋唐之际著名医学家。孙思邈钻研医术善于博采众长，此外他还精通老庄，兼好佛典。他曾拒绝隋唐两代帝王授予的官职，但从不拒绝病人的求诊。孙思邈比较系统地总结了唐以前的医学理论，结合自己丰富的临床经验，撰著了《千金方》(《备急千金要方》和《千金翼方》的合称，两书各30卷)等。

《备急千金要方》(简称《千金要方》)包括中医基础理论和各科临症的诊断原则和方法等，尤其重视对妇女和小儿疾病的诊治，是我国现存最早的一部临床实用百科全书。《千金翼方》共收载当时所用药物800多种，对许多药物的采集和炮制作了详细的记述，是对《千金要方》的补充。由于孙思邈在中医中药学方面的重大贡献，后世尊之为“药王”。

除医术精湛外，孙思邈也极为强调医德的重要。在《备急千金要方》中他较为详细地论述了医者应遵守的医德规范，成为后世习医、从医者学习的典范。

张湛[2]曰：“夫经方[3]之难精，由来尚[4]矣。”今病有内同而外异，亦有内异而外同，故五脏六腑之盈虚，血脉荣卫[5]之通塞，固非耳目之所察，必先诊候以审之。而寸口关尺[6]，有浮沉弦紧[7]之乱；腧穴流注[8]，有高下浅深之差；肌肤筋骨，有厚薄刚柔之异。唯用心精微者，始可与言于兹矣。今以至精至微之事，求之于至粗至浅之思，其不殆[9]哉！若盈而益之，虚而损之，通而彻之，塞而壅[10]之，寒而冷之，热而温之，是重加其疾。而望其生，吾见其死矣。故医方卜筮[11]，艺能之难精者也。既非神授，何以得其幽微？世有愚者，读方三年，便谓天下无病可治；及治病三年，乃知天下无方可用。故学者必须博极医源，精勤不倦，不得道听途说，而言医道已了，深自误哉。

凡大医治病，必当安神定志，无欲无求，先发大慈恻隐之心，誓愿普救含灵[12]之苦。若有疾厄来求救者，不得问其贵贱贫富，长幼妍蚩[13]，怨亲善友[14]，华夷[15]愚智，普同一等，皆如至亲之想。亦不得瞻前顾后，自虑吉凶，护惜身命。见彼苦恼，若己有之，深心凄怆。勿避险巇[16]、昼夜寒暑、饥渴、疲劳，一心赴救，无作功夫形迹之心[17]。如此可为苍生大医，反此则是含灵巨贼。自古名贤治病，多用生命[18]以济危急，虽曰贱畜贵人，至于爱命，人畜一也。损彼益己，物情同患，况于人乎。夫杀生求生，去生更远。吾今此方[19]所以不用生命为药者，良由此也。其虻虫、水蛭之属，市有先死者，则市[20]而用之，不在此例。只如鸡卵一物，以其混沌未分[21]，必有大段[22]要急之处，不得已隐忍[23]而用之。能不用者，斯为大哲[24]，亦所不及也。其[25]有患疮痍、下痢，臭秽不可瞻视，人所恶见者，但发惭愧凄怜忧恤之意，不得起一念蒂芥之心[26]，是吾之志也。

夫大医之体[27]，欲得澄神内视[28]。望之俨然[29]，宽裕汪汪[30]，不皎不昧[31]。省病诊疾，至意深心；详察形候，纤毫勿失；处判针药，无得参差[32]。虽曰病宜速救，要须临事不惑。唯当审谛覃思[33]，不得于性命之上，率尔自逞俊快[34]，邀射[35]名誉，甚不仁矣！又到病家，纵绮罗满目，勿左右顾眄[36]；丝竹凑[37]耳，无得似有所娱；珍羞迭荐，食如无味；醽醁[38]兼陈，看有若无。所以尔者，夫一人向隅，满堂不乐，而况病人苦楚，不离斯须，而医者安然欢娱，傲然自得，兹乃人神之所共耻，至人[39]之所不为，斯盖医之本意也。

夫为医之法，不得多语调笑，谈谑[40]喧哗，道说是非，议论人物，炫耀声名，訾[41]毁诸医，自矜[42]己德。偶然治瘥[43]一病，则昂头戴面[44]，而有自许之貌，谓天下无双，此医人之膏肓[45]也。

老君[46]曰：人行阳德[47]，人自报之；人行阴德[48]，鬼神报之。人行阳恶，人自报之；人行阴恶，鬼神害之。寻此二途，阴阳报施，岂诬[49]也哉。所以医人不得恃己所长，专心经略[50]财物，但作救苦之心，于冥运道中[51]，自感多福者耳。又不得以彼[52]富贵，处以珍贵之药，令彼难求，自炫功能，谅非忠恕之道[53]。志存救济，故亦曲碎[54]论之，学者不可耻言之鄙俚[55]也。

【注释】

[1]本文节选自《备急千金要方》卷一。

[2]张湛：字处度，东晋学者、养生学家。撰有《养生要集》、《列子注》、《冲虚至德真经注》等。

[3]经方：一般指汉朝张仲景所著《伤寒杂病论》等书中记载的医方。此处泛指从医之道。

[4]尚：久远。

[5]荣卫：中医学名词。荣：血的循环。卫：气的周流。

[6]寸口关尺：中医切脉部位的名称。

[7]浮沉弦紧：都是脉象的名称。

[8]腧穴：人体肺腑经络气血输注出入之处。流注：经络气血运行灌注。

[9]殆：危。

[10]壅：阻塞。

[11]卜筮(bǔ shì)：用龟甲、蓍草等工具预测某些事项。卜用龟甲，筮用蓍草。

[12]含灵：佛教名词。古人认为人为万物之灵，故称“含灵”。

[13]妍蚩：美丑。

[14]怨：怨恨。善：友好。

[15]华夷：不同民族之人。夷：古代对异族的称呼。

[16]险巇（xī）：艰险崎岖。

[17]作：产生。功夫：时间。这里指耽误时间。形迹：拘礼，客套。这里指婉言推托。

[18]生命：指活物。

[19]此方：指《备急千金要方》所载药方。

[20]市：购买。

[21]混沌未分：古人想象中天地未分开时浑然一体的状态。这里指鸡雏未孵化前的状态。

[22]大段：重要。

[23]隐忍：勉强忍痛。

[24]哲：哲人，才能见识超越寻常的人。

[25]其：若，如果。

[26]蒂芥：即“芥蒂”，细小的梗塞物。比喻郁积在胸的怨恨或不满。

[27]体：风度，气质。

[28]澄神：使心智和精神得以安静和澄清，不受外物的干扰。内视：不视外物，排除杂念，自我检查，有“自省“之意。

[29]俨然：庄严的样子。

[30]宽裕：气度宽宏。汪汪：水面宽广，比喻宽广。

[31]不皎不昧：不亢不卑。皎：明亮，引申为傲慢。昧：昏暗，这里意为卑微。

[32]参差：不整齐。这里意为差错。

[33]审谛：详审。覃思：深思。

[34]俊快：洒脱迅捷。

[35]邀射：追求，贪图。

[36]顾眄（miǎn）：回视，斜视。眄：斜视。

[37]凑：进入，传入。

[38]醽醁（líng lù）：古代的一种美酒。

[39]至人：思想或道德修养达到最高境界的人。

[40]谈谑：谈笑戏谑。谑：开玩笑。

[41]訾（zǐ）：毁谤，非议。

[42]矜：夸耀。

[43]瘥（chài）：治好病。

[44]戴面：仰面。

[45]膏肓：比喻恶劣习气。

[46]老君：老子，春秋时著名思想家。

[47]阳德：众人皆知的有德于人的事。

[48]阴德：默默无闻所作的有德于人的事。

[49]诬：欺骗。

[50]经略：谋取。

[51]冥运道中：阴间轮回路上。

[52]彼：对方。

[53]谅：确实。忠恕：指儒家伦理思想。忠：要求待人忠诚。恕：要求推己及人。

[54]曲碎：琐碎。

[55]鄙俚：粗俗。

【导读】

《大医精诚》是中医学典籍中论述医德的一篇极重要的文献。它明确地提出了成为一名优秀的医生，不仅要"博极医源，精勤不倦"，以学成精湛的医术；而且要拥有厚生爱民的德行修养，去功利的价值观，继而以无欲之念和恻隐之心，用"纤毫勿失"的谨慎和谦虚的态度治疗患者，而不被金钱、物质、声名所迷惑。文章包含的医德精神应为每位习医、从医者学习践行，因而《大医精诚》也被誉为是"东方的希波克拉底誓言"。

【思考练习】

一、古人云："医乃仁术"。请谈谈你对这句话的领悟。

二、阅读全文，写一篇读后感。

不失人情论[1]

李中梓

李中梓(1588～1655)，字士材，号念莪，华亭(今上海松江)人，明末著名医学家。李中梓出身官宦之家，少年博览群书，青年时曾有意仕途，因自己早年多病并痛感两子被庸医所误夭亡，转而习医。李中梓在中医理论研究方面颇有建树，他的医学思想主要表现在重视脾肾和强调养阳两方面。他所著医书，说理透彻，深入浅出，为初习医者登堂入室之捷径，为中医学的普及做出了较大贡献。

李中梓一生著有《内经知要》、《医宗必读》、《诊家正眼》、《本草通玄》、《病机沙篆》等。其中《诊家正眼》、《本草通玄》、《病机沙篆》三书，于1667年汇刊，署名《士材三书》。

尝读《内经》至《方盛衰论》，而殿[2]之曰："不失人情。"未曾不瞿然[3]起，喟然[4]叹轩岐之入人深也！夫不失人情，医家所甚亟[5]，然戛戛[6]乎难之矣。大约人情之类有三：一曰病人之情，二曰旁人之情，三曰医人之情。

所谓病人之情者，五藏各有所偏，七情各有所胜。阳藏[7]者宜凉，阴藏[8]者宜热；耐毒[9]者缓剂无功，不耐毒者峻剂[10]有害。此藏气之不同也。动静各有欣厌，饮食各有爱憎；性好吉者危言见非[11]，意多忧者慰安云伪；未信者忠告难行，善疑者深言[12]则忌。此好恶之不同也。富者多任性而禁戒勿遵，贵者多自尊[13]而骄恣悖理。此交际[14]之不同也。贫者衣食不周，况乎药饵？贱者焦劳不适[15]，怀抱[16]可知。此调治[17]之不同也。有良言甫信[18]，谬说更新[19]，多歧亡羊[20]，终成画饼[21]。此无主之为害也[22]。有最畏出奇[23]，惟求稳当，车薪杯水[24]，难免败亡。此过慎之为害也。有境遇不偶[25]，营求未遂[26]，深情牵挂[27]，良药难医。此得失[28]之为害也。有性急者遭迟病[29]，更医而致杂投[30]；有性缓者遭急病，濡滞[31]而成难挽。此缓急之为害也。有参术沾唇惧补，心先痞塞；硝黄入口畏攻，神即飘扬[32]。此成心[33]之为害也。有讳疾不言，有隐情难告，甚而故隐病状，试医以脉[34]。不知自古神圣[35]，未有舍望、闻、问，而独凭一脉者。且如气口脉盛[36]，则知伤食，至于何日受伤，所伤何物，岂能以脉知哉？此皆病人之情，不可不察者也。

所谓旁人之情者，或[37]有据之论，而病情未必相符；或兴[38]无本之言，而医理何曾梦见？或操是非之柄[39]，同我者是之，异己者非之，而真是真非莫[40]辨；或执肤浅之见，头痛者救头，脚痛者救脚，而孰本孰标谁知？或尊贵执言[41]难抗，或密戚偏见难回。又若荐医，动[42]关生死。有意气之私厚[43]而荐者，有庸浅之偶效而荐者，有信其利口[44]而荐者，有食其酬报[45]而荐者，甚至薰莸[46]不辨，妄肆品评，誉之则跖可为舜[47]，毁之则凤可作鸮[48]，致怀奇之士，拂衣[49]而去，使深危之病，坐[50]而待亡。此皆旁人之情，不可不察者也。

所谓医人之情者，或巧语诳人，或甘言悦听，或强辩相[51]欺，或危言[52]相恐。此便佞[53]之流也。或结纳亲知，或修好僮仆[54]，或求营上荐，或不邀自赴。此阿谄之流也。有腹无藏墨[55]，诡言神授，目不识丁，假托秘传。此欺诈之流也。有望、闻、问、切，漫不关心；枳、朴、归、芩[56]，到手便撮，妄谓人愚我明，人生我熟。此孟浪[57]之流也。有嫉妒性成，排挤为事，阳若同心，阴为浸润[58]，是非颠倒，朱紫[59]混淆。此谗妒之流也。有贪得无知，轻忽人命。如病在危疑，良医难必[60]，极其详慎，犹冀回春；若[61]辈贪功，妄轻投剂，至於败坏[62]，嫁谤自文[63]。此贪幸[64]之流也。有意见各持，异同不决，曲高者和寡，道高者谤多。一齐之傅几何？众楚之咻易乱[65]。此肤浅之流也。有素所相知，苟且图功[66]；有素不相识，遇延[67]辨症。病家既不识医，则倏赵倏钱[68]；医家莫肯任怨，则惟芩惟梗[69]。或延医众多，互为观望；或利害攸系，彼此避嫌。惟求免怨，诚然得矣；坐失机宜，谁之咎乎？此由知医不真，任医不专也。

凡若此者，孰非人情？而人情之详，尚多难尽。圣人以不失人情为戒，欲令学者[70]思之慎之，勿为陋习所中[71]耳。虽然，必期不失[72]，未免迁就。但迁就既碍于病情，不迁就又碍于人情，有必不可迁就之病情，而复有不得不迁就之人情，且[73]奈之何哉！故曰：戛戛乎难之矣！

【注释】

[1]本文选自《医宗必读》卷一。是作者选取张介宾《类经·脉色类》为《方盛衰论》中“不失人情”句所加按语，加工修改而成。

[2]方盛衰论：为《内经·素问》第八十篇的篇名。殿：排列在最后。

[3]瞿(jù)然：惊视貌，引申为震惊的样子。

[4]喟(kuì)然：感慨的样子。轩岐：轩辕黄帝和岐伯，两人都是传说中上古时的医家。

[5]亟(jí)：迫切。

[6]戛戛(jiá)：困难的样子。戛：同“戞”。

[7]阳藏：即“阳脏”，指脏腑阳气偏盛。藏：通“脏”。

[8]阴藏：即“阴脏”，指脏腑阴气偏盛。

[9]毒：指药性，药力。缓剂：药性温和的药剂。

[10]峻剂：药性猛烈的药剂。

[11]危言：直言。这里指直言病情。见：介词，被。非：责怪，非难。

[12]深言：深切坦率的谈话。这里指深入坦率地分析病情。

[13]自尊：自恃尊贵。

[14]交际：地位、处境。

[15]焦劳:焦虑烦劳。适:安适。

[16]怀抱:胸襟,抱负。这里指心境。

[17]调治:生活调养。

[18]有:有的人。这里指有的病人。甫:刚刚。

[19]谬说更新:听了错误的说法又改变了才有的主意。

[20]多歧亡羊:又作"歧路亡羊"。路:岔路。亡:丢失。因岔路太多无法追寻而丢失了羊。比喻事物复杂多变,没有正确的方向就会误入歧途。这里比喻在众说纷纭之下,无所适从。

[21]画饼:比喻没有效果。

[22]主:主见。为:造成。

[23]出奇:使用不同寻常的治疗手段。

[24]车薪杯水:又作"杯水车薪"。用一杯水去救一车着了火的柴草。比喻无济于事,徒劳无功。薪:柴。

[25]偶:顺。

[26]遂:实现。

[27]深情:内心。

[28]得失:患得患失之心。

[29]迟病:慢性病。

[30]杂投:用药杂乱。投:使用。

[31]濡滞:拖延,迟延。

[32]"有参术沾唇惧补"四句:有怕补的人,人参、白术刚接触嘴唇,心口先感阻塞;有怕攻的人,硝石、大黄才进入口中,精神即先涣散。痞塞:阻塞,抗拒。攻:指饮服烈性药物治疗病症。飘扬:指精神涣散。

[33]成心:偏见,成见。

[34]试医以脉:用脉诊测试医生的本领。

[35]自:即使。神圣:指望闻问切四诊达到高超境界的表现,此指高明的医生。

[36]且如:比如。气口:即寸口。

[37]或:有的人。此指有的旁人。

[38]兴:编造。

[39]操:掌握。柄:权柄。

[40]莫:没有人,没有谁。

[41]执言:坚持自己的话,不改变。

[42]动:常常。

[43]意气之私厚:谓私交深厚。意气:情意,志趣。

[44]利口:能言善辩,花言巧语。

[45]食:接受。酬报:礼物,此指贿赂。

[46]熏莸(yóu):香草与臭草。比喻医生的优劣。

[47]跖(zhí):柳下跖,春秋战国时期奴隶起义的领袖,旧被视为强盗,因而又称盗跖。舜:我国上古时期的圣王。

[48]毁:毁谤。鸮(xiāo):即猫头鹰,在旧时及民俗中被视为不祥之鸟。

[49]拂衣:即"拂袖",表示生气,愤怒。

[50]坐:徒然。

[51]相:指病人。

[52]危言:耸人听闻的言论。指过分夸大病情的言论。

[53]便(pián)佞(nìng):花言巧语。
[54]修好:人与人之间表示友好。这里是笼络的意思。
[55]腹无藏墨:比喻没有真才实学。
[56]枳(zhǐ):枳实。朴(pò):朴硝。归:当归。芩:黄芩。四种都是中药。
[57]孟浪:鲁莽,草率。
[58]阴:暗中。浸润:恶意中伤。
[59]朱紫:在上古分属正色与杂色。后来用以比喻真假、优劣、高低等。
[60]必:决断。
[61]若:这。
[62]败坏:谓治疗失败,病情恶化。
[63]嫁谤自文:转嫁谤言,推卸责任,掩饰自己。
[64]贪幸:贪图侥幸。
[65]"一齐之傅几何"二句:出自《孟子·滕文公下》。原指一齐国人到楚国教楚人之子说齐国话。由于周围有众多楚人的喧扰,即便每天责打楚人之子,他也不会学成。后成为成语"一齐众咻",比喻一个人的正确意见在众人的错误意见之下将没有什么作用。傅:教育。几何:不多,指没有什么作用。咻(xiū):喧扰。
[66]素所相知:这里指医生和病人本来相识。苟且:敷衍了事。
[67]延:请。
[68]倏(shū)赵倏钱:姓赵的、姓钱的,犹说"张三李四"。倏:忽然。
[69]梗:桔梗。这里泛指普通的药物。
[70]学者:这里指学医的人。
[71]中(zhòng):侵蚀。
[72]虽然:虽然这样,但是。必期不失:一定不违背人之常情。必期:必定。
[73]且:副词,将。

【导读】

本文是李中梓以《内经·素问·方盛衰论》中的"不失人情"四字为纲,结合自己从医实践中的见闻及认识写成的一篇心得体会。全文从"病人之情"、"旁人之情"、"医人之情"三个层面,论述了探察人情的重要性,强调行医要"不失人情",即要在治病过程中根据病人体质、性情、生活环境、心理状况、精神需求等体现医者的人文关怀。此外,作者又列举了诸多人之常情中可能妨碍诊疗,因而不可迁就的人情,希望医者不被陋习所腐蚀,继而剖析了从医实践中种种人为的困难,深感人情与病情时有对立,故而发生"戛戛乎难之矣"的慨叹。

【思考练习】

一、在行医中要顾及"病人之情",医生除医术精湛之外,还应具备哪些素质?
二、阅读全文,谈谈你的感想。

用药如用兵论[1]

徐大椿

徐大椿(1693~1771),原名大业,字灵胎,晚号洄溪老人。吴江(今属江苏)

人，清代著名医家。他精勤于学，除医药学外，还通天文、晓水利、解声律、谙兵法、工诗文，尤精于医。在多年行医过程中，徐大椿积累了丰富的临症经验，也具有较高的理论修养。平生著述甚丰，医学论著主要有《医学源流论》、《医贯砭》、《兰台轨范》、《神农本草经百种录》、《伤寒类方》等，乃是中医史上难得一见的医学评论大家。后人将其所著辑为《徐氏医学全书十六种》等刊行，影响极大。

圣人[2]之所以全民生也，五谷[3]为养，五果[4]为助，五畜[5]为益，五菜[6]为充，而毒药[7]则以之攻邪。故虽甘草、人参，误用致害，皆毒药[8]之类也。古人好服食[9]者，必生奇疾，犹之好战胜者，必有奇殃。是故兵之设也以除暴，不得已而后兴[9]；药之设也以攻疾，亦不得已而后用。其道同也。

故[10]病之为患也，小则耗精，大则伤命，隐然一敌国[11]也。以草木之偏性，攻脏府之偏胜，必能知彼知己[12]，多方以制之，而后无丧身殒命之忧。是故传经之邪[13]，而先夺其未至，则所以断敌之要道[14]也；横暴之疾，而急保其未病，则所以守我之岩疆也[15]。挟宿食[16]而病者，先除其食，则敌之资粮已焚；合旧疾而发者，必防其并，则敌之内应既绝[17]。辨经络[18]而无泛用之药，此之谓向导之师；因寒热而有反用之方[19]，此之谓行间之术[20]。一病而分治之[21]，则用寡可以胜众，使前后不相救，而势自衰；数病而合治之[22]，则并力捣其中坚[23]，使离散无所统，而众悉溃。病方进，则不治其太甚，固守元气，所以老其师[24]；病方衰，则必穷其所之，更益精锐，所以捣其穴[25]。

若夫虚邪之体[26]，攻不可过，本和平之药[27]，而以峻药[28]补之：衰敝之日，不可穷民力也；实邪之伤[29]，攻不可缓，用峻厉之药，而以常药和之：富强之国，可以振威武也。

然而选材必当，器械必良，尅期不愆[30]，布阵有方[31]，此又不可更仆数也[32]。孙武子十三篇[33]，治病之法尽之矣。

【注释】

[1]本文选自《医学源流论》卷上。

[2]圣人：原指道德和智能极高的人。此指《内经》的作者。

[3]五谷：五种谷物。在古代有多种不同说法，最主要的有两种：一种指稻、黍、稷、麦、菽；另一种指麻、黍、稷、麦、菽。两者的区别是：前者有稻无麻，后者有麻无稻。后以"五谷"为谷物的通称，不一定限于五种。

[4]五果：《灵枢・五味》："五果：枣甘，李酸，栗咸，杏苦，桃辛。"即枣、李、栗、杏、桃五种果类。

[5]五畜：《灵枢・五味》："五畜：牛甘，犬酸，猪咸，羊苦，鸡辛。"即牛、犬、羊、猪、鸡五种畜类。

[6]五菜：《灵枢・五味》："五菜：葵甘，韭酸，藿咸，薤苦，葱辛。"即葵、韭、藿、豆叶、薤(xiè)，多年生草本植物，地下有鳞茎，鳞茎和嫩叶可食；葱。

[7]毒药：祛邪治病之药。《素问・脏气法时论》王冰注："然辟邪安正，惟毒乃能，以其能然，故通谓之毒药也。"毒的含义有三：指药物的偏性，如干姜偏热，黄芩偏寒；指药物副作用；指药物的毒性，如水银等。

[8]毒药：指危害人体的毒性猛烈的药物。

[9]服食：服食又名服饵，指服食药物以养生。道教认为，某些药物人食之可以祛病延年，乃至长生不死。我国六朝时人每喜以此为求仙之道，而效果往往适得其反。

[10]故：连词，无义。

[11]隐然一敌国：即"隐若敌国"，语见《史记・游侠列传》："吴楚反时，条侯为太尉，乘传车将至河

南，得剧孟，喜曰：‘吴楚举大事而不求孟，吾知其无能为已矣。’天下骚动，宰相得之若得一敌国云。”本意指对国家起举足轻重作用的人。此指对人体具有重大危害作用的疾病。隐：威严庄重的样子。若：象。敌：匹敌，同等。敌国：相当于一国。

[12]彼：这里指“脏府之偏胜”，即疾病。己：这里指“草木之偏性”，即药物。

[13]传经之邪：按六经顺序传导的病邪。传经：从某一经的症候发展为另一经的症候。

[14]要道：犹要津，比喻显要的道路。此指病邪必经之路。

[15]岩疆：险要的疆域。此指将要受病邪侵袭的部位。

[16]宿食：指积食之症。

[17]内应：隐伏在敌方内部以进行策应的人。此指“旧疾”。

[18]辨经络：此指诊断疾病的所在。一种说法指药物的归经，即某药对某些脏腑经络的病变所产生的治疗作用。

[19]反用：即反治。指和常规方法相反的治法。当疾病出现假象，或大寒症、大热症对正治法产生格拒现象时所采用的治法。如热因热用、寒因寒用等，皆属反治法。

[20]行间：离间。这里指用寒性药治假寒证、热性药治假热证。两寒或两热本应相亲，而使之相仇，故曰“行间”。

[21]“一病”句：《医学源流论·治病分合论》：“一病而当分治者，如痢疾腹痛胀满，则或先治胀满，或先治腹痛。即胀满之中亦不同，或因食，或因气，或先治食，或先治气。……种种不同，皆当视其轻重而审察之。”

[22]“数病”句：《医学源流论·治病分合论》：“有当合治者，如寒热腹痛，头疼泄泻，厥冒胸满，内外上下无一不病，则当求其因何而起，先于诸症中择最甚者为主，而其余症每症加专治之药一二味以成方，则一剂而诸症皆备。”

[23]中坚：本意指全军的主力。此指主要的病症。

[24]老：疲怠。此为使动用法。

[25]穴：巢穴。此处指病邪之根源。

[26]若夫：至于。虚邪之体：指邪气侵入，正气已衰的人。

[27]本：与下文“用峻厉之药”的“用”对举，都是“主用”的意思。

[28]峻药：猛烈的药物。

[29]实邪之伤：指邪气伤身而正气尚实的人。

[30]尅：同“克”。尅期：约定或限定日期。愆(qiān)：耽误。

[31]布阵：排列阵势。此指方剂配伍。方：规律。

[32]不可更仆数：即“更仆难数”。形容事物繁多，数不胜数。

[33]孙武子十三篇：指《孙子兵法》。古代兵书，共13篇，春秋时齐国孙武著，又称《孙子》、《孙武兵法》。

【导读】

全篇以用兵之道比喻用药之法，形象阐释了徐大椿辨证施治的医学思想。徐大椿认为食物以养生，药物以攻邪，从而指出用药需慎、滥施致疾的道理；随后他又提出要对药性的偏性和病人的病症都有深入认识，在知己知彼的情况下，根据致病原因、病症表现以及病人体质的差异等，因势利导，灵活多变地用药。文章比喻生动、文字晓畅、说理透彻，是医学论著中不可多得的佳作。

【思考练习】

一、徐大椿认为：“药之设也以攻疾，亦不得已而后用。”而现今医疗界却存在“抗生素滥用”现象。你对这种现象有何看法?

二、你认为怎样才能做到正确用药?

希波克拉底誓言

希波克拉底

希波克拉底(公元前460～公元前337),古希腊著名医学家,也被西方尊为“医学之父”。他首次把疾病看作发展着的现象,认为医师所应医治的不仅是病而且是病人,从而改变了当时医学中受巫术和宗教禁锢的状况。公元前430年,雅典发生了可怕的瘟疫,人人唯恐避之不及。希波克拉底此时是马其顿王国的御医,却不顾自身安危,甘冒生命危险前往雅典救治,最终扑灭了瘟疫,以身践行了医者的德行规范。

仰赖医神阿波罗,埃斯克雷彼斯及天地诸神为证,鄙人敬谨宣誓:愿以自身能力及判断所及,遵守此约。凡授我艺者敬之如父母,作为终身同业伴侣,彼[1]有急需,我接济之。视彼儿女,犹我兄弟,如欲授[2]业,当免费并无条件传授之。凡我所知,无论口授书传俱传之吾子、吾师之子及发誓遵守此约之生徒,此外不传与他人。

我愿尽余之能力及判断力所及,遵守为病家谋利益之信条,并检束一切堕落及害人行为,我不得将危害药品给予他人,并不作此项之指导,虽有人请求亦不与之。尤不为妇人施堕胎手术。我愿以此纯洁与神圣之精神,终身执行我职务。凡患结石者,我不施手术,此则有待于专家为之。

无论至何处,遇男或女,贵人及奴婢,我之唯一目的,为病家谋幸福,并检点吾身,不作各种害人及恶劣行为,尤不作诱奸之事。凡我所见所闻,无论有无业务关系,我认为应守秘密者,我愿保守秘密。倘使我严守上述誓言时,请求神祇让我生命与医术能得无上光荣,我苟违誓,天地鬼神共殛[3]之。

【注释】

[1]彼:他,对方。

[2]授:教,传给。

[3]殛(jí):诛,杀死。

【导读】

本文是以希波克拉底的名字命名,明确医生对病人、对社会的责任及医生行为规范的誓言,已在西方流传约2000多年。这一誓言虽存在着不少2000多年前行会制度和迷信落后的观点,但其基本精神和医者的道德伦理准则,至今仍具有永恒的意义和价值。1948年,在希波克拉底誓言的基础上,世界医学联合会制定了《世界医学会日内瓦宣言》,规定了国际医务人员的道德规范。

【思考练习】

一、誓言中提出:“凡我所见所闻,无论有无业务关系,我认为应守秘密者,我愿保守秘密。”你是否认可这一观点，说说你的理由。

二、归纳誓言中体现出的医者的基本道德伦理准则。

世界医学协会日内瓦宣言

在我被准许成为医学事业中的一员时，我郑重地保证将奉献我的一生为人类服务。

我将对我的师长致以应有的崇敬及感恩；

我将凭我的良心和尊严行使我的职业；

病人的健康应是我首要的顾念；

我将尊重病人所寄托给我的秘密；

我将尽我的力量维护医学事业的荣誉和高尚的传统；

我的同道均是我的手足；

我不容许任何宗教、国籍、种族、政见或地位的干扰介于我的职责和病人间；

我将尽可能地维护人的生命，从其孕育之始，就给以最高的尊重；即使在威胁之下，我绝不将我的医学知识运用于违反人道主义之事。

我由衷地，自主地并且以我的人格荣誉，庄严地作此保证。

【导读】

在第二次世界大战中，部分医生对纳粹助纣为虐。因而在二战结束后，医生职业道德的特殊性和重要性又引起了人们的重视。1948 年，世界医学联合会召开国际医学大会，在尊重希波克拉底誓言基本道德精神的基础上，根据当时医学发展的现状，对希波克拉底誓言进行了修订，将其作为国际医务人员的职业道德准则。1949 年该宣言为世界医学协会采纳，1969 年修改之后，形成了著名的《日内瓦宣言》。

【思考练习】

一、宣言中提到要对生命给以最高的尊重。你认为在行医过程中如何做到对生命的尊重？

二、背诵这则宣言。

医学是一门历史悠久的职业[1]

[美]希赛尔

希赛尔，美国著名内科学家，医学教育家。《希氏内科学》是由希赛尔提倡并组织数百位在各自领域里卓有成就的内科专家编撰的权威内科教学用书。1927 年出版，每四年更新一次，是全球内科学的权威。

我是在很久以前，在儿童时期第一次听到“医学伦理学”这个术语的。当时它是指一些非常明确的非关哲理方面的事件，关心的也只有医生及其家属，而且都与钱有关。对病人大吹大擂，收费过高；以不正当手段拉拢其他医生经治的病人；从其他医生处赚钱等，都是不道德的，所谓“医学伦理学”或“医德”，就是这个意思。医生做流产虽说不是不道德，但也算歪门邪道甚至犯罪。拿人做实验不算不道德，因为没有这种活动，或者更确切地说，是由于还没有认识到：在正常医疗实践过程中，就是在对病人进行实验——然而就是正在这样做的临床医生，也没有意识到这点。

当然，这已是过去的事了，从那时以来，医学已经发生了很大变化，往事如烟，人们大多已经淡忘了；由于变化如此之大，就是那些在这期间享有足够高龄的人，也很难发现当年那个古老的事业与今天的新事业之间，有什么联系。从某种感受来说，好像是一方面放弃了一种称为医学的职业，一方面又拾起了另一种职业。要发现这种改变，就得作一次漫长的回顾。

我的年龄和生活经历，正好可以作一次这样的回溯。我出生在一个医学家庭，过去几十年来，医学这门职业，是作为一种应用技艺而存在的。而我就是在致力于这门职业的家庭中成长起来的；以后又在医学开始向一门科学事业转变的关键时期接受医学教育；最后投身于经历了这样演变的职业。在那些年份里，人们是很容易从一个领域转移到另一个领域的，也许是由于当时还没有这样多的具体事物要掌握，需要具备的专门技能也不那么复杂。这样，我有机会先后同几种不同学科有过密切的接触，它们是：儿科、内科、病理、传染病、免疫学、行政管理。所有这些学科，近年来都发生了巨大的改变，很难设想还可以像我当年那样轻而易举地越过学科和专业的隔墙。但是另一方面我也确信：所有临床科学今后都将立足于同一基础科学知识。不要很久，通过内科和分子遗传学博士后阶段的培养，将使年轻的大学毕业生几乎可以从事医学领域里任何一门学科的工作，今后某个时期，医学就会成为这样一种科学。

我父亲是在1905年开始从医的。在他一生的大部分岁月里，他都是一位繁忙而成功的全科开业医生，以后他通过自学把自己培养成个人认为合格的外科医生，当时都是这样做的。在他从事全科开业的年份里，他只具备很少一点科学基础，而且完全是用于诊断的，至于治疗，几乎谈不到有什么科学性，只不过是“看护”病人，这就是当时他（以及其他任何医生）所知道的一切，没有什么技术性可言。的确，在我生长的那个小城镇里，如果一位医生在当地居然以治疗这种或那种疾病的技术著称，当地有关部门难免就会对他的医德发生怀疑。要说某某医生能治病，虽非绝对但也几乎无异于指控此人坑骗有术，而这种指控往往也是站得住脚的，在那个时代，这样的江湖郎中还不少见。

当然也不是说医生就不治病，但它更多是一种安慰的姿态，有时就像是符咒或护身符之类的东西。处方是用拉丁文写的，开出非常复杂、种类繁多的化合物，大多是绿色和苦辛味的，根本不知道它们的生物学特性，用于各种病情的人，实际上当时无论是我父亲还是别的医生，也并不真正相信它能治病。这样的治疗充其量只能说是于人无害吧，而在这之前，在父亲的父亲或父亲的祖父所处年代，还远远达不到这点。我记不起来在我父亲行医期间有过由于医疗不当而遭诉讼的事，这不是因为别的，只是由于不会发生这样的问题，没有人会由于当时的那种治疗而被损害，至于因为缺乏这类治疗而受累的事就更少了。

在父亲那个年代，医生大多是被动的，他们在临症中所能做的事，大多也只限于观察和等待。他们是在医学第一次大革命结束时接受教育的，大部分内容都是在扬弃先辈医生们认为理所当然的大量错误认识的基础上产生的。

千百年来所谓治疗技术就是立足于这样的基础上，就像是十足的估猜，任何人的理论都有幸成为后人学习的教义。人们认为要使药物治疗收效，就得冒风险，医药就是一种激烈、冒险的行为，如果药石无功，那么即使是最普通的病，也一定以死亡告终。什么病都有一套治疗建议，真是无病不治。现在的医学生有时抱怨说：要学习和记住的“浓缩”知识堆积如山，记不胜记，而在我父亲上一代医学生中，这种抱怨还要多。看一看 19 世纪末年那些医学或儿科教科书吧，的确是使学生们望而生畏的：隔上一页就塞满了稀奇古怪、神秘莫测的治疗方剂，只能死记硬背，因为相互间看不出任何内在联系。以脊髓灰质炎来说，治疗内容就包括：注射士的宁，脊柱处放水蛭，口服颠茄和麦角浸膏，碘化钾，大量汞泻剂，感应电流刺激肌肉，放血和拔火罐等。脑膜炎病人除这些治疗外，还要在头和脊柱上涂布斑蝥油膏，含量强到足以激起大泡的程度。由于所有病人都是以大致相仿的方法治疗的，几乎没有什么对照研究，机遇性观察很快就由医林轶事转变为医学传统。即使是像 Abraham Jacobi 这样令人尊敬的卓越医生，在他 1896 年出版的著名教科书中讨论丹毒时也是这样写的：“我认为，最近我见到的具有这些症状的青年男子之能恢复，完全是由于饮了大量白兰地。”

在家父从医之前，放血是通行于全国的权威疗法。对结核病和风湿热的常规治疗方法是：每天放血约 1 品特，或放血至足以造成苍白、软弱、头晕和可以感觉出来的脉搏变弱程度，早期休克主要是由甘汞和锑剂造成的，所用剂量已达致人腹泻和呕吐的程度。这里还顺便提一下美国第一任总统华盛顿的事，据报道，他最后死于扁桃体周围脓肿时，就是以放血 82 盎司的方法治疗的。所有这些疗法的论点，都是由若干世纪前的 Galen 观点一脉相承下来的，因为他认为疾病——任何疾病都是由于某一脏器充血造成的。

早在上一世纪[2] 30 年代，就对这种医疗提出异议，美国和外国少数观察敏锐的医生在认真考查当时对伤寒和震颤性谵妄的治疗后发现：这些疗法很多都是害甚于利的。人们终于慢慢地、慢慢地认识到：罹患各种疾病的人，很多都能不治自愈，当时很多风行的疗法，也许只会使病情更为恶化，但是放弃这种治疗方法，又经历了好几十年漫长的时间。与此同时，还进行了真正的科学活动，相当于对疾病天然病史的观察；周密的临床观察，结合正在兴起的病理学研究所见，开始对人类疾病作出可靠的分类。19 世纪末叶，疾病的天然病史终于成为医学教育的主要内容，事情进展虽然很慢，但确实是这样发展过来的，临床医生的最高技艺和责无旁贷的工作就是对每一种疾病作出准确的诊断，指出其未来的结局。

这就是父亲那代医生的培养目标。与此同时，人们开始对疾病的治疗持怀疑态度，这主要是受到 William Osler 的影响。医生真正能做的事不多，真是屈指可数：疟疾可用奎宁；熟练的医生用洋地黄治疗心衰；吗啡则是镇痛的主药——在收入药典的所有药物中，它是最受人重视的。

本世纪[3]30 年代中期，我本人进入医学院校时，又有了一些重要的进步，但也还是屈指可数的：肝浸膏治疗恶性贫血；胰岛素治疗糖尿病；维生素开始问世；白喉和破伤风的免疫疗法；抗血清治疗肺炎球菌性肺炎，等等，大致如此。我在哈佛大学医学院所受的教育，与父亲当年在哥伦比亚大学时一样，即治疗被认为是最不重要的职责。医生的工作是准确地认识疾病的性质，从而能向病人及其家属说明得的是什么病，今后最可能的结局是什么。

这个说明病情的任务，就是当时所谓医学艺术的最重要内容，现在也还是这样。的确，这是医学的中心任务，它说明这门职业存在的光辉历史是不负所望的，一直可以追溯到它所源出的宗教(黄教)。当你想到它时，病人首先想知道的就是："出了什么毛病?"几乎同时还会想到："以后会怎样?""我还能活下去吗?"病情越重，渴望知道这些的心情越是迫切。

从医学角度对这些问题作出的回答(这是医生最有用的地方)，往往是不肯定的，直到19世纪末，医学取得重大改革以后，情况才有了好转。到Osler时代及其后几十年间，医生对病情的解释开始立足于科学基础，回答的内容也比较翔实可信了。

抗生素的问世，使传染病大致得到控制；只要懂得在抗生素问世前的时代，及时知道得的是哪一类病的重要意义，就不难了解为什么只是对病情作出解释，竟是如此重要。在当时生命在很大程度上真是一个捉摸不定的过程。你要是得了伤寒(在父亲从医的早期它还是常见病)，就知道要经历2月的持续高热，全身极度不适和虚弱，随时都有发生肠出血或穿孔的危险，病死的几率约1/4。如果患的是大叶性肺炎(这是我学医时最常见的严重感染)，则在较短时间(2周左右)内即见分晓：要么死亡，要么自愈。令人惊异的是：它是由自身情况决定的。最大的危险，亦是人们最畏惧的则是结核。当时人们对结核的恐惧，就像是今天人们对癌症的恐惧，而且理由更为充足，因为任何年龄的人都能死于结核，而医生对它是束手无策的。年幼儿童只要发生咽喉疼痛，首先忧虑的就是作为风湿性心脏病起因的风湿热；除了风湿热，还得担忧脊髓灰质炎。精神病的主要起因是脑梅毒，当时的公立医院里，住满了这样的病人。

知道自己或家属不存在以上任何一项严重疾病，自然是令人十分宽慰的事，这正是一位好医生所要做的。当然，临床实践中，还有更多的工作要做，而不只限于单纯地说明事实。

当我作为实习医生开始临床工作时，就曾醉心于治疗传染病所需的新的科学知识，我总想知道早先没有磺胺药也没有青霉素，谈不上有什么认真的治疗时，父亲是在做些什么，一直那样忙忙碌碌地。在我整个儿童时期，家里的电话铃总是日夜响个不停，大多数夜里我都被父亲沉重的起床声所惊醒，听见他乘车到病人家去出诊，在他随身带的黑色出诊包里，几乎没有什么真正有用的东西。在他的行医生涯中，没有什么特殊的事；不仅是他，在我生长的那个市镇上，所有医生都是这样生活的。但他能为病人做的事，实在是微乎其微的，他自己也很清楚这一点，他的同事们也都如此。有时他也抱怨说：在大多数时间里，都感到自己无能为力。他从来不相信在他的医疗生涯中，他的所作所为对任何一位病人的病情结局真正起到了什么作用。

这是令人难以思议的，但它确实是医学的一个侧面，而忘记这一面的人则太多了。无论是医生和病人。一旦疾病的本质得以阐明，并传达给病人，就会发生另外几种情况。首先，医生对其结局负责：改善或恶化。但最重要的也许是：他是处于支持和帮助的地位，那就是：他可以认真考虑实质问题，尽管他的黑色出诊包里可能还是没有多少法宝，没有灵丹妙药，肯定也没有什么可以向电子计算机输入或检索的，但他的影响是存在的，而且能使情况发生改变，显出差异。当年 Osler 就常说：医生是可以改变各种情况的，如果他懂得病人正在发生什么情况，使病人了解这一点，同时让他感到医生就在身边，给他带来希望和力量，就能使情况发生改变。我相信这些，尽管我还不很懂得这些。

谈到 50 年前的医学，记忆中还有一点可以提及，它对未来医学和医学科学的发展也许会有一些启示，那就是：50 年前，也就是刚好在医学这门职业即将发生根本性改变，开始与科技结合的前夜，任何人都没有想到就要发生改变。我们这一代人都认为：我们在 1935 年学到的那些医学知识，肯定是今后将终生应用的知识，不会发生什么改变。如果有人想告诉我们：很快会找到控制细菌感染的力量，不出 20 年就能进行开放性心脏手术或肾移植，或化学疗法能使某些类型的癌瘤得以治愈，或很快就能以最简明、具体的方式，对遗传和遗传决定的疾病作出精辟的生化说明，我们是根本不会相信的。因为没有任何理由使我们相信医学会发生改变：亚急性细菌性心内膜炎和结核性脑膜炎都会致人于死地；精神分裂症完全是不可思议和无法解决的问题；智力迟钝是上苍造成的，不可能作出什么解释，更谈不到治疗了。当然，所有这些都改变了。威胁幼儿生命的结核病已经消失，肿瘤的发生机理已发现了很多新线索，因而可以选择适当的途径进行研究，求得解决；老年性痴呆已是人们熟知的现象，现在认为它是我们时代医学科学面对的重大课题之一。

如此等等。这些往事告诉我们：应对未来充分敞开思想。一切都将改变，而无论现在我们是怎样想的。既然改变是不可避免的，就应以更多的思想来考虑：当前的空气是否适合于事物的演变——看看方向对头的那些演变。照我看来(我承认是带有个人观点和偏见的)这就意味着更加科学化。

我们不可能回到往日的医学中去。但也切不可忘记医生存在的本身所具有的医疗作用，尽管我们无法对此作出解释，但还是应该充分珍惜这份对病人的神奇礼物，只是不能回到那个除此之外别无所有的医学时代。我们还远未到达预期的目标，还深为工作中许多不尽如人意的事物所困扰，做了许多错事，而有些本来可以做得较好的必要的事，又被疏忽了；即使这样，今后也不可能使改变中的医学面貌更有改进，除非是通过科学——赋予更多和更加深厚的科学。

但是当处于我这样地位的人这样说话时，最好加上一两条说明。我们常常不免有被人视为说大话之嫌，如作出过多的许诺，说话傲慢；对我们的无知，也未做到应该做到的那样坦诚。我们并不是想要一下子改变世界，对科学的掌握也远未达到这样的权威程度，使人们对我们下一步将要做什么感到惴惴不安，而只能说——我以为——在把科学引用到医学的事业中，干得相当不错，但也只是相当不错而已。

我希望在医学院校中有一些正规课程，专门讨论医学上的无知；教科书也要写进这样的内容，尽管这样做会使篇幅大为膨胀。我们还有很长的路要走。

现在，展望未来是很令人欣慰的。医学正在我们眼前转变，我们所拥有的诊断和治疗技术，也随着每月新期刊的问世而在不断提高。

但在医生的基本职责方面，我还看不出今后会有什么实质性的变化。我希望：未来几十年里，无论技术发展会给医生带来什么，还要继续接受原先那样的道义约束，为病人服务。我也希望自己切记这种道义职责，只有这样，才能保持历史的连续性，才是联结先辈医生的真正环节。

我想起在我的生活里有这样一段往事，很能说明医生的职责，而在很多医学教科书中，都没有给予应有的强调。一些年前，我应邀到密西西比州边远部分一个县医学会去做一次有关抗生素方面的报告，听众几乎都是一般医务人员，地道的乡村医生。对那位40多岁的县医学会主席来说，这次会议无疑是当年的一件大事，也是他生平的重大机遇之一，人们以正规的礼仪把他引进主席办公室，讲话稿也准备好了。就在会议即将开始时，他收到一张条子，就匆匆离开会场去接电话。以后他就走了，3小时后才回来，显得精疲力竭。我知道他会因为失去这次体现事业上成功的机会而深感难过。我问他出了什么事。原来电话是他的一位高龄病人的家属打来的，“那个病人刚刚死了，”他说。他觉得应该到那里去，帮助他的家属，这对他们是会有用的。因此他说是肯定该去的。

这已是三十年前的事了，但我却怎么也不能忘了那位医生和他在那天夜晚表现的良好的医德风范。这与开放性心脏手术或治疗脑膜炎是完全不同的事，但是如果要我提出一个典型人物让今天的医学生们仔细观察的话，我就会挑选密西西比州边远农村的那位乡村医生，要是我能找到他的话。

【注释】

[1]本文节选自《希氏内科学》(王贤才 译 第18版)绪论部分。

[2]指19世纪。

[3]指20世纪。

【导读】

作者通过回忆的方式，在亲切随和的叙述中为我们概述了近百年来西方医学由落后到进步的发展趋势，并预言科学技术的发展将给医学科学带来更大的巨变。同时，作者还认为医生能带给患者精神上的抚慰和安慰剂效应，并强调无论医学科学如何发展，医生的基本职责、医德风范都不应因此改变或减弱。这一观点在今天医疗界“唯技术论”的背景下，尤为使人警醒、发人深思。

【思考练习】

一、你认为医生对病人具有安慰剂效应吗？如果有，如何让病人体会到这种效应？

二、你能从“密西西比州边远农村乡村医生的故事”中得到什么启示？

手术刀就是剑[1]

——怎样成为一个外科医生

郎景和

郎景和(1940～)，吉林人。1964年毕业于白求恩医科大学医疗系。现任中国协和医科大学北京协和医院妇产科主任、教授、博士生导师。从医之余，郎景和也在科普创作领域颇有成就，现兼任中国科普作家协会副理事长。著有随笔集《一个医生的哲学》等。

对于一般人，甚至实习医生，外科大夫总是有些神秘感；对于非外科医生而言，外科也有相当大的风险性。应该说，外科医生需要有特别的人格修养、品德作风，以及技能训练。

外科医生手中的手术刀就是剑，用以披荆斩棘于病患毒瘤，不能伤害于病人，同时也不要误伤于自己。怎样游刃有余、安全有力呢？本文提出几点，愿与同道商讨。

一、掌握四个基本技能(CASE)

C(Concept，观念)——这里指一个外科医生对于疾病诊断和治疗的正确观念，是施行外科操作的基础。外科医生不是一个只会进行手术的匠人，他应该具有深厚的理论知识，准确地掌握手术适应症、术式选择以及在何种情况下扩大手术范围或保守处理与适可而止。当然，这一切应从病人、病情和外科原则出发，在术前与术中考虑和作出抉择。

A(Anatomy，解剖)——解剖如同行车路线，陌生或不明则寸步难行。不仅要对通常状况下的解剖了如指掌，而且能够发现和分辨某种变异。特别是在炎症、肿瘤和病变时，解剖不清，组织粘连、糟脆，亦能“开山劈路”，找出门径来。一个外科医生最好能根据自己的专业进行一阶段局部解剖的训练；一个外科医生应该有经常研读局部图谱的习惯；一个外科医生要善于在写手术记录时画图描绘手术情况，培养形象思维能力。

S(Skill，技巧)——切(剪)开、缝合、结扎、止血是基本操作手法，它们的重要自不待言，技巧则是各种外科手法的娴熟掌握和灵活运用。技巧还在于把“眼睛”长在刀尖、剪尖和针尖上，动作总是准确无误、恰到好处。技巧还在于或者用器械、或者用手指去探、去分、去断、去托时那种只能意会体验而又难以言传的丰富经验。不能简单地理解技巧就是动作如何快捷，其实除非一个生手，就切、剪、缝、扎而言，速度的差距是很小的，关键在于每一个动作都“一步一个脚印”，清爽稳妥，看似不快但没有废动作，不浪费时间。否则，“拖泥带水”，走过去又要回头处理自己弄出来的麻烦，欲速则不达。当今还有许多不断涌现的“特种”技术，如心血管外科、显微外科、腔镜外科、整复再造、导管介入等，都为外科医生充分施展技巧开拓了新领域。

E(Emergency，应急)——这不仅在于如何去处理急诊、急救，还有在手术中遇到的各种难以避免或可能发生的紧急情况，如大出血、脏器损伤、甚至病人危笃。一个称职的司机，不仅会驾车，也应该会修车。一个优秀的外科医生要对术中出现的问题应付裕如，化险为夷。普通外科医生在以急性阑尾炎开腹后发现并不是阑尾问题，应该会去探查和处理宫外孕、卵巢囊肿蒂扭转或黄体破裂等；同样，妇瘤科医生应该自己能缝合血管破口，修补膀胱或做肠管吻合等。这不排除科际帮助和协作，但总是让别人来“保驾”，那么我们将永远没有胆量，不得成熟。

于是，我们要靠一例接一例(case by case)手术的用心积累，使经验丰富起来，做手术时才会如有神助。

二、处理三个关系(G&G，M&M，Q&Q)

G&G(General and Group，将军和团队)——手术通常是由一个手术组共同完成的，术者是将军，其他人是他的团队成员。手术是一场战斗，紧张激烈，要求指挥员机敏、果断，迟缓、优柔寡断不是外科医生应有的品格。所以外科医生多少有些主观武断，但是他应该尊重他的助手，发挥他们的积极性。默契的合作是必要的，他们的意见和提醒有时可以避免大错。有人这样描述外科医生和实习医生，虽然有失偏颇，但也耐人寻味：Surgeons do anything，but know nothing；Interns know anything，but do nothing。(外科医生什么都会做，却什么都不知道；实习医生什么都知道，可什么都不会做。）

M&M（Major and Minor，大手术和小手术）——年轻的外科医生总想做大手术，年老的外科医生又失去了做小手术的机会，但每个外科医生都是从做小手术开始的。有经验的外科医生甚至深刻地认为小手术是不可小视的，可以套用那句“外（科）事无小事”的话。一个阑尾炎手术做上几个小时、一个阴道壁囊肿竟然做不下来的事并不罕见。皮肤的切开与缝合被认为是最简单的、最初始的外科操作，手术做到缝皮的时候，资深的医师下台了，年轻的大夫谈笑间就完成了。可是，我们却要想到病人对于切口是多么关注：切口多长，缝了几针，愈合的是否漂亮，更不要说伤口感染、裂开和疤痕。他们无从知道内部的状况，他们看到的手术只是切口，切口是外科医生给病人留下的永久纪念！

Q&Q（Quantity and Quality，数量和质量）——这里讲的数量与质量不仅意味着一个外科医生应该对施行的手术保质保量，从外科医生的培养和成长而言，数量和质量还有另一层辩证关系。外科手术更强调实践和经验，纸上谈兵是不行的。但是单靠重复的“练”却是不够的，也应强调思考和总结。有出息的外科医生对自己的每一次手术、不论其大小、难易、顺利与不顺利，过后都要“反刍”一番，从中悟出点感受来。有意思的手术，记录一式两份，留一份备案供自己总结复习。再经历这样的手术，自然有深一步领会。即使作助手或参观手术，也要勤于思考。这样用心的外科医生也许在最初的二三年，由于经验不足，的确不如高他二三年的大夫；但经过六七年的认真下工夫，他的本领便不一定亚于高他二三年的大夫，甚至会超过他们。有一次，我做腹股沟淋巴结请除，解剖股三角、沿股动脉向下游离淋巴脂肪组织，见一分支，问助手和参观者“这是什么动脉？”无人回答，我亦未说话。翌日晨查房，我又问“昨天我说的那个动脉是什么？”仍无动静。却有一位年轻大夫说他回去查了解剖书，结合术中情况应该是股深动脉。至少可以说这是一位善于学习的年轻医生。

三、避免三件事（NOT）

我将开空手术、遗物及病人死于手术台认为是外科医生的三大忌讳！

N（Nothing to Find）——并不是指某些情况下的探查手术，而是诊断有肿瘤或其他病变，拟行某种手术，可是开进去却什么都没有。这会使术者陷入非常尴尬的境地，也使病人遭受一次不必要的损伤和痛苦。所以，我们一定要在术前详细地询问病史，进行全面的身体检查以及必要的影像学和其他实验室检查，甚至诊断性腔镜检查，根据病情、时间和条件，尽量做得周全。疑难复杂的病例邀请多科会诊，做出手术方案。不可仓促上阵，或抱着“打开再说”的态度。外科医生是动刀子的，但并不是什么都要动刀子或只会动刀子。让我们记住希波克拉底的格言吧——请你不要损伤！

O（Foreign Object or Foreign Body）——遗留纱布、纱垫或器械之类是最糟糕、最不幸的事情。无论什么原因，都不应该，也没有理由犯这样的错误，一次也不行，一辈子都不要。每一次手术都要认真清点用物，少了不对，多了也不对。不要以为清点只是护士的事，固执和侥幸是危险的，数字对不上，要用各种方法把它弄清楚，否则将不会安心。若留有遗物，才应了那句话——隐瞒是不能持久的，总有一天会暴露出来。

T（Dead on Table）——由于病情危重，病人心肺功能不佳、手术复杂、时间长，或术中严重并发症、麻醉意外等，病人可能死在手术台上。无论怎样，这也使外科医生颇为难堪。

为了避免这一情况的发生，要做好充分的术前准备，如病情允许，要给予一定的支持疗法，纠正心肺功能衰竭，使病人能够经得起手术。术中要加强监护和麻醉管理，避免严重并发症并有相应的紧急处理措施。如情况使手术难以继续完成，亦应立即停止，积极抢救。要有ICU（加强医疗科），CCU（心脏临护科）医生共同协作，做好急救及转运。

外科医生是个神圣而令人自豪的职业，胆大心细、灵活应变，既动脑又动手，文武相兼，其乐无穷。美国《读者文摘》曾有一则征询：什么人最快乐？答案有三：一是经过千辛万苦把肿瘤切除的外科医生；二是完成了作品，叼着烟斗自我欣赏的画家；三是正在给婴儿洗澡的母亲。外科医生竟名列榜首。

外科医生之乐在于手到病除，为患者解脱痛苦；还在于外科不仅是门技术，也是一门艺术、一门哲学。经过多年磨一剑，外科医生会有一种“得气”的感觉，一招一式都见功夫，做到得心应手。但学无止境，平生需谨慎。要能有创意、有革新就更难了。

【导读】

本文中，作者通过亲身感受，用平易的语言让我们了解到成为一名合格的外科医生所必备的条件。文章的第一部分指出作为医生拥有深厚的理论基础、娴熟的技巧的重要性；第二部分提示我们良好的团队合作意识、精益求精的细节雕琢以及勤学多思的精神对于医生自身事业发展的极大助益；“避免三件事”一节则告诉我们高度的责任心、审慎谨严的态度是从医者最基本的良心和职业道德所在。作者语重心长的教诲，不仅对外科医生大有教益，任何专业的习医和从医者都能从中获益匪浅。

【思考练习】

一、“外科医生什么都会做，却什么都不知道；实习医生什么都知道，可什么都不会做。”这句话作何理解？

二、“大手术和小手术”一节，实际谈到的是医生处理难易病症关系的问题。请结合自身的专业谈谈你对这个问题的处理。

附录一　医学论文写作

医学论文是记录人类同疾病作斗争和医学发展进步过程的文献，也是医学科技工作者在医学基础研究和临床医学技术新发展、新成果的书面报告，它不仅是医学研究中的重要环节，也是医学科技信息产生、存储、交流和普及的主要方式，已越来越受到广泛的重视和应用。医学论文是科研过程的总结，它的水平高低直接影响科研成果的价值和水平，也是科研工作者能力和作风的具体反映，因此，撰写医学论文是医学工作者的基本功之一，也是医学科研不可缺少的组成部分。医学论文是科技论文的一种，由于医学专业的特点，医学论文的写作也有其惯用格式和特点。

一、医学论文的特点和要求

医学论文是科技论文的一种，有其独特的属性，即科学性、创新性、理论性、简洁性、逻辑性、可读性等。

（一）科学性

所谓科学性就是要求论文资料翔实、内容先进。科学性是医学论文的生命。如果论文失去了科学性，不管文笔多么流畅、辞藻多么华丽都毫无意义，只能是人力和时间的浪费。

资料翔实，指论文内容、材料、结果必须是客观存在的事实，能够经得起科学的验证和实践的考验。要对每一个医学概念、数据等准确无误地理解和运用，坚持唯物辩证法的立场，实事求是，保持严肃认真的态度，做到立论客观、论据充分、论证严谨。不能主观臆断，更不能为达到“预期目的”而歪曲事实、伪造数据。内容先进，要求论文理论和实践水平能够代表当今国内外医学发展水平，如果失去了这一点，论文也就失去了价值。

（二）创新性

创新是医学论文的灵魂。能否为促进医学发展作贡献是衡量论文水平的根本标准。医学论文非常重要的一点就是要有新创见、新观点。医学论文不同于教科书及综述类的文章，而在于学术交流，报道新发现，发表新方法、新理论。因此，在内容中必须突出“新”字，对于已为人知的观点不必复述，而应突出阐明自己新的观点。

（三）理论性

医学论文不仅是医学科学研究的总结，而且是一个再创造的过程。它不同于一般的科研记录或实验报告，而应提炼出指导医学科研活动及临床实践的经验教训，发现规律，并上升为理论，反过来指导实践。

（四）简洁性

医学论文要求简洁，这不同于一般的文学作品，需要各种修辞手段和华丽的词藻，它要求行文严谨，重点突出，文字语言规范、简明，能用一个字表达清楚的就不用两个字，不滥用同义词和罕见词。文章尽可能简短，材料方法部分应简明扼要，结果部分可用较少的图表说明较多的问题，讨论部分不赘述已公认的东西，不重复已有的讨论。总之，用最短的文字说明要阐述的问题，以减少阅读时间，使读者用较短的时间获得更多的信息。

（五）逻辑性

论文的逻辑性是指论题、论点、论据、论证之间的联系应一环扣一环，循序撰写，首尾呼应，顺理成章，并做到资料完整、设计合理，避免牵强附会、虎头蛇尾、空洞无物。

（六）可读性

写论文的目的就是进行学术交流，必须具有可读性，即文字通顺、结构清晰，所用词汇具有专业性，而且是最易懂、最有表达力的字眼，使读者用较少的脑力和时间理解所表达的观点和结论，并留下深刻的影响。

二、医学论文的分类

医学论文的种类很多，目前没有统一的标准。人们可以从不同的视角去考察并对医学论文加以分类。

（一）按论文的资料来源分类

1. 调查研究性论文

这是以调查方法取得科学资料，经分析、整理、统计学处理后而撰写的论文，如基础医学各科关于生理数据的测定以及疾病流行病学的调查报告等。

2. 观察研究性论文

这是以观察方法取得直接资料，通过分析，上升到理论而撰写出来的论文，如疗效观察、病例分析等。

3. 实验研究性论文

这是以实验手段取得科学资料，加以分析研究，提出对某一个问题的新认识、新观点而撰写出来的论文，如实验结果分析、科研报告等。

4. 总结经验体会性的论文

这类论文是通过对手头积累的丰富资料，进行回顾性总结而写出来的文章，如临床经验体会、专题研究总结等。

5. 整理资料性的论文

这是作者在一段时间内收集、阅读别人某一专题已经发表的大量文献资料后，经过综合、分析、整理而撰写出来的一种论文，如综述、述评等。

（二）按论文的学科性质分类

1. 基础医学论文

主要有两种类型，即研究报告性质的论文和技术交流方面的论文。研究报告包括实验室资料汇总及现场调查资料汇总；技术交流主要是介绍实验技术，介绍有关仪器的设计、制造和使用方法。

2. 临床医学论文

常见的有以下 7 种类型：

(1)临床经验体会:是对临床工作的某一方面或某种疾病的诊疗方案及治疗护理措施所做的回顾性总结。通过总结,对临床工作进行分析、评价、鉴定,找出其中规律性的东西,使实践经验上升到理论,从而进一步指导临床实践。

(2)临床总结报告:是通过临床医务工作者在一定阶段内,以其所积累的相当数量的同一组相同病例,用某一特定治疗方案的疗效观察总结为主要依据撰写而成的医学学术论文。

(3)专题研究总结:是针对临床选题、科研成果或某一阶段结果的总结性的科研论文。此类论文首先要有课题研究计划和预期目的,在研究中按照预先设计的项目,严格记录,而后对研究观察所得的结果进行整理、归纳、总结。

(4)新技术、新方法报道:是介绍新技术的应用方法,并对基本原理及有关知识进行阐述的文章,也可以写在原有技术基础上进行革新或改进的经验。撰写重点在于使用方法或操作步骤、技术原理、临床应用及效果。

(5)病例分析:是对一组相同疾病的有关资料进行分析、讨论的文章。作者根据自己的临床积累与写作目的,将某一时间内相同疾病的病例资料汇集在一起,取其全部病例或选择一定数量的病例,按照设计要求,分几个具体项目进行统计和整理,将所得数据进行统计学处理,经过分析后撰写而成。

(6)病例报告:又称个案报道,是指对个别少见或特殊病例的病情及诊断治疗护理方法所做的书面报告形式的文章。论文重点在病情介绍和讨论(体会)两个部分。

(7)病案讨论:也称病理讨论,是对疑难病例或病情复杂病例的诊断、治疗、发病机理进行讨论,并将讨论记录整理成文的一种医学论文。

3. 流行病学调查报告

这类论文的目的在于阐明疾病在时间、空间和人群中的分布特征,并研究影响分布的决定因素,揭示和探求疾病的流行规律、病因,或对各种治疗、预防效果做出科学的评价。

(三)按写作目的分类

1. 学位论文:这是为取得各级学位而撰写的论文。又分为:

(1)学士论文:由大学本科毕业生在老师指导下撰写,是作者所学知识的总结,要求反映出本人的学识水平和解决问题的能力。

(2)硕士论文:由硕士研究生在导师指导下撰写。

(3)博士论文:由博士研究生独立撰写。

2. 学术论文

阐述所取得的新成就、新技术、新观点、新发现。目的是向本专业的读者进行学术交流,如期刊上发表的论文和学术会议上交流的论文。

(四)按体裁形式分类

这是目前多数学术期刊通常采用的分类方式,即把论文按体裁形式分类置于相应的栏目之下,体裁形式即栏目名称。如理论著述、实验报告、临床观察、调查报告、个案报道、文献综述、病例讨论、医案对话、经验总结等等。

三、医学论文的选题

医学研究和论文的撰写是目的性很强的活动,只有确定了科研课题,才能明确工作的方向和目标。因此，掌握医学研究选题的程序和方法至关重要。

（一）选择课题的程序

选择课题是医学科研或医学论文写作的第一步。选择课题就意味着发现问题和提出问题。人们提出问题就需要“确定”、“选择”，需要冲破旧知识体系的框架，这就必须借助于直觉思维能力。而科学的直觉思维能力又正是导致科学假说提出的重要条件，因为提出假说也离不开直觉的判断、想象、启发和选择。因此，选择课题时一般要经过问题——建立科学假说——确定课题三个基本程序。

1. 提出问题

在医学实践活动中，经常会遇到一些科学技术无法解决的现象或问题，在思想上形成一种想探讨某问题的意识。这些初始意识并不是凭空由头脑中产生的，而是在已有理论知识和实践研究的基础上，通过深入分析、广泛联想、认真思考和酝酿而形成的。作为一名医学科技工作者，要具有敏锐的思想，善于在医学实践中发现问题、勇于提出问题，为选择课题打好基础。只有问题提得有水平，课题选择才会有高度。

2. 建立科学假说

在医学科研实践活动中，在探讨某一问题的初始意识形成后，要带着问题意识查阅有关文献资料，了解目前的进展动向及存在问题。在对材料分析综合的基础上，使初始意识系统化、深刻化、完善化，对问题的发生原因及解决问题的方法提出较完整的理论认识，建立假说。建立假说的条件有四个：一是要符合自然科学的基本原理；二是基于以往的科学资料；三是具有个人的实践经验；四是可被重复验证。在此条件之下，建立科学假说尽可解放思想，大胆设想，敢于向已有的理论挑战。

3. 确定课题

作者在科学假说确定后，进行科学构想，确定课题的构思要素，组成科研课题。

（二）选择课题的方法

选题的方法一般说来，应根据医学科学的发展趋势，结合作者个人的实际条件，选择有利于展开的课题，主要的选择方法有以下几种：

1. 立足专业选择课题

这是最基本的选择方法，在本专业领域内，对各种需要研究和探讨的问题有较全面的了解，较易选题。具体可从以下几方面入手：从发现新问题、解决新问题上选题；在热门焦点问题上选题；在更新观念上选题；在冷门盲点上选题；在医学学科前沿上选题。

2. 在医学学科边缘上选择课题

医学是研究人的生命活动过程的本质，也是研究人类同疾病作斗争和防止疾病发生、发展的科学。因此，医学不是一门纯粹的自然科学，而是一门自然科学与社会科学相结合的应用科学，这是当今医学发展的趋势和特点。选取边缘问题研究，应避免沿用旧的医学模式，避免模仿和类推。选此类课题，应对两门或更多的相关学科有较深、较独到的研究，只有这样才会产生真知灼见。

3. 在经常思索的问题中选题

一个具有一定知识基础的人，只要对某一领域的问题经常深入思考，不断质疑，不断探究，就可能产生独到见解。这类问题也许与研究者的专攻学科不一致，但只要有所创见，再进一步系统地研究，就有可能写出高质量的论文，有可能获得研究成功。这类课题应避免停留在一般性的思考水平上，如果认识不深刻、不新颖，没有创见、没有独到之处，则不可选取该课题。

4. 通过查阅文献资料选题

在查阅文献资料、了解本学科的研究历史和现状，特别是我们已经确定研究范围部分的历史与现状等的基础上选题是一种创造。这种创造也同其他创造一样，是在丰富的知识贮存与积极思考中产生的。

5. 查阅参考题目选题

查阅文献资料选题是相当费时间的，有关科研机构、科研管理部门及高等院校，为指导科学研究与论文写作，都有预先拟好的科研课题和论文参考题目。这些课题或题目一般比较宽泛，我们可以根据自己的具体情况，对题目作进一步限定，选某一专题的某一方面。

四、医学论文的基本格式和写作方法

总体上说，医学论文的内容和表达方式虽各不相同，但贯穿其中的思想方法和科学逻辑思维却基本相同，属于自然科学技术论文的范畴，因此，文章的写作格式越来越趋于程式化和国际化。我国国家标准和“国际医学期刊编辑委员会”(ICMJE)对论文格式的要求基本上是一致的，一般都由前置部分、正文和后置部分构成。

(一)前置部分

1. 标题(title)

又称题目、文题、题名、命题。是论文内容的高度概括和准确揭示，也是论文主题和中心的缩影。标题是论文的“窗口”，是论文给予读者的第一印象，像人的眼睛一样具有“传情达意”的特殊功能。一个好的标题常会吸引读者的注意，引起读者的兴趣；一个不恰当的标题，虽然文章内容很有价值，亦难免被人弃之一旁。标题要力求简明、醒目、切题、传神，以不超过20个字为宜。一般不设副标题。标题在论文中非常重要，因此不得不字字斟酌。要努力避免在论文题目上的以下四种通病：①有意拔高，题不切文；②范围太大，笼统泛指；③题目冗长；④语义含糊，逻辑混乱。

2. 作者(authorship)

论文标题下应有作者署名。科技论文的作者署名要求真实和准确。在作品中署名是法律赋予作者的基本权利之一。作者署名有两方面的意义：一是享有对作品的著作、出版等权利；二是对论文本身的科学性、创造性等负有直接责任。根据“国际医学期刊编辑委员会”在“投稿统一要求”中的规定，署名作者应具备以下条件：①曾参与构思与设计，或者对资料进行分析与解释；②起草论文或对其中重要理论内容进行修改；③同意定稿论文的发表。对于那些仅仅参加过局部具体工作，或给予过某些帮助，而又无须列入作者项的单位或人员，可在文末、参考文献前给予致谢。署名应放在标题下方居中位置。个人研究成果署个人的真实姓名，署名下方用括号写明工作单位、联系地址及邮政编码；集体研究成果，应按对论文形成的贡献大小依次署名，或署集体名称文末注明执笔人。

3. 摘要(abstract)

又称论文摘要、内容提要或文摘，是文章主要内容的摘录，起到报道和检索作用。帮助读者阅后能迅速了解本文的大意;同时也是情报单位编制文摘、索引的主要依据。摘要应写得简明扼要、清晰具体、表达确切、引人入胜,力求做到短、精、完整。根据中华人民共和国国家标准《GB6447—86 文摘编写规则》的要求,报道性摘要一般包括目的、方法、结果、结论。摘要应当是独立于正文之外的一篇意义完整、不加评论、具有独立性的报道性短文,字数在 100～150 字(words)左右;一般不分段,不引用图、表化学结构式及非公认的符合、代号、参考文献的序号。摘要的具体位置在作者署名之后、关键词之前。凡有摘要的论文,正文中一般不写"小结",以免重复。摘要采用第三人称语气、主动语态表述,尽可能采用专业术语。

4. 关键词(key words)

关键词是表达论文内容特征的关键性词或词组,也是起到报道和检索的作用。关键词的选择通常以文章的题目为基础,参考摘要和前言,提炼出若干个最能代表论文主要内容的、有实质意义的词,一般可选取 3～10 个关键词。关键词一般应使用美国《医学索引》中 MeSH 规定的主题词作为关键词,只有当 MeSH 词表中无与新近出现的自由词词义相当的主题词时,方可使用自由词。关键词的位置应放在摘要之后,若无摘要的论文,则置于正文之前。关键词之间可用逗号、分号或空格隔开,最后不加标点。

5. 英文摘要(English abstract)

联合国教科文组织规定:"全世界公开发表的科技论文,不管用何种文字写成,都必须附有一篇简明的英文摘要"。目前,我国有影响的医学期刊对其刊登的论文也都要求有一篇简短的英文摘要,其内容应与中文摘要完全一致。英文摘要的内容一般包括:①英文标题;②作者和单位译名;③英文摘要;④英文关键词。英文关键词必须与中文关键词一一对应,放在英文摘要之后。

(二)正文

正文是论文的主体部分,应占论文的绝大部分篇幅。各类论文由于内容不同,正文可有多种不同的形式,但都必须包括论点、论据和论证三个要素。三个要素在正文中的布局,应据选题及体裁的种类或研究方法的不同而定。

1. 引言(introduction)

引言又称前言,是正文的开端。一般情况下不需标明"引言"二字。它开宗明义地向读者介绍论文的主题和总纲,目的和意义等,读者可以从中了解到论文写作的来龙去脉和作者的写作意图。引言一般包括:①论文的主旨、目的和意义;②基本原理和历史背景;③研究对象、范围和方法;④论文展开的计划。引言要特别注意精练,重点放在研究目的,引言中可通过适当简介和评价前人在同一领域的研究中所取得的成就和留下的空白、问题,阐明作者的研究工作所要解决的问题,为提出自己的新论点或报道自己的新发现、新发明做铺垫,含蓄地表述作者研究工作的先进性、科学性、理论意义和实用价值。字数控制在 200 字左右为宜。

2. 材料和方法(materials and methods)

主要说明研究使用的对象和材料、研究方法和过程。其目的为研究结果提供科学依据,也便于别人重复、验证。因此,这段文字也是衡量论文科学性的一个重要部分。其内容包括:①所选实验与观察对象的标准、来源、数量及分组原则;②实验原理与设计;③实验操作的要点和步骤;④观察内容与记录方法;⑤统计学处理方法。在撰写时,应注意可重复性、具体性和描述性。在“材料”中，对于影响研究结果的各种因素都应加以介绍。有文献报道的方法，亦只需列出名称，并注明文献的出处；对常规方法的改进，则应详细叙述改进部分；若是采用新方法，则必须详细说明，以备读者实际操作，重复验证。

3. 结果(results)

结果是实验所获得的数据，观察到的现象，以及发现的问题，是研究者劳动的结晶，是论文的重要部分。它必须是作者的第一手资料，但又不能是大量原始记录的堆积和罗列，而应进行科学组织和统计学处理，并按逻辑思维顺序依次列出。结果中不加作者的任何分析、评论和推理，仅用事实提出线索，为讨论作好铺垫。结果可以用文字说明，但为了节省篇幅并一目了然，也可使用表格、图解、照片等来表示，还可以引入一些公式、符号等加以说明。内容多时，可分段加小标题叙述。有些论文不把结果部分单独列标题叙述，而是放在临床资料之后直接进行说明和分析。结果在整个论文中占有重要地位，必须保证指标明确、数据准确、内容充实、形象直观。

4. 讨论(discussion)

讨论是从理论上对结果的思考、分析和科学推理，揭示观察到的事实之间的内在联系，并上升到理性认识，从广度和深度两方面来丰富和提高对结果的认识，为文章的结论提供理论上的依据。讨论的内容应包括：①对不论是阳性或是阴性的结果做补充说明和解释；②对结果进行分析、探讨，对可能的原因、机理提出见解，阐明观点；③将结果与当前国内外有关研究进行比较，并对其理论或实践意义做出评价；④提出作者在研究过程中的经验、体会；⑤指出该结果的可能误差，研究过程中可能存在的缺陷及教训；⑥提出进一步研究的方向、展望、建议或设想。讨论中应将论证中的各条思路合乎逻辑地贯穿起来，并从实验结果出发，有的放矢，紧扣题目。这是论文中最难写的部分，并占较大篇幅。讨论能否深入，在很大程度取决于作者理论思维、学术素养、分析能力的高低和文献占有量的多少。

5. 结论(conclusion)

结论是在实验和广泛论证的基础上，经过严密的分析推理，对结果和讨论做出严肃的、高度概况的论断，是论文的最后归宿。它必须对当初提出的问题做出明确的回答，即与前言的论点相呼应。写结论时应注意：①突出重点，观点鲜明地提出一点或几点见解，有的论文如果难以提出明确的结论，可以写成结语，提出设想和建议；②用词准确，注意分寸，恰如其分，切忌言过其实；③文字力求精练，忌重复结果和讨论中的内容。

（三）后置部分

1. 致谢(acknowledgements)

致谢是对不符合署名要求的协作者的劳动予以肯定的一种方式。致谢的对象和范围包括：①协助研究的实验人员；②直接参与临床观察的护理人员；③提出过指导性意见的人员；④对研究工作提供方便(仪器、检查等)的科室人员和提供财政援助的人员；⑤在论文撰写过程中提出建议、帮助审阅和提供过其他帮助的人员。致谢常以小于正文的字号，附于正文之后。

2. 参考文献(references)

论文中凡引用他人论文中的观点、材料、数据和研究成果等，均应按出现的先后顺序标出参考文献序号，序号用阿拉伯数字置于方括号中表示。列出参考文献的目的在于：①

佐证作者的论点，说明文章中某些认识、观点、论据的来源；②对原作者的尊重；③便于读者进一步检索，找到原文进行参考。参考文献只限于作者阅读的、与论文关系大的、有代表性的主要著作，一般 10 条左右即可。切忌罗列所有阅读过甚至未读过的大量书目。参考文献的著录格式，目前国内医学期刊有的按 GB7714－87 的规定进行著录，有的按“国际医学期刊编辑委员会”在温哥华制定的“生物医学期刊参考文献排列格式”进行著录。作者可根据投稿杂志的要求进行选择。这里着重介绍 GB7714－87 的著录格式：

①期刊：[顺序编号]作者. 题名[文献类型标识]. 刊名，年份，卷(期)：起止页.

例：[1]江国强，赵连友，李宏伟，等. 高血压病患者血浆中 NO 浓度的变化[J]. 中华心血管杂志，1998，6：105～107.

著者若为多名，1～3 人者全部列出，超过 3 位作者仅列前 3 位，后加“，等.”。

②专著：[顺序编号]著者. 书名[M]. 版本(第一版可省略)，出版地：出版者，出版年. 起止页.

例：[1]陈新. 临床心律失常学[M]. 北京：人民卫生出版社，2000. 1308～1309.

附录二　中国古代文化知识

中国是世界上文明发达最早的国家之一，历史悠久，源远流长。我国各族人民以高度的智慧和才能创造了辉煌灿烂的中国古代文化。我们阅读古书，有必要了解古代相关文化知识，下面就古代的记时方法、避讳方法及年龄称谓分别加以叙述。

一、记时方法

（一）记日法

大约在殷商时代古人就采用干支记日的方法。甲骨文有干支记日的记载，有时只记天干不记地支。到了春秋战国，干支记日成为史官记日的传统方法。干即天干，计有甲、乙、丙、丁、戊、己、庚、辛、壬、癸十个，故称十干；支即地支，计有子、丑、寅、卯、辰、巳、午、未、申、酉、戌、亥十二个，故称十二支。以一个天干和一个地支相配，共有六十个组合，称为“六十甲子”。排列如下：

甲子 乙丑 丙寅 丁卯 戊辰 己巳 庚午 辛未 壬申 癸酉
甲戌 乙亥 丙子 丁丑 戊寅 己卯 庚辰 辛巳 壬午 癸未
甲申 乙酉 丙戌 丁亥 戊子 己丑 庚寅 辛卯 壬辰 癸巳
甲午 乙未 丙申 丁酉 戊戌 己亥 庚子 辛丑 壬寅 癸卯
甲辰 乙巳 丙午 丁未 戊申 己酉 庚戌 辛亥 壬子 癸丑
甲寅 乙卯 丙辰 丁巳 戊午 己未 庚申 辛酉 壬戌 癸亥

每个单位代表一天，假使某日是甲子，则甲子以后的日子依次顺推为乙丑、丙寅、丁卯等，甲子以前的日子就以此逆推为癸亥、壬戌、辛酉等。六十甲子周而复始，可以无限期地记载下去。古人记日，有时只用天干不记地支，后来干支记日通行，天干记日法便渐渐被摒弃不用了。也有只记地支不用天干的，这种记日方法属于后起，且大多限于特定的日子，如“三月上巳”，指三月上旬第一个巳日。这一天原是古人临水修禊的日子，后来便成为水边宴饮，郊外游春的节日。

一个月中有些日子在古代有特定的名称。每月的第一天叫做“朔”，最后一天叫做“晦”。在先秦古籍里，朔晦两天，一般既称干支，又称朔晦。每月初三叫做“朏”，月半称“望”。小月十五，大月十六。望日前几天可泛称“几望”，望日后，下弦前称“既望”。每月初七、初八成为“上弦”，二十二、二十三成为“下弦”，又统称为“弦”。

（二）记时法

古人最初根据天色把一昼夜分为若干时段，然后把每一时段定个名称。例如把太阳升起的时候叫做“旦、早、朝、晨”，也称为“日出”。把太阳下山的时候叫做“夕、暮、昏、晚”，也称为“日入”。太阳正中时叫做“日中”，将近日中的时间叫做“隅中”，太阳西斜叫做“日昃”或“日昳”。古人一日两餐，第一餐在日出之后、隅中之前，成为“朝食”或“蚤食”，这段时间就叫做“食时”；第二餐在日昃之后、日入之前，称为“晡食”或“晏食”，这段时间就叫做“晡时”。日入以后是“黄昏”，黄昏以后是“人定”，人定以后是“夜半”。“鸡鸣”和“昧旦”是夜半以后先后相继的两个时段。昧旦又叫“昧爽”，这是天将亮的时间。此外古书上又常常提到平旦、平明，这是天亮的时间。

随着记时方法的详密，古人对于一昼夜有了等分的时辰概念。汉太初以后，开始用十二地支表示十二个时辰，每个时辰恰好等于现代的两小时。现将十二时段的名称，配以地支，列表如下：

时段	夜半	鸡鸣	昧旦	日出	食时	隅中	日中	日昃	晡时	日入	黄昏	人定
地支	子	丑	寅	卯	辰	巳	午	未	辛	酉	戌	亥

和现代的时间对照，夜半 12 点(即 24 点)是子时，上午 2 点是丑时，4 点是寅时，6 点是卯时，其余由此顺推。近代又把每个时辰细分为初、正。晚上 11 点(即 23 点)为子初，夜半 12 点为子正；上午 1 点为丑初，上午 2 点为丑正，等等。这就等于把一昼夜分为 24 小时了。“小时”的概念则是到 20 世纪初才开始使用的。还有一个重要的计时系统，那就是“刻”。自古以来，人们习惯分一昼夜为若干刻，在漏壶的箭上刻成等份，以作为较短的时间单位。古代长期施行的是一日百刻制。

（三）记月法

一年有四时十二个月，四时就是春夏秋冬。但是在商代和西周前期，一年只分为春秋二时，所以后世常以“春秋”作为一年的代称。后来历法日趋详密，由春秋二时再分出冬夏二时，一年由二季之称分为四时，只是开始时的四时顺序不是“春夏秋冬”，而是“春秋冬夏”，春秋中期之后，四时之称才规范为春夏秋冬了。

古人通常以序数记月，如一月、二月、三月等等；作为岁首的月份叫做正月。在先秦时代每个月还有特定的名称，例如正月为孟陬，四月为除，九月为玄，十月为阳等等。古人又有所谓“月建”的观念，就是把子丑寅卯等十二支和十二个月份相配，以通常冬至所在的十一月(夏历)配子，称为建子之月，由此顺推，十二月为建丑之月，正月为建寅之月，二月为建卯之月，直到十月为建亥之月，如此周而复始。至于以天干配合着地支来记月，则是后起的事。

此外，古人有把四季的每一季都分成孟、仲、夏三个阶段，然后再依次分别代表月份的记月方法。如孟春即正月，仲春是二月，季春为三月等。这种记月法常见于序跋。

（四）记年法

我国古代最早是按照君王即位的年次来记年的，例如周平王元年(公元前 770 年)，鲁隐公元年(公元前 722 年)等，这种记年法以元、二、三的序数递记，直到旧君出位为止。从汉武帝开始用年号纪元，例如建元元年、元光三年，也是以元、二、三的序数递记，更换年号就重新纪元。有些皇帝只用一个年号，如大业(隋炀帝)，武德(唐高宗)、贞观(唐太宗)、洪武(明太祖)，有些皇帝则经常更换年号，有多至十余个的，如唐高宗李治在位 33 年，更换了 14 个年号。

我国从西周共和元年(公元前 841 年)开始有了连续纪年。古代用干支记年,一般认为始自东汉,但也有人认为在汉代初年就开始使用了,只是到东汉元和二年(85 年)才用政府命令的形式,在全国范围内颁布施行。六十甲子,周而复始,至今不废。此外尚有星岁记年、生肖记年等法。

(五)节气

24 节气本属于历法范畴,但与记时密切相关。

古人根据季节更替和气候变化的规律,把周岁太阳年 365 又 1/4 日分为立春、雨水、惊蛰等 24 个节气。这些节气先是平分的,后代根据太阳移动的速度,有的规定为 14 日(如冬至前后),有的规定为 16 日多(夏至前后)。24 个节气的名称和顺序如下:

春季	立春 2 月 3——5 日	雨水 2 月 18——20 日	惊蛰 3 月 5——7 日
	春分 3 月 20——22 日	清明 4 月 4——6 日	谷雨 4 月 19——21 日
夏季	立夏 5 月 5——7 日	小满 5 月 20——22 日	芒种 6 月 5——7 日
	夏至 6 月 21——22 日	小暑 7 月 6——8 日	大暑 7 月 22 日——24 日
秋季	立秋 8 月 7——9 日	处暑 8 月 22——24 日	白露 9 月 7——9 日
	秋分 9 月 22——24 日	寒露 10 月 8——9 日	霜降 10 月 23——24 日
冬季	立冬 11 月 7——8 日	小雪 11 月 22——23 日	大雪 12 月 6——8 日
	冬至 12 月 21——23	小寒 1 月 5——7 日	大寒 1 月 20——21 日

古人最初还把 24 节气细分为节气和中气两种,例如立春是正月节,雨水是正月中,惊蛰是二月节,春分是二月中,余此类推。阳历每月都有节气和中气,上半年每月 6 日和 21 日左右是交节日期,下半年每月 8 日和 23 日是交节日期。

二、避讳方法

我国自周到清,不得写说君王或尊长的名字,而须加以回避,以示尊敬,这叫“避讳”。避讳始于周,行于秦汉,盛于隋唐,严于赵宋,直到民国改元,此习方废。大概在秦以前,只避真名,不避嫌名。所谓嫌名,是指与君王尊长名字读音相近的字,《礼记·曲礼上》:“礼不讳嫌名。”郑玄注:“嫌名,谓音声相近,若禹与雨,丘与区也。”之后,讳法逐渐严格,遇有嫌名,也要加以回避。历代医书受此影响,颇多讳字。因而熟悉用讳规律,不仅可便于阅读，而且能助以判定医书版本和医学人物的年代。现将中医古籍中常见的避讳方法逐一概括归纳。

（一）改字法

所谓改字法，即遇到所避之字，就改用与之意义相同或相近的字代替。所避之字称为讳字，改用的字称为避讳字。此法在秦汉时期已经使用，后代继续沿用。例如《史记·秦始皇本纪》，秦时，改“正月”称“端月”。这是因为秦始皇名政，与正月之“正”同音，因而避讳。汉武帝名彻，汉朝为了避讳，将二十级爵的最高一级“彻侯”改称“通侯”。对于帝王或圣贤之名，众所共讳，称为公讳。公讳所涉及的范围很广，主要有如下几种：

（1）改姓氏。为避皇帝之讳而改姓。如东汉明帝名庄，班固撰《汉书》，称“庄子”为“严子”。师古注：“严子，庄周也。”称西汉的学者“庄忌”及其子“庄助”为“严忌”和“严助”。又如宋朝著名的宰相文彦博，祖上本姓敬，在后晋时，因避晋高祖石敬瑭讳，改姓“文”。至后汉，复姓“敬”。入宋，因避宋太祖赵匡胤之祖父赵敬（赵匡胤称帝后追尊为翼祖）讳，又改姓“文”。

（2）改名字。为避讳，有直接改原名的，亦有只称字、号的。如西汉末年的孔莽，为避王莽之讳，改名孔均。《汉书·蒯通传》：“蒯通本与武帝同讳。”师古注：“本名为彻，其后史家追书为通。”南齐人薛道渊为避齐高帝萧道成之讳，改名薛渊。《南史·谢裕传》：“裕字景仁……名与宋武帝（刘裕）讳同，故以字行。”

（3）改官名。改官名包括了改爵名。此类事在西汉时已出现，上述汉改“彻侯”为“通侯”之事，即为改爵例。改官例如隋文帝杨坚父名忠，隋时，将与“忠”同音官名一一改名，如“侍中”改“纳言”，“中书”改“内史”等。唐朝为避李世民讳，将中央六部之一的“民部”改称“户部”。又为避高宗李治讳，将“治书侍御史”改称“御史中丞”。

（4）改地名。西汉时，为避汉文帝刘恒讳，改恒山郡为常山郡。三国时，吴黄龙三年（234 年），由拳县野稻自生，统治者认为嘉禾，因改县名禾兴。孙权之孙皓即位，避其父和讳，又称禾兴名“嘉兴”。今之江苏省南京市在西晋时名建业，后改名“建邺”（yè），建兴元年（313 年），因避愍（mǐn）帝司马邺讳，改名“建康”。

（5）改年号。前朝的年号与本朝君主犯讳，亦要避讳。如宋仁宗名祯，宋人撰《新唐书》，将唐太宗年号“贞观”写作“真观”或“正观”。

（6）改干支。中国在汉代即已用干支纪年，纪月纪时的时间更早。干支名称有固定的字。唐高祖李渊父名昞，唐追尊为元皇帝，庙号世祖。唐人修《晋书》、《梁书》、《北齐书》、《北周书》等“八史”时，凡“丙”字，都书作“景”，如“丙辰”作“景辰”，“丙子”作“景子”等。

（7）改物名。五代十国的吴越王钱镠，因为“镠”字和石榴的“榴”字同音，便把石榴改为“金樱”；和钱镠同时代的杨行密（为唐淮南节度使，后受唐封为吴王）在占据扬州的时候，当地人怕犯他的讳，便把蜂蜜改为蜂糖。我们在古书上如果看到金樱或蜂糖，应知道这就是石榴和蜂蜜。

（8）改书名。清康熙帝名玄烨，清代汪昂《勿药玄诠》即改名为《勿药元诠》，戴原礼《金匮钩玄》，李中梓《本草通玄》，清传本分别易名为《金匮钩元》与《本草通元》。戴、李二氏均系明代人，明时无“玄”字讳，而书名改“玄”为“元”，显是清代刻坊为避当代讳所为。

（9）改方药名。南宋寇宗奭《本草衍义·序》：“讳避而易之者，原之以存其名。如山药避本朝讳及唐避代宗讳。”李时珍《本草纲目·薯蓣》引“宗奭曰”进一步指出：“薯蓣因唐代宗名预，避讳改为薯药，又因宋英宗讳署，改为山药。”宋本《伤寒论》有“真武汤”一方，而《千金要方》、《千金翼方》均为“玄武汤”，这显然是宋人为避宋始祖赵玄朗之讳，改“玄”为“真”之故。

（二）缺笔法

所谓缺笔法，即遇到讳字，就遗缺该字的笔画，多为遗缺一笔。缺笔避字法始于唐代。如“葉”字，因字中有“世”字，而写作“枼”，“昬”字因有“民”字，而写作“昏”，这是为避太宗李世民之讳。光绪十九年杨氏邻苏园影刻南宋嘉定刊本《脉经》“眩”、“弘”、“慎”均写作“眩”、“弘”、“慎”，皆缺末笔，为宋帝避讳字。宋本《外台秘要》中的“弘”、“玄”、“痃”、“敬”，也都遗缺最后一笔。

（三）空字法

所谓空字法，即遇到讳字，就空缺该字。例如《新修本草》的参修者有李世勣，但其书扉署名则作李勣，这是避太宗李世民名讳而删去“世”字。同书卷十七《葡萄》：“陶景言用藤汁为酒，谬矣。”这是避唐高宗太子李弘名讳而不写作陶弘景。此外，还有用空围“囗”或用“某”字、“讳”字代替讳字的。

三、年龄称谓

年龄一般是用数词表示的，而古书中常常以其他词代称，有的是采用文句割裂的方法，有的是从男女、装束、习俗、体态、学识等不同角度，对年龄予以不同的称谓。

如《论语·为政》：“子曰：‘吾十有五而志于学，三十而立，四十而不惑，五十而知天命，六十而耳顺，七十而从心所欲，不逾矩。’”后人便以“志学”、“而立”、“不惑”、“知命”、“耳顺”、“从心”分别代表 15 岁、30 岁、40 岁、50 岁、60 岁、70 岁。《礼记·曲礼上》：“人生十年曰幼，学；二十曰弱，冠；三十曰壮，有室；四十曰强，而仕；五十曰艾，服官政；六十曰耆，指使；七十曰老，而传；八十、九十曰耄；七年曰悼，悼与耄，虽有罪，不加刑焉；百年曰期颐。”后人便以“幼”或“幼学”、“弱”或“弱冠”、“壮”或“有室”、“强”或“强壮”、“艾”或“艾服”等分别表示 10 岁、20 岁、30 岁、40 岁、50 岁之类。《礼记·王制》：“五十杖于家，六十杖于乡，七十杖于国，八十杖于朝；九十者，天子欲有问焉，则就其室，以珍从。”后人便以“杖家”、“杖乡”、“杖国”、“杖朝”分别表示 50 岁、60 岁、70 岁、80 岁。这里选择常见的年龄称谓，按其顺序介绍如下：

（一）出生

初度：小儿初生之时。屈原《离骚》：“皇览揆余于初度兮，肇锡余以嘉名。”后称人的生日为“初度”。

汤饼之期：指婴儿出生 3 日。旧俗小儿出生 3 日，设筵招待亲友谓之“汤饼筵”，也作“汤饼宴”、“汤饼会”。明·彭大翼《山堂饲考》：“生子三朝会曰汤饼会。”

百晬：指婴儿出生百日，百晬为旧俗婴儿出生百日时的宴会。宋·孟元老《东京梦华录》：“生子百日置会，谓之百晬。”又称“百禄”。

（二）1 至 10 岁

周晬：指婴儿周岁。周晬为旧俗婴儿出生 1 年时的宴会，又称“晬日”、“晬盘日”。是日以盘盛纸笔、针线、钱币等物，任婴儿抓取，以占其将来的志趣，也叫“试晬”、“抓周”。

孩提：指二三岁的幼儿。《孟子·尽心上》："孩提之时，无不知爱其亲者。"东汉·赵岐注："孩提，二三岁之间，在襁褓知孩笑，可提抱者也。"又称"提孩"、"孩抱"。

免怀：指3岁幼儿。《论语·阳货》："子生三年然后免于父母之怀。"又称"免怀之岁"。

幼弱：指龆龀前，即七八岁以下。《周礼·司刺》："壹赦曰幼弱，再赦曰老耄，三赦曰蠢愚。"郑玄注："幼弱老耄，若今时律令年八岁八十已上，非手杀人，他皆不坐。"

龆龀：指小儿七八岁时。龆与龀均指儿童换齿，《说文》中有"男八月生齿、八岁而龀；女七月生齿、七岁而龀"的说法。可以看出，孩子乳牙脱落，长出恒牙，称为"龀"。

幼学：指10岁。

（三）童年

总角：指童年。古代幼童把垂发扎成两结于头顶把头发扎成髻，形状如角，因而也用"总角"来代指人的幼童阶段。《诗经·齐风·甫田》："婉兮娈兮，总角丱兮。"角，小髻。丱，儿童的发髻向上分开的样子。总是聚拢束结的意思。

垂髫：指童年。儿童未成年时不戴帽子，头发下垂。后因以"垂髫"指童年。晋代陶渊明《桃花源记》："黄发垂髫，并怡然自乐。"

黄口：指童年。《山堂肆考》："黄口，小儿也。"又称黄吻、黄童、童髫等。

豆蔻：指十三四岁少女。豆蔻是一种初夏开花的植物，初夏还不是盛夏，比喻人还未成年，故称未成年的少年时代为"豆蔻年华"。唐代杜牧《赠别》诗："娉娉袅袅十三余，豆寇梢头二月初。"

（四）15岁

志学：指15岁。又称志学之年。《论语·为政》北宋·邢昺疏："吾十有五而志于学者，言成童之岁识虑方明，于是乃志于学也。"

束修：指15岁。古代15岁入学，入学必用束修，因指入学或15岁为束修。

成童：指长到一定年龄的儿童，通常指15岁。《礼记·内则》："成童，舞象，学射御。"郑玄注："成童，十五以上。"

束发：一般指15岁左右。这时应该学会各种技艺。《大戴礼记·保傅》："束发而就大学，学大艺焉，履大节焉。"又称"结发"、"结童"。

及笄：指女子15岁。语出《礼记·内则》，称女子"十有五年而笄"。笄，本来是指古代束发用的簪子。古代女子一般到15岁以后，就把头发盘起来，并用簪子绾住，表示已经成年。

破瓜：指女子16岁。古代文人把"瓜"字拆开，成为两个"八字"，因称16岁的女子为"破瓜之年"。

（五）20岁

弱冠：指男子20岁。《礼记·曲礼上》："二十曰弱冠。"古代男子20岁行冠礼，表示已经成年。左思《咏史》诗之一："弱冠弄柔翰，卓荦观群书。"又称冠年、加冠、初冠、弱龄、弱年、弱岁等。

花信：指女子24岁。花信，即"花信风"的简称，犹言花期，风应花期，其来有信，故称。江南自小寒至谷雨，共8气，计120日，每5日为一番风候，凡24番。

(六)30 岁

而立:指 30 岁。《论语·为政》:“三十而立。”以后称 30 岁为“而立”之年。《聊斋志异·长清僧》:“友人或至其乡,敬造之,见其人默然诚笃,年仅而立。”

有室:指男子 30 岁。《礼记·内则》:“三十而有室,始理男事。”古俗男子 30 而娶,授以室,故称。

(七)40 岁

不惑:指 40 岁。《论语·为政》:“四十而不惑。”以后用“不惑”作四十岁的代称。应璩《答韩文宪书》:“足下之年,甫在不惑。”

强仕:指男子 40 岁。《礼记·曲礼上》:“四十曰强而仕。”谓男 40 岁,智慧、气力皆强盛,可以出仕。

(八)50 岁

知命:指 50 岁。《论语·为政》:“五十而知天命。”后称五十岁为“知命之年”。

艾:指男子 50 岁。《礼记·曲礼上》:“五十曰艾”。孔颖达疏:“发苍白如艾也。”意谓头发苍白如艾的年龄。

杖家:指 50 岁。

知非:指 50 岁。《淮南子·原道训》:“蘧伯玉年五十,而知四十九年非。”

艾耆:泛指五六十岁。

艾老:泛指 50 岁以上。《盐铁论·未通》:“五十以上曰艾老,杖于家,不从力役。”

(九)60 岁

耳顺:指 60 岁。《论语·为政》:“六十而耳顺。”故称六十岁为“耳顺之年”。

耆:指 60 岁。《礼记·曲礼上》:“六十曰耆,指使。”又称耆年、年耆。

杖乡:指 60 岁。

花甲:指 60 岁。由天干、地支互相组合排列的 60 个名号而得名。循环一次为 60 岁,称作一个“花甲”。又称花甲子、花甲周、周甲、花甲之年。

元命:指 61 岁。因重逢生年干支,故称。

耆老:泛指六七十岁。又称老耆。

耆耄:泛指 60 岁以上的老人。又称耆旺、旺耆、耆耋、耆寿,耄耆等。

(十)70 岁

从心:指 70 岁。《论语·为政》:“七十而从心所欲。”所以后代称 70 岁为“从心之年”。

杖国:指 70 岁。

古稀:指 70 岁。杜甫诗《曲江》:“酒债寻常行处有,人生七十古来稀。”又称古希、稀年、古稀年、古希年。

喜寿:指 77 岁,草书喜字似“七十七”,故特代指 77 岁。

(十一)80 岁

杖朝:指 80 岁。

耋:指 80 岁。《释名·释长幼》:“八十曰耋,耋铁也,皮肤变黑,色如铁也。”

耄:指八九十岁。泛指老年。又称耄耋、耄龄。

中寿:指80岁以上。

伞寿:80岁寿辰。因“伞”字的草体形似“八十”,故称“伞寿”。

米寿:指88岁。因米字拆开好似“八十八”,故借指88岁。此外,还含有年事虽高,但食欲旺盛之意。

(十二)90岁

黄发:指长寿老人。老人头发由白转黄。曹植《赠白马王彪》:“王其爱玉体,俱享黄发期。”陶渊明《桃花源记》:“黄发垂髫,并怡然自乐。”

鲐背:指长寿老人。《诗经·大雅·行苇》中有“黄发台背”,“台”与“鲐”通用。《尔雅·释诂》:“鲐背,寿也。”老人身上生斑如鲐鱼背。

冻梨:指90岁。人到暮年,皮肤上生出老年斑如冻梨之皮,故称“冻梨”。

上寿:90为上寿。

白寿:指99岁,百少1为99,故借指99岁。

(十三)100岁

期颐:百岁。《礼记·曲礼上》:“百年曰期,颐。”郑玄注:“期,犹要也;颐,养也。不知衣服食味,孝子要尽养道而已。”意思是:人至百岁,饮食、居住、动物等各方面都需要孝子照养,就是说,人活到100年,是期望中的高寿,所以到了这个年龄,就要很好地养起来。于是,后人把“期颐”作为百岁的代称。

上寿:百岁

茶寿:指108岁。茶字上面“廿”,下面为“八十八”,二者相加得108岁。

附录三　古代汉语语法常识

第一节　词类活用

一、使动用法

表示“使宾语怎么样”的意思。使动用法是一种需要特殊理解的动宾关系。可用作使动用法的词类有动词、形容词、名词。

（一）动词使动用法

表示“使宾语发出动词所代表的动作行为”。及物动词和不及物动词皆可用作使动。

1. 不及物动词的使动用法

不及物动词后面不能跟宾语，古汉语中有宾语的不及物动词多用作使动。例：

是故远人不服，则修文德以来之。既来之，则安之。（《论语·季氏》）

秦时与臣游，项伯杀人，臣活之。（《史记·项羽本纪》）

2. 及物动词的使动用法

若弗与，则请除之，无生民心。（《左传·隐公元年》）

欲辟土地，朝秦楚，莅中国而抚四夷也。（《孟子·梁惠王上》）

止子路宿，杀鸡为黍而食之，见其二子焉。（《论语·微子》）

秋九月，晋侯饮赵盾酒。（《左传·宣公二年》）

（二）形容词使动用法

1. 表示“使宾语具有形容词所描写的性质、状态、特点”。例：

诸侯恐惧，会盟而谋弱秦。（贾谊《过秦论》）

春风又绿江南岸，明月何时照我还？（王安石《泊船瓜州》）

今世之嗜取者，遇货不避，以厚其室。（柳宗元《蝜蝂传》）

2. 形容词使动用法，后面的宾语可以省略。例：

强本而节用，则天不能贫。……本荒而用侈，则天不能使之富。（《荀子·天论》）

（三）名词使动用法

表示“使宾语成为或者拥有名词所代表的人或事物”。例：

齐威王欲将孙膑。（《史记·孙子吴起列传》）

纵江东父兄怜而王我，我何面目见之？（《史记·项羽本纪》）

吾见申叔，所谓生死而肉白骨也。(《左传·襄公二十二年》)

今我在也，而人皆藉吾弟；令我百岁后，皆鱼肉之矣。(《史记·魏其武安侯列传》)

二、意动用法

表示“以宾语怎么样”的意思。主要是人们主观上的某种想法与事实不需要完全一样。可用作意动用法的词类有形容词和名词。

(一)形容词意动用法

表示“认为宾语具有形容词所描写的性质状态特点”。只是人主观上的认识，实际情况并不一定如此。意动用法也是一种需要特殊理解的动宾关系。例：

孔子登东山而小鲁，登泰山而小天下。(《孟子·尽心上》)

吾妻之美我者，私我也。(《战国策·齐策》)

渔人甚异之。(陶渊明《桃花源记》)

(二)名词意动用法

表示“把宾语看成、当作名词所代表的人或事物”。是人们的主观想法，事实不一定如此。名词的意动用法含有“对宾语做出某种处置”的意义，所以有的语法书也称之为“处动用法”。例：

越国以鄙远，君知其难也。(《左传·宣公二年》)

托地而游宇，友风而子雨。(《荀子·赋》)

扁鹊过齐，齐桓侯客之。(《史记·扁鹊仓公列传》)

三、名词用作一般动词

指除了使动用法和意动用法以外的其他用法，用作动词以后可以带宾语，不需作特殊的理解。例：

从左右，皆肘之，使立于后。(《左传·成公二年》)

范增数目项王，以所佩玉玦以示之者三。(《史记·项羽本纪》)

左右欲刃相如。(《史记·廉颇蔺相如列传》)

四、名词作状语

普通名词出现在状语的位置上，根据所表示的意义可分为四种情况。

(一)表示动作行为的处所

北饮大泽，未至，道渴而死。(《山海经·北山经》)

是故败吴于囿，又败之于没，又郊败之。(《国语·越语》)

范雎至秦，秦王庭迎。(《战国策秦策》)

(二)表示工具或依据

有好事者船载以入。(柳宗元《黔之驴》)

伍子胥橐载而出昭关。(《战国策·秦策》)

遂率子孙荷担者三夫，叩石垦壤，箕畚运于渤海之尾。(《列子·汤问》)

(三)表示对人的态度

君为我呼入,吾得兄事之。(《史记·项羽本纪》)
齐将田忌善而客待之。(《史记·孙子吴起列传》)
彼秦者,弃礼仪而上首功之国也,权使其士,虏使其民。(《战国策·赵策》)
东向坐,西向对,师事之。(《史记·淮阴后列传》)
今而后知君之犬马畜伋。(《孟子·万章》)

(四)表示比喻

射之,豕人立而啼。(《左传·庄公八年》)
少时,一狼径去,其一犬坐于前。(蒲松龄《狼》)
天下云集响应,赢粮而景从。(贾谊《过秦论》)

第二节　古代汉语的词序

一、宾语前置

古代汉语中宾语在一定的条件下应放在谓语之前,主要情况有以下几种:

(一)疑问代词作宾语

古代汉语中常用的疑问代词有“谁、孰、何、曷、胡、恶、奚、安、焉”等,可用于问人、问事、问地点。

1. 先秦汉语中,疑问代词作宾语时必须放在谓语动词之前。例:
寡人将谁朝而可?(《战国策·燕策》)
吾谁欺,欺天乎?(《论语·子罕》)
盗者孰谓?谓阳虎也。(《公羊传·定公元年》)
大王来何操?(《史记·项羽本纪》)
天下父母归之,其子焉往?(《孟子·离娄上》)
彼且奚适也?(《庄子·逍遥游》)
沛公安在?(《史记·项羽本纪》)
如果动词前有能愿动词,疑问代词也应放在能愿动词之前。例:
臣实不才,又谁敢怨?(《左传·成公三年》)
2. 疑问代词作介词宾语的时候,也应放在介词之前。例:
即不幸有方二三千里之旱,国胡以相恤?(贾谊《论积贮疏》)
曷为久居此围城之中而不去也?(《战国策·赵策》)
许子奚为不自织?(《孟子·滕文公上》)

(二)否定句代词作宾语

这种句式需要同时具备两个条件:
一是句子必须是否定句,必须有表示否定的副词或代词“不、未、无(毋)、莫”等。二是宾语必须是代词。例：

不患人之不己知，患不知人也。（《论语·学而》）

俎豆之事，则尝闻之矣；军旅之事，未之学也。（《论语·卫灵公》）

主贤明，能听汝；不明，将不汝听。（《韩非子·外储说下》）

愿，吾爱之，不吾叛也。（《左传·襄公三十一年》）

如果动词前有能愿动词，代词宾语也应放在能愿动词之前。例：

三岁贯女，莫我肯顾。（《诗经·魏风·硕鼠》）

晋君之惠也，未之敢忘。（《国语·晋语》）

否定句代词作宾语要求不如疑问代词作宾语时严格，因而同时满足了以上两个条件代词宾语也可以不前置，先秦汉语中两种格式都有出现。例：

知我者，谓我心忧。不知我者，谓我何求。（《诗经·王风·黍离》）

有事而不告我，必不捷矣。（《左传·襄公二十八年》）

圣人不爱己。（《荀子·正名》）

汉果不击我。（《汉书·赵充国传》）

汉代以后后置现象逐渐多了起来，但后世的作者也有仿照上古的句式使用宾语前置的情况，例：

每自比于管仲、乐毅，时人莫之许也。（《三国志·蜀书·诸葛亮传》）

故之人不余欺也。（苏轼《石钟山记》）

彼不我恩也。（柳宗元《童区寄传》）

而狼未之知也。（马中锡《中山狼传》）

（三）宾语用代词复指

古代汉语中为了强调宾语，使宾语前置以后，还可以借助指示代词“是、之”复指前置的宾语。句子格式为：宾语 ＋ 是(之)＋ 谓语动词。例：

君亡之不恤，而群臣是忧，惠之至也。（左传·僖公十五年）

将虢是灭，何爱于虞？（《左传·僖公五年》）

晋居深山，戎狄之与邻。（《左传·僖公十五年》）

秉国之均，四方是维。（《诗经·小雅·节南山》）

吾以子为异之问，曾由于求之问。（《论语·先进》）

求！无乃尔是过与？（《论语·季氏》）

宾语用代词复指的格式中，还可以在宾语之前加“唯(惟)”，形成“为……是(之)……”的固定格式，强调宾语的作用很明显。

父母唯其疾之忧。（《论语·为政》）

率师以来，唯敌是求。（《左传·宣公十二年》）

余虽与晋出入，余唯利是视。（《左传·成公十三年》）

去我三十里，唯命是听。（《左传·宣公十五年》）

如果前置的宾语是由疑问代词“何”作定语的定中结构短语，那么复指的指示代词一般用“之”。例：

苟得闻子大夫之言，何后之有？（《国语·越语》）

夫子焉不学，而亦何常师之有？（《论语·子张》）

夫子居之，何厌之有？(《论语·子罕》)

宋何罪之有？(《墨子·公输》)

前世不同教，何古之法？帝王不相复，何礼之循？(《商君书·更法》)

如果前置的宾语是代词，有两种方法：

其一，沿用原来格式，复指的代词只用“之”。例：

“我之怀矣，自诒伊戚”其我之谓乎？(《左传·宣公二年》)

语曰“唇亡则齿寒”，其斯之谓与？(《谷梁传·僖公二年》)

故事求远而失近，广藏而狭弃，斯之谓也。(《新语·资质》)

其二，不用复指代词，直接把代词“是”放在谓语动词之前。例：

维叶莫莫，是刈是濩。(《诗经·周南·葛覃》)

尔贡苞茅不入，王祭不共，无以缩酒，寡人是征；昭往南征而不复，寡人是问。(《左传·僖公四年》)

(四)强调介词的宾语

除了以上三种情况外，古代汉语中再强调介词的宾语时，也常把其宾语放在介词的前面。尤其是介词“以”的宾语。例：

《诗》三百，一言以蔽之，曰“思无邪”。(《论语·为政》)

楚国方城以为城，汉水以为池，虽众无所用之。(《左传·僖公四年》)

秋阳以暴之，江汉以濯之。(《孟子·滕文公上》)

其有不合者，仰而思之，夜以继日。(《孟子·离娄上》)

若晋军朝以入，则婢子夕以死；夕以入，则朝以死。(《左传·僖公十五年》)

是以太山不让土壤，故能成其大。(李斯《谏逐客疏》)

除了强调介词“以”的宾语而使之前置以外，其他一些介词有时也具有相同的做法。例：

日居月诸，东方自出。(《诗经·邶风·日月》)

其一二父兄惧坠宗主，私族于谋而立长亲。(《左传·昭公十九年》)

启乃淫溢康乐，野于饮食。(《墨子·非乐上》)

二、谓语后置

主语在前谓语在后是现代汉语的常规句式，但在古代汉语中有谓语后置的现象，主要表示感叹或疑问语气。

(一)表示感叹语气。例：

甚矣，汝之不惠！(《列子·汤问》)

败矣，子所使求马者！(《列子·说符》)

亦太甚矣，先生之言也！(《史记·鲁仲连列传》)

大哉，尧之为君！(《论语·泰伯》)

宜乎，百姓之谓我为爱也！(《孟子·梁惠王上》)

善哉，祁黄羊之轮也！(《吕氏春秋·去秋》)

（二）表示疑问语气。例：

子也，言伐莒者？（《吕氏春秋·重言》）

何哉，尔所谓达者？（《论语·颜渊》）

何哉，君所谓踰者？（《孟子·梁惠王上》）

第三节　古代汉语的特殊句式

一、判断句

判断句是指谓语对主语所代表的人、物或所属性质、类别等进行判断的句子。古汉语中的判断句一般不用判断系词，谓语直接由名词或名词性词组充当，其类型共有四种。

（一）“者……也”：主语之后加语气助词“者”（有些著作认为是代词），表示提顿语气，谓语之后用语气词“也”加强肯定语气。例：

南冥者，天池也。（《庄子·逍遥游》）

君者，舟也；庶人者，水也。水则载舟，水则覆舟。（《荀子· 王制》）

（二）“者……”：主语之后加“者”，谓语之后不加“也”。例：

虎者，戾虫；人者，甘饵。（《战国策·秦策》）

屈完者何？ 《公羊传·僖公四年》

故善人者，不善人之师；不善人者，善人之资。（《老子·二十七章》）

（三）“……也”：主语之后不加“者”，谓语之后加“也”。例：

制，岩邑也。（《左传·隐公元年》）

董狐，古之良史也。（《左传·宣公二年》）

贡之不入，寡君之罪也。（《左传·僖公四年》）

（四）“……”：主语之后不加“者”，谓语之后也不用“也”。例：

夫鲁，齐晋之唇。（《左传·哀公八年》）

君子之德，风；小人之风，草。草上之风，必偃。（《论语·颜渊》）

秦，虎狼之国。（《史记·屈原列传》）

古汉语中的否定判断句一般是在谓语之前加否定副词“非”表示。例：

楚虽大，非吾族也。（《左传·成公四年》）

遂入，杀孟阳于床，曰：“非君也，不类。”（《左传·庄人八年》）

子非鱼，安知鱼之乐？（《庄子·秋水》）

在先秦，由于判断句中一般都不用判断系词，所以，“是”、“为”、“乃”、“即”、“则”、“维”（或惟）这类词出现在句子中时，有时虽然可以按照判断系词“是”去翻译，但要意识到它们并不是判断系词。例：

富与贵，是人之所欲也；不以其道得之，不处也。贫与贱，是人之所恶也；不以其道得之，不去也。（《论语·里仁》）

知之为知之，不知为不知，是知也。（《论语·为政》）

吾不能早用子，今急而求子，是寡人之过也。（《左传·僖公三十年》）

日月星辰瑞历，是禹桀之所同也。（《荀子·天论》）

以上例句中的“是”都是代词，意为“这”，在判断句中作主语。

余为伯儵。余，而祖也。（《左传·宣公二年》）

长沮曰：“夫执舆者为谁？”子路曰：“为子丘。”（《论语·微子》）

桀溺曰：“子为谁？”曰：“为仲由。”（同上）

四体不勤，五谷不分，孰为夫子？（《论语·子张》）

以上例句都不是判断句，其中的“为”均为动词，义为“叫作”或“称作”。

是乃狼也，其可畜乎？（《左传·宣公四年》）

臣乃市井鼓刀屠者，而公子亲数存之。（《史记·魏公子列传》）

梁父即项燕，为秦将王翦所戮者也。（《史记·项羽本纪》）

游公母即祁太伯母也。（《汉书·原涉传》）

此则寡人之罪也。（《国语·越语上》）

至于髋髀之所，非斤则斧。（《汉书·贾谊传》）

以上例句中的“乃”、“即”、“则”都是副词，所起的作用是加强肯定语气。

我马维骐。（《诗经·小雅·皇皇者华》）

周虽旧邦，其命维新。（《诗经·大雅·文王》）

尔惟旧人。（《尚书·大诰》）

黍稷非馨，明德惟馨。（《左传·僖公五年》）

以上例句中的“维”、“惟”都是句中语气词，所起的作用是增加一个音节，与其后的单音节谓语构成一个节奏单位。

“是”字作为判断系词起于何时，目前尚有争论。不过可以肯定，汉代已经出现了这种用法，至于其普遍使用的情况则是魏晋以后的事。例：

此必是豫让也。（《史记·刺客列传》）

客人不知其是商君也，曰：“商君之法，舍人无验者坐之。”（《史记·商君列传》）

余是所嫁妇人之父也。（《论衡·死伪》）

若枯即是荣，荣即是枯，则应荣时凋零，枯时结实。（《神灭论》）

问今是何世，乃不知有汉，无论魏晋。（《桃花源记》）

豫章太守顾邵是雍之子。（《世说新语·雅量》）

二、被动句

古代汉语的被动句式主要有以下五种：

（一）“……（动词）于……”：在动词谓语之后用介词“于”（或“乎”）引进行为动作的实施者。介词“于”与引进的名词或名词性词组构成介词结构，在句中作补语。例：

其母曰：“孔子，贤人也，逐于鲁，是人不随。”（《战国策·赵策三·秦攻赵于长平》）

君子役物，小人役于物。（《荀子·修身》）

先发制人，后发制于人。（《汉书·项羽传》）

（二）“……为（名词、动词）……”：在动词谓语前用介词“为”引进行为动作的实施者。介词“为”与引进的名词或名词性词组构成介词结构在句中作状语。例：

兔不可复得，而身为宋国笑。(《五蠹》)

不为酒困。(《论语·子罕》)

多多益善，何为为我禽？(《史记·淮阴侯列传》)

介词“为”引进的行为实施者也可以不出现。只要有“为”字在，同样可以构成被动句式。例：

晋人，虎狼也。若背其言，臣死，妻子为戮，无益于君，不可悔也。(《左传·文公十三年》)

诚令成安君听足下计，若信者，亦已为禽矣。(《史记·淮阴侯列传》)

(三)“为(名词)所……”：在动词谓语前用介词“为”引进行为动作的施事者，其后加助词“所”(一说“所”为代词)强调动作与实施者的关系，构成“为……”式。这种格式产生于战国末，自汉代开始盛行。例：

夫直议者，不为人所容。(《韩非子·外储说左下》)

先即制人，后则为人所制。(《史记·项羽本纪》)

(四)“……见(动词)……”：在动词谓语前加助词“见”表示被动。“见”本身不是介词，因为它不能和名词或名词性词组构成介词结构。例：

举世皆浊我独清，众人皆醉我独醒，是以见放。(《楚辞·渔父》)

投我以桃，报之以李。即此言爱人者必见爱也，而恶人者必见恶也。(《墨子·兼爱下》)

(五)“见……于……”：在动词谓语前加助动词“见”表示被动，在动词谓语后用介词“于”引进行为动作的实施者。“于”与引进的名词或名词性词组构成介词结构在句中作补语。例：

吾长见笑于大方之家。(《庄子·秋水》)

臣诚恐见欺于王而负赵。(《史记·廉颇蔺相如列传》)

(六)“……被(名词、动词)……”：“被”在被动词句式中作为介词出现是汉以后的事。在先秦两汉，“被”一般都不是作为介词而是作为动词出现在一些被动句中的动词之前的，义为“遭受”。例：

国一日被攻，虽欲事秦，不可得也。(《战国策·齐策一》)

信而见疑，忠而被谤，能无怨乎？(《史记·屈原贾生列传》)

以上各例中的“被”，其所以不宜看作介词，是因为它们都是直接加在动词之前的，“被”字后引进行为动作实施者的用例在先秦两汉很难找到，也就是说，在先秦两汉，“被”并没有引进名词或名词性词组以构成介词结构的功能。从魏晋开始，“被”才具有了带介词宾语的功能，故只能认为自魏晋以后“被”才真正转化成了介词。例：

今月十三，臣被尚书召问。(蔡邕《被收时表》)

玚、祯各被太祖辟。(《三国志·魏书·王粲传》)

嵇康被诛后，山公举康子绍为秘书丞。(《世说新语·政事》)

第四节　古汉语虚词概说

古汉语虚词没有实际意义，其中一部分相当于现代的虚词。虚词不能独立成句，只有配合实词来完成语法结构。虚词对实词有协助作用，这类词包含介、连、助、叹、副、象声六大类。下面简要介绍一些古汉语中重要虚词的用法。

一、之

（一）用作代词

1. 可以代人、代物、代事。代人多是第三人称。译为“他”（他们）、“它”（它们）。作宾语或兼语，不作主语。例：

作《师说》以贻之。（《师说》，代人，作宾语。）

輮使之然也。（《劝学》，代物，作兼语。）

人非生而知之者。（《师说》，代事理，作宾语。）

2. 指示代词，表近指。可译为“这”，通常作复指性定语。例：

均之二策。（《廉颇蔺相如列传》）

（二）用作助词

1. 结构助词，定语的标志。用在定语和中心语（名词）之间，可译为“的”，有的可不译。例：

若能以吴、越之众与中国抗衡。（《赤壁之战》）

道之所存，师之所存也。（《师说》）

2. 结构助词，补语的标志。用在中心语（动词、形容词）和补语之间，可译为“得”。例：

古人之观于天地、山川、草木、鸟兽，往往有得，以其求思之深而无不在也。（《游褒禅山记》）

3. 结构助词，宾语前置的标志。用在被提前的宾语之后，动词谓语或介词之前，译时应省去。例：

宋何罪之有？（《公输》，即“宋有何罪”）

4. 结构助词。当主谓短语在句中作为主语、宾语或一个分句时，“之”用在主语和谓语之间，起取消句子独立性的作用，可不译。译时也可省去。例：

师道之不传也久矣！欲人之无惑也难矣！（《师说》）

悍吏之来吾乡，叫嚣乎东西。（《捕蛇者说》）

孤之有孔明，犹鱼之有水也。（《隆中对》）

5. 音节助词。用在形容词、副词或某些动词的末尾，或用在三个字之间，使之凑成四个字，只起调整音节的作用，无义，译时应省去。例：

顷之，烟炎张天。（《赤壁之战》）

毛先生以三寸之舌，强于百万之师。（《毛遂自荐》）

二、而

（一）用作连词

可连接词、短语和分句，表示多种关系。例：

1. 表示并列关系。一般不译，有时可译为“又”。

永州之野产异蛇，黑质而白章。《捕蛇者说》）

2. 表示递进关系。可译为“并且”或“而且”。例：
君子博学而日参省乎己。(《劝学》)
3. 表示承接关系。可译为“就”、“接着”，或不译。例：
余方心动欲还，而大声发于水上。(《石钟山记》)
4. 表示转折关系。可译为“但是”、“却”。例：
青，取之于蓝，而青于蓝。(《劝学》)
5. 表示假设关系。可译为“如果”、“假如”。例：
诸君而有意，瞻予马首可也。(《冯婉贞》)
6. 表示修饰关系，即连接状语。可不译。例：
吾尝终日而思矣……(《劝学》)
吾恂恂而起。(《捕蛇者说》)

(二)用作代词

只用作第二人称，一般作定语，译为“你的”；偶尔也作主语，译为“你”。
而翁长铨，迁我京职，则汝朝夕侍母。(《记王忠肃公翱事》)

(三)复音虚词“而已”

放在句末，表示限止的语气助词，相当于“罢了”。例：
一人、一桌、一椅、一扇、一抚尺而已。(《口技》)
闻道有先后，术业有专攻，如是而已。(《师说》)

三、其

(一)用作代词

1. 第三人称代词。可代人、代事物，有在名词之前，作领属性定语，可译为“他的”，“它的”(包括复数)。例：
竹工破之，刳去其节。(《黄州新建小竹楼记》)
臣从其计，大王亦幸赦臣。(《廉颇蔺相如列传》)
2. 第三人称代词。一般代人，用在动词或形容词之前，作主谓短语中的小主语(整个主谓短语，在句中作主语或宾语修饰语)应译为“他”，“它”。例：
秦王恐其破壁。(《廉颇蔺相如列传》)
其闻道也固先乎吾。(《师说》)
此皆言其可目者也。(《芙蕖》)
3. 活用为第一人称。可用作定语或小主语，视句意译为“我的”或“我(自己)”。例：
今肃迎操，操当以肃还付乡党，品其名位，犹不失下曹从事。(《赤壁之战》)
而余亦悔其随之而不得极夫游之乐也。(《游褒禅山记》)
4. 指示代词，表远指。可译为“那”、“那个”、“那些”、“那里”。例：
则或咎其欲出者。(《游褒禅山记》)
今操得荆州，奄有其地。(《赤壁之战》)
5. 指示代词，表示“其中的”，后面多为数词。例：
于乱石间择其一二扣之。(《石钟山记》)

（二）用作副词

放在句首或句中，表示测度、反诘、婉商、期望等语气，常和放在句末的语气助词配合，视情况可译为“大概”、“难道”、“还是”、“可要”等，或省去。例：

其皆出于此乎？（《师说》，表测度。）

其孰能讥之乎？（《游褒禅山记》，表反诘。）

汝其勿悲！（《与妻书》，表婉商。）

尔其无忘乃父之志！（《伶官传序》，表期望。）

四、以

（一）介词

1. 表示工具。译为：拿，用，凭着。例：

愿以十五城请易璧。（《廉颇蔺相如列传》）

士大夫终不肯以小舟夜泊绝壁之下。（《石钟山记》）

2. 表示凭借。译为：凭，靠。例：

以勇气闻于诸侯。（《廉颇蔺相如列传》）

久之，能以足音辨人。（《项脊轩志》）

皆好辞而以赋见称。（《屈原列传》）

3. 表示所处置的对象。译为：把。例：

操当以肃还付乡党。（《赤壁之战》）

4. 表示时间、处所。译为：于，在，从。例：

以八月十三斩于市。

以崇祯十七年夏，自京师徒步入华山为黄冠。

果予以未时还家，而汝以辰时气绝。

5. 表示原因。译为“因为”。例：

赵王岂以一璧之故欺秦邪？（《廉颇蔺相如列传》）

卒以吾郡这发愤一击，不敢复有株治。（《五人墓碑记》）

怀王以不知忠臣之分，故内惑于郑袖，外欺于张仪。（《屈原列传》）

6. 表示依据。译为“按照”、“根据”。例：

今以实校之。（《赤壁之战》）

余船以次俱进。（《赤壁之战》）

说明：“以”字的宾语有时可以前置，有时可以省略。

（二）连词

1. 表示并列或递进关系。可译为“而”、“又”、“而且”、“并且”等，或者省去。例：

夫夷以近，则游者众。（《游褒禅山记》）

忽魂悸以魄动。（《梦游天姥吟留别》）

2. 承接连词。前一动作行为往往是后一动作行为的手段或方式。可译为“而”或省去。例：

余与四人拥火以入。（《石钟山记》）

樊哙侧其盾以撞。(《鸿门宴》)

各各竦立以听。(《促织》)

3. 目的连词,后一动作行为往往是前一动作行为的目的或结果。可译为"而"、"来"、"用来"、"以致"等。例:

请立太子为王,以绝秦望。(《廉颇蔺相如列传》)

当求数顷之田,于伊、颍之上,以待余年,教吾子与汝子(《祭十二郎文》)

为秦人积威之所劫,日削月割,以趋于亡(《六国论》)

4. 表示因果关系,常用在表原因的分句前,可译为"因为"。例如:

不赂者以赂者丧。(《六国论》)

所谓华山洞者,以其乃华山之阳名之也。(《游褒禅山记》)

诸侯以公子贤,多客,不敢加兵谋魏十余年。(《信陵君窃符救赵》)

5. 表示修饰关系,连接状语和中心语,可译为"而",或省去。例如:

木欣欣以向荣,泉涓涓而始流。(陶渊明《归去来辞》)

(三)语气助词

1. 表示时间、方位和范围。例:

受命以来,夙夜忧叹。(以:表时间)(《出师表》)

指从此以往十五都予赵。(以:方位)(《廉颇蔺相如列传》)

自王侯以下莫不逾侈。(以:表范围)

2. 起调整音节作用。例:

逆以煎我怀。(《孔雀东南飞》)

(四)动词

1. 以为,认为。例:

老臣以媪为长安君计短也。(《触龙说赵太后》)

皆以美于徐公。(《邹忌讽齐王纳谏》)

2. 用,任用。例:

忠不必用兮,贤不必以。(《涉江》)

(五)名词

译为"缘由"、"原因"。例:

古人秉烛游,良有以也。(李白《春夜宴桃李园序》)

五、于

"于"是介词,总是跟名词、代词或短语结合,构成介宾短语去修饰动词、形容词,表示多种组合关系。

(一)、引进动作的时间、处所、范围、对象、方面、原因等,可译为"向"、"到"、"自"、"从"、"跟"、"同"、"对"、"对于"、"给"、"由于"等。例:

苟全性命于乱世,不求闻达于诸侯。(《出师表》在……中)

请奉命求救于孙将军。(《赤壁之战》向)

于其身也,则耻师焉……(《师说》对、对于)

(二)放在形容词之后，表示比较，一般可译为“比”，有时可译为“胜过”。例：

冰，水为之，而寒于水。(《劝学》)

有时则只是表示对象的性质和状态，可不译。

(三)放在动词之后，引进行为的主动者，可译为“被”，有时动词前还有“见”、“受”等字和它相应。例：

吾不能举全吴之地……受制于人……(《赤壁之战》)

(四)复音虚词“于是”，用法与现代汉语的“于是”不完全相同。

1. 放在句子开头，表前后句的承接或因果关系，与现在的承接连词或因果连词相同。现代汉语也这样用。例：

2. 放在谓语之前或谓语之后，“于是”属介宾短语作状语或补语。可根据“于”的不同用法，分别相当于“在这”、“从这”等。例：

吾祖死于是，吾父死于是。(《捕蛇者说》)

六、乃

(一)用作副词

1. 表示前后两事在情理上的顺承或时间上的紧接，可译为“才”、“这才”、“就”等。例：

设九宾于廷，臣乃敢上璧。(《廉颇蔺相如列传》)

悉使羸兵负草填之，骑乃得过。(《赤壁之战》)

度我至军中，公乃入。(《鸿门宴》)

2. 强调某一行为出乎意料或违背常理，可译为“却”、“竟(然)”、“反而”等。例：

问今是何世，乃不知不汉。(《桃花源记》)

3. 可表示对事物范围的一种限制，可译为“只”、“仅”等。例：

项王乃复引兵而东，至东城，乃有二十八骑。(《项羽本纪》)

4. 用在判断句中，起确认作用，可译为“是”、“就是”等。例：

若事之不济，此乃天也。(《赤壁之战》)

嬴乃夷门抱关者也。(《信陵君窃符救赵》)

(二)用作代词

1. 用作第二人称，常作定语，译为“你的”；也作主语，译为“你”。不能作宾语。例：

王师北定中原日，家祭无忘告乃翁。(陆游《示儿》)

2. 用作指示代词，译为“这样”。例：

夫我乃行之，反而求之，不得吾心(《齐桓晋文之事》)

3. 还可作连词用，释为“至于”、“如果”等。

七、焉

(一)语气助词

1. 常用在句末，一般可不译出语气助词。作词尾，相当于“然”、“……的样子”。例：

于是余有叹焉。(《游褒禅山记》)

2. 有时用于反诘语气，可译为“呢”。例：

万钟于我何加焉！（《鱼我所欲也》）

3.“焉”在句中，作形容词、副词词尾，表示语气上的停顿无义 。例：

硿硿焉，余固笑而不信也。（《石钟山记》）

（二）代词

相当于“之”。例：

使皇武子辞焉。（《殽之战》）

（三）疑问代词

译为“什么”、“哪里”等。例：

面目美好者，焉故必知者。（《墨子》）

且焉置土石？（《愚公移山》）

（四）兼词

相当于“于是”、“于之”、“于此” 等。例：

必死是间，余收尔骨焉。（《殽之战》）

微波入焉。（《石钟山记》）

八、则

（一）用作连词，表示多种关系

1. 表示承接关系。一般用来连接两个分句或紧缩复句中的前后两层意思，表示两件事情在时间上、事理上的紧密联系。可译为“就”、“便”，或译为“原来是”、“已经是”。例：

故木受绳则直，金就砺则利。（《劝学》）

2. 表示假设关系。有的用在前一分句，引出假设的情况，相当于“假使”、“如果”；有的用于后面的分句，表示假设或推断的结果，相当于“那么”、“就”。例：

入则无法家拂士，出则无敌国外患者，国恒亡。（《生于忧患，死于安乐》）

3. 表示并列关系。这种用法都是两个或两个以上的“则”连用，每个“则”字都用在意思相对、结构相似的一个分句里，表示两个（或两个以上）分句之间是并列关系（不是表示两个词之间）。可译为“就”，或不译。例：

位卑则足羞，官盛则近谀。（《师说》）

4. 表示转折、让步关系。表示意思有转折时，“则”字用在后一分句，可译为“可是”、“却”；表示姑且承认一件事，预备下句转入正意时，“则”字用在前一分句，可译为“虽然”、“倒是”。例：

于其身也，则耻师焉，惑矣。（《师说》）

（二）用作副词

用在判断句中，起强调和确认作用，可译作“是”、“就是”。例：

此则岳阳楼之大观也。（《岳阳楼记》）

九、何

（一）用作疑问代词

1. 单独作谓语，后面常有语气助词“哉”、“也”，可译为“为什么”、“什么原因”。例：
予尝求古仁人之心，或异二者之为，何哉？（《岳阳楼记》）
齐人未尝赂秦，终继五国迁灭，何哉？（《六国论》）
2. 作动词或介词的宾语，可译为“哪里”、“什么”。译时，“何”要后置。例：
豫州今欲何至？（《赤壁之战》）大王来何操？（《鸿门宴》）
3. 作定语，可译为“什么”、“哪”。例：
然则何时而乐耶？（《岳阳楼记》）

（二）用作疑问副词

1. 用在句首或动词前，常表示反问，可译为“为什么”、“怎么”。例：
何不按兵束甲，北面而事之？（《赤壁之战》）
徐公何能及君也？（《邹忌讽齐王纳谏》）
2. 用在形容词前，表示程度深，可译为“怎么”、“多么”、“怎么这样”。

（三）作语助词

相当于“啊”。例：
新妇车在后，隐隐何甸甸。（《孔雀东南飞》）

十、且

（一）用作连词，且表示递进关系、并列关系

彼所将中国人不过十五六万，且已久疲……（《赤壁之战》）
且将军大势可以拒操者，长江也……（《赤壁之战》）
有时相当于“尚且”，先让步，后推进一层。如：古之圣人，……犹且从师而问焉……（《师说》）

（二）用作副词，相当于“将要”、“姑且”

北山愚公者，年且九十。
驴一鸣，虎大骇，远遁；以为且噬己也，甚恐。（《黔之驴》）
存者且偷生，死者长已矣！（《石壕吏》）

十一、若

（一）动词，像，好像

视之，形若土狗，梅花翅，方首，长胫，意似良。（《促织》）

（二）用作代词

1. 表示第二人称，相当于“你”、“你们”；作定语时则译为“你的”。例：
若入前为寿 ，寿毕 ，请以剑舞。（《鸿门宴》）
不者，若属皆且为所虏。（《鸿门宴》）

更若役，复若赋……（《捕蛇者说》）

2. 表近指，相当于“这”、“这样”、“如此”。例：

以若所为求若所欲，犹缘木而求鱼也。（《齐桓晋文之事》）

（三）用作连词

1. 表假设，相当于“如果”、“假如”等。例：

若据而有之，此帝王之资也。（《赤壁之战》）

若备与彼协心，上下齐同，则宜抚安，与结盟好。（《赤壁之战》）

2. 表选择，相当于“或”、“或者”。例：

以万人若一郡降者，封万户。（《汉书·高帝纪》）

3. 至，至于。例：

若民，则无恒产，因无恒心。（《齐桓晋文之事》）

十二、所

（一）用作助词，经常放在动词前，同动词结合，组成“所”字结构。“所”字结构是名词性短语，表示“所……的人”、“所……的事物”、“所……的情况”等。例：

故余虽愚，卒获有所闻。（《送东阳马生序》）“所”和动词结合，后面再有名词性结构，则所字结构起定语的作用。

夜则以兵围所寓舍。（《〈指南录〉后序》）

臣所过屠者朱亥，此子贤者，世莫能知，故隐屠间耳。（《信陵君窃符救赵》）

（二）在有些句子中，“为”和“所”呼应，组成“为……所……”的格式，表示被动。例：

贾家庄几为巡徼所陵迫死。（《〈指南录〉后序》）

嬴闻如姬父为人所杀。（《信陵君窃符救赵》）

（三）复音虚词“所以”。用法主要有两种：一种表示原因，一种表示手段和目的。例：

亲贤臣，远小人，此先汉所以兴隆也；亲小人，远贤臣，此后汉所以倾颓也。（《出师表》）

吾所以为此者，以先国家之急而后私仇也。（《廉颇蔺相如列传》）

师者，所以传道受业解惑也。（《师说》）

十三、为

“为”在文言中经常用作动词和介词，也可以用作助词。用作动词，意思是“做”。还可作判断词“是”用。这些都属于实词范围。下文介绍作虚词用的几种用法。

（一）用作介词，除表被动外，一般读去声

1. 表示动作、行为的对象。可译为“向”、“对”等。例：

此中人语云：“不足为外人道也。”（《桃花源记》）

2. 表示动作、行为的替代。可译为“替”、“给”等。

当横行天下，为汉家除残去秽……（《赤壁之战》）

公为我献之。（《鸿门宴》）

3. 表示动作、行为的时间。可译为“当”、“等到”等。例：

为其来也，臣请缚一人过王而行。（《晏子使楚》）

4. 表示动作、行为的目的。可译为“为着”、“为了”。

天下熙熙，皆为利来；天下攘攘，皆为利往。(《史记·货殖列传序》)

5. 表示动作、行为的原因。可译为“因为”、“由于”。例：

吾见其难为，怵然为戒，视为止，行为迟。(《庖丁解牛》)

6. 表示被动关系。读阳平声，可译为“被”。“为”所引进的是动作行为的主动者；有时亦可不出现主动者；有时跟“所”结合，构成“为所”或“为……所”。例：

不者，若属皆且为所虏！(《鸿门宴》)

今不速往，恐为操所先。(《赤壁之战》)

(二)用作助词

读阳平声，放在疑问句之末，表示诘问，前面有疑问代词跟它呼应。可译为“呢”。例：

如今人方为刀俎……何辞为？(《鸿门宴》)

十四、因

(一)用作介词

介绍动作、行为发生的原因、依据、方式，可分别译为“因为”、“由于”，“趁着”、“凭借”、“经过通过”。例：

振声激扬，伺者因此觉知。(《后汉书·张衡传》)

因宾客至蔺相如门谢罪……(《廉颇蔺相如列传》)

(二)用作连词

表示顺接上文，可译为“于是”、“便”。例：

因拔刀斫前奏案……(《赤壁之战》)

相如因持璧却立……(《廉颇蔺相如列传》)

十五、与

(一)用作虚词

解释为“和”、“跟”、“同”。

吾与汝毕力平险，指通豫南。(《愚公移山》)

句末语气词，表示疑问或感叹。后写作“欤”。例：

而君逆寡人者，轻寡人与。(《战国策·魏策》)

(二)用作实词

可解释为“给予、给”、“结交、交好”。